目次

相克のタカラヅカ

――《ベルサイユのばら》前夜　宝塚歌劇・奮闘の軌跡

相克のタカラヅカ

《ベルサイユのばら》前夜　宝塚歌劇・奮闘の軌跡

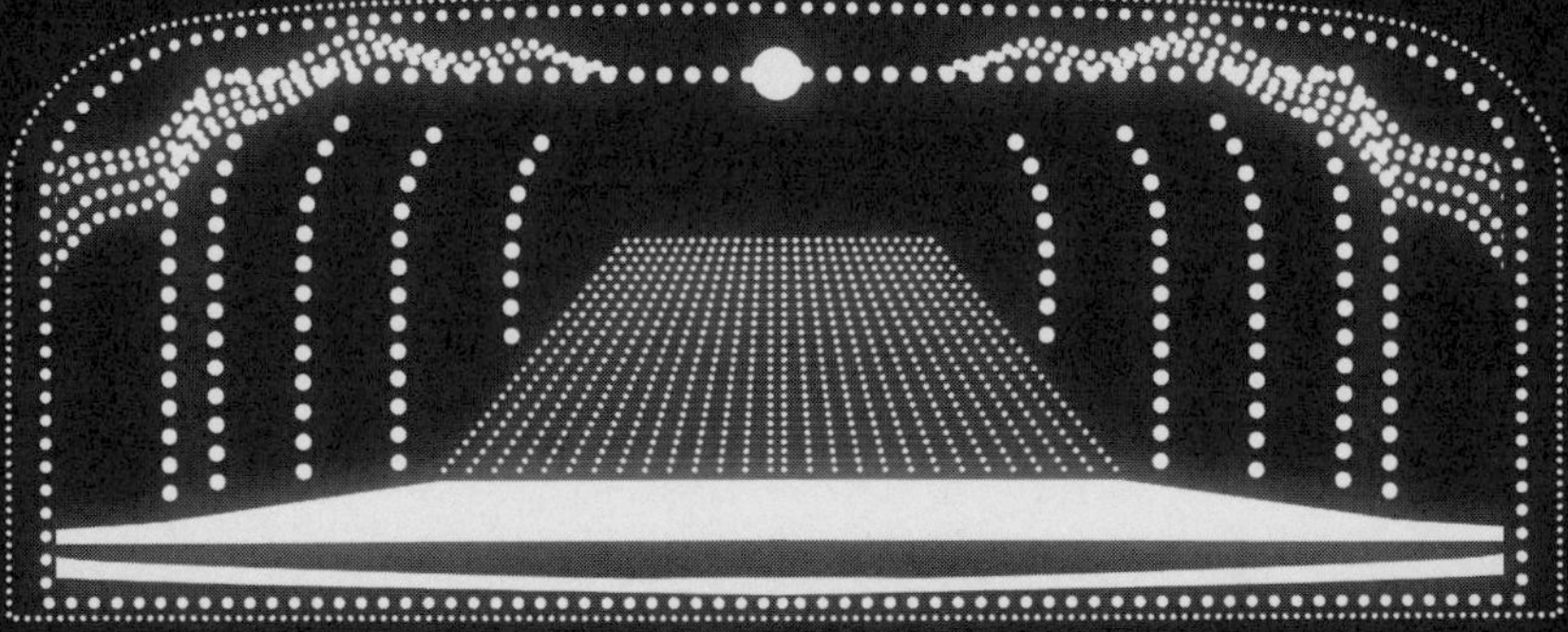

中本千晶

春風社

はじめに――タカラヅカの「夢」と「リアル」

タカラヅカは「夢の世界である」と、よくいわれる。だが、それは本当のことだろうか？　タカラヅカとは、そんなひと言では片づけられない、もっと一筋縄ではいかない世界なのではないだろうか？　そもそも「タカラヅカ」とはいったい何なのだろう？　私の心のなかには常にこうした「問い」がくすぶり続けてきた。その「問い」の源流をたどると、二つの作品に行き着くように思われる。一つが、私とタカラヅカとの出会いの作品である《あかねさす紫の花》（作・演出：柴田侑宏）。そしてもう一つが、言わずと知れた《ベルサイユのばら》（脚本・演出：植田紳爾）である。

私とタカラヅカとの出会いは一九七七年、小学五年生の夏休みのことだった。当時、山口県に住んでいた私はタカラヅカファンだった伯母に連れられて新幹線に乗って宝塚大劇場に向かった。演目は、雪組公演《あかねさす紫の花》《ザ・レビュー》の二本立てであった。

幕開け、みやびな万葉の装束に身を包んだ男女がずらりと並ぶ蒲生野の狩場の場面に、思わず目を見張った瞬間のことはいまだに忘れられない。いわば、これが私のタカラヅカの原風景である。それは「軍服に輪っかのドレス」や「整然とポーズを決める黒燕尾の男役」といった、今でいうところの「タカラヅカ王道」の風景ではなかった。現在でも、日本物への思い入れがやけに強いのは、そんな原体験が影響しているからかもしれない。だが、《あかねさす紫の花》で描かれているのは一般的な「タカラヅカ」イメージが持つ、甘い砂糖菓子のような世界ではなかった。幼なじみから夫婦となった大海人皇子と額田女王、ところが、大海人の兄である中大兄皇子が額田に横恋慕し、強引に自分の妃にしてしまう。大海人、額田、中大兄の三人の心の機微が繊細に描かれる、大人のリアルな恋物語である。「この話は今の私ではわからない部分がある。でも、大人になったらきっとすべてが理解できるはず」……小学五年生の私はそう確信し、実際そうであった。かと思えば、幕間を挟んだ後物のレビューでは、先ほどまでの愛憎劇がなかったことのように、豪華絢爛な舞台が展開されていく。私は仰天し、そして思った。ここは単なる「夢の世界」などではない、むしろドロドロした「リアル」を美しい「夢」で包み込んだ世界なのかもしれない、と。

以来、この第一印象が「私にとってのタカラヅカ」となり、「夢の世界」に内包された「リアルの世界」、この二つの世界の不思議な緊張関係に惹きつけられたまま、ここまで来たような気がする。

いっぽう《ベルサイユのばら》に対しては、私はあいにくレイトカマーであった。初めてタカラヅカに出会って夢中になった頃は、ちょうど「ベルばらブーム」が収束を迎えた時期でもあった。だから、《ベルサイユのばら》は名前だけはよく聞くけれど、あまり身近な作品ではなかった。だが、いっぱしのタカラヅカファンになってみると、「タカラヅカといえば《ベルサイユのばら》だよね」「一度《ベルサイユのばら》を観てみたいわ」などと、タカラヅカをよく知らない友人から無邪気に言われることが増え、そのたびに複雑な気持ちになった。別に、《ベルばら》に恨みがあるわけではない。けれど、タカラヅカがやっているのは《ベルサイユのばら》だけではない。ほかにも、多彩すぎるといっていいほどに多彩な作品を上演している。そのことを知っているだけに、世間一般に定着している「タカラヅカ＝《ベルサイユのばら》」という図式に忸怩たる思いを抱いてしまう。とはいえ、そんな思いをぶつけようにも《ベルサイユのばら》という山はあまりにも高く、偉大であることもわかっていた。それにしても、こんな高い山が果たして突然生まれるものなのだろうか？　次第に、そんな疑問が芽生え始めた。

やがて、タカラヅカに関する本などを書き始め、色々と勉強しているうちに、《ベルサイユのばら》前夜、つまり戦後から一九五〇～六〇年代のタカラヅカの歩みについても少しずつ知ることになった。これが、とんでもなくおもしろい。とにかく試行錯誤の連続で、今からは想像もつかないようなことにも果敢に挑んでいる。また、その当時の事情に詳しい方からも、《ベルばら》が生まれる素地は実はそれ以前からあったのだという話を耳にした。そうか！ やはり「《ベルサイユのばら》は一朝一夕にはならず」であったに違いない。次第にそんな確信が芽生えてきた。

本書は、博士学位論文「一九五〇～六〇年代の宝塚歌劇における取り組みの多様性――〈虚実〉〈和洋〉の相克から「タカラヅカ様式」の獲得へ」がもとになっている。だが、そもそも私がこの論文をまとめてみようと考えた原動力は、以上のような思いの積み重ねであった。ただの「夢の世界」ではないタカラヅカの本質を解き明かしてみたいという探究心。《ベルサイユのばら》がタカラヅカの歴史における一つの頂点なのだとしたら、そこに至るまでの道のりで「色々あった」に違いないという予感。こうした思いが結実したのが、本書である。

「タカラヅカ」とはいったい何なのか？ ……そんな壮大な問いに向き合っていく旅に、そしてまた、タカラヅカの「夢」と「リアル」の間を行きつ戻りつするめくるめく旅に、一緒にお付き合いいただければ幸いである。

序論

なぜ「相克」なのか

1.《ベルサイユのばら》は果たして神風だったのか？——研究の目的

二〇二四（令和六）年に宝塚歌劇団は創立一一〇年目を迎えた。宝塚大劇場および東京宝塚劇場では、週一日の休演日と上演組が交替する合間の数日を除いたほぼ毎日、公演が行われている。このほか、宝塚バウホール（客席数約五〇〇）などで行う若手中心の実験的な公演や各地の劇場を回る全国ツアーなど、年間三〇作品ほどが上演されている。公演の基本単位となるのは、花組・月組・雪組・星組・宙組の五つの組だ。各組ともに七〇名前後のメンバーが所属する。

ホームグラウンドである宝塚大劇場における観客動員数は、劇団創立一〇〇周年の二〇一四（平成二六）年以降六年連続で増加し、二〇一九（令和元）年には年間動員数が過去最高の約三二〇万人を記録した。客席稼働率も全公演で一〇〇％以上を達成したという。[1] 二〇二〇（令和二）年からの新型コロナウイルス感染拡大、いわゆる「コロナ禍」は演劇界に大きな打撃を与え、宝塚歌劇団もまた多くの公演が中止を余儀なくされたが、それでも上演が実現したものに関しては完売に近い公演がほとんどだ。兵庫県宝塚市にある宝塚大劇場は客席数二五五〇席、東京・日比谷にある東京宝塚劇場は二〇七九席（二〇二四年六月現在）と、日本有数の大劇場である。東西二つの大劇場を埋められる公演を毎日続けるのは大変なことだ。とりわけ、宝塚大劇場は東京に比べると観劇人口が少ない関西圏の、しかも阪急宝塚線の終点にある。通常、商業演劇において採算が取れる客席稼働率は七〇％（植田・川崎、二〇一四・二八八）だといわれることからも、これは驚異的な数字である。

そのタカラヅカ（宝塚歌劇の通称。以降も同様）の代表作と称されるのが《ベルサイユのばら》である。[2] 一九七四

（昭和四九）年に月組で初演されたのち、翌七五年には花組、雪組、七六年には星組と四組すべて（当時）[3]で続演され、いちやく「ベルばらブーム」を巻き起こした。観客動員数も「ベルばらブーム」の一九七四（昭和四九）〜七六（昭和五一）年の二年間で一三九万四〇〇〇人（『ベルサイユのばら・総集編』、一一三頁）を記録した。[4]さらに一九八九（平成元）〜九一（平成三）年にも雪組、星組、花組、月組と四組で続演。観客動員数一四〇万三〇〇〇人（前掲、一一四頁）と、初演を凌ぐ数字を記録し、こちらは「平成のベルばらブーム」と称された。その後も再演が重ねられ、二〇一四（平成二六）年の公演では観客動員数は五〇〇万人を超えた。[5]観客動員数第二位の《風と共に去りぬ》が三〇〇万人（二〇一四年時点）、第三位の《エリザベート》が二五〇万人（二〇一八年時点）であるから圧倒的である。[6]

---

1 「マイナビ２０２６」宝塚歌劇団　会社概要（https://job.mynavi.jp/26/pc/search/corp100692/outline.html）二〇二四年一一月一七日閲覧。

2 『週刊ダイヤモンド』二〇一五年六月二七日号、「１０１年目のタカラヅカ特集」（三九頁）にて「宝塚歌劇はその代表作である『ベルサイユのばら』で男役を磨く様式美を守り続けてきた」との記載が見られる。

3 一九九八（平成一〇）年に新たな組「宙組」が発足し五組体制となった。

4 《ベルサイユのばら》以前に記録的な観客動員を残した作品としては、一九五一年初演の《虞美人》（一九七四年までに九三万六三〇〇人）、四七年初演の《南の哀愁》（一九八八年までに九二万六三〇〇人）が挙げられる（植田、二〇〇二・一四二）。この数字からしても一九七四〜七六年の二年間で一四〇万人という本作の観客動員数がいかに驚異的なものだったかがわかる。

5 『日本経済新聞』「『ベルばら』動員、40年で５００万人　宝塚歌劇団」二〇一四・六・二七（https://r.nikkei.com/article/DGXNASDG2703X_X20C14A6CR8000）二〇二四年九月一四日閲覧。

6 《風と共に去りぬ》は、二〇一四年一一月の星組全国ツアー開始前の時点で観客動員数二九九万四〇〇〇人。《エリザベート》は、二〇一八年九月二〇回に観客動員二五〇万人を達成している。「宝塚歌劇公式サイト《風と共に去りぬ》二〇一四年星組全国ツアー」公演解説（https://kageki.hankyu.co.jp/revue/2014/gone_with_the_wind/info.html）『産経新聞』「【宝塚歌劇団】『エリザベート』観客動員２５０万人達成」二〇一八・九・二〇（https://www.sankei.com/west/news/180920/wst1809200047-n1.html）いずれも二〇二四年九月一四日閲覧。

かつてタカラヅカと並び称されるレビュー劇団であった「松竹歌劇団」や「日劇レビュー」は、戦後は衰退を余儀なくされ今では幕を閉じてしまった。いっぽうのタカラヅカは現在に至るまで生き永らえている。

そしてこの《ベルサイユのばら》の大ヒットが、それまで観客の不入りに悩まされていたタカラヅカを救ったといわれる。たとえば、川崎賢子は『宝塚――消費社会のスペクタクル』(講談社選書メチエ、一九九九)のなかで「七〇年代のはじめの数年間、観客動員にかげりがみられた」と指摘し、「退潮を心配された宝塚歌劇の起死回生の機会をもたらしたのが、『ベルサイユのばら』の成功だ」と述べている(前掲、二〇七-二〇八頁)。

だが、《ベルサイユのばら》は果たして本当に神風だったのだろうか? この問いが本書のスタート地点である。そこでまず「《ベルサイユのばら》の大ヒットがタカラヅカを救った」という「ベルばら神話」が実際のところいつ頃形づくられていったのかを振り返ってみよう。

一九九八(平成一〇)年に出版された前掲『宝塚――消費社会のスペクタクル』は、タカラヅカ研究の嚆矢ともいえる一冊であり、そのまえがき(同書ではプロローグと称されている)でも「宝塚歌劇を歴史的社会的にとらえなおし、位置づける仕事は、これまでほとんどなされてこなかった」と指摘されている。その後、『ユリイカ』二〇〇一(平成一三)年五月号で「宝塚」特集が組まれた。ちょうど《ベルサイユのばら 2001》として《ベルサイユのばら》が再演されるいっぽうで、前年には《エリザベート》が東宝ミュージカルで初演されたタイミングでもあり、両作品関連の論考やインタビュー記事も掲載されている。二〇〇二(平成一四)年五月には日本演劇学会のシンポジウムが「宝塚歌劇を考える」をテーマに掲げた。つまり「宝塚歌劇を歴史的社会的にとらえなおし、位置づけようとする動き」は、一九九〇年代の末から二〇〇〇年代初めにかけて起こってきたといえる。それは、一九八九(平成元)~九一(平成三)年のいわゆる「平成のベルばらブーム」、また九六(平成八)年の《エリザベート》上演を経たタイミングでもあった。

二〇〇五（平成一七）年一二月五日にはNHKのドキュメンタリー番組『プロジェクトX～挑戦者たち～』「ベルサイユのばら　愛の逆転劇――宝塚復活」が放映された。そのタイトルのとおり、これはまさに「ベルばら神話」の物語であった。つまり、一九九〇年代末から二〇〇〇年代始めにかけての「宝塚歌劇を歴史的社会的にとらえなおし、位置づけようとする動き」のなかで「ベルばら神話」が語られる機会も徐々に増えていったと思われる。

しかし、戦前のタカラヅカと《ベルサイユのばら》以降のタカラヅカとの間には大きなイメージの乖離がある。戦前のタカラヅカのイメージは「少女歌劇」であり「レビュー」である。いっぽう、現在のタカラヅカの公演は基本的に「ミュージカル」と「ショー・レビュー」の二本立てである。一九九六（平成八）年の《エリザベート》の大ヒット以降は、海外ミュージカルを積極的に上演している劇団というイメージも強い。戦前のイメージと、「ベルばらブーム」以降現在までのイメージは、「レビュー劇団」という部分は共通するものの、それ以外はあまりにかけ離れている。この間にタカラヅカは大きな変化を遂げているはずなのだが、その具体的な過程がよくわからない。

二〇〇九（平成二一）年、CS放送タカラヅカ・スカイ・ステージにて、宝塚歌劇九五周年特別番組『タカラヅカ　華と嵐の九五年』が制作された。全五回、各回三〇分の番組で、第一回が宝塚誕生からレビュー黄金時代まで、第二回がレビュー黄金期から戦後の再開まで、第三回が戦後の復興から新しいレビューの時代の歴史、第四回が《ベルサイユのばら》のヒットに沸いた一九七〇年代、第五回が阪神大震災からの復興と《エリザベート》の大ヒットをそれぞれ取り上げている。だが、戦後から《ベルサイユのばら》前夜にあたる一九五〇～六〇年代の歴史を取りあげた第三回は《モン・パリ》や《パリゼット》、あるいは《ベルサイユのばら》や《エリザベート》のようなエポックメイキングな作品もなく、ほかの回に比べても印象が薄い。つまり、この時代のタカラヅカは「どう語っていいのかがわからない」といえるだろう。果たして、一九五〇～六〇年代のタカラヅカは何を目指し、どのような取り組みを行っていたのか。なぜタカラヅカは「ベルばらブーム」の頃に大きく変化を遂げたのか。そして、その頃にタカラヅカが獲得していたと思われるタカラヅカの独自性とは、どのように言語化すれば良いのか。さまざまな疑問が湧き上がってくる。

だが、実際のところ一九五〇～六〇年代のタカラヅカでは、驚くばかりに多様な試みに挑んでいた。現在の好業績からは想像もつかないことだが、《ベルサイユのばら》前夜、つまり戦後の一九五〇年代から七〇年代初頭のタカラヅカは阪急社内で「ドラ娘」と揶揄されるほどの業績不振に悩まされていた。[7] にもかかわらず、いや、だからこそ果敢な挑戦が続けられ、それはひと言でいえば「自分たちは何者であるべきか」という模索の時代であった。この時期の演目は良くいえば多様性に富んでいるが、悪くいえば脈絡がなく、消えてしまったジャンルもある。その代表が歌舞伎を始めとした古典芸能を踏襲した演目である。そのほか、現代日本を舞台にした作品や、おとぎ話を題材にした作品もかつてはあった。やがてタカラヅカは、レビュー劇団としての伝統は保持しつつ「ミュージカル」を上演する道を選ぶ。こうした試行錯誤のなかで蓄積されたノウハウと、育った人材が「ベルばらブーム」の頃に花開いた。《ベルサイユのばら》だけではない、同時期に生まれた作品には、今なお再演され続けている秀作が多いが、いくつかの幸運により爆発的ヒットにつながったのが《ベルサイユのばら》なのである。「ベルばらブーム」以降のタカラヅカの作品群からは、もはや一九五〇～六〇年代に感じられたような「脈絡のなさ」はなく、そこには「タカラヅカ様式」ともいうべき独自性が感じ取れる。実際、一九五〇～六〇年代に宝塚歌劇団の制作の現場にいた橋本雅夫は《ベルサイユのばら》大ヒットについて、「この成果は天から降ったものではなく、宝塚六十周年の実績が、ベストセラーの漫画と実にうまく融合したのであった」と述べている（『ベルサイユのばら・総集編』、一九九一・一一五）。本書でも「《ベルサイユのばら》は神風ではなく、それ以前の試行錯誤の積み重ねがあったからこそ本作は大ヒットしたのではないか」という問題提起をするべく、次の三つの仮説を検証していきたい。

①日本のミュージカルがこぞってブロードウェイを志向していた一九六〇年代、タカラヅカは国産のオリジナル・ミュージカルの創造を目指して試行錯誤を重ねていた。戦前は「少女歌劇」であり「レビュー劇団」であったタカラヅカは、ミュージカルを演じられる劇団へと変化していった。

②その試行錯誤は、それ以前のタカラヅカが背負ってきた「歌舞伎」と「レビュー」の伝統の上に積み重ねられていったものであった。端的に言うならば、一九五〇〜六〇年代のタカラヅカにおけるさまざまな取り組みは「虚（レビューが描く「夢の世界」）と実（ミュージカルが描く「リアルな世界」）」の相克、「和（歌舞伎に代表される日本の伝統芸能）と洋（西洋から入ってきたミュージカル）」の相克というフレームのもとに整理できる。

③その変化は「ベルばらブーム」の頃に結実し、タカラヅカが生み出すミュージカルは「タカラヅカ様式」とも言うべき独自性を獲得した。

---

7 《ベルサイユのばら》前夜のタカラヅカがいかに不入りで苦しんでいたかについて《ベルサイユのばら》の作者・演出家の植田紳爾は、「僕たちには何もおっしゃらなかったけれど、小林米三さんは重役会や株主総会で『こんな赤字を垂れ流しているのか』といじめられていたと思う」と述懐している（植田・川崎、二〇一四・一七七）。「ドラ娘」と揶揄されていたことは『週刊ダイヤモンド』二〇一五年六月二七日号、「１０１年目のタカラヅカ特集」（三三頁）にも記載がある。

2. 戦後から一九七〇年代までの空白——先行研究の振り返り

先に触れたとおり、タカラヅカが研究対象として取り上げられ始めたのは、一九九〇年代の終わり頃からである。だが、そこで論じられるのは、戦前の創成期から一九三〇年代のレビュー時代についての事象が多い。なかでも興味深いのは**渡辺裕**の『**宝塚歌劇の変容と日本近代**』（**新書館、一九九九**）および『**日本文化モダン・ラプソディ**』（**春秋社、二〇〇二**）である。渡辺は、創成期は「まとも」な歌劇を目指していたタカラヅカが次第にレビュー劇団と化し周縁的な存在に追いやられた過程をとおして、日本の音楽文化のパラダイムそのものの変容を描く。そこで明らかにされるのは、西洋文化の「直輸入派」が中央集権的な強みにものをいわせ「和洋折衷派」を制圧し、以来「和洋折衷」的なものは「本格的」とみなされなくなったという構図である（渡辺裕、一九九九・八―九、一二六）。小林一三の「国民劇構想」のもと「和洋折衷派」の旗頭として「本格的な」歌劇を目指したタカラヅカは「直輸入派」に敗北し、パリ直輸入のレビューを売りにする劇団と化したのだ。

本書は、渡辺の論考から多くの示唆を得ている。なぜなら、戦後、海外ミュージカル流入の過程でも類似の構図があったと思われるからであり、この時もタカラヅカは「和洋折衷派」を貫きとおそうとした。その結果、戦前の「歌劇」がたどった道とは少し異なるものになっていったのではないかと考える。この点を本書では解き明かしていきたい。

他ジャンルとの関連からタカラヅカの位置づけを探った著作として、**津金澤聰廣・近藤久美**（**編著**）の『**近代日本の音楽文化とタカラヅカ**』（**世界思想社、二〇〇六**）は、主に洋楽受容史の視点より、少女歌劇「タカラヅカ」を基点に広がった近代日本の音楽文化の諸相を検討した。歌舞伎との関連を取り扱った書としては、**吉田弥生（編著）**の**『歌舞伎と宝塚歌劇――相反する、密なる百年』（開成出版、二〇一四）**がある。

いっぽう一九七四（昭和四九）年の「ベルばらブーム」以降から現在のタカラヅカに焦点を当てた書籍は多く刊行されており、そこでは複雑かつ独特に進化したタカラヅカのシステムが解明されている。

先に挙げた**川崎賢子『宝塚――消費社会のスペクタクル』（講談社選書メチエ、一九九九）**は、著者の専門である昭和モダニズムがタカラヅカにおいていかに成り立ち変容していったかという視点で書かれているが、前半では創成期からレビュー時代までのタカラヅカの歩みが整理され、後半ではタカラヅカ独自の「男役」および《ベルサイユのばら》以降のタカラヅカについて解説されているため、タカラヅカの成立と現在を理解するための必読書としてその後の研究でも参照されてきた。また、同じく川崎の**『宝塚というユートピア』（岩波新書、二〇〇五）**では「タカラヅカというジャンル」ともいうべき独自性がいかに形成されていったかを、創成期からレビュー時代の試み、海外公演と占領政策、ジェンダーの視点などさまざまな角度から紐解いている。

ジェニファー・ロバートソン『踊る帝国主義――宝塚をめぐるセクシュアルポリティクスと大衆文化』（現代書館、二〇〇〇）は、タカラヅカの成り立ちと現状を劇団およびファン組織まで詳細に取材しつつ、そこに噴出したジェンダー、セクシュアリティ、大衆文化、ナショナル・アイデンティティに共通する問題点を探究している。

『ユリイカ』宝塚特集号（二〇〇一・五）は、**川崎賢子・渡辺裕・津金澤聰廣**らによって、それぞれの研究分野が網羅されつつ、タカラヅカ出身の女優や座付演出家のインタビュー、「宝塚キーワード図鑑」などが掲載され、「研究対象としてのタカラヅカ」と「タカラヅカの今」の両面を描く構成になっている。

ここまで見てきたとおり、タカラヅカ関連書の論述の対象時期は、戦前および《ベルサイユのばら》以降と、戦後から一九六〇年代までがすっぽり抜け落ちている状態である。つまり、「一九五〇〜六〇年代のタカラヅカの取り組み」を整理する試みはこれまで積極的になされてはこなかった。

もちろん、公式見解としての一九五〇〜六〇年代のタカラヅカ史は、劇団の刊行物によって確認することができる。劇団は一〇年ごとの節目に「年史」を刊行しており、この時代を対象としているものとしては**『宝塚歌劇五十年史』『宝塚歌劇の六〇年』『宝塚歌劇の七〇年』『夢を描いて華やかに　宝塚歌劇八〇年史』『すみれ花歳月を重ねて　宝塚歌劇九〇年史』『宝塚歌劇一〇〇年史　虹の橋　渡りつづけて』『宝塚歌劇一一〇年史』**がある。

この時期に活躍した演出家たちに関する著作もある。たとえば、座付演出家の**高木史朗**の**『レヴューの王様――白井鐵造と宝塚』（河出書房新社、一九八三）**からは高木自身の創作に対する考え方をうかがい知ることができる。**井上理恵『菊田一夫の仕事――浅草・日比谷・宝塚』（社会評論社、二〇一一）**では菊田一夫のタカラヅカにおける業績が詳しく触れられており、**植田紳爾・川崎賢子『宝塚百年を越えて――植田紳爾に聞く』（国書刊行会、二〇一四）**では、植田自身の《ベルサイユのばら》に至るまでの足跡が語られる。

他方、阪急電鉄の社員であり一九五六（昭和三一）年に宝塚歌劇団に出向し、出版部長やプロデューサー、営業部長などを歴任し、『宝塚歌劇の七〇年』『宝塚歌劇八〇年史』の編纂にも携わった**橋本雅夫**が残した**『サ・セ・宝塚』（読売新聞社、一九八八）、『すみれの花は嵐を越えて』（読売新聞社、一九九三）、『宝塚歌劇今昔物語――タカラジェンヌよ永遠に』（小学館、二〇〇二）**といった著作も、一九五〇〜六〇年代に劇団側で制作に携わった立場からの声として貴重である。

本書では、先行研究を踏まえたうえで、「一九五〇〜六〇年代のタカラヅカの取り組み」を総合的に整理し、その意義を確認していきたい。現在のタカラヅカの隆盛を紐解くためにも、この時期のタカラヅカが何を考え、どんな取り組みを積み重ねてきたのかを俯瞰的に見直すことは必要不可欠である。

3. 三層構造のもとでの考究——研究方法

本研究を進めるためには、「各時代にはどのような作品が上演されていたのか」「作者やスタッフ、演者はその作品の上演に際し、どのようなことを考えていたのか」「劇団の舵取りに携わっていた人物はどのようなことを考えていたのか」「観客は各作品や劇団の動向をどのように受け止めていたのか」を踏まえる必要がある。

幸いにして宝塚歌劇には、一九一八(大正七)年に創刊し、戦時中などの一時期を除いて毎月発行され続けてきた機関誌『歌劇』があり、多数の詳細な記録が残されている。無論、『歌劇』は歌劇団側の機関誌であるだけに中立性、客観性に欠けるという懸念は想定されるが、少なくとも本書が対象とする一九七〇年代前半までの『歌劇』は、外部の識者の寄稿や読者投稿において劇団に対する批判的な意見も積極的に掲載する姿勢を保っているため、主たる資料として活用できると考えられる。とはいえ可能な限り、新聞や雑誌なども併せて参照し、中立性、客観性の担保には十分に注意を払っていきたい。具体的には、次の手法を用いて研究を進めていく。

・作品の内容/作者やスタッフ、演者の意図

作品内容について、映像が残っているものは視聴が可能だが、そうでないものについては「公演プログラム」などによって上演台本を確認する。また『歌劇』には舞台写真や詳細な公演内容が紹介されるとともに、公演ごとに作者と主な出演者による座談会が掲載されている。これらの資料を用い、各作品の主題や特徴、上演に際しての作者やスタッフ、演者の意図や工夫などを探る。

・劇団運営に携わった人々の考え方

『歌劇』誌において、タカラヅカを創設した小林一三は「おもひつ記」、一三の三男で一九六〇年代のタカラヅカを牽引した小林米三は「見たこと　聞いたこと　感じたこと」、米三の女婿で《ベルサイユのばら》初演の年（一九七四）に劇団理事長に就任した小林公平は「花の道より」と題する連載をそれぞれ持っており、これらをまとめた著作も存在する。また『歌劇』には、歴代理事長や演出家、生徒らの対談記事なども豊富に掲載されている。これらを参照することで、劇団運営側の理念と実際を確認できる。

・観客および世の中の反応

『歌劇』誌巻末に掲載の読者投稿欄「高声低声」からは、各作品が上演当時、観客にどのように受け止められたかの一端を知ることができる。いっぽう、タカラヅカという存在や上演作品について世の中全般がどのように受け止めていたかについては、同時代の新聞・雑誌を確認していきたい。

また、次の二点には特に留意する。

・「時代背景」「演劇界の動き」「タカラヅカの動き」の三層構造を整理すること

タカラヅカの動向の背景にある演劇界各ジャンルの潮流、さらにその背後にある世の中の動きに着目しつつ、三層は分けて眺め、「時代背景」「演劇界の動き」がそれぞれタカラヅカにどのような影響を及ぼしたのかを整理する。

・解決しきれない問題を明確にすること

対象としている時代が幅広く、取り上げる作品や人物も多岐にわたるため、個々の作品や人物については概要にとどまる場合もある。しかし、本書で目指すところは「一九五〇年～六〇年代のタカラヅカ」で何が生起していたのか、その本質を明らかにすることであり、本書内で解決できない問題は今後の課題としていきたい。

【凡例】

・作品名や引用文の旧字体は新字体に改めているが、仮名および誤字脱字の箇所は原則そのまま表記している。引用内の筆者注に関しては〔 〕でくくる。
・作品名は《 》でくくる。
・本書中に登場する主要作品の「あらすじ」は、特に記載がない限り、宝塚歌劇プログラム等に掲載されている脚本をもとに筆者がまとめたものである。また、配役は原則として初演のものを記載している。
・『歌劇』における小林一三の連載「おもひつ記」、および小林米三の連載「見たこと 聞いたこと 感じたこと」からの引用については、これらの連載をまとめた書籍の記載頁を注記として記す。また、大笹吉雄『新日本現代演劇史』より引いた新聞評などは、同書の掲載頁を注記として記す。

本書では次の表記を使用する。
・タカラヅカ
「宝塚歌劇」および「宝塚少女歌劇」に加え、「タカラヅカ」という表記を主に用いる。これは組織としての「宝塚歌劇団」のみならず周辺に広がる関連世界も包含する言葉である。地名の「宝塚」と区別するため、カタカナ表記とする。
・タカラジェンヌ／生徒
宝塚歌劇団の劇団員についても、通称である「タカラジェンヌ」を、また、文脈によっては「生徒」を使用する。
・大劇場公演

宝塚大劇場、東京宝塚劇場での公演のことを「大劇場公演」と表記する。

・形式名

宝塚グランド・ロマン《ベルサイユのばら》における「宝塚グランド・ロマン」、あるいはミュージカル・ロマンス《霧深きエルベのほとり》の「ミュージカル・ロマンス」など、作品タイトルの前につけられている名称のことを「形式名」と表記する。

第一章

一九五〇～六〇年代とは どういう時代だったのか

本章では、タカラヅカの動きの背景にある演劇界各ジャンルの動き、さらにその背後にある世の中の変転に着目し、「演劇界の動き」「時代背景」がそれぞれタカラヅカにどのような影響を及ぼしたのかを整理していきたい。

序論で述べたように、一九九〇年代までタカラヅカは本格的な学術研究の対象となってこなかった。これは、女性だけの特殊な劇団とみなされ、他の演劇ジャンルとは「別枠」で取り扱われることが多かったためであるといえよう。しかし、タカラヅカもまた時代の潮流のなかでさまざまな演劇の影響を受けていることは必至であり、ましてタカラヅカは他ジャンルの演劇の要素を貪欲に取り込むことで発展してきた劇団である。したがって、一九九五〇～六〇年代のタカラヅカを考える際も、その点は当然考慮するべきだろう。

「演劇は時代を映す鏡」とはよく使われるフレーズであるが、では、一九五〇～六〇年代のタカラヅカ作品にも映し出されたであろうその「時代」とはどのような状況にあったのか、また、タカラヅカを取り巻く劇界はどのような様相を呈していたのか、その両輪を見ていきたい。

【第一節】政治、経済、社会、文化の動向

「政治の時代」と「高度経済成長期」

まずは政治の動向だが、ここでは主に「人々の政治への向き合い方の変化」に着目し、特に演劇関係にも影響が及んだできごとに焦点を絞って話を進めたい。

一九四七（昭和二二）年五月三日に日本国憲法が施行され、同年までに労働三法（労働組合法・労働関係調整法・労働基準法）が整った。これにより戦前には認められていなかった労働者の権利が保障され、労働組合運動が盛んになる。娯楽産業界においてその頂点ともいえるのが一九四八（昭和二三）年の東宝争議で、砧撮影所に立てこもっていた組合員は米軍の戦車や飛行機によってようやく強制退去させられたほどであった。[1] だが、一九五〇（昭和二五）年六月に開戦した朝鮮戦争を機にアメリカの占領政策は大きく転換し、翌七月にはマッカーサーが吉田茂に警察予備隊の創設を指示。共産党の支持者を公職追放する、いわゆるレッドパージの波は演劇関係者にも及んだ。一九五一（昭和二六）年九月にはサンフランシスコ平和条約が調印されアメリカの占領は終わったが、同時に

1　一九四六（昭和二一）～五〇（昭和二五）年に東宝で起こった労働争議のこと。とりわけ米軍まで出動した一九四八（昭和二三）年の第三次東宝争議が知られる（「共産党を撃退して生き抜いた東宝」『東宝二十年史抄』、一九五四・八－一一六）。

日米安全保障条約も締結された。戦後の政治的な混迷は、自由民主党優位のいわゆる「五五年体制」でまとまっていくことになる。一九六〇年代は「政治の時代」といわれ、若い世代は安保闘争や学園紛争で権力と戦った。一九六〇（昭和三五）年、岸伸介内閣がアメリカとの軍事的結びつきを強める内容の新安保条約などに調印し、条約批准を強行採決しようとしたことから起こったのが「安保闘争」である。また、一九六五（昭和四〇）年にアメリカが北爆を開始しベトナム戦争が激化すると、反戦運動が広がりを見せた。一九六八（昭和四三）年には、全国の高校・大学で学校の民主化を求める「学園紛争」が起こるが、翌六九（昭和四四）年一月の東大・安田講堂での攻防戦を機に失速していった。

いっぽう経済に関していえば、戦後の復興に力が注がれた一九五〇年代に続き、六〇年代にかけては「高度経済成長」によって人々の生活が劇的に豊かになった時代だった。

一九五〇（昭和二五）年からの朝鮮戦争は日本に「朝鮮特需」をもたらし、戦後の経済復興を後押しした。一九五一（昭和二六）年には工業生産、実質国民総生産、実質個人消費などが戦前の水準に回復し、翌五二年には一人あたりの国民所得が戦前の水準を上回る。終戦後の混乱と貧困は次第に改善されていった。一九五五（昭和三〇）年には国民総生産（GNP）が戦前の水準を回復、同年が高度経済成長の起点となった。このように、一九六〇年代は高度経済成長の真只中であった。「消費は美徳」との価値観が定着し、成長神話は疑いようもなかった。高度経済成長期の前半には電気洗濯機・白黒テレビ・電気冷蔵庫のいわゆる「三種の神器」が普及し、後半には自動車（マイカー）・カラーテレビ・ルームクーラーの「新三種の神器」「三C」が一般化した。一九六四（昭和三九）年には東京オリンピック開催に伴う大規模公共事業も推進され、新幹線、地下鉄、高速道路などの整備が進んだ。

だが、一九七〇年代に入ると「政治の時代」も「高度経済成長」も終焉する。安保闘争や学園紛争における実質的な敗北から、運動に取り組んできた人々は挫折感、無力感を味わい、一九七二（昭和四七）年の「あさま山荘事件」はその息の根を止める事件であった。若い世代には政治への無関心が蔓延し、「しらけ世代」などと呼ばれた。一九七三（昭和四八）年一〇月、第四次中東戦争を機に起こった石油危機により、翌七四年は戦後初めてのマイナス成長となる。高度経済成長は終焉し、以降は安定成長の時代を迎える。「一億総中流化社会」のなかで、ささやかな豊かさを保持することが人生の目的となった。いわば日本社会の落ち着きどころが見えてしまった時代、それが「ベルばらブーム」の頃であった。

映画の黄金期とテレビの普及

社会や文化面の変化のなかで、演劇の世界にもタカラヅカにも特に大きな影響を与えたと思われるのが、映画の人気とテレビの普及である。

戦後の一九五〇年代は日本映画界が黄金期を迎えた時代でもあった。松竹、東宝、大映、東映、日活といった映画会社はこの時期、映画館のプログラムを埋める「プログラム・ピクチャー体制」により作品を量産していった。黒澤明、溝口健二がヴェネツィア映画祭で、衣笠貞之助がカンヌ映画祭で受賞し、日本映画が国際的にも注目された。遡ること戦前の一九三七（昭和一二）年、小林一三は東宝映画株式会社を設立し、トーキー映画研究所「ＰＣＬ」などを吸収合併する。さらに一九四三（昭和一八）年には東宝映画（株）を（株）東京宝塚劇場に吸収合併し、社名を東宝（株）に改めた。こうして東宝は日活や松竹に遅れをとりながらも映画界への進出を図っていった。戦後の東宝は一九五一（昭和二六）年に《羅生門》でヴェネツィア映画祭グランプリを獲得した黒澤明を擁し、五四（昭和二九）年には《ゴジラ》が大ヒットする。この時期には帝国劇場も一九五四（昭和二九）年一一月末に演劇興行を打ち切り、翌年よりシネラマ専門館となっている。

一九五八（昭和三三）年には映画の観客数が一一億二七〇〇万人（伊予田ほか、一九九六・一七）、六〇（昭和三五）年には制作本数が五四七本と、それぞれ過去最高を記録し、黄金時代はピークを迎える（四方田、二〇一四・三七）。だが、この後の下降は急激で、一九六三（昭和三八）年には観客数が最盛期の半分以下の五億一一一二万人まで落ち込んでしまう（前掲、一六六）。映画はあっという間にテレビにとって代わられたのだ。

一九五三（昭和二八）年二月一日、ＮＨＫ東京テレビ局が開局、同年八月二八日には日本テレビ放送網が開局した。この時の受信契約数は八六六件。番組もプロ野球やプロレス、舞台などの「中継もの」が中心であった。街頭に集まって見るものであったテレビはやがて喫茶店や銭湯の客寄せに利用されるようになり、さらにお茶の間にも普及していく。一九五八（昭和三三）年の東京タワー完成はテレビ時代の象徴であった。一九五九（昭和三四）年四月の皇太子ご成婚はテレビ購入の後押しとなり、同年一二月の受信契約数は三四六万件に達した。この状況を危惧した映画会社各社が一九五八（昭和三三）年九月にテレビへの作品供給を停止すると、結果としてアメリカからテレビ映画が大量輸入されることになった。アメリカ中流家庭の豊かな生活は日本人の憧れとなり、電気洗濯機・掃除機・冷蔵庫などの電化ブームが沸き起こった。一九六〇（昭和三五）年にはカラー本放送がスタートし、六四（昭和三九）年の東京オリンピック開催はカラーテレビ普及の契機となる。一九六九（昭和四四）年末、受信契約数は二一八八万件に達し、普及率も九〇％を突破した（データは伊予田ほか、一九九六・七－六二参照）。

一九五〇年代の映画人気、六〇年代のテレビの普及に対して、タカラヅカもまた向き合わざるを得ず、この時期に映画、テレビへの進出も試みている（二章三節）。つまり、この時期のタカラヅカは比較的外向きの志向が強かったのだが、これが頓挫する頃に「ベルばらブーム」が起こり、タカラヅカは「劇団」として内向きに深化する道を選びとっていくことになる。

女性の結婚観と仕事観の変化

社会の変化に伴い、女性の恋愛・結婚観や仕事観も変わっていった。この点も女性観客が多くを占めるタカラヅカにおいては、作品の人気を大きく左右した要素だと思われるため、少し詳しく見ておきたい。

女性の恋愛・結婚観について「私が誰を愛するかは私の自由。そして、その恋愛は結婚に結びつくべき」という、ロマンティック・ラブと呼ばれる考え方がある。この価値観が日本で一般に普及したのは戦後の高度経済成長期だといわれる（谷本、二〇〇八・七二―七四）。「恋愛のゴールは結婚である」という考え方について、社会学者の山田昌弘は次のように述べている。

> 一九五〇年以前に生まれた人〔一九七〇年代以前に適齢期を迎えた人〕にとっては当たり前、一九六〇年以降に生まれた人〔一九八〇年以降に適齢期を迎えた人〕にとってはよく分からない考え方であろう。（山田、二〇〇七・一七二）

「見合い結婚」に代わって「恋愛結婚」が当たり前になっていくのも高度経済成長期である。国立社会保障・人口問題研究所による「第一三回出生動向基本調査」（二〇〇五）によると、戦後になって恋愛結婚が徐々に増え、一九六〇年代後半には見合い結婚の数を上回る。同調査によると、戦前の一九三〇～三九年に結婚した夫婦のうち見合い結婚は六九・〇％を占め、恋愛結婚は一三・四％にすぎない。これが一九六〇～六四年に結婚した夫婦だと、見合い結婚四九・八％、恋愛結婚四一・一％となり、六五～六九年に結婚した夫婦のうち見合い結婚は四四・九％、恋愛結婚が四八・七％と、ここでついに逆転現象が起こる。二〇〇〇～〇五年に結婚した夫婦では、見合い結婚はわずか六・二％にすぎず、恋愛結婚が八七・二％となり、「結婚は恋愛を経てからする」ことが当たり前になった。恋愛結婚比率が見合い結婚比率を超えた一九六〇年代後半、タカラヅカでも「ラブストーリーの王道」といえるような作品が人気を博すことになる（三章二節）。

女性の仕事観も徐々に変化していく。一九七〇（昭和四五）年、渋谷で日本で初めてのウーマン・リブ大会が開かれ、女性だけのデモ行進が銀座で行われた。《ベルサイユのばら》は、こうした社会背景のなかで生まれた作品でもあった。だが、意識レベルではともかく、実態としてまだこの時期は「女性は結婚したら仕事を辞めて家庭に入る」ことが普通だった。総務省の労働力調査のなかの「労働人口比率」のうち、結婚や出産の影響をもっとも受けやすいと思われる二五～三四歳女性の数値に着目して、推移を見るとそのことがわかる。この調査は一九六八（昭和四三）年開始のため、それ以前のことはわからないが、六八年から数年は、女性の労働人口比率は減少傾向であり、二五～三四歳女性の労働力人口比率が四三・二％と底値を記録するのが七五（昭和五〇）年だ。これ以降の同範囲の労働力人口比率は、七五年（《ベルサイユのばら》初演の翌年）は四三・二％、九六年（《エリザベート》初演の年）は六一・六％、二〇一四年（タカラヅカ一〇〇周年の年）は七四・九％と、現在に至るまで右肩上がりで上昇し続けている。つまり、「一九七〇年代後半から女性の社会進出が進み、職業を持つ女性の割合が少しずつ増え始めた」ということになる。

《ベルサイユのばら》はこうした時代の流れの起点にあった作品でもあった。職業軍人としての責務を果たすことを第一とし、さらには変革の時代のなかで一人の人間として何ができるかを考え続けたオスカルの生き方は、働く女性たちに憧れをもって受け止められた。さらにいうと、当時としてはまだまだ「いばらの道」ともいえる道程を選んだ女性に寄り添う理想のパートナーとして、アンドレのような男性が嘱望されたのである（五章五節）。

【第二節】歌舞伎界の動向と民俗芸能の隆盛

戦後から一九五〇年代の歌舞伎

戦後から一九六〇年代にかけては、歌舞伎という芸能の受け止められ方が大きく変化していった時代であり、その影響をタカラヅカも受けることになる。

戦後の歌舞伎は、一九四五（昭和二〇）年の「《寺子屋》上演禁止事件」からの苦難の幕開けとなった。東京劇場の一一月公演の夜の部の演目《菅原伝授習鑑《すがわらでんじゅてならいかがみ》》の《寺子屋》に対して、GHQの上演停止命令が出されたのである。忠義のために我が子を殺すという物語内容は封建道徳の賛美であり民主主義に反するという理由からであった。劇場側は昼の部の演目を夜の部でも上演することで急場をしのいだ。その後、歌舞伎の全演目のうち五二二本が上演不適格とされ、新作を五〇％以上上演せよとの命が下り、およそ二年間にわたって古典演目の一部上演禁止が続いた。

一九四八（昭和二三）年四月から始まった東宝争議は、伝統芸能の世界にも影響した。文楽の世界では五月に大阪文楽座で労働組合が結成され、一二月には組合派の三和会《みつわかい》と非組合派の因会《ちなみかい》に分裂。三和会メンバーは松竹を脱退して自主興行を余儀なくされることになる。いっぽうで、この時代は明治歌舞伎が最後の光芒を放った時代でもあった（渡辺保、二〇一七・二五）。七代目松本幸四郎・六代目尾上菊五郎・初代中村吉右衛門といった名優が当たり芸を披露し、名作の通し上演もよく行われた。なかでも六代目菊五郎はタカラヅカの天津乙女が傾倒した俳優である。菊五郎が試みた古典歌舞伎の新演出は、前近代の古典劇である歌舞伎を近代的に解釈しようという挑戦であった。その芸風は「菊五郎の科学性」(折口信夫)、「六代目革命」(渡辺守章)と称され、賛否を呼びながらもこの後の歌舞伎に大きな影響を与えていく(前掲、三三―三四)。一九五一(昭和二六)年には歌舞伎座が新装開場し、史上初めて《源氏物語》が歌舞伎で上演されたことが話題になった。光源氏を演じたのが九代目市川海老蔵、のちの十一代目團十郎である。

タカラヅカの座付演出家の酒井澄夫は、宝塚義太夫歌舞伎研究会(四章一節)が始まった一九五〇年代前半頃について次のように振り返っている。

> 如何に新しい演劇が日本に生まれたとしても、何処か、特に大衆演劇は歌舞伎と切り離すことは出来なかったのです。〔略〕当時は庶民の生活の中に歌舞伎のセリフとか所作が日常茶飯事に取り入れられていました。それが粋とされていたのです。(吉田編著、二〇一四・七三)

当時は今よりも身近に歌舞伎があり、庶民にも歌舞伎作品の筋やセリフが辛うじて共有されている時代だった。だが、一九五四(昭和二九)年の「明治歌舞伎の最後の一人」であった初代吉右衛門の死が一つの時代の終わりを告げることになる。

いっぽう関西歌舞伎は戦後、衰退の一途をたどっていた。この原因は経済の中心が東京に移行し、関西歌舞伎を支えてきたいわゆる「上方の旦那衆」も戦災で没落してしまったこと、松竹の白井松次郎[2]が一九五一(昭和二六)年に亡くなったこと(水落、一九九〇・二六―二七)、俳優の人材不足などが背景にある。初代吉右衛門逝去と同年、関西の巨頭、三代目阪東壽三郎の死は関西歌舞伎凋落を決定的なものにした。俳優たちは仲間割れし、興行的にも衰えていく。

映画が黄金期を迎えるなか、映画界に進出する歌舞伎俳優も増えていった。他方で、一九五五（昭和三〇）年七月には歌舞伎から映画に移っていた長谷川一夫が舞台に復帰し「東宝歌舞伎」が始まる。

また、戦後の歌舞伎では「女形」が白眼視されがちであり「女形不要論」が叫ばれた（渡辺保、二〇一七・四四―五二）。これは民主化された戦後の社会のなかで歌舞伎という特殊な世界のありようが浮き彫りになったこと、また新劇のリアリズムの影響もあった。しかし、こうした議論は裏を返せば、この時代の歌舞伎はまだ「古典劇」ではなく、リアリズムをうまく吸収することで進化し、現代劇として生き続けられる可能性があると考えられていた証左であった。

一九六〇年代の歌舞伎

一九六一（昭和三六）年八月、東京の主要な劇場で歌舞伎が一作品も上演されないという事態が起こる。[3]一九六一～六二（昭和三六～三七）年は歌舞伎の危機の時代だった。この危機を打破するきっかけとなったのが、一九六二（昭和三七）年四～五月に行われた十一代目市川團十郎襲名披露興行の成功である。これは市川宗家の復権を意味するものでもあり、「理屈抜きの面白さ」を観客に示すことによる近代合理主義への反撃でもあった（渡

2　松竹は双子の兄弟、白井松次郎と大谷竹次郎が創業した会社である。関西は白井、東京は大谷が担当して経営にあたっていた。
3　日本俳優協会「歌舞伎公演データベース」を参照（http://www.kabukidb.net）二〇二四年九月一四日閲覧。

辺保、二〇一七・一一〇）（しかし、團十郎は一九六五年に五六歳で早世した）。いっぽう團十郎の実弟にあたる八代目松本幸四郎（のちの初代白鸚）は一九六一（昭和三六）年三月に東宝入りし、第二次東宝劇団が結成される。幸四郎は歌舞伎以外のジャンルの演劇にも積極的で、一九五七（昭和三二）年に文学座《明智光秀》に出演、五八（昭和三三）年には文楽の竹本綱太夫と共演を果たし、六〇（昭和三五）年には日本初のプロデュース公演であるシェイクスピア《オセロ》にも主演している。こうした事象のなかで、歌舞伎を無理に現代劇に発展させるのではなく、歌舞伎が本来持っている表現力をそのまま評価しようという考え方の変化、つまり「歌舞伎の表現力の持つ力の相対化」（前掲、一〇二）が起こっていた。

しかし一九六〇年代後半になると、生活全般の西欧化が進むにつれ世の中の「歌舞伎離れ」はさらに加速していく。この状況について、歌舞伎役者として初めてタカラヅカ作品の演出を手がけた二代目尾上松緑（十一代目團十郎、八代目幸四郎の実弟）は次のように語っている。

世の中がもう歌舞伎の世界ではなくなった。世間一般が歌舞伎の世界でなくなったばかりでなく、歌舞伎界の中でも歌舞伎色がだんだん薄らいでいるのだ。たとえば小道具一つ見ても、房楊枝、貧乏徳利、片口、駄茶碗といった昔庶民が使った日用品がなくなってきている。こんなものは戦前古道具屋へいけばいくらもあったものだが、いま小道具として新しく作ると何千円もかかって、しかも粗悪品しかできない。（松緑、一九七六・一九二）

続けて松緑は、「この際歌舞伎は古典に徹した方がいいのではないかと思う」（一九五頁）と結論づけている。

一九六六（昭和四一）年、七月に制定された「国立劇場法」に基づいて、一一月に国立劇場が開場した。その目的は「主としてわが国古来の伝統的な芸能（第十九条第一項において「伝統芸能」という）[4]の公開、伝承者の養成、調査研究等を行ない、その保存及び振興を図り、もつて文化の向上に寄与すること」と定められていた（国立劇場法第一条）。つまり国立劇場は「文化財保護法」の無形文化財（伝統芸能・民俗芸能）の保存・活用・国民の文化的向上を図る（西角井、二〇一八／七・二九）ために建てられた劇場であった。それはまさに、歌舞伎の古典化、「伝統芸能」化を象徴するできごとだった。

同時に「歌舞伎の表現力の持つ力の相対化」も進んでいき、他ジャンルの演劇に「歌舞伎的なもの」を取り入れる試みが始まっていく。一九六〇年代前半は歌舞伎と他ジャンルの演劇とのボーダレス化が始まった時代でもあった。演劇評論家の渡辺保は「歌舞伎の戯曲、演技がともに一般化されて歌舞伎の専売特許ではなくなった」重要な事例として、俳優座による《東海道四谷怪談》と早稲田小劇場の《劇的なるものをめぐってII》を挙げている（渡辺保、二〇一七・一二一－一二二）。一九六四（昭和三九）年の俳優座による《東海道四谷怪談》は、歌舞伎の様式も歌舞伎俳優も使わず、歌舞伎の戯曲をほぼ原作に忠実に現代劇として上演した最初の舞台であった。また、一九七〇（昭和四五）年、早稲田小劇場にて鈴木忠志が上演した《劇的なるものをめぐってII》には断片的ながら鶴屋南北の《桜姫東文章《さくらひめあずまぶんしょう》》が取り入れられており、そこでは南北のセリフ回しがそのまま舞台に活かされた。このように、歌舞伎の持つ表現力を積極的に取り入れようとしたのが小劇場運動の担い手たちであった。

また、当時の日本を席巻したミュージカル・ブームの影響から「歌舞伎ミュージカル」と称する舞台の上演も見

4　この「伝統芸能」という呼び方は、法的には国立劇場法で初めて用いられたものであったという。一九五〇（昭和二五）年に制定された「文化財保護法」には使われていない（西角井、二〇一八／七・二九）。

られた。その第一弾として一九五八（昭和三三）年、新宿松竹座にて《妲己》、第二弾は六〇（昭和三五）年、東横ホールにて《唐船物語》が上演されている。この《唐船物語》に対しては『毎日新聞』（同年五月一六日号付）で、三宅周太郎が「カブキ・ミュージカルとして将来に暗示を与える」「外国では舞台俳優がミュージカルで多くの新機軸を出す由だが、日本の歌舞伎にもし経済界なみに『自由化』がおしよせるとすると、当然この試みがおこると思う」との評を寄せている（大笹、二〇〇九・二巻・三一八）。

一九五〇年代の歌舞伎はまだ庶民にとっても身近な存在であり、六代目菊五郎による近代的・合理的解釈などにより現代劇として生き残る道が模索されていた。だが、世の中の「歌舞伎離れ」が進んだ一九六〇年代には歌舞伎は古典化かつ伝統芸能化した。と同時に、逆に歌舞伎の持つ表現力が再評価され、その演目や手法が他ジャンルの演劇に取り入れられる試みも始まった。この変化はそのまま、タカラヅカの一九五〇〜六〇年代の「日本物」と呼ばれるジャンルにも映し出されていくことになる。

民俗芸能の隆盛

次に「民俗芸能」に話を移そう。一九五〇〜六〇年代は、民俗芸能への注目がにわかに集まり、さまざまな試みがなされた時代でもあった。タカラヅカにおける郷土芸能研究会の「民俗舞踊シリーズ」上演（四章四節）も、その影響下にあるものだと思われるため、ここでその流れを簡単に押さえておきたい。

「民俗芸能」とは「一民族の範囲内において、各地域社会の住民が、みずからの手で伝承してきた演劇・舞踊・音楽、およびそれに類する行動の伝承」（仲井・西角井・三隅、一九八一・二四）と定義される。この呼称は一九五二（昭和二七）年の「民俗芸能の会」創設の頃から研究者の間で広く用いられるようになったもので、それ以前は「郷土芸能」という呼称がよく使われていた。「郷土芸能」から「民俗芸能」への変更は、より客観的な姿勢で研究に臨みたいという研究者らの思いの反映であった。元来「郷土」という言葉には「郷土愛」などという言い方があるように、「都会」に対する「田舎」、「中央」に対する「地方」を指し示し、「田舎」「地方」の出身者がその良さを誇示しようとする意図を感じさせる。そうではなく、都会・地方を問わず日本人全体の芸能すべてが研究対象であり、そのなかの伝承的部分（つまり民俗的要素）を多く含む地方の芸能を研究するという姿勢を示すため、「民俗芸能」という語を使用するようになった（前掲、二五）。

一九五〇〜六〇年代の民俗芸能隆盛の背景にあったのは、急速に進んだ日本の西欧化に対する切実な危機感であった。失われていく「日本」をどう継承していけばよいのかという問題意識のなかで、「日本」のルーツ探しが行われ、その一つが「民俗芸能」への注目だった。そこには、伝統芸能といわれる歌舞伎や能の起源をはるかに遡った昔から、庶民の間で営々と伝承されてきた芸能のなかにこそ本当の「日本」が見出せるのではないかという期待が込められていた。終戦後の混乱が一段落し、鉄道網や道路網の整備が急速に進んだことも、民俗芸能研究の隆盛を後押しした。日本全国に容易に足を伸ばせるようになり、各地の知られざる芸能を拾い上げることが可能になったからである。いっぽうで、まだテレビは普及しておらず、地方固有の文化が広く知られる機会もなかったため、全国各地の知られざる芸能を見つけ出した時に得られる驚きや喜びもまた大きい時代であった。

「民俗芸能」への関心の高まりの端緒は、戦前の一九二五（大正一四）年の日本青年館の開場と[5]、「郷土芸能と民

5　一九二〇（大正九）年の明治神宮創建時、その外苑に青少年の健全な育成を目指した各種のスポーツ施設が建設されたが、そうした方針の一環として二五（大正一四）年に建てられたのが同館であった（山路、二〇一八／七・一五）。

謡の会」の開始であると思われる。というのも元来、各地の民俗芸能の伝承を担ったのはムラの若者組であった。江戸時代以来のムラ組織には、イエの後継者である長男を中心とした若者組組織があり、ムラの祭礼の運営は若者組が統括し、祭礼に演じられる芸能もそのなかで先輩から後輩へと伝承されていった。そこには、厳しい上下関係が存在することが多かったという。この若者組組織は、明治以降も「青年会」「青年団」などとして維持された。一九二〇(大正九)年の明治神宮創建の際に、全国の青年団に呼びかけがあったのをきっかけに「大日本連合青年団」が組織され、日本青年館が本部として機能することになった。その開場事業の一つとして第一回「郷土芸能と民謡の会」が開催されたのである。同会が戦後の「全国民俗芸能大会」の前身であり、一九三六(昭和一一)年まで一〇回催された(山路、二〇一八/七・一五)。

一九二七(昭和二)年には、民俗学を原点とする「民俗芸術の会」[6]が発起する。柳田国男・折口信夫・小寺融吉らによって機関誌『民俗芸術』も創刊された(一九三三年に廃刊)。芸能関係を専門とする研究者もこの会に集まり、「文献だけではなく、生きた芸能も芸能史資料になりうる」との確信を得た彼らは、全国の歌や踊りの採集・記録・分析に情熱を注ぎ始めた。これが、民俗芸能研究の本格的なスタートとなった(仲井・西角井・三隅、一九八一・一)。

一九五〇(昭和二五)年には文化財保護法が制定されるが、同年に第一回「全国郷土芸能大会」が開催される。これは戦前の「郷土芸能と民謡の会」を引き継ぐものであり、第九回(一九五八年)より「全国民俗芸能大会」に名称変更され、現在に至るまで続いている。この大会を中心となって推進したのが、民俗芸能研究者の本田安次であった。一九五九(昭和三四)年には「ブロック別民俗芸能大会」も始まった。こちらは、各都道府県教育委員会が選んだ芸能を一堂に集めて公開する試みで、開催地と大会運営は各都道府県の持ち回りだった(三隅、二〇一八/七・四)。

さらに、国立劇場が開場した一九六六(昭和四一)年には、民俗芸能公演としての開場記念公演に、京都・壬生寺の

《壬生狂言》が上演された。「全国民俗芸能大会」が無料で鑑賞できるのに対し、こちらは有料の公演であった。

こうして民俗芸能への注目は高まり、舞台で上演する機会が増えていった。だが、人々が日々の生活のなかで年中行事として、あるいは祭礼行事として受け継いできた芸能を、舞台で観客に向けて披露することには一つの矛盾がつきまとう。そもそも民俗芸能には「(伝承の過程で)毎年反復するうち、わざ自身におのずと磨きがかかり、演者自身にもそのわざをより美しくしたい欲望が芽生えて、背負った目的を漸次忘れるようになる」(仲井・西角井・三隅、一九八一・二七)という問題があった。民俗芸能の舞台上演の機会の増加は、この傾向を推し進めることにもつながるのではないかと危惧された。このため「そもそも民俗芸能は舞台で上演すべきでない」との研究者の声もある。本田安次がその開催に力を注いだ「全国民俗芸能大会」も、極力現地に近い姿での所演を要求し、演者が舞台的効果を気にすることを嫌う方針であった(山路、二〇一八／七・一九)。この点は、タカラヅカにおける郷土芸能研究会が目指したものとは少し異なるようだが、詳細は第四章三節にて後述する。

6 「民俗芸術」とは、行動伝承である芸能に造形伝承をプラスした概念である(仲井・西角井・三隅、一九八一・二五)。

【第三節】新劇と小劇場運動

新劇の隆盛と衰退、商業演劇化

現在、ミュージカルに対して歌や踊りのない芝居は「ストレートプレイ」という言い方がされるが、ここでは、この系譜に当たる「新劇」と「小劇場運動」について取り上げる。新劇はタカラヅカとは一見縁遠いイメージがあるが、一九五〇～六〇年代の演劇界において隆盛を誇ったジャンルであり、当然ながらその影響はタカラヅカにも及んでいる。また、タカラヅカでいうと「ベルばら前夜」に当たる時期に演劇界に大きな衝撃を与えた「小劇場運動」も看過できないだろう。

「新劇」とは歌舞伎を指す「旧劇」に対する言葉で、主にヨーロッパの近代演劇を模範にした演劇である。戦後の一九五〇年代はいわゆる三大劇団（文学座・俳優座・劇団民藝）が出揃い、良質な作品も多く誕生した新劇隆盛の時期であった。戦前（一九三七年～）から続く文学座に加え、終戦直前の一九四四（昭和一九）年二月には「俳優座」が創立。一九四七年七月には「民衆芸術劇場」（いわゆる第一次「民藝」）が結成され、これが五〇（昭和二五）年に「劇団民藝」として再組織される。一九五三（昭和二八）年に浅利慶太らによって旗揚げされた「劇団四季」も、当初は新劇を志す劇団としてスタートしている。

俳優育成のためのシステムもつくられ、人材も育っていった。一九四九（昭和二四）年には俳優座俳優養成所が創設され、養成所で教育を受けた俳優が多数誕生した。この時代の表現技術はリアリズムが圧倒的な主流であり、[7]一九五四（昭和二九）年前後にはスタニスラフスキー・システムが新劇界の大きな流行となった（菅井、一九八四・九四）。これはモスクワ芸術座の創立者の一人であるスタニスラフスキーが体系化した演技術で、おおまかには「戯曲を読み込み、役を理解し、舞台上で『役』として生きれば、そこでおのずと湧き起こる内面的な感情がリアルな演技を創り出すという考え方」と理解されていた。

一九五四（昭和二九）年には戦後初の新劇の劇場である「俳優座劇場」が六本木に誕生する。戦時中に築地小劇場が消失して以来、新劇は初めて専用の劇場を持つことができた。古いタイプの富裕層の観客に加え、労働者層を取り込み観客として育てていったことは、戦前以来の新劇の大きな功績であった。一九四九（昭和二四）年には大阪労演（大阪勤労者演劇協会）が、五六（昭和三一）年一月には東京労演が発足した。その後、各地に観客組織が誕生し、一九六三（昭和三八）年には全国労演連絡会議も結成。六〇年代半ばまで観客の増大に貢献した（井上、二〇一一・一〇九）。

このように一九五〇年代から六〇年代初めまでの演劇界は「新劇」の時代であり、タカラヅカもまたその影響を受けている。その具体的な事例については第二章三節で触れる。

だが、六〇年代後半には次第に風向きが変わってくる。一九六〇（昭和三五）年の安保闘争では「安保阻止新劇人会議」が結成され断固阻止を主張したが、安保条約は自然承認されてしまう。その後の新劇の各劇団は、文学座の二度の分裂[8]に見るように、団内にくすぶっていた方向性の違いが顕在化し、弱体化していった。

7　「敗戦後は新劇も映画も表現技術の主流はリアリズム表現であった。占領解除後はその頂点ともいえる」（井上、二〇一一・八四）。

8　文学座では一九六三（昭和三八）年一月に中堅・若手団員二九名が脱退し、評論家・劇作家の福田恆存とともに現代演劇協会および劇団「雲」の創立に参加した（文学座第一次分裂）。同年一一月には三島由紀夫が文学座のために書き下ろした《喜びの琴》の上演中止により三島を始め一四名が脱退、のちに「劇団NLT」を創立した（文学座第二次分裂）。

観客数の伸びは一九六〇年代前半にピークを迎えた。労演の草分けである大阪労演を例にとると、一九四九（昭和二四）年の発足時には会員数は一〇〇〇人であったのが、五五（昭和三〇）年には一万人、五八（昭和三三）年には一万五〇〇〇人を超え、六四（昭和三九）年には二万人規模に達している。だが、この頃の会員増加を支えていたのは、上演作品や出演者目当てで入会するが継続はしない「浮遊層」であった（高岡裕之「大阪労演の一九六〇年代：全盛期から斜陽化へ」、『新劇、輝きの'60年代』、二〇一二・一－七）。この状況から読み取れるのは、当時、新劇の商業演劇化が進んでいたという実態だろう。大阪労演の会員数は一九六四（昭和三九）年をピークに急速に減少していった。一九七〇（昭和四五）年には一万人を割り込み、七五（昭和五〇）年以降には五〇〇〇人未満となる（前掲）。『東京新聞』一九六一年二月四日号付では「離合集散を続ける新劇団」と題し「芝居で食べていけない」がために劇団員が脱落していくさまを報じる。記事は「劇場問題、税金など悪条件があるとしても『劇団の目的』『経営の合理化』の再検討が必要だ」と指摘する（大笹、二〇〇九・二巻・四九〇－四九一）。なお、この問題意識から「経済的にも存続していける劇団」を目指したのが浅利慶太率いる劇団四季である。

時代をリードする進歩的演劇という旗印を失い、劇団経営は困窮し、かといって商業演劇にも徹し切れなかった新劇は、一九六〇年代後半に衰退に向かったのである。

「小劇場運動」概観

新劇の衰退と入れ替わりに、演劇界を席巻したのが「小劇場運動」であった。ここでの「小劇場」は単に物理的に小規模な劇場を意味しない。一九六〇年代の日本に起こり、演劇界に衝撃を与えた「小劇場運動」は、それまでの日本の近代劇の主流とされた新劇への問題提起から生まれた動きである。それはまた、一九六〇（昭和三五）年の安保闘争を共通体験として持つ世代による、その体験を原点とした、社会や権力に対する問題提起でもあった。

そう聞くと、まるでこの頃に新たな現代演劇のムーブメントが突如として起こったかのような感がある。だが、大笹吉雄は「これは新しい物好きのジャーナリズムが植え付けた印象に過ぎず、あくまで小劇場運動も含めた形で新劇をとらえるべきである」と主張する（大笹、二〇一〇・四巻・三―四）。その証左として大笹は、「小劇場における既成の型にはまらない演劇、祭式性を帯びたドロドロした感触の舞台、未熟で既成の演劇への対抗者と位置づけられる演劇」を「アングラ演劇」と呼び始めているいっぽうで、『東京新聞』では「アングラ演劇」と呼ばれる芝居もすべて「〇月の新劇」という欄で一括して紹介していたこと（前掲、六五五）、この時期、雑誌『新劇』も演劇のニュー・ウェーブを積極的に支援する旗幟を鮮明にしていたこと（前掲、八四五）などを指摘している。

小劇場運動に早くから着目し、その動きを見守り続けた演劇ジャーナリストの扇田昭彦は、著書『日本の現代演劇』（一九九五）において「小劇場運動は一九六〇年代の第一世代、七〇年代の第二世代、そして八〇年代に分けて見ることができる」とする。なかでも多くの頁数を割いているのが一九六〇年代の記述だ。のちに「アングラ御三家」[9]と呼ばれるようになった唐十郎の「状況劇場」（いわゆる「紅テント」、一九六二年結成）、鈴木忠志の「早稲田小劇場」（一九六六）、佐藤信の「68／71黒色テント」（のちに「黒テント」、一九六九）のほか、寺山修司の「天井桟敷」（一九六七）、蜷川幸雄の「現代人劇場」（一九六八）など、個性的な劇団が次々と誕生し、冒険的な試みを行った時代である。

特に一九六九（昭和四四）年は「小劇場運動の流れの中でも特に忘れがたい年だった」と扇田は振り返る（扇田、

9　小劇場運動はしばしば「アングラ演劇」と呼ばれたが、この呼称は当時のジャーナリズムによるものであり、小劇場運動の当事者たちが「アングラ」と自称したことはほとんどない（扇田、一九九五・七）。

二〇〇七・二三五)。それはまるで小劇場運動のエネルギーが頂点に達し爆発したかのごとき年であった。まず一月三日には、新宿中央公園でテントを張って公演を行おうとした唐の状況劇場と、これを阻止しようとした東京都建設局公演緑地管理部とが揉め、機動隊包囲のなかでの上演となった「新宿中央公園事件」が起こる。東大紛争で機動隊が出動する一月九日の直前のできごとだった(大笹、二〇一〇・四巻・四七一)。四月には早稲田小劇場で鈴木忠志演出の《劇的なるものをめぐって――ミーコの演劇教室》が上演。九月には蜷川幸雄の「現代人劇場」が清水邦夫脚本の《真情あふるる軽薄さ》をアートシアター新宿文化にて上演した。寺山修司の「天井桟敷館」がこけら落とし公演を行なったのもこの年であり、同年一〇月に唐十郎脚本・鈴木忠志演出による《少女仮面》が早稲田小劇場で初演される。

ちなみに、この《少女仮面》の主人公はタカラヅカの大スターと同名の「春日野八千代」なる女性である。しかも春日野は「かつてタカラヅカのスターであった、場末の喫茶店のマダム」という設定だ。春日野八千代といえば「白薔薇のプリンス」の異名でも知られる正統派の男役スターで、タカラヅカ一〇〇年の歴史におけるシンボルともいえる存在だ。唐がなぜ、その名前を《少女仮面》の主人公につけたのかは気になるところである。[10]

これが一九七〇年代となると少し様相が変わってくる。まず唐十郎が《少女仮面》で一九六九(昭和四四)年度の岸田國士戯曲賞を受賞し、劇作家としてスターダムにのし上がる。[11] 一九七〇年代前半頃には根津甚八、小林薫などの人気スターも加わり、状況劇場の人気は頂点に達した。唐の作品は「わかりやすい芝居」「共感と陶酔を呼びやすい芝居」へと徐々に移行し、客席の半数以上を女性が占めるようになった。この状況を扇田は「紅テントの大衆化現象」という(扇田、二〇〇七・九三-九七)。こうした流れは小劇場運動全体の縮図でもあった。

また、一九七〇年代は劇団制自体の限界も感じられるようになったことが作用し「プロデュース公演」という形態が普及した時期でもあった。一九七三(昭和四八)年五月には、「プロデューサー・システムによる幅広い文化活動の実現」を旗印として、西武百貨店がパルコ劇場を開場(大笹、二〇一〇・別巻・三六〇-三六一)。小劇場作品もしばしば上演されるようになる。一九七一（昭和四六）年に現代人劇場を突然解散した蜷川幸雄は一九七四（昭和四九）年、日生劇場にて東宝が上演した《ロミオとジュリエット》の演出で成功を収め、周辺の演劇人たちの批判を受けつつも商業演劇の世界に進出していく。

こうしたなかで登場するのが、つかこうへいである。一九七六（昭和五一）年より新宿の紀伊國屋ホールで《熱海殺人事件》《蒲田行進曲》などを上演し、「つかブーム」を巻き起こす。これは「新劇の小屋」だった紀伊國屋ホールが小劇場演劇に門戸を開いたという意味で画期的なできごとだった。「つかの舞台を見ることが若者たちの文化的ファッションであるかのような雰囲気が生まれ」（扇田、一九九五・一六五）、小劇場運動の初期の頃にあった闘争性、反骨精神は次第に希薄になっていった。この流れが、一九八〇年代の野田秀樹による「夢の遊眠社」ブームへとつながっていくことになる。

小劇場運動のタカラヅカへの影響

唐十郎の《少女仮面》は別として、一見タカラヅカと小劇場運動は関係がなさそうに思えるが、決してそうではなかった。それどころか、暗に大きな影響を与えていたと筆者は考える。

まず、そのブームを劇団員たちが肌で感じないわけがなかった。たとえば、川崎賢子は一九七〇年代初頭の数年

10　扇田は『少女仮面』には「レビュー的要素」が「萌芽のように包み込まれて」おり、のちに「それを得意とする佐藤信演出によってあでやかに拡大された」と評している（扇田、二〇〇七・一二〇）。

11　だが、《少女仮面》の岸田國士戯曲賞の受賞をめぐっては賛否が渦巻いたという（大笹、二〇一〇・四巻・九九一）。

間のタカラヅカで「観客動員にかげりがみられた」とし、その要因は「TVに圧され、映画に圧され、アングラと呼ばれた新しい演劇の動きにも圧されつつあった」からだとしている（川崎、一九九九・二〇七）。

そして、この状況をもっとも憂えたのが《ベルサイユのばら》の作者・植田紳爾その人であった。植田は本作を生み出すにあたっては、次のような思いがあったと回顧している。

当時の演劇界が〝アングラ〟等という言葉が流行した程、暗く黒い舞台が多く、宝塚もまたそれに影響されていたので、宝塚はもっと甘く美しいものだと、そんな流行を否定したかったこともあったのだ。（『ベルサイユのばら・総集編』、一九九一・七九）

この言説から、植田が小劇場運動を「暗く黒い舞台」と捉え、タカラヅカはその方向に振れるのではなく、「甘く美しいもの」であるべきだと考えており、それを体現すべく《ベルサイユのばら》を創出したことが明らかだ。つまり、《ベルサイユのばら》誕生の背景の一面には、小劇場運動に対する反発もあったといえるだろう。この点は第五章でもさらに詳しく見ていきたい。

そのいっぽうで、小劇場運動の影響を直接受けた演出家がタカラヅカにも入ってくるようになる。まず、「ベルばらブーム」が頂点に達した一九七六（昭和五一）年に入団したのが正塚晴彦だ。正塚は日本大学芸術学部演劇学科卒で、学生時代は「五万といる役者志望の青少年のうちの一人」であり「六本木の自由劇場やなんぞで、訳のわからん、一人よがりもはなはだしいようなアングラ芝居めいたものをやっていた」という[12]（「演出家随想」『歌劇』一九八四／一一・四四）。入団後の正塚はオリジナル作品主義を貫き、人間の心の機微を繊細かつ鋭く描いたハードボイルドな作風で脚光を浴びる。大劇場デビュー作の《テンダー・グリーン》（一九八五）は数百年後の地球を舞台とし、環境問題にも触れた作品で賛否両論を呼んだ。

小池修一郎もまた、高校・大学時代に観客として小劇場運動の舞台にどっぷり浸かっていた一人だ。小池曰く「劇団状況劇場（唐十郎主宰）が派手なパフォーマンスなどから〝アングラ宝塚〟と呼ばれていた」（クンツェ／リーヴァイ／小池、二〇一六・一一七）ことからタカラヅカの存在を知り、興味を持ったのだという。今では海外ミュージカルの潤色・演出の実績の方が知られる小池だが、演出家として駆け出しの頃はデビュー作《ヴァレンチノ》（一九八六）に見られるようにオリジナル作品の佳作が多い。

小劇場運動がつくりだした一連の演劇ブームにタカラヅカ側が歩み寄った事例としては、一九七九（昭和五四）年のPARCO劇場進出が挙げられる。宝塚バウホールで上演されたオペレッタ《ヴェロニック》を、翌年五月にPARCO劇場で上演した。このことは週刊誌でも取り上げられている。[13]

こうして《ベルサイユのばら》後、一九八〇年代以降のタカラヅカでは、小劇場運動による演劇ブームとのせめぎ合いが続いていったと考えられよう。また、小劇場運動のタカラヅカ作品への影響は、若き日に小劇場運動の洗礼を受けた演出家が生み出す作品のなかに表れているといえるが、これらの点は、本書が対象とする時代より後のことになるため、別の機会に改めて考察したい。

12　「宝塚歌劇」という単語もろくに知らない状態で入団した正塚だったが、入団した一九七六（昭和五一）年はたまたま「好きな作品がとりわけ多く、いくらか斜に構えていた私の、宝塚に対する認識を改めさせてくれた」と述懐している（「演出家随想」『歌劇』一九八四／一一・四五）。一九七六年といえば「ベルばらブーム」最後の年であると同時に、のちに何度も再演されることになる柴田侑宏の《あかねさす紫の花》《星影の人》《バレンシアの熱い花》が一挙に上演された特筆すべき年である（第五章）。

13　「五月はパルコで公演！　小劇場に進出の宝塚歌劇団」『週刊女性』一九七九年四月一〇日号（一八〇頁）、「宝塚のPARCO初進出にそれぞれの思惑」『週刊サンケイ』一九七九年六月二一日号（三三頁）など。

【第四節】日本のミュージカル

始まりは「ミュージカル・コメディ」から

現在のタカラヅカは「ミュージカル」と称する作品を毎公演ごとに上演し、海外ミュージカルの翻案も数多く成功させている。にもかかわらず「タカラヅカ＝ミュージカル劇団」とは言い切れない感覚がある。この「タカラヅカ」と「ミュージカル」の不可思議な関係を整理していくため、まずは日本のミュージカルの歴史を振り返ってみよう。

日本のミュージカルの歴史とはすなわち、「ブロードウェイ・ミュージカルをいかに受容していくか」の試行錯誤の歴史であった。このため、少し時代は遡るが「本家本元」とされたブロードウェイ・ミュージカルの歴史を確認し、そのうえで日本のミュージカルがどのような歩みを進めたのかを見ていく形をとりたい。

「ミュージカル」という言葉は、ロンドンのゲイティ劇場の支配人となったジョージ・エドワーズが一八九〇年代、自作に「ミュージカル・コメディ」と冠をつけて宣伝し始めたのがその起源だといわれる[14]（野口編、一九六三・一四。内村、一九五七・一〇三）。「ミュージカル（musical）」という言葉は元々形容詞であり、「ミュージカル・コメディ」すなわち「音楽付き喜劇」がその語源だった。ところがそののち、喜劇以外の芝居も音楽とダンス付きで上演されるようになった。そこから「ミュージカル・プレイ」「ミュージカル・ファンタジィ」といった呼び方が生まれ、結果としてこれらを総称して「ミュージカル」と呼ばれるようになった（小山内、二〇一六・二四。

内村、一九五七・九)。日本でも一九五〇～六〇年代には、ミュージカルはその内容によって「ミュージカル・コメディ」や「ミュージカル・プレイ」「ミュージカル・ファンタジィ」などに分類されると考えられていた(内村、一九五七・二六)。タカラヅカのオリジナル・ミュージカルが「ミュージカル・プレイ」「ミュージカル・コメディ」といった「形式名」をつけて上演されてきたのも、こうした経緯によるのだろう。

興味深いことに、タカラヅカ作品では今に至るまでこの「形式名」を付すことが踏襲され続けている。後述するように、日本のミュージカル界が早い段階から国産ミュージカルの積極的生産よりも海外ミュージカルの輸入に軸足を移してしまうのに対し、タカラヅカはオリジナル・ミュージカルを生み出すための試行錯誤を続けてきた。いわば「オペレッタやレビューからミュージカルへ」という、かつてアメリカがたどった道のりをそのままなぞって進んだのがタカラヅカであった。タカラヅカが踏襲し続けた「形式名」は、その名残りのように思える。

ブロードウェイ・ミュージカルの幕開けから黄金期まで

「ミュージカル・コメディ」という言葉自体はイギリス発祥といわれるものの、実際にミュージカルという様式を育て確立させていったのはアメリカである。ミュージカルがいかにして生まれたのかと聞かれれば、「一九世紀後半から二〇世紀初めのアメリカで、ヨーロッパ発のオペレッタ、フランス発のレビュー、当時のアメリカで流行

14 野口編『ミュージカル入門』(一九六三)によると、一八九三年に「ロンドンのゲイティ劇場で「ゲイティ・ガール」という音楽劇が上演された時、名支配人ジョージ・エドワーズはこれをミュージカル・コメディと呼んで広告した」そうだが、内村『ミュージカル』(一九五七)では「一八九二年に、デリー劇場で上演した「町にて」がミュージカル・コメディとして彼(エドワーズ)が最初に世に問うた作品です」とある。

した雑多な芸能の要素を吸収しながらできあがっていった」と、現在ではそのように語られるだろう。

ミュージカルの先行芸能としては、ヨーロッパ発のオペレッタ、レビューに加え、ミンストレル・ショー、バーレスク、ヴォードヴィルといったアメリカ独自の芸能があるが、ミュージカルはこれらの要素を取り入れて発展していった（小山内、二〇一六・一二一-一二二）。こうした芸能に触れたニューヨークの大衆たちは、次第に「バレエでもオペラでもない音楽舞踊劇」の楽しさを知り、これがアメリカにおけるミュージカル誕生の胎動となっていく。

一九二〇（大正九）年、ジャズエイジの申し子と呼ばれたF・スコット・フィッツジェラルドの小説『楽園のこちら側』がベストセラーとなり、いわゆる「狂騒の二〇年代」が始まった。「レビューの王様」の異名を取る興行師フローレンツ・ジーグフェルドの《フォリーズ》は一九一一（明治四四）年から《ジーグフェルド・フォリーズ》と名を改め、一九〇七（明治四〇）～三〇（昭和五）年に二一本が上演された。ブロードウェイのレビュー時代の一九世紀終盤には、照明技術が進歩し、ガス灯に代わる電灯の使用に伴い、レビューにおいても電飾による華やかなスペクタルが売りになった（前掲、三〇）。このほか、アメリカ独自のオペレッタや他愛のないストーリーのミュージカル・コメディなど、爛熟した時代背景のもと、さまざまな作品が上演されていく。同時に、ジャズエイジとも呼ばれるこの時代、アーヴィング・バーリン、ジェローム・カーン、ジョージ・ガーシュイン、リチャード・ロジャース、コール・ポーターといった、のちのミュージカル黄金期を支える作曲家たちが活躍を始める。

こうしたなか、一九二七（昭和二）年末に開幕したのが《ショー・ボート》だった。オスカー・ハマースタイン二世作詞・台本のこの作品は、重厚なストーリーにジェローム・カーン作曲の音楽が加わり、それまでの手軽な筋のミュージカル・コメディとはまったく違い、初の本格的なミュージカルとして位置づけられることが多い。タカラヅカで一九三〇年代の「レビュー時代」を牽引することになる白井鐵造も同時期にブロードウェイを訪れており、ジーグフェルドのレビューや《ショー・ボート》を観劇し、この体験はのちの白井作品にも活かされていく（二章一節）。

一九三〇年代のブロードウェイは世界恐慌とトーキー映画の出現で大打撃を受ける。いっぽうハリウッドは黄金期を迎え、フレッド・アステアがジンジャー・ロジャースとの名コンビでミュージカル映画を次々とヒットさせた。一九二〇年代までのミュージカルは作曲家主導でつくられ、テキストはあくまで添え物だったが、もはや人々は浮世離れした単純な物語では飽き足りなくなり、ミュージカルにも物語的要素や風刺的要素を求めはじめ、次第にその重要性が高まってくる。一九三五（昭和一〇）年に初演されたガーシュイン兄弟による《ポーギーとベス》はフォーク・オペラとも称され、アメリカ国民に長く愛されることになる。

一九四三（昭和一八）年、名コンビ、リチャード・ロジャース&オスカー・ハマースタイン二世による第一作となる《オクラホマ!》が初演された。本作は同時代のアメリカ、しかもニューヨークではなく地方を描いた点が斬新であり、物語・歌・ダンスの見事な融合という点でも画期的だった。のちにタカラヅカがブロードウェイ・ミュージカル上演に初挑戦した時に選ばれたのが本作だ（三章四節）。翌四四（昭和一九）年の《ON THE TOWN》[15]は、作曲がレナード・バーンスタイン、振付がジェローム．ロビンズである。のちに《ウエスト・サイド・ストーリー》を生み出す若きコンビの作品で、やはり楽曲とダンスに優れていた。

一九四〇～五〇年代に入るとブロードウェイ・ミュージカルは黄金時代を迎えた。リチャード・ロジャース&オスカー・ハマースタイン二世は《オクラホマ!》に続き、一九四五（昭和二〇）年《回転木馬》、四九（昭和二四）年《南太平洋》、五一（昭和二六）年《王様と私》、五九（昭和三四）年《サウンド・オブ・ミュージック》と傑作を生み出していく。そして、一九五六（昭和三一）年には《マイ・フェア・レディ》、五七（昭和三二）年には《ウエスト・サイド・ストーリー》と、のちの日本にも大きな影響を与える作品が初演され、これらの作品は映画にも

15《ON THE TOWN》はタカラヅカでも二〇一九（令和元）年に月組で上演されている。

なった。《ウエスト・サイド・ストーリー》の映画化が一九六一（昭和三六）年、オードリー・ヘップバーン主演による《マイ・フェア・レディ》の映画化が六四（昭和三九）年、ジュリー・アンドリュース主演による《サウンド・オブ・ミュージック》の映画化が六五（昭和四〇）年である。これらは日本でも上映され、日本人がミュージカルに親しむきっかけを与えていくことになる。

日本における「ミュージカル」黎明期

ブロードウェイ・ミュージカルが黄金期を迎えた一九五〇年代、日本においても国産ミュージカル創出の動きが見られるようになる。なかでもいち早く行動を起こしたのが、戦前に日劇ダンシングチーム（二章二節）を育て上げた辣腕プロデューサー・秦豊吉であった。秦の経歴について詳しくは次章で述べるが、かつて商社マン時代にベルリンに赴任したこともあり、ヨーロッパの最新演劇事情に通じていた彼は、ミュージカルこそが日本の歌舞伎にとって代わるものだと考えていたようだ。その著書のなかでも、「日本演劇の伝統と歴史が、歌舞伎劇によって保たれてきたように、今日に於て、これに代るものは、音楽による総合芸術としての、『ミュージカルス』であることを疑わない」「これに成功する人こそ、来るべき日本劇界の支配者である」と予見している（秦『劇場二十年』、一九五五・二〇〇）。さらに秦は、小林一三提唱の「国民劇」についても「外国名にすれば『ミュージカル』という外に名はないのである」と述べている（秦『演劇スポットライト』、一九五五・一〇二）。

一九五〇（昭和二五）年九月に公職追放を解かれた秦は、一一月には帝国劇場の社長に就任した。かねてから「日本でもコミックオペラ的なものを上演すべき」という持論により、一九五一（昭和二六）年に帝劇コミックオペラ《モルガンお雪》を上演した。秦はのちにこれをアメリカ式に「帝劇ミュージカルス」と称するようになる

（秦、一九五五・一九七）。

《モルガンお雪》は祇園の芸妓・お雪とアメリカのモルガン財閥の御曹司との恋物語を描いた作品である。お雪役は当時まだタカラヅカに在団していた越路吹雪が演じ、モルガン役は人気の喜劇役者・古川ロッパだった。

新聞では酷評されたが客入りは良く、三ヶ月続演となった（秦、一九五五・二〇〇－二〇三）。だが、秦の評伝『行動する異端――秦豊吉と丸木砂土』（一九九八）を記した森彰英は、現存するプログラムを振り返ったうえで、本作は現在の基準から見るとミュージカルといえるものではないとしている。森の比較対象は《ウエストサイド物語》や《マイ・フェア・レディ》だったようで、「これらに比べると『モルガンお雪』は、芝居は芝居、歌は歌で、歌のために一場面をはめ込んでいるところもある。要するに、歌入り芝居に過ぎないのである」と評している（森、一九九八・二三二）。

プログラムに目をとおしてみると、お雪に扮した越路吹雪の顔写真の表紙をめくった最初の頁に英語でキャストとあらすじが記載されている。まだ日本がアメリカの占領下にあった時代だけに、アメリカ人の観客向けにこのような構成がとられたのだろう。さらに頁をめくると、劇中にも登場するヌード姿の三名の女性の写真が三頁にわたって掲載されている。これも酷評の一因だったが、秦は巻末の「帝劇を美人劇場に」と題した寄稿のなかで、女性は美人というだけで価値があり、劇場こそがこれを示す場所であると説いている。このプログラムの本文構成やレイアウトはタカラヅカのプログラムに似ている。各場面の簡単なあらすじが紹介され、場面ごとの出演者が列挙されている点も共通している。ここから類推すると《モルガンお雪》の舞台は、本筋とは一見関係のない歌や踊りのシーンがふんだんに盛り込まれていたようだが、これは現在のタカラヅカでもよくある手法である。ストーリーも確かに稚拙で、《ウエスト・サイド・ストーリー》や《マイ・フェア・レディ》に描かれるような社会への問題提起はない。だが、日米の国境を越えた純愛物語はわかりやすく、しかも祇園の都おどりからパリ風のレビューまで堪能できたのだから、当時の日本人・アメリカ人双方の観客には受け入れられやすかったのだろう。秦は、国籍を問わず誰でも楽しめる舞台をつくることにも熱心であった。

この《モルガンお雪》の公演も突然実現できたわけではなく雑多な前史がある。戦前に小林一三のもとで始められた「東宝国民劇[16]」があり、さらに遡ると浅草レビューから発祥した「アチャラカ」と呼ばれる喜劇もあった。したがって、その延長線上にある《モルガンお雪》が《ウエスト・サイド・ストーリー》や《マイ・フェア・レディ》の劇作とは程遠いものであるのは当然であった。その後、《モルガンお雪》に続いて、《マダム貞奴》《お軽と勘平》（一九五一）、《浮かれ源氏》《美人ホテル》《天一と天勝》（一九五二）、《赤い絨氈》（一九五三）、《喜劇蝶々さん》（一九五四）と、全八本の「帝劇ミュージカルス」シリーズがつくられる。ただし正確にいうと「帝劇ミュージカルス」と称されるようになったのは第四回の《浮かれ源氏》からであり、それ以前は「帝劇コミックオペラ《モルガンお雪》、帝劇ミュージックオペラ《マダム貞奴》、帝劇ミュージカルコメデー《お軽と勘平》」であった（帝劇史編纂委員会、一九六六・一四七－一五〇）。ブロードウェイばりの本格的ミュージカルを制作しようにもできないのは、ひとえに人材不足ゆえということを誰より痛感していたのも秦で、劇作家にはミュージカルに対する理解がまるでなく、音楽家や出演者も満足な実力を備えた者がほとんどいないため、制作には苦労したようだ（秦、一九五五（a）・一〇三）。

秦は志半ばにして一九五六（昭和三一）年に六四歳で亡くなったが、この流れを菊田一夫が引き継いでいくことになる。菊田はヌード嫌いで、秦とはそりが合わなかったようだが（井上、二〇一一・七八）、一九五五（昭和三〇）年に東宝の演劇担当取締役に就任し、翌年に「東宝ミュージカル」を開始している。第一回作品《恋すれど恋すれど物語》は、これもまた一見ミュージカルのイメージとはほど遠い「理屈抜きに笑える大アチャラカ」であったと、菊田自身が回想している（菊田、一九九九・二〇）。この時菊田は「ミュージカル」と名づけるのは日本ではまだ早いと思っていたようだが、小林一三は、「かまわんから東宝ミュージカルという名称をつけろ。その方がいまのお客の心にぴったりくる」と命じた。抵抗を感じる菊田に対し、小林は「一つの呼び名だと考えればいいのではないか」と言ったそうである（前掲、二〇）。

もちろん舞台に立つ側もそうした状況はわかっていたようだ。東宝ミュージカル第三作《極楽鳥物語》が上演された際に行われた、菊田一夫・益田喜頓・有馬一郎らによる座談会における次のやりとりは、日本ミュージカルの黎明期に試行錯誤した俳優たちの思いをよく伝えていて興味深い。

有島　本当はミュージカルに出る人間は全部踊れて歌えなくちゃいけないのですよ。だから僕達の時代には本当のミュージカルスは出来ないね。演技者は勿論、バンドも照明も全部が踊りや歌を理解して芸術家でないと本当のミュージカルスは出来ない。

益田　だから新聞社の人が、東宝ミュージカルスは、あれは昔浅草でやったと同じものじゃないか、という人がいますが、僕はそうじゃない、今は過程なのだから、だんだんとよくなっていくんだ、ミュージカルスとは何だと聞かれれば、僕はこれがそうだ。と答えますよ。いろんな条件がよくなれば完全なものになるので、まだその過程にあるだけなんだ。と……。

（『歌劇』一九五六／一〇・七二）

16　「東宝国民劇」の第一回公演は一九四一（昭和一六）年、東京宝塚劇場で上演された《エノケン竜宮へ行く》。作・演出は白井鐵造。戦況の悪化に伴い第八回公演《桃太郎》（一九四三）で幕を閉じた。演出家の高木史朗は「もし戦争がなく、あのまま東宝国民劇が発展していったならば、宝塚自体も日本のショウビジネスの世界も、今と全く違ったものになっていたに違いない」（高木、一九八三・二四四）と回想している。

また、一九五〇年代末からは、新劇の普及に貢献した労音（全国勤労者音楽協議会）でも、ミュージカルが盛んに制作されるようになった（『東京新聞』一九六〇年一一月一八日号付）。そのさきがけは大阪労音で、一九五八（昭和三三）年《あなたのために歌うジョニー》を皮切りに一〇本ほど制作され、六〇（昭和三五）年秋には《いまからでも遅くはない》《港にともる灯二つ》《つぐみの歌》の三本が制作されている（大笹、二〇〇九・二巻・四四〇－四四一）。

一九五〇年代末から六〇年代初頭にかけてはその普及が徐々に進みつつあったテレビにおいても、新たなコンテンツとして「ミュージカル」が期待されていたようだ。《マイ・フェア・レディ》が日本で初演される直前の一九六三（昭和三八）年二月に刊行された『ミュージカル入門』という書籍には「ＴＶの『ミュージカル』について」という項が設けられている。執筆者は日本テレビの井原高志であり、「歴史の浅いわが国のテレビ界の中でも、最も新しい分野であって、しかも最も将来性のあるプログラムは、バラエティを含んだミュージカルであるといえよう」との一文で始まっている。どうやらこの頃は、歌や踊りが含まれたバラエティショー的な番組が「ミュージカル」と考えられていたようである。その先駆けとなったのが、一九五八（昭和三三）年に日本テレビが放映を開始した『光子の窓』で、草笛光子が歌って踊って司会を務めるミュージカルバラエティショーだった（伊予田ほか、一九九六・二五）。井原は自身が演出を手がけたこの番組によって「一種のＴＶミュージカルの原型ともいうべきものが確立された」（野口編、一九六三・一八二）と述べている。続く一九六一（昭和三六）年に始まった『夢で逢いましょう』（ＮＨＫ）と『シャボン玉ホリデー』（日本テレビ）は「後世に残るミュージカルバラエティー」（前掲、三五）であったが、その後「ＴＶミュージカル」という発想は消えてしまった。

《マイ・フェア・レディ》上演の衝撃

このように一九五〇年代から六〇年代初頭にかけての日本の演劇界では「ミュージカル」という言葉だけが一人歩きし、その中身が追いつかない状況であったといえるだろう。これを一変させたのが《マイ・フェア・レディ》上演であった。それまでアチャラカ風味の東宝ミュージカルを製作していた菊田一夫の関心は、渡米時にブロードウェイ・ミュージカルを実際に観てからというもの「海外ミュージカルの上演」に向かっていった。一九六三（昭和三八）年九月一日、菊田の指揮のもと日本初のブロードウェイ・ミュージカル《マイ・フェア・レディ》が東京宝塚劇場で上演される。演劇評論家の小藤田千栄子は、この時に受けた感銘を次のように伝えている。

初日の開演は午後三時――。当時のミュージカル・ファンは、どんなにかこの日を、そしてこの時を待ちこがれていたことか。この日のことを思うと、私は今でも、いささか上気してくる。それは新しい歴史の始まりでもあり、ミュージカルというジャンルに向けての興奮の船出であった。（小藤田、一九八六・九）

また、野口久光は『東京新聞』一九六三年九月四日号付で、《マイ・フェア・レディ》の成功要因について、「適切な上演作品の選択」に加え、優れた翻訳・訳詞、そして出演者の好演にあるとし、次のように述べている。

一九六三年九月、『マイ・フェア・レディ』の日本上演は、バラック建ての町に突如出現した鉄筋ビルのような偉観であり、少なくともそれが日本人の手で立派につくり得ることを実証した歴史的瞬間である。共感性のあるドラマと音楽的なエモーションの結合、そして必要なけいこ量なくして、いいミュージカルなどあり得ないことを私たちは実物で再認識したわけである。（大笹、二〇〇九・三巻・一四六‐一四七）

《マイ・フェア・レディ》は一九六四（昭和三九）年一月にも再演され、観客数は、五九（昭和三四）年一〇月から翌年七月までロングランを続けた芸術座《がめつい奴》の二〇万八六五二人を抜き、二四万三八四七人に達し、観客動員の新記録を樹立した。客席稼働率も初演が平均一〇八％、再演が平均一〇六％であった。客層については「客席で圧倒的に多かったのが若い女性で、夕方五時開場の前に劇場の表に並んだなかに学生が多いのも目立っていた」という（『東京新聞』一九六四年二月六日号付／大笹、二〇〇九・三巻・二一八‐二一九）。

翌六五（昭和四〇）年一〜二月には芸術座で「東宝ミュージカル新春特別公演」としてブロードウェイ・ミュージカル《サウンド・オブ・ミュージック》が上演されている。演出は《マイ・フェア・レディ》に続いて菊田一夫が担当し、宝塚歌劇団在団中の淀かほるがマリア役を演じている（前掲、四二七）。

一九六六（昭和四一）年九月には帝国劇場が建て替えられる。[17] 一九六七（昭和四二）年に《屋根の上のヴァイオリン弾き》、六九（昭和四四）年に《ラ・マンチャの男》が上演され、現在のイメージの「東宝ミュージカル」はこの時期に始まったといえるだろう。両作のブロードウェイ初演は《屋根の上のヴァイオリン弾き》が一九六四（昭和三九）年、《ラ・マンチャの男》が六五（昭和四〇）年であるため、本場での初演からあまり時を開けずに日本初演が実現したことになる。

こうしたなかで、一九七〇年代前半から海外ミュージカルの上演に向けて舵を切り始めたのが「劇団四季」である。一九七三（昭和四八）年に、アンドリュー・ロイド＝ウェバーの《ジーザス・クライスト＝スーパースター》（初演時は《イエス・キリスト＝スーパースター》）を上演して大ヒットさせたことが、ミュージカル劇団としての四季の飛躍につながっていく。以後、《エビータ》（一九八二）、《キャッツ》（一九八三）、《オペラ座の怪人》（一九八八）と、四季はロイド＝ウェバー作品を次々とヒットさせていった。こうして四季は一九八〇年代以降、「海外ミュージカルを日本人キャストで上演できる劇団」として全国にその名を馳せていくことになる。

「日本ミュージカル史」からのタカラヅカの脱落

一九六〇年代前半からのミュージカル・ブームの盛り上がりに関して、『東京新聞』（「芸能界六〇年代を顧みる・演劇この一〇年」一九六九年一二月二五日号付）では、次のように捉えている。

ミュージカル攻勢の皮切りは、六四年（三十九年）東宝劇場で翻訳上演された『マイ・フェア・レディ』のヒットだった。その後、アメリカから『ウエストサイド物語』『ハロー・ドーリー！』イギリスから『オリバー！』などを来日公演させたのが刺激となり、東宝と宝塚歌劇団がブロードウエーやオフ・ブロードウエーのヒットミュージカルを、日本版で次から次へと取り上げた。（大笹、二〇一〇・四巻・七一五）

注目すべきは、ここでは「宝塚歌劇団」の名前が見られることだ。つまり、この頃はまだタカラヅカが日本の

17　一九五五（昭和三〇）年、帝国劇場は東京宝塚劇場の返還と入れ違いに演劇興業を打ち切りシネラマ専門館となり、その後一〇年ほどは映画館として使われていた。一九六四（昭和三九）年に建物が取り壊され、六六（昭和四一）年に現在の帝国劇場が開場、再び「劇場」としての復活を果たした。なお、二〇二五（令和七）年二月より建て替えのため休館予定である。

ミュージカル界を牽引する存在と捉えられていたのであるが、この認識が次第に変わっていくことについて、本節の最後に触れておきたい。

日本でミュージカルについて取り上げた最初の書籍は、一九五八（昭和三三）年刊行『ミュージカル』ではないかと思われる。著者は劇作家の内村直也である。日本で《マイ・フェア・レディ》が初演された一九六三（昭和三八）年以前、つまり、「ミュージカル」という言葉だけが一人歩きしていた当時の日本において、「ミュージカル」がどのように捉えられていたかがここからわかるといって良いだろう。本書は「一．ミュージカルとは」「二．ミュージカルのジャンル」「三．素材と扱い方」「四．技巧」「五．ミュージカルの歴史」「六．日本のミュージカル」の六章構成である。うち「三．素材と扱い方」では、ミュージカルにふさわしいテーマがどのようなものであるか、それをどのように脚本化し演出していくのかが解説され、「四．技巧」では、セリフに加えて歌とダンスをどのように混合させていくのか、俳優はどのように表現していくべきなのかが語られる。このように「素材と扱い方」「技巧」に二章も費やしているところからも、「ミュージカルとはどのようにつくれば良いのか」がこの時期の大きな課題であり関心事であったことがうかがえる。その前提には、日本においても今後オリジナルのミュージカルが量産されていくであろうという予測と期待があったはずだ。「五．ミュージカルの歴史」の日本のミュージカル史に関する記述では、宝塚歌劇の歩みについても頁が割かれている。

一九六三（昭和三八）年刊の野口久光編『ミュージカル入門』では、「日本のミュージカル」の項を寺山修司が執筆しているが、そのなかでも「宝塚ミュージカル」について触れられている（一七三－一七四頁）。小藤田千栄子は自身の一九五〇年代におけるミュージカル的なものとの関わりとして、「ＳＫＤ（松竹歌劇団）」「ＭＧＭを中心としたアメリカのミュージカル映画」「宝塚のオペレッタ風な作品」「菊田一夫氏が書き下ろした東宝ミュージカル」などを挙げている（小藤田、一九八六・九）。一九五〇年代の日本では「ミュージカル」のイメージがはっきりと確立していないなかで、それでもやがてオリジナルのミュージカルが創り出されることが予感されると同時に、少なくとも当時のタカラヅカは、来たるべきミュージカル時代のプレイヤーとして期待される存在の一つであったのだ。ところが、一九六三（昭和三八）年の《マイ・フェア・レディ》上演以降、「ミュージカル」とは「ブロードウェイ・ミュージカル」とほぼ同義となり、日本のミュージカル界の主流は「海外ミュージカル（ブロードウェイ・ミュージカル）を上演すること」になった。

この時期の興味深い現象を小藤田が伝えている。一九六一（昭和三六）年の映画《ウエストサイド物語》封切りの頃から「人々は競って〝本格的ミュージカル〟という言葉を口にし」始め、歌手や俳優も「本格的ミュージカルをやりたい」と語り出した。この「本格的ミュージカル待望論」は《マイ・フェア・レディ》上演時に頂点に達したという（前掲、九一－一〇）。つまり、「本格的ミュージカル」とはすなわちブロードウェイ・ミュージカルの《ウエスト・サイド・ストーリー》や《マイ・フェア・レディ》のことであり、裏を返せばそれ以外のミュージカル、つまり日本オリジナルの作品は「本格的ではないミュージカル」ということになる。四季の浅利慶太もまた「本物は日本で公演されていなかった」と述べているが（浅利、二〇〇九・七九）、同時に、タカラヅカはいったん「本格的ミュージカル」の担い手とは認識されなくなっていく。たとえば、演劇ジャーナリストの扇田昭彦は日本のミュージカルの発展にも早い段階から関心を寄せてきた一人であるが、評論集『ビバ！ミュージカル！』（一九九四）で取り上げられている作品五三本中、日本のオリジナルミュージカルは一二本にすぎず、八割近くが海外ミュージカルである。これは日本でミュージカル鑑賞といえば、《キャッツ》や《オペラ座の怪人》、《レ・ミゼラブル》や《エリザベート》を観ること、という現代の観客の感覚とも一致している。

扇田は同書の巻末「日本のミュージカルはここまで来た」のなかで日本のミュージカルの主要プレイヤーとして東宝ミュージカルと劇団四季を挙げ、オリジナル・ミュージカルを上演する劇団としては「ふるさときゃらばん」

と音楽座ミュージカルに注目している。だが、ここに宝塚歌劇団の名前は出てこない。一九九四（平成六）年時点でさえ、この認識である。タカラヅカが「ミュージカル劇団」として世の中に広く認知され始めたのは、扇田が『ビバ！ミュージカル！』を出版後の一九九六（平成八）年、タカラヅカが《エリザベート》を初演して大成功を収めた以降のことだと筆者は考える。

また本書でも多くその学恩を受けている、二〇〇九（平成二一）～一〇（平成二二）年に刊行された大笹吉雄『新日本現代演劇史』では、東京宝塚劇場における宝塚歌劇公演の劇評もまんべんなく拾う方針を取っているが、これに関して同書第一巻の「あとがき」で大笹はまず、一九五〇年代のミュージカルについて、「この時期のミュージカルはほとんど顧みられないが、ミュージカル時代の現在に直接つながっているという意味で、無視はできない」と指摘し、次のように述べている。

ある時期から宝塚歌劇の劇評を東京での公演ごとに収載したのも、ここの出身者がミュージカルをはじめ舞台の多方面で活躍しはじめるのと関係があって、宝塚時代を知っておくと、一層興味深いだろうと考えたからにほかならない。この時代の演劇を網羅的に扱う演劇史は皆無だが、宝塚の劇評を拾っているのも拙著の特色の一つだと自負する。（大笹、二〇〇九・一巻・七四四）

この扱い方もタカラヅカが日本の演劇史、ミュージカル史においてはみ出し者的存在であったことの裏返しではないだろうか。しかし実際には、日本のミュージカル界が「海外ミュージカルの上演」に大きく舵を切った一九六〇年代以降、タカラヅカでは粛々とオリジナルミュージカルの創作が続けられていた。そして、前述の内村直也著『ミュージカル』で提示されていた「ミュージカルに相応しいテーマがどのようなものであるか、それをどのように脚本化し演出していくのか」「セリフに加えて歌とダンスをどのように混合させていくのか」「俳優はどのように表現していくべきなのか」を試行錯誤していたのである。本書では第二章以降でこのことについて詳しく示していきたい。

第二章

「ベルばら以前」のタカラヅカのありよう

第一章では戦後から一九七〇年代前半の経済、社会、文化、および演劇界の動向を俯瞰した。続いて本章では「同時期のタカラヅカの動向」を概観したい。「少女歌劇」であり「レビュー劇団」であったタカラヅカが、一九五〇～六〇年代にミュージカルを主に演じる劇団へと変化していった過程を明らかにしていくことが本章の目的である。

併せて、戦前のレビュー時代にタカラヅカと覇を競い合った「松竹歌劇団」と「日劇レビュー」にも目を向ける。戦前はともに隆盛を誇ったライバル劇団は、一九五〇～六〇年代にタカラヅカとは対照的な道を選択し、のちの明暗が分かれていく。その過程についても見ておこう。

【第一節】タカラヅカ創成期から「レビュー黄金時代」まで

宝塚少女歌劇の誕生

現在のタカラヅカでは「男役」の存在が売りとなっているが、タカラヅカ創成期の小林一三の念頭には、そのような構想はまったくなく、男役が女性ファンを魅了するようになるのはもっと後の時代の話である。

宝塚少女歌劇（一九四〇年に「宝塚歌劇」に名称変更するまではこう呼ばれた）誕生には、次の三つの背景があったと考えられる。

第一は、宝塚新温泉のなかの洋風建築「パラダイス」内に設けた温水プールがうまくいかなかったことだ。一九〇七（明治四〇）年、「箕面有馬電気軌道」（阪急電鉄の前身）の実質的経営者となった一三は、梅田～宝塚間に走らせた電車の乗客を増やすために、休日に家族揃って出かけられる行楽地として終点の宝塚駅に「宝塚新温泉」をつくった。ところが、このなかにあった水泳場は利用者が少なく失敗に終わった。その要因の一つは、当時はまだ男女共同利用に対する抵抗感が強かったこと、もう一つは、屋内の水泳場は陽が当たらないため水が非常に冷たいうえ、水中に鉄管を入れて蒸気を送り水を温めるという方法も周知されていなかったことである（小林一三、二〇〇〇・二三〇）。この場所を何とか活用できないかと考えられた策が、水槽に板張りをしての広間としての利用であり、ここで客寄せのための各種博覧会が催されることになる（津金澤、一九九一・三九）。

第二の背景は、一九一二（大正元）年二月、一三が東京の帝国劇場で歌劇《熊野《ゆや》》を観ていたことである。その前年三月、日本で最初の本格的洋式劇場である帝国劇場が開場する。同年八月には「帝劇歌劇部」が設けられ、本格オペラ上演に向けての準備が整えられていった。だが、この頃の本格オペラへの熱意は主に政治家や財界人、知識人たちの「一刻も早く欧米諸国と肩を並べたい」という極めて政治的な思惑から発されていた（嶺、一九九六・一四三－一四八）。肝心の舞台の質も観客たちの耳も、一向に育っていないためうまくいくわけがなく、結局、歌劇部は五年で解散してしまう。ことに帝劇開場の翌年（一九一二）に上演されたオペラ《熊野》の評判は酷いものだった。本作品は能の《熊野》を題材にしたものだったが、日本語の歌詞と曲が不調和で（嶺、一九九六・二四九）、また観客の大半は歌舞伎愛好者でありオペラなど未見の人たちばかりで、客席に背を向けた指揮者を目障りだと感じる有様だった。しかも悪いことに、十二単で登場した主役の柴田環（のちの三浦環）が慣れない長袴の裾をさばききれずに舞台の中央で尻餅をついてしまい、客席は爆笑の渦になったという（高木、一九八三・五一）。ところが、この舞台を観てまったく別のひらめきを得たのが小林一三だった。一三は、三階で観ている若い観客が、この舞台を素直に絶賛している姿を見逃さなかった。

三階の中央部に、男女一団の学生達が見物をしておった。日本語で歌う歌の調子が突拍子もない時に、満場の見物人は大声を出して笑う。評判の悪いことおびただしい。私は冷評悪罵に集まる廊下の見物人の群をぬけて三階にゆき、男女一団の学生達の礼讃の辞と、それにあこがれている真剣の態度に対して、遠慮なくその説明と理由を聞いたのである。そして『熊野』を嘲笑する無理解の人達も、やがてその信者になるであろうと看破して帰阪したのである。（小林、二〇〇〇・二三二）

この時の経験が、のちに一三が「少女歌劇をやってみよう」と発想する原点となった。そうしたきっかけにより、宝塚少女歌劇の第一回公演の作品として、お伽歌劇《ドンブラコ》と喜歌劇《浮れ達磨》が選ばれた。両作品とも、日本人の手による「歌劇」としてこの時代に初めて作曲されたものである。お伽歌劇《ドンブラコ》の楽譜が出版されたのは、帝劇開場の翌年、一九一二（大正元）年三月のことだ。作者の北村季晴は、歌舞伎座で上演された日本最初の創作オペラ《露営の夢》の作曲者でもある。本居長世の喜歌劇《浮れ達磨》も同じ年に作曲されている。当時発表されていた日本語による歌劇の台本はこの二作品程度しかなかった。

第三の背景は、ちょうどこの頃、大阪の三越呉服店で「少年音楽隊」が人気を博していたことである。ならば宝塚新温泉でもこれを真似て女子による唱歌隊を結成すればいい客寄せになるのではないか、と考えた一三はのちに「一番無難で既に売込んでいる三越の少年音楽隊に競争しても、宝塚の女子唱歌隊ならば宣伝価値満点であるという、イージーゴーイングから出発したものであった」（前掲、二三三）と述懐している。

一九一三（大正二）年七月、「宝塚唱歌隊」が結成され、一六名の少女が採用された。しかし、「単に学校用の唱歌だけでは売りものにならない」（前掲）ということで、同年一二月には「宝塚少女歌劇養成会」と改称し、お伽歌劇《ドンブラコ》・喜歌劇《浮れ達磨》・ダンス《胡蝶》の上演を決定した。その舞台として選ばれたのが、前述の失敗した水泳場を改装してつくった「パラダイス劇場」だった。こうして一九一四（大正三）年四月一日、宝塚少女歌劇養成会の第一回公演は、大阪毎日新聞社主催の「婚礼博覧会」の余興として幕を開けた。この時、一三は四一歳であった。

「国民劇」構想と宝塚大劇場

ひょんなことから生まれた宝塚少女歌劇だったが、軌道に乗り始めるにつれ、一三はこれが「国民劇構想」の体現の場だと考えるようになる。興行師・小林一三にとって終生のテーマは「新時代にふさわしい『国民劇』をつくること」であり、この思いはのちの東宝設立にもつながっていく。宝塚歌劇を心から愛した一三ではあったが、極論すれば宝塚歌劇でさえも一三にとっては「国民劇」創成のためのコマの一つにすぎなかったかもしれない。

一三は「国民劇」という言葉を生涯にわたってさまざまな場面で使い続けた。一三最晩年に刊行された『宝塚歌劇四十年史』（一九五四）のまえがきでも、次のように書いている。

私は結局、歌とセリフと舞を、巧に組合せて、しかも、何時も新時代感覚を織込んで、観客が乗出して歓迎する歌舞伎、即ち、それが新国民劇だと言い得るものと考えている。

要するに、国民劇とは「歌ありダンスありで、観客が大喜びする今風の芝居」といえる。一三は、新時代にふさわしい「国民劇」の創成が、日本の文化国家としての成熟、ひいては西欧列強と伍していくために必要不可欠だと考えていた。

一三の著作『日本歌劇概論』のなかの一節「民衆芸術としての歌劇」（小林、一九六二・六巻・五－一二三）によると、「国民劇」と「歌舞伎」「歌劇」との関係は次のように整理される。

①江戸時代までは歌舞伎こそが「国民劇」であった。
②ところが今や、新しい時代に適応していない歌舞伎は「国民劇」と言い難い。
③そこで歌舞伎に代わる「国民劇」が必要だ。それは「歌劇」である。

その第一歩としてつくられたのが「宝塚少女歌劇」というわけである。

『日本歌劇概論』は一九二三（大正一二）年七月、関東大震災の直前に初版が、二五（大正一四）年に増補改訂した第三版が出版されている。一九二五年というと、宝塚少女歌劇が誕生してから一〇年余り、宝塚大劇場開場の翌年である。この年、一三は五〇歳を迎えており、経営者としても油の乗り切った時期だった。試行錯誤を重ねてきた少女歌劇もようやく軌道に乗り、念願の大劇場も完成したというタイミングで本書は書かれた。一三が当時の日本の演劇をどう捉え、何を理想としていたのかがよくわかる興味深い一冊である。ただし、この頃はまだ、いわゆる「レビュー時代」には入っていない。日本初のレビュー《モン・パリ》上演をきっかけに、その後のタカラヅカが一三自身も思いもよらなかった方向に進み始めるのは、同書出版のさらに二年後である。次に、前述の一三の三点の主張について見ていこう。

①江戸時代までは歌舞伎こそが「国民劇」であった。

一三はまず、元々「国民劇」であった歌舞伎の優れた点は次の七つだとした（小林、一九六二・六巻・六一七）。い

1　一九一九（大正八）年の宝塚音楽歌劇学校の創立とともに「宝塚少女歌劇養成会」は解散し、宝塚音楽歌劇学校と卒業生で「宝塚少女歌劇団」を組織した。一九四〇（昭和一五）年に「宝塚歌劇団」に改称。

わばこれが、一三理想の「国民劇」の七条件といってもいいだろう。

一．音楽がある。
二．唄がある。
三．踊りがある。
四．台詞が唄によって語られる。
五．扮装や動き、場面が絵画的である。
六．二五〇〇年の長い歴史を題材とする。
七．役者と観客がともに娯楽的な雰囲気にある。

②新しい時代に適応していない歌舞伎は「国民劇」と言い難い。

江戸時代に歌舞伎の主たる観客となったのは、身分上は「士農工商」の「商」として抑圧されていた人々だった。蓄えた財力を広い世界で使って自己実現する自由がなかった彼らが向かった先が花街である。彼らは、富の力を花街で使うことで欲望を発散させ、ゆえに江戸の文化は花街で極度に洗練された。であればこそ、「歌舞伎もまた、こうした花柳芸術の一端として育ったものである」というのが一三の言い分である。確かに、歌舞伎や文楽などで描かれる恋愛は遊郭を舞台にした作品がよく見られ、恋に落ちる女性の側は遊女であることも多い。だが、四民平等の世の中となった今、「国民劇」のテーマはもっと幅広く、同時に、男女の恋も色々なパターンが描かれるべきであると一三は考えた。

③歌舞伎に代わる「国民劇」が必要だ。それは「歌劇」である。
もう一つ、一三が断固として否定したのが「三味線音楽」だった。一三は、花柳社会で発達した三味線音楽は暗くて物哀しく、また子どもたちは義務教育で西洋音楽を学び始めているため、これからの「国民劇」は当然ながら西洋音楽を使わなくてはならないと考えた。[2]

先の七つの条件を満たし、かつ西洋音楽を使う演劇である「歌劇」こそが、次世代国民劇としてふさわしい形式だと一三は提唱した。歌劇にオーケストラの演奏は不可欠ということで、タカラヅカでは創立八年目の一九二一（大正一〇）年には専属のオーケストラを設けている。それまでも楽器演奏はあったが、これは生徒自身と音楽教師が舞台で演奏を担当するものだった。一九二三（大正一二）年にはドイツの指揮者ヨーゼフ・ラスカが宝塚音楽歌劇学校教授となる。彼は宝塚のオーケストラ独自の演奏会も企画し、その発展に寄与した。[3]録音技術が発達した今でもタカラヅカの「生演奏」へのこだわりは強い。宝塚大劇場と東京宝塚劇場の公演は必ずオーケストラの生演奏がつき、宝塚バウホールなどの小劇場公演でも生演奏の場合が少なくない。

この「国民劇構想」実現のために必要不可欠な「場」として考えられたのが「大きな劇場」である。新しい国民劇が根づくためには、観客が気軽に劇場に足を運べる環境が必須であり、そのためには、チケット代は安価でなくてはならない。利益を下げずにチケット代を安くするためには観客数を増やすしか方法はない。一三はそのためにまず、四〇〇〇〜五〇〇〇人を収容できる大劇場が必要だと考えた。この発想から一九二四（大正一三）年につく

2　一三が「三味線音楽」を否定し、西洋音楽にこだわった理由の詳細は、拙著『宝塚歌劇に誘う7つの扉』五〇－五六頁参照。
3　山口篤子「宝塚交響楽団と関西の合唱運動」（津金澤・近藤編著、二〇〇六・一〇八－一一一）。

られたのが、四〇〇〇人収容[4]を謳った宝塚大劇場だった。一九一四（大正三）年に宝塚少女歌劇が生まれてから、わずか一〇年後のことである。「作品の内容は後から大劇場に見合ったものを考えていけばよい」というのが、一三の考えであった。

レビュー時代の到来と白井鐵造

このように宝塚大劇場は、一三が理想として掲げる「国民劇」上演のためにつくられた劇場だった。そのことは、一三が前年に出版した『日本歌劇概論』のなかで、「私どもの経営している宝塚新温泉内に歌劇場として新築すべく計画中の四千人以上を容れ得る大舞台の落成を待って、かういふ風にやれば、大舞台でも充分に日本の芝居が見られるというお手本を御覧に入れたいと考へてをります」（小林、一九六二・六巻・五七）と述べていることからもわかる。

こけら落とし公演のラインナップは、お伽歌劇《カチカチ山》・舞踊劇《女郎蜘蛛》・歌劇《アミノオの功績》・歌劇《身替音頭》・喜歌劇《小さき夢》の五本立てであった。だが、この路線ではさすがに四〇〇〇もの客席を埋めることはできなかった。蓋を開けてみると閑古鳥が鳴きっぱなしで、「とうとう小林一三も、あんな馬鹿でかい劇場を建てよって、失敗しよった」などと陰口を叩かれることになる（高木、一九八三・九六）。マイクロフォンさえもない時代、[5]四〇〇〇人の劇場を埋めるのは不可能に近いと思われた。

だが、一九二七（昭和二）年、大劇場を満員にする作品が登場する。それが日本初のレビュー《モン・パリ（吾が巴里よ）》である。作者の岸田辰彌は帝劇歌劇部で学び、浅草オペラで活躍していた。一作品だけで年間予算と同程度の制作費（一説には年間予算の四倍[6]）がかかる本作を上演するか否かで議論が紛糾した時、一三が「良いものならやったらよいだろう」と最終的にゴーサインを出したという逸話も残っている。

この成功を受けて本格的なレビュー時代を築き上げたのは、岸田の弟子である白井鐵造の功績といってよい。一九二八（昭和三）年の秋から白井は欧米に遊学に出た。一行は最初にアメリカ大陸に渡り、西海岸からニューヨークに向かった。ニューヨークはちょうどミュージカルの創成期で、白井はブロードウェイで《ショー・ボート》や、前章で触れたとおり《ジーグフェルド・フォリーズ》などを観劇した。この時の見聞について白井は、「アメリカのショーの踊りには、すべて一つ一つに面白いアイディアがあり、私が日本へ帰ってパリみやげとして出した珍しいアイディアの殆どは、このニューヨークで見たものが多かった」（白井、一九六七・七七）と述懐している。だが《ショー・ボート》については、「脚本だけを持って帰っても、到底宝塚ではやれそうもないし、また、第一、演出の私自身が難しくて出来ない」（前掲）といっている。この時期のタカラヅカでは、《ショー・ボート》のように深い物語性のある作品の上演はとても無理だと考えられていたのだ。[7]

アメリカに二ヶ月ほど滞在の後、船でヨーロッパに渡った一行はその年の年末にロンドン着、翌二九（昭和四）年の一月末にパリを訪れた。ここで白井はパリに魅了されてしまった。ニューヨークの舞台もロンドンの舞台も、その原点はパリにあると感じた白井は、「じっくりと、パリに腰を降ろして、先ず西洋人の生活の中に入り、その根

4 その後、何度かの改修を重ね、最終的には定員二八六五人に落ち着いた。次第に良くなった日本人の体格に合わせて座席の間隔を広げたのが客席数減の最大の理由だという（橋本、一九八八・二五）。一九九三（平成五）年に開場した現在の宝塚大劇場の客席数は二五二七席である。

5 タカラヅカの舞台で初めてマイクロフォンが使用されたのは一九三四年《ヂャブ・ヂャブ・コント》からである。

6 『宝塚歌劇五十年史』には「この一作を上演するには、今までの一年間の公演費を、そっくり一レビューの制作に当てねばならないという困難な大企画でした」との記載があるが（一四九頁）、高木史朗は「年間の上演経費が約三千五百円であったのに、『モン・パリ』は概算経費だけでなんと一万四千円もかかるというのである」と記録している（高木、一九八三・九七）。

7 その後、タカラヅカでも《ショー・ボート》は上演されるが、その初演は五八年後の一九八六年まで待たなければならない。

本のものを身につけることだと決心をつけた」。そこには「一ツ二ツのおみやげだけを拾って帰るということより、私も西洋人がやっていることを、自分で創作出来るようになって帰ろう」（前掲、八一）という考えがあった。同行者と別れて一人安下宿に移り住んだ白井が帰国したのは、二年後の一九三〇（昭和五）年の五月であり、パリでの滞在は一年以上に及んだ。会社から支給された費用の三倍近くを使い、足りない分は会社からの借金でまかなった。それでも足りない分は自腹だった。その甲斐あって、白井の帰朝みやげ作品《パリゼット》（一九三〇）は《モン・パリ》を超える大ヒットとなった。フランスのトリコロール（青白赤の三色旗）を由来としたブルーとピンクの色彩で統一された舞台に観客は目を見張った。衣装に初めてスパンコールが使われ、白井自身がパリから買ってきたという白い羽根扇もお目見得した。舞台化粧がそれまでの白塗りからドーラン化粧になったのも本公演からであり、自然な素肌を見せて歌い踊る女性たちの姿は大きな衝撃を与えた。そんな白井レビューは当時の観客にとってみると、日本にいながらにして、はるかなる憧れの国フランスが体感できる「夢の世界」そのものだった。

《パリゼット》の後も白井は、《パリゼット》のスペイン版《セニョリータ》（一九三一年一月）、初のストーリー性のあるレビュー《ローズ・パリ》（一九三一年八月）と、次々と華やかなレビュー作品を繰り出した。《ローズ・パリ》が大ヒットし、白井作品の固定ファンも増えたことから、例年一月と八月は白井レビューを上演するのがお約束になった。白井ファンは白井作品のことを「宝塚レビュー」ではなくあえて「白井レビュー」と呼んだ（前掲、一七九）。このことは後述する小林一三の「レビュー時代」に対する微妙な思いにも関連していると推察する。白井レビューの決定版といわれているのが、一九三三（昭和八）年初演の《花詩集》であり、本作は翌三四（昭和九）年に開場した東京宝塚劇場のこけら落とし公演でも上演された。こうしてタカラヅカは一九三〇年代に「レビュー黄金時代」と呼ばれる時代を迎え、「タカラヅカ＝レビュー劇団」というイメージが定着していったのはこの頃からである。

初めて一六段の大階段が使われ、ラインダンスが行われた《モン・パリ》、初めて羽根扇が使われた《パリゼット》と、現在のタカラヅカのシンボルのように思われている大階段や、ラインダンスも皆この頃にルーツがある。《モン・パリ》で初めて持ち込まれたシャンソンも、《パリゼット》以降の白井レビューで定着していった（前掲、一五七）。

男役人気と女性ファンの急増

この時期に起こった大きな変化は男役人気が急上昇し、女性ファンが増えたことだった。創成期のタカラヅカは、男性の観客の方が多かったという（川崎、二〇〇五・一一六）。創世記にスターと呼ばれた雲井浪子、篠原浅茅、高浜喜久子らは皆、娘役であり、男性ファンに絶大な人気があった（高木、一九七六・八七）が、一九三〇年代のレビュー時代には女性ファン優位になっていく。このことを端的に示すのが『歌劇』投書欄への投稿者の男女比の変化である。創成期の一九一八（大正七）年時点の推定男女比は、男性：女性が八：二で圧倒的に男性多数であったのが、一九三三（昭和八）年前後には次第に男女比が逆転していく（津金澤・近藤編著、二〇〇六・四一、四六）。また、この時期には少女雑誌における宝塚少女歌劇関連記事掲載も激増している。たとえば、当時の女学生に人気のあった雑誌の一つである『少女の友』上のタカラヅカ関連記事は、《モン・パリ》初演の翌年の一九二八（昭和三）年頃から増え始め、三〇年代は年間で三〇〜四〇件の記事が掲載されていたという（前掲、九七）。このことからも、当時の女学生から宝塚少女歌劇がいかに注目されていたかがわかる。

こうした状況を受けて、一九三四（昭和九）年には「宝塚女子友の会」[8]が発足、一九三六（昭和一一）年には劇

8　現在の「宝塚友の会」のことだが、発足当時は「女子友の会」だった。一九五一年に「宝塚友の会」に改称し、男性の入会も受けつけるようになった（宝塚歌劇検定委員会、二〇一〇・二七）。

団の定期刊行物として、先行する『歌劇』に加えてビジュアル中心の『宝塚グラフ』が創刊している。

客席の女性たちが憧れたのは男役だった。元々「少女歌劇」における男役は、女性しかいない劇団ゆえにやむなく男性の役も女性が演じざるを得ないという、いわば必要に迫られて生まれたものだった。だが、ここにきて女性たちの憧れの的として男役が独自の価値を持ち始めた。演出家の高木史朗は、タカラヅカの男役の演技手法のパターンをはっきりと確立し定着させ人気を博したという意味での「二枚目男役」の第一号は奈良美也子であるという（高木、一九七六・八二）。

その人気に伴って、男役としての見せ方にも磨きがかかる。女性がショートカットにするなど言語道断という時世にあって、男役が「断髪」を敢行し始めたのもその一例であり、一九三二（昭和七）年に上演された白井レビュー《ブーケ・ダムール》で初めてショートカットの男役が登場したという。[9] その後、一九三〇年代に人気を二分したのが男役の小夜福子と葦原邦子であった。つまり「男役を中心に、華やかな夢の世界を描く劇団」という、現在のタカラヅカのイメージがつくられ始めたのが、このレビュー時代なのである。ではなぜ、レビュー時代に男役が急に活躍し始めたのかについて、高木は次のように述べている。

今まで日本では、男性が踏み込めなかったレヴューやオペレッタの分野をこれらの男役が開拓していった。タキシードやエンビ服を日本の男性は、それまで充分着こなすことができなかった。それを女性なるが故に、見事に着こなしてみせた。外国の男性を演ずるオペレッタの分野でも、日本の男性が演ずると不自然な印象を与えるものを、これらの男役がいかにも自然に演じていった。だから、戦後の日本の男性がブロードウェイ・ミュージカルを演じることができるように成長するまでの、一種の橋渡しのような役目をこれらの男役の人達が果したともいえるのである。（前掲、八三）

つまり、レビューという「夢の世界」に登場する男性は、本物の男性ではなく「男役」が演じる方がふさわしかったということである。だが、当時の男役は「男装の麗人」と呼ばれる存在でもあった。「男装の麗人」とはあくまで「男性のなりをした女性」つまり、舞台上での性別はあくまで女性ということになる。この「男装の麗人」イメージをいかに打ち破り、どこまでリアルな男性像を取り込んでいくのかは、戦後五〇年代以降の男役たちの課題となっていく。

一九三〇年代のタカラヅカの作品傾向

一九三〇年代のタカラヅカは「レビュー黄金時代」と称された。だが、いくら流行したからといってレビューばかりを上演していたわけではなかった。たとえば、白井レビューの最高峰といわれた《花詩集》が初演された一九三三（昭和八）年の宝塚大劇場の上演ラインナップは次のとおりである。

一九三三年の作品一覧

月	上演組	形式名	作品名	作・振付
一月	花組	歌劇	蝦夷の義経	久松一聲

9　タカラヅカの男役で誰が一番最初に断髪したのかについては、門田芦子という説と、佐保美代子・神代錦という説がある。いずれにせよ一九三二年《ブーケ・ダムール》が、ショートカット男役が最初に目立って登場した作品であったようだ（中本、二〇一一・八〇）。

		舞踊劇	相合袴	水田茂
二月	月組	レヴユウ	巴里・ニユーヨーク	白井鐵造
		歌劇	追儺物語	小野晴通
		構成派バレー	サーカス	岩村和雄（按舞）白井鐵造（監督）
		舞踊	鏡獅子	福知櫻痴（原作）水田茂（作・振付）
		レヴユウ	巴里・ニユーヨーク	白井鐵造
三月	雪組	舞踊劇	水かけ聟	竹原光三
		ジヤズオペレツタ	ルーレット	宇津秀男
		歌舞劇	輪捕り	久松一聲
		歌舞伎レヴユウ	二人傀儡師	坪内士行
四月	花組	歌劇	仲麿の妻	小野晴通
		歌劇	火吹竹参内	久松一聲
		宝塚少女歌劇二十周年記念大レヴユウ	世界一周	宝塚少女歌劇団
五月	月組	歌劇	八犬伝	坪内士行
		歌劇	ヴォルガの船唄	岸田辰彌
		舞踊	お夏幻想曲	水田茂
		レヴユウ	ラヴリイ・ラーク	佐藤邦夫（作）宇津秀男（補修・振付）
六月	雪組	喜歌劇	仏御前	坪井正直
		歌劇	れ・ろまねすく	小林宗吉（作）岸田辰彌（振付）

		歌劇	弓の勘太	岸いさむ（作）水田茂（振付）
		レヴユウ	ゴールド・ラツシユ	宇津秀男
七月	星組	喜歌劇	指輪の行方	坪井正直（作・振付）宇津秀男（振付）
		歌劇	蛍塚	坪内士行（作・振付）白井鐵造（振付）
		喜歌劇	なぐられ医者	岸田辰彌（作・振付）宇津秀男（振付）
		歌舞伎レヴユウ	お国歌舞伎	久松一聲
八月	月組	歌劇	佐渡おけさ	水田茂
		歌劇	日本花笠始	久松一聲
		レヴユウ	花詩集	白井鐵造
九月	花組	喜歌劇	金岡	竹原光三
		バレー	プッテイト・スイツ	岡田恵吉（按舞）
		舞踊劇	鐘ケ淵	坪井正直（作・振付）鹽谷幸太郎（振付）
		レヴユウ	花詩集	白井鐵造
一〇月	星組	楽劇	リシュヤシュリンガ	松居桃多郎（作）久松一聲・水田茂（振付）
		舞踊劇	狐	水田茂
		レヴユウ	花詩集	白井鐵造
一一月	花組	歌劇	国譚孔雀明王経	久松一聲
		喜歌劇	学園の処女達	横田邦造（作）
		オペレットレヴユウ	プリンセス・ナネット	岸田辰彌（作・振付）宇津秀男（振付）

この表を見ると相変わらず「歌劇」や「喜歌劇」「舞踊劇」が多くを占めており、そのなかで「レヴユウ」もまた演目の柱の一つになってきたという程度である。「歌劇」「喜歌劇」「舞踊劇」そして「レヴユウ」を組み合わせた三〜四本立てで上演するのがこの頃の公演パターンだった。ただし、白井レビューの《巴里・ニユーヨーク》は二ヶ月、《花詩集》は三ヶ月も続演されている。また、一九三〇年代のタカラヅカには「歌劇」だけではなく「オペレット」「オペレット・レビュー」と銘打った作品も登場する。戦前のタカラヅカでは多くの作者が西欧諸国に遊学しているが、彼らはレビューだけではなく、西洋の香りのする「オペレッタ」も持ち帰った。白井鐵造は一九三一年《ローズ・パリ》によってストーリー性のあるレビューの創作を試みている（六章三節）。これに関して、白井の弟子でもあった演出家の高木史朗は次のように述べている。

今まで「パリゼット」や「セニョリータ」のようなレビューに親しんできたファンは、「ローズ・パリ」のストーリー性に最初とまどったようであったが、その出来ばえの素晴らしさに驚き、オペレッタの楽しさを理解するようになった。こうして「ローズ・パリ」の成功により、宝塚はレヴュー時代からオペレッタ時代へと転換してゆくことになった。（高木、一九八三・一六六）

同年白井は、タカラヅカで初めてのオペレッタである《ライラック・タイム》を手がけている。これはシューベルトの悲恋を描いた作品であり（前掲、二〇六）、本作を機に本格的オペレッタの上演が増えていく。また、一九三四（昭和九）年のオペレット《憂愁夫人》のようにセンセーショナルな内容と演出法で賛否両論を巻き起こした作品もあった。これらは「歌劇」「喜歌劇」といった形式名の作品よりもカタカナ表記のタイトルが多く、その中身もヨーロッパを舞台にした甘い恋愛物を主とした。こうしたストーリー性のあるオペレッタ上演の積み重ねは、戦後のミュージカル時代に向けての足がかりとなっていく。

レビュー時代の小林一三の思い

このようにレビューは定着し、人気も博したが、この後のタカラヅカはレビュー劇団として一気に舵を切る道を選ばなかった。逆に、レビュー黄金時代で盛り上がるタカラヅカを人一倍冷静な目で眺め続けたのが、小林一三その人であった。

日本初のレビュー《モン・パリ》が一世を風靡した一九二七(昭和二)年、一三は経営不振に陥っていた東京電灯(現在の東京電力)の役員に就任し、再建に取り組み、三三(昭和八)年には社長に就任した。前年の一九三二年には株式会社東京宝塚劇場(のちの東宝)も設立し、東京の興行界にも本気で打って出始めた。つまり、この頃の一三の活動の拠点は東京であり、宝塚に戻る暇はほとんどなかったと想定すると、一三自身がタカラヅカのレビュー時代を先頭切って牽引したわけではなさそうである。それどころか、一三はこの時期『歌劇』誌にて「外国産のレビューに頼るのは如何なものか」という警告を発している。一九三〇(昭和五)年八月号の「いつ、新しい宝塚情緒は生れるか」という寄稿のなかで一三は、「外国種のレビューは、今や一世を風靡しているけれど、結局我々は日本人である。日本の風俗習慣を度外視して、外国種のみを真似をして居る場合には必ず落伍する」(『歌劇』一九三〇/八・二)と述べ、さらには、「私は東京に居って手を下し得ないことが如何にも歯痒いのである」ともいう。だが、奇しくも同じ八月に《パリゼット》が上演され、結局この作品がのちのタカラヅカの歩みを決定づけてしまうのは皮肉なものだ。一三が『宝塚歌劇四十年史』のまえがきで、自身が理想とする「国民劇」がいかなるものであるかを書き残していることは先に述べたが(七〇頁)、実はこれには続きがある。

そしてこの理想は四十年前、私が宝塚少女歌劇を創始し、将来の国民音楽は洋楽であるべしと信じ、従来の歌舞伎、舞踊、狂言等を洋楽化し、新作の数々を発表し、新しい演出を試み、現在に至ってレビューを中心に興行しているけれど、実は、これも一時の過程であるものと考えている。

つまり、一三はレビュー時代から晩年に至るまでずっと「今の宝塚歌劇はたまたまレビュー中心で興行しているけれど、これも一時の過程にすぎない」と考えていたということになる。実際、レビュー時代にあっても、内部では早い段階からその反動ともいえる動きは起こっていた。

《モン・パリ》大ヒットの翌年にあたる一九二八（昭和三）年、一三は天津乙女と滝川末子の二人を、生徒でありながら舞踊の助教授に任命している。さらに一九三三（昭和八）年には「日本舞踊専科」が正式に発足し、天津が専科入りする。日本舞踊が得意な生徒がその道に邁進できる環境を整えたのだ。「日本の風俗習慣を度外視して、外国種のみを真似をして居る場合には必ず落伍する」と考えていた一三ならではの采配である。

戦後も一三の考えはぶれることはなく、『歌劇』一九五〇年六月号「おもひつ記」では次のように指摘している。

宝塚によって初めて日本に生まれたレビューの形式による歌劇は、いわゆる豪華絢爛数十人から百人前後の登場風景を御覧に入れて、一時、喝采を博したものであるが、近頃は、その豪華絢爛もいたずらにマンネリズムに堕して、お客様も、いっこうに驚かない。（小林、二〇〇八・一七二）

この考え方は一三亡き後も受け継がれていく。タカラヅカが五〇周年の節目を迎えた一九六四（昭和三九）年の『歌劇』四月号において、小林米三理事長（一三の三男・本章四節参照）も、これからの宝塚歌劇のあり方について、「レビューも結構である。しかし、宝塚はここで五十年の伝統を基にして何か独創的なものをつくるべきである。それが大衆に愛されるならば、それこそ国民劇である」という識者の意見に賛同の意を示している。また、実際の上演作品を振り返り「今日まで、宝塚はレビューばかりでなく、独創的な国民劇の創造にも励んで来たと思うのである」と述べている（小林米三、二〇〇一・一五三－一五四）。こうして一三の「国民劇構想」は一九五〇〜六〇年代にも脈々と受け継がれていき、のちの作家たちにもさまざまな影響を与えていくのである。

【第二節】「松竹歌劇団」と「日劇レビュー」

レビュー時代のライバル「松竹歌劇団」

タカラヅカは一九三〇年代に「レビュー黄金時代」と呼ばれる時期を迎える。だが当時、レビューはタカラヅカの専売特許ではなかった。「レビュー」とは英語で review、フランス語で revue、「再び見る」という意味である。一年の終わりに、その年に起こったできごとを次々と見せていくヴォードヴィル形式のステージを「レビュー」と名づけたのが始まりだった（高木、一九八三・九八）。

一九世紀末から二〇世紀初頭、パリの「ムーラン・ルージュ」や「フォリー・ベルジュール」などの劇場では夜な夜なレビューが上演されていた。同じ頃アメリカでは、前章で触れた《ジーグフェルド・フォーリーズ》が人気を博していた。欧米遊学した岸田辰彌や白井鐵造がこうした本場のレビューに触発されつくり出したのが《モン・パリ》や《パリゼット》であり、欧米で大流行のレビューがこれらを導火線に日本中に広まっていくことになる。

まず、宝塚少女歌劇に対抗してさかんにレビューを上演するようになったのが松竹少女歌劇団である。すでに松竹では一九二〇（大正九）年、大阪で松竹楽劇部を創設し、タカラヅカに倣った少女歌劇の公演を開始していたが、《モン・パリ》上演翌年の二八（昭和三）年にはその東京支部的な位置づけの「東京松竹楽劇部」を立ち上げ、三三（昭和八）年に改称され「松竹少女歌劇団」となる。いっぽう大阪にある本家本元の松竹楽劇部は一九三四

（昭和九）年に「大阪松竹少女歌劇団」となった。

ちょうど同じ頃、一九三四（昭和九）年には東京宝塚劇場が開場し、タカラヅカも本格的な東京進出をし始めていた。「タカラヅカが東京にやってくる」というのは東京人にとっても新鮮なニュースであり、その向こうを張ったのが松竹少女歌劇団だった。当時の東西レビュー合戦は相当な盛り上がりを見せ、ＳＫＤが創立五〇周年記念事業として刊行した、松竹歌劇団の五〇年史『レビューと共に半世紀――松竹歌劇団五〇年のあゆみ』（以降『五〇年のあゆみ』）にも、一九三二（昭和七）年の《ブーケ・ダムール》（宝塚の新橋演舞場公演）と《らぶ・ぱれいど》（松竹の東京劇場公演）に関して、「築地川をへだてて新橋演舞場に対陣した宝塚少女歌劇と一戦を交えた」というものものしい記述がある（松竹歌劇団、一九七八・一五二）。

一九三三（昭和八）年八月、宝塚大劇場で白井鐵造の最高傑作といわれるレビュー《花詩集》が初演された後、一〇月の東京では松竹少女歌劇団でも大作レビュー《タンゴ・ローザ》が上演される。本作は「松竹レビューはじまって以来の傑作」といわれ、松竹少女歌劇のスターだった小倉みね子は「初めて宝塚少女歌劇を越えたと評判になった」と伝えている（小島、一九九四・一五七）。

ターキーこと水の江滝子は松竹少女歌劇団の人気男役スターだった。一九三〇（昭和五）年には、タカラヅカに二年先がけて男役として初めて髪をショートカットにして「ターキーブーム」を巻き起こす。

この大スター水の江瀧子を擁して、上京してきたタカラヅカを迎え撃った「松竹少女歌劇団」（のちの松竹歌劇団、以降ＳＫＤとする）[10]は、タカラヅカとは似て非なるものだった。『五〇年のあゆみ』を見ると、冒頭に掲載さ

10　東京松竹楽劇部は一九三三年に「松竹少女歌劇団（ＳＳＫ）」、四五年に「松竹歌劇団（ＳＫＤ）」と改称するが、ここでは「松竹歌劇団（ＳＫＤ）」として話を進める。

れている団員の集合写真で全員が「赤い着物に黒袴」を身につけている。これはタカラジェンヌの正装「緑の袴」を意識したものだろう。タカラジェンヌが統一しているのは「袴」だけで、着物は各人が好きな色や柄のものを選んで着るが、ＳＫＤは全員が赤い着物である。このほかにもタカラヅカと一見類似しているように思える点がいくつもある。定期刊行物としてタカラヅカの『歌劇』に対して『楽劇』（一九三三年以降は『少女歌劇』）という雑誌を発行し、愛唱歌もタカラヅカの「すみれの花咲く頃」に対して「さくら咲く国」である。学校（松竹少女歌劇学校）の卒業生が舞台に立つというしくみも同じだ。

タカラヅカに対抗するためにも、松竹少女歌劇団につきまとう「下町・浅草」の庶民的なイメージを払拭したいというのが松竹上層部の悲願であり、「上流社会へ、上流社会へ」という言葉が盛んに繰り返されていた（中山、一九九三・四五、一六七）。『五〇年のあゆみ』の記述のなかにも、要所要所で「このとき宝塚では……」という記載が目につき、いかにライバル視していたかが感じ取れる。

いっぽうでタカラヅカとは真逆の特色も垣間見える。たとえば、スターシステムに対する姿勢がそうだ。タカラヅカは「スターシステムを好まない」（『歌劇』一九三四年九月号の小林一三の寄稿）主義であり、「全員がスターである」という考え方を建前としては取ってきた。もっとも、どんな舞台でも主役を務めて人気が出る人とそうでない人が分かれるのは必然であり、タカラヅカもこの時期すでに各組に事実上のトップスター的な存在はあった。だが、公式見解としては「トップスター制度が確立したのは一九七四（昭和四九）年の『ベルサイユのばら』以降」ということになっている。[11] ところが、ＳＫＤでは一九三一（昭和六）年八月に早くも「幹部制」、いわゆる「幹部」「準幹部」という団員のランクづけが開始される。[12] また、スターである団員一人ひとりに対し、専門の宣伝部員もつけ始めている（中山、一九九三・一一五）。スター個人のファンクラブに関しても、タカラヅカでは特定の生徒のファンクラブは現在でも公式には設立されておらず（私設のファンクラブは存在するが）、公式のファンクラブは「宝塚友の会」のみということになっている。いっぽうＳＫＤの場合は「会員数二万人と言われる水の江会」の存在や、水の江会の会報誌「タアキイ」の表紙画像が『五〇年のあゆみ』にも掲載されている（一五五頁）。

「学校」であり「生徒」であることに頑強にこだわり続けているタカラヅカに比べると、ＳＫＤは形式的にはそれを模倣しつつも、その実は商業主義に順応していったように思われる。これが、小林一三いうところの「松竹のエライ点は徒らに犠牲を払ったり、理想に弄る私達のやうに口嘴の黄色いバカバカしいことにこだはらない事」（小林、一九六二・二巻・二二五）の一端なのだろう。このように重なる・ならない点を備えつつも、人気レビュー劇団として並列される両者であったが、醸し出す雰囲気は異なっていたようだ。評論家の青地晨は著書『ライバル物語』（一九五五）のなかでタカラヅカとＳＫＤを比較し、「昔はズカファン《ママ》にとっては松竹は下品でみられなかったし、ＳＫＤファンには宝塚は気取って鼻もちならなかった」「宝塚と松竹と、それぞれのカラアと伝統があったことはいうまでもない」（一六三頁）と述べている。

「日劇レビュー」はアンチ・タカラヅカから

ＳＫＤだけではなく、小林一三率いる東宝の内部からもタカラヅカのライバル的な存在が登場する。それが「日

11　『宝塚歌劇一〇〇年史』を始めとした劇団刊行物の「歴代スター一覧」においても、組別のトップスターが順に紹介されるのは一九七四年以降である。それ以前のスターについては組の明示がないまま時代ごとにまとめて紹介されることが多い。

12　『五〇年のあゆみ』の巻末年表より。一九三九年当時の幹部・準幹部の陣容も紹介されている（一五九頁）。

劇レビュー」である。

前章で少し述べたが、「日劇レビュー」の生みの親である秦豊吉は異色の経歴の持ち主である。元々は三菱商事のエリートビジネスマンだった秦は、二〇代後半から三〇代前半にかけてドイツのベルリンに赴任し、第一次世界大戦直後の激動のベルリンを肌で感じている。のちに東宝に転職し、東京宝塚劇場社長、東宝副社長、戦後は帝国劇場の社長も務めた。多才で先見の明もあるエネルギッシュな人物だった。ビジネスマンとして実績をあげつつ、かたや丸木砂土（マルキ・ド・サドをもじった名前）という作家の顔を持ち、執筆活動も精力的にこなした。三菱商事時代に秦が翻訳を手がけたレマルクの『西部戦線異状なし』は大ベストセラーになった。秦が「日劇レビュー」を育てた、いや、育てざるを得なかったのも、そんな経歴に由来するところが大きかった。四〇代でまったく畑違いの興行の世界に転身した秦としては、東宝総帥たる小林一三を前にして、独自の存在価値をアピールする必要に迫られていた。そこで秦が取った戦略が、「アンチ・タカラヅカレビュー路線」だったのだ。

転職してきたばかりの秦は、一三に対して「パリ・レビューの模倣である宝塚レビューは、ヨーロッパではすでに行き詰まっている」と提言した（森、一九九八・一三九）。タカラヅカの否定にも思えるこの発言はイチかバチかの賭けだったが、秦は勝負に打って出た。組織人・秦らしい生き残り戦略でもあった。もっとも、その根底には欧米での豊富な見聞から培われた「本物のレビューとは、もっと大人の鑑賞に耐えうるものであるべきだ」という彼なりの考えもあった（前掲、一六七）。

欧米で観たもののうち秦の心をもっとも捉えたのは、「バラエティ」と呼ばれるジャンルだった（秦、一九五五・四三）。秦によるとヨーロッパのバラエティには、ドイツ式の「筋を追わずに、舞踊・綱渡り・動物・アクロバット・奇術等を主として並べる式のもの」と、英国式の「漫才・道化・スケッチ・歌等を筋によって並べる式のもの」の二種類があり（前掲、三六）、それらの実現を試みたのが「日劇レビュー」であり、のちの「帝劇ミュージカルス」（一章三節）だった。また、秦はニューヨークのラジオシティ・ミュージックホールのショーからも感銘を受ける。

一九三五（昭和一〇）年九月、新聞広告で募集・採用された女性四〇名によって「日劇ダンシングチーム」が結成された。この時の「チームからひとりもスターをつくらない。チームそのものが一つのスターである」という方針は、ラジオシティ・ミュージックホールのロケットチームに倣ったものだった（前掲、五八）。秦は過酷な練習でチームを鍛え上げたため脱落者も相次ぎ、採用した四〇名のうち第一回公演まで残ったのは半分の二一名だったという。チームの初舞台は翌三六（昭和一一）年一月の第一回日劇ステージショウ《ジャズとダンス》である。なお、本章の表記は「日劇レビュー」としているが、秦は日劇で上演するものは「世間でいうレビューではなく、どこまでもショーでなくてはならない」と主張していた。これもタカラヅカ・レビューとは違うものをつくり出すという決意の表れだろう。その信条のとおり、日本の風物生活を取り入れた《大島レビュー》（一九三七）、東洋の舞踊を中心とした《東洋の印象》（一九三八）、色々な種類のタバコをテーマにした奇抜な趣向が話題となった《タバコ・レビュー》（一九三八）など、日劇レビューはユニークな作品を繰り出していく。日劇ダンシングチームは女性のみだったが、男性ダンサーを活用した点もタカラヅカやＳＫＤと一線を画していた。一九三九（昭和一四）年には沖縄の民俗芸能を取材した《琉球レビュー》を上演している。この頃、のちにタカラヅカの演出家として活躍する渡辺武雄が日劇で振付助手として働いており、本作の制作にも関わっている。渡辺は戦後、タカラヅカで日本民族舞踊シリーズを生み出すことになる（四章三節）。

日劇こと日本劇場は、現在の有楽町マリオンの所在地にあった。一九三三（昭和八）年一二月に開場した客席数二九二〇の巨大劇場である。「陸の竜宮」の名のもとにオープンしたものの、ずっと閑古鳥で何度か閉鎖の憂き目にあっていたところを東宝が経営を引き受けた。つまり日劇は秦の尽力で救われた。海外の最新のヒットソングが使われ、常に斬新な試みでお客をあっと言わせる日劇レビューの客席は、情報感度の高いモダンボーイたちがたむろする場となった（森、一九九八・一八四）。

秦が愛情を注いで育て上げた日劇ダンシングチームも、厳しい練習が功を奏し、チームとして客を呼べるレベルにまで育っていった。「チームそのものが一つのスター」という方針が見事に結実し、批評家たちも、「宝塚少女歌劇のだらしないダンシング・チームなど、この妹たちの一糸乱れず揃う群舞に恥じてよかろう」（『舞踊新潮』一九三六）、「宝塚や松竹の少女歌劇のスタッフ連は特に大きな関心を持たなければならぬと思う」（『舞踊新潮』一九三七）などと、タカラヅカと比較しつつ高い評価と期待を寄せている（橋本与志夫、一九九七・一五、一九）。

日劇レビューが軌道に乗り始めた一九三七（昭和一二）年、タカラヅカも《マンハッタン・リズム》という画期的な作品を上演している。これは、アメリカ帰りの宇津秀男によるもので、三六人のタップダンスによるラインダンスが話題になった。そこには日劇ダンシングチームへの対抗意識があったといわれている。タカラヅカで「ショー」という言葉を使い始めたのも宇津だったそうで（高木、一九七六・一八二－一八三）、以降、タカラヅカでもヨーロッパ風の「レビュー」とともに、アメリカ風の「ショー」も上演されていくことになる。

ＳＫＤと日劇レビューその後

タカラヅカ、ＳＫＤ、日劇レビューだけにとどまらず、この時期、宝塚少女歌劇を模した少女歌劇が全国津々浦々に立ち上がり、こぞってレビューを上演するようになった。その詳細は辻則彦『少女歌劇の光芒――ひとときの夢の跡』に詳しいが、北は北海道から南は鹿児島まで二〇を超える少女歌劇が存在し、その母体も百貨店から遊園地、料亭、キャバレーなどさまざまだった。だが、これらの少女歌劇団は経営不振に陥ったり、太平洋戦争を乗り越えられず、すべて消滅してしまった。

また一時期はタカラヅカのライバルとして君臨し、タカラヅカにも影響を与えたＳＫＤと日劇のレビューも、今はその舞台を観ることはできない。ではＳＫＤレビューと日劇レビューは、その後どのような道をたどり、歴史の舞台から消えていったのだろうか。

戦後のＳＫＤはタカラヅカとは異なる道を歩んだ。『五〇年のあゆみ』には迫力のラインダンスの写真が見開きで掲載されているが、ほとんどビキニの水着のような、露出度の高い衣装を身につけてズラリと並ぶ、一〇〇人ラインダンスチーム「ミリオン・レッグス」の姿である。一九五一（昭和二六）年には「均整のとれた八頭身の美人で、舞台経験二年以上の生徒約四十名を選び」（『五〇年のあゆみ』、一六四）専門のラインダンスチーム「アトミック・ガールズ」が結成される。命名の由来はこの頃注目を浴びていた「原子力開発」だった。一九五六（昭和三一）年には少人数で踊りの楽しさをじっくり見せるべく、グラマーチーム「エイト・ピーチェス」も結成される。ＳＫＤはこうしたセクシーなダンスチームを「売り」にしていく。

演目に関しても完全にレビュー中心となり、一九六〇年代には《春のおどり》《東京踊り》《夏のおどり》《秋のおどり》という季節ごとの長期公演が定着していった。一九六六（昭和四一）年の《夏のおどり》のプログラムには、出演者の総数は一三七名とある。現在のタカラヅカの大劇場公演の出演者数は約八〇名であるため倍近い。まさに人海戦術レビューである。客席数三六〇〇人を誇る浅草・国際劇場[13]を本拠とするＳＫＤレビューは、観光バスが列を連ねて観にくるような東京名物となっていった。

13 国際劇場の落成は戦前の一九三七（昭和一二）年だが、「三階の座席からは科白も聞きとれず、表情も見えないのである。筋のあるドラマやオペレッタに転換した松竹にとって、これは思わざる傷手であった」（青地、一九五五・一七五）との指摘もある。「大劇場」の制約がＳＫＤのレビュー劇団化に拍車をかけたということである。

ただ、この頃にミュージカルの上演が模索された気配もある。一九六〇（昭和三五）年二月、改装した新宿第一劇場にて「松竹ミュージカルプレイ」第一回公演が行われたことを『読売新聞』同年二月一九日号付が報じている。だが、この記事で尾崎宏次は、「まことに無人の興行で『松竹』という看板も安くなったものだと言わざるをえない。ミュージカルとはいうものの、オーケストラも舞踊団もない始末である。第一回とは銘打ったものの、これでは今後が危ぶまれる」と酷評している（大笹、二〇〇九・二巻・二六〇）。一九七八（昭和五三）年に刊行された『五〇年のあゆみ』には、この公演に関する記載は見当たらず、なかったことになっている。このことからも、「松竹ミュージカルプレイ」を失敗とみなしたＳＫＤがミュージカル上演を断念し、レビューに特化する戦略をとったことがわかる。

だが、当時のＳＫＤとタカラヅカは、まだ東西のレビュー劇団として並び称される存在であったようだ。『娯楽よみうり』一九五八年四月四日号には、巻頭グラビアとともに「どちらが日本一？　宝塚と松竹」と題した記事が掲載されている。ちょうど浅草の国際劇場ではＳＫＤが《春の踊り》を上演し、東京宝塚劇場では白井鐵造の《花詩集》が再演されていた頃である。この記事のなかでＳＫＤのスターであった川路竜子は「私たちはけんらんたる大道具の中で、音楽のリズムに合わせて、踊るというより走り回るだけです」と述べ、これこそがＳＫＤの特色だといわれている。続けて、《春の踊り》は東京名物の一つにはなっているものの、ファン層が次第に高齢化していることが指摘されている（一七頁）。

だが、レビュー人気は徐々に凋落し、客足は遠のいていった。「ベルばらブーム」真っ盛りの一九七五年、読売新聞（一一月二三日号付）が同時期のＳＫＤについて取り上げている。「『ベルばら』をぶっとばせ　本格ラインダンス　踊りで勝負、ＳＫＤ」と題してはいるものの、「『ベルばら』人気の派手さに比べ、今一つパッとしない感じ」「テレビや漫画など手軽な娯楽に慣れすぎたヤングの足を向けさせるのは、なかなか大変なようだ」と、その苦戦の様子を伝える。唯一増えていたのが外国人観光客で、完全に観光名物化したＳＫＤと、「ベルばらブーム」のタカラヅカとでは、この時期に完全に明暗は分かれていた。

一九八二（昭和五七）年には、ＳＫＤのホームグラウンドである国際劇場が閉鎖される。その後はほかの劇場を借りて公演が続けられたが、八九（平成元）年三月一九日、ＳＫＤ団員に対して松竹より「来年三月より二年間の公演中止」が通告される。「ＳＫＤレビューのファン拡大はもはや限度」との見通しのもと、二年の間に特訓を重ねて新しく生まれ変わることが目的との説明だった。

一九九〇（平成二）年二月末、新宿・厚生年金会館ホールの《東京踊り》がＳＫＤレビューの最終公演となった。その後二年間はミュージカル劇団に生まれ変わるべく歌と芝居の特訓が重ねられたが、団員は減っていった。休演後の初公演は一九九二（平成四）年三月、男役が登場しないミュージカル《賢い女の愚かな選択》だったが、ファンの反応は微妙だったようだ。この時ＳＫＤの団員は「レビューからミュージカルに転換したら男役はいらなくなるのでは？」との危機感を抱いたという（菅原、一九九六・二九二）。現在のミュージカル劇団に転換したこしたうえでそう聞くと、「ミュージカルにも男役の見せ場はあるのになぜだろう」と不思議に感じられるが、同じ男役といいつつ、タカラヅカがつくり上げてきた男役像と、レビューに特化したＳＫＤの男役とは異なるものだったようだ。この点についてはのちに詳しく考察していきたい。

一九九六（平成八）年八月、最後に残った団員一六名による銀座・博品館劇場での自主公演を最後にＳＫＤは解散した。タカラヅカでミュージカル《エリザベート》が大ヒットし、その歴史に新たな一頁が刻まれようとしている、まさに同じ時であった。

なお、大阪の松竹楽劇部から成立した大阪松竹歌劇団（ＯＳＫ）も苦難の道をたどったが、現在も存続している。一九五七（昭和三二）年に早くも松竹の手を離れ、近鉄、松竹、千土地興行株式会社の出資による「株式会社松竹歌劇団」となる。その後、劇団名を「ＯＳＫ日本歌劇団」と変更し、近鉄が経営に携わるが、二〇〇三（平成一五）年に近鉄からの支援が打ち切られ解散の危機に直面する。だが、ＯＳＫ愛好者らの熱意により公演を再開。現在は「株式会社ＯＳＫ日本歌劇団」として独立し、公演を続けている。

いっぽうの日劇レビューもまた、ＳＫＤ同様の運命をたどることになる。戦後、秦豊吉の手を離れた日劇レビューからは次第に個性的な作品は減っていき、かつて秦が否定していたはずの「世間でいうレビュー」路線に方向転換する。上演作品も《春のおどり》《夏のおどり》《秋のおどり》の「三大おどり」と、一九五八（昭和三三）年に大当たりした《ウエスタン・カーニバル》に集約されていったが、レビューなどもはや時代遅れという風潮のなかで次第に客足は減っていった。窮余の一策として歌手の知名度を売り物にする歌謡ショーも行われるようになるが、これもだんだんとスケールダウンしていく。じり貧の日劇の息の根を止めたのが、一九七六（昭和五一）年、ラスベガスからトップレスダンサーを招聘しての日米合同公演《ビバ！アメリカ》と、翌七七（昭和五二）年、パリ・ムーランルージュからフレンチカンカン・ガールズを招いての日仏合同公演《ボンジュール・パリ》という、いささか時代錯誤とも思える二公演の大赤字だった（橋本与志夫、一九九七・四五八）。その結果、同年三月に日劇レビューの中止が宣言され、一九八一（昭和五六）年一月末からの「サヨナラ日劇フェスティバル（ああ栄光の半世紀）」が最後の公演となる。日劇レビュー中止宣言後の四年間について、橋本与志夫はその著書『日劇レビュー史――日劇ダンシングチーム栄光の五〇年』のなかで次のように無念の思いを綴っている。

なりふり構わずというか、手当り次第というか、なんのビジョンも持たないその日ぐらし、その場しのぎの公演が続いたもので、こうなると劇場の格も何もあったものではなく、四十余年にわたってこの有楽町の一角に聳え立ってきた〝陸の竜宮〟が、急に見すぼらしく哀れに見えて来たことさえあった。（前掲、八五）

なぜタカラヅカは延命できたのか？

ＳＫＤと日劇は歴史の舞台から退場を余儀なくされたいっぽう、次の二つの理由により、タカラヅカは現在も生き残れていると考えられる。

一つ目は、「清く正しく美しく」というスローガンのもと、家族揃って安心して観にいける作品を上演するという方針を確固として守り続け、とりわけ女性の観客を大事にしてきたことである。しかし、このテーマは本書の本筋からは外れるため、ここでは簡単に述べるにとどめたい。

「清く正しく美しく」は一九三〇年代から小林一三が各所で折りに触れて使っていたフレーズで、これが次第にスローガンとして定着していったものだ（中本、二〇一七・一八九、二〇五）。そのなかには「安易に性を売物にしない、エロに走らない」という意味合いも存在していると思われるのは、小林一三自身の「われわれの目標とするところのものは、大衆の芸術であり、家庭を単位にした芸術であり、断じてエロでやるものではない」との断言が証左となる（小林、一九六二・二巻・三二八）。タカラヅカは男性目線を意識した扇情的な色気を決して売物にせず、この姿勢に共鳴した女性ファンが、現在もタカラヅカを強力に支えている。いっぽうのＳＫＤや日劇レビューは「レビューの華」とされたラインダンスに競って磨きをかけ、セクシーでダイナミックな方向に進化させていったが、この方向性が裏目に出たと考えられよう。日劇レビューの衰退期にある週刊誌は「テレビでもふんだんにお色気シーンが見られる今日、もはや劇場へわざわざ足を運んで〝女の脚〟を見る時代ではなくなったらしい」と書いたという（橋本与志夫、一九九七・四六八）。ＳＫＤや日劇レビューの大人の色気を売りにする路線は、時代にそぐわなくなってしまったのである。

タカラヅカが生き残ることができた理由の二つ目は、ＳＫＤや日劇が戦後、レビューへの特化路線を取ったのに対し、タカラヅカではレビューを売り物にしつつも、同時にそれ以外の多様な作品の上演を試み、レビューだけには依存しなかったことである。そこには「外国産のレビューに頼るのは如何なものか」という小林一三の警告から来る危機意識があった。そして、この点こそが本書のテーマとするところである。次節以降でそのためにタカラヅカが行なった一九五〇～六〇年代の取り組みについて詳しく見ていこう。

終戦後から一九七四（昭和四九）年の《ベルサイユのばら》に至る時代のタカラヅカは、おおむね一〇年ごとに転機を迎えていたように思われる。それぞれの時代をひと言で括るならば、次のようにまとめられるだろう。

①終戦後～一九四〇年代後半：戦後復興と混乱の時代
②五〇年代：多様な挑戦の時代
③六〇年代：タカラヅカ・ミュージカルへの模索の時代
④七〇年代前半：《ベルサイユのばら》への胎動の時代

第三節では、このうち①②の時代について、続く第四節では③④の時代について見ていきたい。

【第三節】終戦後から一九五〇年代のタカラヅカ

組合・海外公演・赤字経営

終戦翌年の一九四六（昭和二一）年四月二二日、タカラヅカは大劇場公演を早くも再開している。演目は歌劇《カルメン》とレビュー《春のをどり》の二本立てであった。だが、物資も人材も不足するなか、この時期のタカラヅカは二つの混乱に見舞われる。

一つは、一九四五（昭和二〇）年一二月の労働組合法制定ののち盛んになった労働組合運動の影響である。東宝争議（一章一節）がピークに達した一九四八（昭和二三）年、タカラヅカでも生徒や劇団スタッフによる組合が結成された。[14] 生徒による労働組合「宝塚歌劇団女子会」では、選挙により春日野八千代が委員長に選ばれた（春日野、一九八七・一四七）。組合は現場の待遇改善を求め、八〇名の人員整理案を撤回させたこともあった（青地、一九五五・一七七）。いっぽうで労働基準法の規定が遵守されるようになり、夜一〇時には劇団スタッフが帰るよう

14 『宝塚歌劇五十年史』には一九四八（昭和二三）年七月二七日に「花、雪組生徒、歌劇団労働組合結成式を行なう」との記載がある。最初は生徒だけの組合だったのが、やがて「宝塚歌劇団音楽家労働組合」「宝塚音楽スタッフ労働組合」「宝塚歌劇団女子会」と職能別に分かれた（天津、一九七八・一三〇）。

になったことは、稽古熱心な生徒たちを困らせた（春日野、一九八七・一四七－一四八）。『宝塚歌劇五十年史』によると、一九四九（昭和二四）年二月二七日・三月五日は労働争議のため宝塚大劇場が休演になっている。

もう一つは、この時期に全盛期を迎えた映画の影響である。当時は映画界からの引き抜きにより、タカラヅカからも多くのスターが女優に転身した。一九五〇（昭和二五）年には淡島千景、乙羽信子、久慈あさみらが退団し、深刻なスター不足に見舞われた。

この状況が落ち着きを見せ始めるのが一九五一（昭和二六）年である。《パリゼット》《花詩集》などを生み出した戦前のレビュー黄金時代の立役者、白井鐵造が三月に劇団に正式復帰し（『すみれ花歳月を重ねて　宝塚歌劇九〇年史』、一九三）、その弟子の高木史朗も二月に復帰している（前掲、一九四）。また、東宝の高井重徳が劇団の芸能課長に就任した（『歌劇』一九五一／四・一五）。同年には小林一三が公職追放から解除され（八月七日）、東宝相談役および宝塚音楽学校校長に就任している（小林、二〇〇〇・三一〇）。この頃に劇団運営および作・演出に携わる人材が一気に充実し、戦後の混乱を収束する新体制が整ったといえるだろう。同年、白井鐵造のグランド・レビュー《虞美人》が大ヒットする。続く一九五二（昭和二七）年二月には白井鐵造演出・春日野八千代主演による《源氏物語》も上演され、これは春日野の代表作の一つと評された。前章でも少々触れたが、前年の五一（昭和二六）年一月に歌舞伎座が新装開場し、同年三月に歌舞伎史上初めて《源氏物語》が上演され、十一代目市川團十郎が光源氏を演じたことが大きな話題になっていた。タカラヅカでの上演も歌舞伎の影響かと思われるところだが、白井は「もともとやりたいと思っていた。歌舞伎の後塵を配したのは単なる偶然」だと述べている（『歌劇』一九五二／一・二二）。

一九五五（昭和三〇）年には、戦後アメリカ軍により接収され「アーニーパイル劇場」として使用されていた東京宝塚劇場が返還される。また、東宝の演劇担当取締役となった菊田一夫が、小林一三からの要請で劇団の顧問に迎えられたのもこの年だ。菊田はそれまでも作者として作品を提供しているが、これ以降は劇団に対するさまざまな改革の提言を行っていくことになる（三章二節）。

またこの時期はタカラヅカのなかでも日本の伝統芸能を継承していこうという努力がなされ、そのための新しい試みも行われている。一九五三（昭和二八）年には第一回宝塚義太夫歌舞伎研究会が開催され（四章一節）、五八年には日本郷土芸能研究会が発足し「民俗舞踊シリーズ」が始まっている（同三節）。

一九五〇年代には海外公演も再開された。一九五五（昭和三〇）年から五七（昭和三二）年まで三年連続でハワイ公演が、五九（昭和三四）年にはカナダ・アメリカ公演が行われている。この時期の海外公演は日本文化を世界に広めることが主目的であり、日本舞踊の名手・天津乙女が活躍した。しかし、一九五九（昭和三四）年のカナダ・アメリカ公演で行われたニューヨーク・メトロポリタン歌劇場での公演は、新聞で評論家の酷評を浴びたようだ。このことを日本の各週刊誌が、「宝塚ムスメ渡米興行の内幕」（『週刊明星』七月一二日号）、「叩かれた宝塚渡米チーム」（『週刊新潮』一〇月一二日号）、「宝塚渡米チームの討死」（『週刊文春』一〇月一九日号）、「実体を突かれた宝塚歌劇」（『朝日ジャーナル』一〇月二五日号）、「宝塚はなぜうけなかった（渡米）」（『週刊現代』一一月一日号）と取り上げている。このうち『朝日ジャーナル』は「注目しなければならないのは、少女歌劇という宝塚の本質的な性格が、正面から否定されたことである」として、ニューヨーク・タイムズのジョン・マーチンによる次の劇評を取り上げる。


なぜこの公演が、女性ばかりの一団によって演じられなければならないか分からない。舞台の外では、彼女たちはいたってチャーミングな人たちかも知れないが、舞台の上では女性であることによって生み出されるものは何もない。ドラマチックな役やその他では、男性のほうが明らかに、もっと力をあらわし、心服させるものを持ったことだろう。女ばかりという行き方は、まったく場当りをねらうケレンのように思える。（五二頁）

ただしこのニューヨーク公演について、『東京新聞』一九五九年一二月一二日号付では「今年の舞台の話題一〇」の筆頭に取り上げられており、必ずしも完全な失敗公演だったとは思えない書き方がなされている。

バレエ団と間違えられクラシック専門の批評家たちにたたかれたが、その後の興行成績は順調だった。興行師のギンス氏も自信を得たとみえて「来年は大衆的な劇場に変えてぜひまたやりたい」と、来日して打ち合わせを続けている。（大笹、二〇〇九・二巻・二二六）

この頃のタカラヅカは「女性ばかりで、男役も女性が演じる劇団」として奇異な目で見られがちであり、日本の週刊誌がこぞって書き立てたのも「演劇の本場」の劇評家がその「奇異さ」に太鼓判を押したように思われたからなのだろう。

一九五七（昭和三二）年一月二五日、小林一三が逝去する。翌五八（昭和三三）年はタカラヅカ受難の年であった。まず二月一日、返還されたばかりの東京宝塚劇場で出火し、大惨事となる。この日は東宝ミュージカル《アイヌの恋歌》の初日にあたり、逃げ遅れた子役三名が亡くなった。[15] 二ヶ月後の四月一日には、花組公演《花の中の子供たち》の上演中、セリのシャフトに衣装が巻き込まれた出演者が亡くなるという痛ましい事故も起こっている。[16]

その頃の劇団では演出家の大御所・白井鐵造の発言力が圧倒的に強く、その背後には白井に絶大な信頼を寄せていた小林一三の存在があった。一九五七（昭和三二）年に入団した植田紳爾は当時について「白井先生の力の方が事務所よりも強かった」「生徒の行政も、演出も全部、白井先生の力で決まってしまう」「白井先生の逆鱗に触れたら、もう二度とみたいな世の中が当時の宝塚の演出陣でした」と述懐している（植田・川崎、二〇一四・一三四、一三五、二二三）。

劇団の収支状況は苦しいものであったようだ。『歌劇』一九四六（昭和二一）年六月号で一三は「三十何年間も毎年何十万円（この数字を明記することを省く）の損失を計上しつつやって来たので、今なお、京阪神急行電鉄の巨額の補助金がなければ歌劇団はやってゆけるものではない」と述べている（小林、二〇〇八・三九）。巨額の赤字を出しつつも、経営者の思いに支えられながら宝塚歌劇は存続していたのである。

一九五〇年代の作品傾向

一九四六（昭和二一）年四月に宝塚大劇場が公演を再開してからしばらくは、「グランド・レビュー」「グランド・ショー」「歌劇」「舞踊劇」といった形式名の作品が上演され、内海重典、水田茂、高崎邦祐らが作（脚色）・演出として名を連ねている。転機となったのが白井鐵造、高木史朗が劇団に本格復帰し、戦後のヒット作《虞美人》が初演された一九五一（昭和二六）年である。同年に宝塚大劇場で上演された作品は次のとおりだ。

一九五一年の作品一覧

月	上演組	形式名	作品名	作・演出
一月	月組	舞踊	雨	水田茂（原案）香村菊雄・錢谷信昭・玉田祐三（合作）

15　この火事に遭遇した菊田一夫は、逃げ遅れて亡くなった三人の子どもたちへの詫びる思いを『週刊朝日』二月二三日号に寄稿している（菊田、一九九九・一三四）。

16　前年の一九五七年、宝塚大劇場では盆とセリなどの改装工事が行われている（「生れかわる宝塚大劇場」『歌劇』一九五七／一〇・四一）。

		グランド・レビュー	ラ・ヴィオレテラ	白井鐵造
二月	花組	ミュージカル・コメディ	文福茶釜	高木史朗
		グランド・レビュー	ラ・ヴィオレテラ	白井鐵造
三月	雪組	舞踊詩	四つのファンタジア	白井鐵造
		グランド・レビュー	白き花の悲歌《エレジー》	内海重典
四月	星組	お伽歌劇	昔噺舌切雀	白井鐵造
		宝塚新温泉開業四十周年記念 グランド・レビュー	春のおどり	［一部］平井正一郎（作・演出）［二部］江川幸一（作・演出）高木史朗（合作・演出）
五月	月組	お伽歌劇	蜜蜂の冒険	高木史朗
		グランド・レビュー	春のおどり	［一部］平井正一郎（作・演出）［二部］江川幸一（作・演出）高木史朗（合作・演出）
六月	花組	喜歌劇	ジャニンヌ	白井鐵造
		バレエ	裸山の一夜	楳茂都陸平（作・振付）
		グランド・レビュー	河童まつり	高木史朗
七月	雪組	歌劇	幸福の王子	高崎邦祐（脚色・演出）
		舞踊劇	浮かれ地蔵	花柳年之輔（作・振付）
		グランド・レビュー	南十字星は輝く	内海重典
八月	星組	グランド・レビュー	虞美人	白井鐵造（作・演出）香村菊雄（共同演出）

九月	月組	グランド・レビュー	虞美人	白井鐵造（作・演出）香村菊雄（共同演出）
一〇月	花組	グランド・レビュー	虞美人	白井鐵造（作・演出）香村菊雄（共同演出）
一一月	雪組	バレエ	シェヘラザード	小牧正英（演出・振付）
		グランド・レビュー	花の風土記	高木史朗（作・演出・振付）
一二月	星組	バレエ	シェヘラザード	小牧正英（演出・振付）
		グランド・レビュー	花の風土記	高木史朗

形式名として目につくのはやはり「グランド・レビュー」であり、《虞美人》でさえも「グランド・レビュー」と称されていた。現在なら「ミュージカル」と称されるかもしれないストーリー性のある作品も、当時はまだ「ミュージカル」という語が普及していなかったこともあり（高木、一九八三・七八）、「グランド・レビュー」と銘打たれていたようだ。同年に《河童まつり》という高木史朗の異色作も上演されているが（三章三節）、これも形式名は「グランド・レビュー」だった。一九五〇年代のタカラヅカにおける演目の中心はまだ「レビュー」であり、白井鐵造の時代であった。世の中からもＳＫＤと並び称される「レビュー劇団」と見なされていたことは前節でも述べたとおりである。大掛かりな白井レビューが年二、三本と上演される年も珍しくなかった。

しかし、それだけではなかった。一九五〇年代には「舞踊」「舞踊詩」や、「歌劇」「喜歌劇」「お伽歌劇」、また「ミュージカル」「バレエ」まで、多彩な「形式名」を持つ作品も上演されている。このうちには淘汰されたものもあれば、次代に残って進化を遂げたものもあった。次に、当時の特徴的な形式名について見ていこう。

＊歌劇とオペレッタ（オペレット）

「宝塚歌劇」と名乗る劇団だけに、戦前は「歌劇」と称する作品の上演が多かった。また、一九三〇年代のレビュー時代からは「オペレット」の上演も増えてきた（本章一節）。戦後の一九四〇年代後半も「歌劇」「オペレット」と銘打たれた演目はまだ多いが、これが五〇年代に入ると次第に減っていく。「歌劇」と銘打たれている最後の大劇場作品は一九六六（昭和四一）年の雪組《紫式部》、それ以前は一〇年前に遡り五七（昭和三二）年の《源氏物語》のようである。ここにきて、「宝塚歌劇」にもかかわらず「歌劇」はまったく上演されないという奇妙な状態が発生することになる。代わって一九五〇年代後半以降に上演が増えたのが「ミュージカル」である。

オペレッタに関しては一九六六（昭和四一）年の雪組《春風とバイオリン》が最後の大劇場作品で、それ以前は六〇（昭和三五）年月組のオペレット・ロマンチック《微笑の国》である。ただし、一九七八（昭和五三）年に開場した宝塚バウホールでは、フランスの演出家ニコラ・バタイユの脚本・演出により《ヴェロニック》（一九七八年花組）、《アナトール》（一九八〇年花組）、《シブーレット》（一九八二年月組）といったオペレッタが上演され、九一（平成三）年には《微笑みの国》も再演されている。

＊お伽話・民話・童話を題材にしたもの

《ドンブラコ》に端を発する「お伽話」「民話」や「童話」を題材にした作品も、一九六〇年代前半までは重要なジャンルの一つだった。

形式名に「お伽歌劇」と銘打たれた大劇場作品が上演されたのは、一九五一（昭和二六）年の《蜜蜂の冒険》（高木史朗）が最後のようだ。だが、戦後から一九五〇年代前半にかけては童話やお伽話を題材とした作品がさまざまな形式名でさかんにつくられている。こうした作品は五〇年代後半にはいったん途絶えるが、六〇年代に入ると

「ミュージカル」として復活する。これはタカラヅカがお伽歌劇《ドンブラコ》から始まった劇団でもあり、お伽話や童話はミュージカルにおいても格好の題材とみなされたからではないか。その端緒となったのが、一九五一年の高木史朗によるミュージカル・コメディ《文福茶釜》である（三章三節）。一九五〇〜六〇年代前半のタカラヅカにおいて「お伽話」「民話」「童話」をもとにした作品は主要な柱の一つであり、とりわけ新人演出家にとっては格好の題材であった。小原弘稔の《新・竹取物語》（一九六〇）、柴田侑宏の《河童とあまっこ》（一九六一）、酒井澄夫の《おやゆび姫》（一九六五）など、デビュー作はいずれもこのジャンルである。

また、一九五〇年代には日本の演劇界そのものに民話ブームが起こっていたという背景もある。木下順二の《夕鶴》（一九四九）、加藤道夫の《なよたけ》（一九五一）などが初演されたのもこの頃だった（植田、一九七八・三八）。ところが、これが一九六〇年代後半から減少し、七〇年代には消えていく。奇しくも「ベルばらブーム」最後の年である一九七六（昭和五一）年に上演された《長靴をはいた猫》が、大劇場における「童話」を題材とした最後の新作となってしまった。

＊バレエ

「バレエ」も一九五〇年代まではタカラヅカの上演ジャンルの一つだった。「バレエ」と称する作品は戦前の一九二〇年代後半から三〇年代前半にかけてタカラヅカでしばしば上演されていたが、[17] 戦後も五〇年代には六作

17　一九二〇年代にはロシアからルイジンスキー（一九二三年来日）、エレナ・オソフスカヤ（一九二五年来日）がバレエ教師として招かれている。タカラヅカで最初に「バレエ」と銘打たれた作品は、一九二三（大正一二）年、ルイジンスキー作の《コスモポリタン》だ。その後、一九二〇年代後半から三〇年代前半にかけては、楳茂都陸平や岩村和雄といった作家の手で、多い時には年に数本のペースで「バレエ」が上演されている。「トウシューズをはいて踊るダンス」はこの頃のタカラヅカの名物となった（中本、二〇一六・一三八）。

品、六〇年代には三作品が上演されている。

だが、五〇年代後半からは形式名に「バレエ」とついた演目は激減し、一九六八（昭和四三）年のミュージカル・バレエ《ピラールの花祭り》以降は見当たらない。タカラヅカで「バレエ」が上演されていたのは一九六〇年代までということになる。

この一連の流れは、日本におけるバレエ公演の歴史と表裏一体をなしている。一九四六（昭和二一）年の帝国劇場における《白鳥の湖》上演を機に日本でも本格的なバレエ団が次々と立ち上がり、六〇年代には海外の一流バレエダンサーの招聘も増えてきた。[18] もはやタカラヅカでバレエを鑑賞する必要はなくなったということだろう。

＊舞踊劇

日本舞踊を基調として物語が展開する「舞踊劇」も、一九五〇年代までは演目の柱の一つだった。その推移を見てみると、年間二〜四作品がコンスタントに上演されており、まだ「舞踊劇」がタカラヅカの主要な演目であったことがうかがえる。これが一九六〇年代に入ると「舞踊劇」は年間一〜二作となっていく。この時期「舞踊劇」の作者として気を吐いていたのが植田紳爾である。一九七〇年代に入ると、七〇（昭和四五）年には二作が上演された後、七三（昭和四八）〜七七（昭和五二）年には年一作、これ以降「舞踊劇」と称した大劇場作品の上演は見られない。最後の作品は一九七七（昭和五二）年に北條秀司作・演出、植田紳爾演出で上演された《朱雀門の鬼》ということになる。

形式名に「歌舞伎」と銘打った作品もこの時期にはちらほら見かける。たとえば宝塚歌舞伎《白井権八》（一九五四）、歌舞伎レビュー《曾我物語》（一九五五）などである。上演作品における「歌舞伎」の影響力がいかに減少していったかについては第四章で改めて考察したい。

また、レビュー劇団タカラヅカを牽引してきた白井鐵造が五〇代後半を迎えた一九五〇年代の終わり頃から六〇年代初頭までは、三章で詳しく触れる菊田一夫以外にも外部の作家が多く起用された時代である（植田・川崎、二〇一四・一三三、一四〇）。この時期には、次のような作家の作・選出による作品が上演されている。北條秀司《恋河童》《浅間の殿様》（一九五九）、《燃える氷河》（一九六〇）、《朧夜源氏》《剣豪と牡丹餅》（一九六一）、宇野信夫《黒あざ姫と炭焼》《芦刈》（一九五九）、《世はかげろうの物語》（一九六一）、矢代静一《白夜に帰る》（一九五八。演出は内海重典）、《三文アムール》（一九六〇、演出は内海重典）等である。一九五九（昭和三四）年は、大劇場作品のうち五作品が外部作家の起用による作品だった。現在のタカラヅカでは座付作家が脚本・演出をすべて手がけることが原則のようになっているが、この時期はそうではなく、良質の作品を上演するためには外の力を借りざるを得ない状況だった。

この頃の雑誌記事に、観客層が変わってきたとの指摘が見られる。『娯楽よみうり』（一九五八〈昭和三三〉年四月四日号）「どちらが日本一？　宝塚と松竹」という特集で「ＳＫＤのレビューは東京名物になったがファン層は次第に高齢化してきている」と記載されていることについて前節で触れたが、タカラヅカも同様に「名物的存在」になっているといわれている。同記事によると、当時はタカラヅカもレビュー劇団路線に回帰していたようだ。特定のスターにファンが集中することがなくなった代わりに目立って増えたのは地方からの団体旅行、修学旅行などであり、「昔から有名な〝歌劇〟なるものを見て帰ろう」という団体客が「多い日には三、四十台もバスをつらねて宝

18　「日本のディアギレフ」と称された佐々木忠次の功績が大きい。一九六五年には佐々木の立ち上げた東京バレエ団による《白鳥の湖》が東京文化会館で上演されている。

塚見物に来る」という（一八頁）。さらに同誌は四月一八日号で「お客の層が変ってきた宝塚歌劇　出し物がファンとむすびつかぬナヤミ」という、よりストレートなタイトルの記事も掲載している（一四－一五頁）。

この記事は作品内容について、かつての「少女歌劇」に恋愛要素などが加わったことで「親子で笑って見ていられない」ものが増えたとし、「子供にもおとなにもと欲深く観客層をつかもうと考えて変ぼうしたわけだがどっちにも物足らない、中途半端なものにしてしまった。子供にはのみこめないし、成年期の人たちには子供っぽいのである」と指摘する。結果として観客層についても、戦前から客席を埋めてきた少女たちは高齢化が進み、「このごろは少女たち五分、あとは雑多な客層に変った。たしかな支持層がなくなりつつあるということだろう。これに代る支持層がつかめないということでもあるのだ」と分析している。さらに、映画やテレビなど身近な娯楽が増えるなかで、「少女たち」もまた「かつて宝塚を支えてくれた少女たちとはまったく異質のもの」に変わってしまったとも指摘する。つまり、この時期のタカラヅカは戦前以来の「名物」とされたレビューによって何とか団体客をつなぎ止めつつ、「次の時代の観客をどこに求めたらいいのか？　そのためにはどんな作品を上演していけばいいのか？」について試行錯誤を重ねていたのである。

新劇の影響と「演劇研究会」

一九五〇年代に「新劇」が演劇界を席巻したことは第一章二節で触れたとおりだ。ここでタカラヅカにおいて、その影響を感じさせる試みとしての「演劇研究会」について取り上げておこう。

『宝塚歌劇五十年史　別冊』によると、一九四一（昭和一六）年から四三（昭和一八）年にかけて「演劇研究会」なる催しが宝塚中劇場で開催されていた。この時期『歌劇』誌はすでに休刊していたため、その詳細は不明だが、演目ラインナップから見るに、戯曲を上演することで生徒たちが芝居の勉強をする機会だったと推察される。

終戦後の一九四七（昭和二二）年一一月一四〜二〇日にも宝塚中劇場で演劇研究会が開催された旨の記載が前掲書の年譜にはあるが、詳細は不明である。一九四八（昭和二三）年の『歌劇』一二月号の「明るく伸びる月組　組長を囲む座談会」のなかでは、この「演劇研究会」の復活を切望する会話がなされている。当座談会によると、同年の宝塚中劇場で上演された文学座《女の一生》（杉村春子出演）を生徒たちも鑑賞したらしく、その感想を述べ合ったのちに「あんな芝居を見ていると演劇研究会を復活させて欲しいとつくづく思ひますわ」といった発言が続いている（『歌劇』一九四八／一二・一六）。この座談会からも、生徒たちが新劇に深い関心を寄せていたことがうかがえる。[19]

こうした要望を受けてか、一九五二（昭和二七）年一〇月一六・一七日、「演劇研究会」が宝塚映画劇場（宝塚中劇場より改称）で再び開催される。演目は劇作家・内村直也の《道子の存在理由》と《うらおもて》であった。《道子の存在理由》の主演は有馬稲子であり、内村と文学座の荒木道子が指導に入った。

ほんとに長い間、生徒たちの希望していた、生徒たちばかりぢやなく、心あるファンの人々の望んでいた『演劇研究会』がやつと実現するのです。（『歌劇』一九五二／一一・七五）

ラヂオドラマとして内村先生が書かれた作品がどの程度に舞台劇として、又宝塚の生徒達の新劇風なリアル

19　座談会の中には「昔から月組は、芝居の月組と云はれていましたが、現在でも矢張り月組は演技の組で、皆さんも新劇などについては関心が深い事と思ひますが…」との記者の言もある（『歌劇』一九四八／一二・一六）。

な演技によって生かされるか。これはあらゆる角度から眺める試金石の様なものです。（前掲）

こうした記述からも、演劇研究会が当時の生徒たちにとって待望の催しであったことがうかがえる。ただ、第二、三回が開催された記録は見当たらない。

さらにこの試みを継承したものとして、一九六九（昭和四四）年四月に宝塚新芸劇場で開催された「宝塚芸術劇場」第一回公演《引き潮》がある。作・演出は植田紳爾、主演は春日野八千代だった。徳川家康の長男・信康の生涯を、歌も踊りもない三幕芝居で描く「宝塚版・新劇」であり、新聞に「宝塚に文化革命のアラシ」（デイリースポーツ特集記事）とまで評される試みであった（植田、一九七三・一一三）。この公演は「下級生の勉強の場を」との思いから、春日野八千代・南悠子が小林米三（当時理事長）に直訴したことで実現したものだった（『歌劇』一九六九／四・六二）。春日野と南の胸の内には「勉強の為に以前やっていた演劇研究会の復活を、どうしても実現したい」との思いもあったようだ（『歌劇』一九六九／三・六九）。公演の告知文のなかに「内外共に要望されていた演劇研究会を新形式で発足」との記載があることからも、演劇研究会を継承する試みであったことがわかる（『歌劇』一九六九／二・四六）。植田はこれにより生徒の演技力向上と専科人材の活用を狙ったが、客席の入りは悪く、この試みも一回限りで終わってしまう[20]（植田、一九七八・一一二－一一六）。

いずれも短期的に終わってしまった試みではあるが、小劇場での演劇上演の機会を増やすことで生徒たちの演技力を磨きたいとの思いは脈々と受け継がれ、第五章一節で触れる「新人会公演」、さらには現在の宝塚バウホール公演にも続いていく。また、第三章で取り上げる「虚と実の相克」の「実」の部分に寄与した試みとしても注目すべきものだろう。

映画《宝塚夫人》、そして宝塚映画製作所

目を外に転じてみると、一九五〇年代は映画全盛時代である。五〇年代のタカラヅカもまた、映画の影響抜きにしては語れないため、ここでタカラヅカと映画との関連についても整理しておこう。

小林一三の映画への取り組みは戦前の一九三〇年代から始まっている。一九三七（昭和一二）年、トーキー映画研究所「ＰＣＬ」を傘下に組み入れ「東宝」が設立し、映画業界のなかでは遅れをとったものの、松竹、大映とともに日本を代表する映画会社の一角に食い込んだ。翌三八年一一月には宝塚少女歌劇映画第一回作品《山と少女》がつくられている。早速、宝塚歌劇団内にも「映画課」ができ、一九四一（昭和一六）年まで年一〜二本の作品が撮影されていた（宝塚映画祭実行委員会編、二〇〇一・九－一一）。日本映画が黄金期を迎えた一九五〇年代、タカラヅカのトップスターやトップ娘役クラスの大スターも退団して映画の世界に転身しており、たとえば五〇（昭和二五）年には淡島千景、乙羽信子、久慈あさみらが退団している。

こうしたなか、タカラヅカもまた映画製作を試みている。一九五一（昭和二六）年三月に封切られた映画《宝塚夫人》がそれだ。春日野八千代、月丘夢路、有馬稲子、八千草薫など当時のスター総出演、レビューシーンなどで

20　宝塚芸術劇場としては第二回公演《オネーギン》が同年一〇月四〜一二日、宝塚新芸劇場で上演されている（星組主体。作・演出は菅沼潤）。だが、この公演については「宝塚の最高演技力を世にといたいのが目的で、以前からあった演劇研究会や新人公演とは、その趣きを異にして発足した」と明記されている（『歌劇』一九六九／一〇・七二）。

生徒の過半数も出演したという映画である。[21] だが、『歌劇』の「高声低声」によると当時のファンの評価はあまり芳しくなかったようで、以降は劇団のスター総出演での映画製作は行われていない。《宝塚夫人》封切りの同年には宝塚映画製作所が阪急電鉄全額出資で設立される。初代取締役社長は引田一郎、取締役に白井鐵造、高井重徳という陣容で、配給は東宝、宝塚歌劇団生徒の出演が特色であった（宝塚映画祭実行委員会編、二〇〇一・一二）。その設立目的の一つには映画会社によるタカラジェンヌ引き抜きの防止もあった。『歌劇』一九五六（昭和三一）年二月号には「舞台・映画・入学試験など――歌劇団理事長に〝今年の宝塚〟を聞く」と題した記事が掲載されている。これによると、この頃の劇団は「舞台より映画中心で活動する生徒がいてもよい。映画に興味関心・適性のある人は宝塚映画や東宝などが製作する映画に積極的に出演させたい」と考えていたようだ。

一九五六（昭和三一）年には東宝の封切りは戦後最高の九六本、宝塚映画の製作本数もピークとなる二〇本に達した（宝塚映画祭実行委員会編、二〇〇一・一二七）。同年には「映画専科」もつくられ、八千草薫と扇千景が所属した。これもまた映画界に生徒が引き抜かれる事態を阻止すべく、劇団に在籍しながらにして映画にも出演しやすくする目論見でつくられたようだ（『宝塚歌劇一〇〇年史』〈以降『一〇〇年史』舞台編〉、三二九）。だが、翌五七年には八千草、扇は早々に退団。[22]「映画専科」はさしたる成果を上げられぬまま消滅した。

その後、一九六〇年代に入るとテレビの普及と入れ替わりに映画産業は急激に衰退する。一九五八（昭和三三）年には市場最高を記録した観客数が五年後の六三（昭和三八）年には半分以下に落ち込むという凋落ぶりであったが、この流れのなかで宝塚映画製作所も六八（昭和四三）年には東宝との提携が打ち切られ、劇場用映画製作は中止になる。以降はさらなる人員整理、業務縮小を重ねながらテレビ映画の製作を行うが、一九八三（昭和五八）年に新会社「宝塚映像」に移行した（宝塚映画祭実行委員会編、二〇〇一・五二－五七）。『歌劇』誌にも一九六〇年代までは劇団生徒の映画出演情報の頁が毎号設けられているが、これも劇場映画製作が中止となった六八（昭和四三）

年あたりを境に消えていった。結局、タカラヅカの映画界への進出の試みはうまくいかないままに、映画業界自体が斜陽化してしまった。

揺れる男役像と「男性加入論」

この時期に特に盛り上がった議論が「男性加入論」である。終戦直後に発足した「宝塚歌劇男子部」の存在は、今では舞台《宝塚 BOYS》[23]のヒットによってよく知られるようになった。一九四五（昭和二〇）年一二月の第一期生の入団後、五二（昭和二七）年までの間に四回にわたり男性が入団している。しかし、結局彼らは一度も大劇場の舞台に立つことはなく、男子部は一九五四（昭和二九）年三月に「発展的解消」となった（辻、二〇〇四・一三一）。『歌劇』一九五六年一〇月号の座談会記事で引田一郎理事長は「宝塚歌劇は立派な独自の存在で、男性加入の必要はありません」と言い切っている（三一頁）。

その背景には生徒やファンの強い反対があった。『歌劇』一九四六年五月号で当時の主要スター一三人にアン

21 綜藝プロと東宝との提携作品。原作者は『歌劇』の編集長も務めた丸尾長顯だった。参考：「MOVIE WALKER PRESS」映画『宝塚夫人』(https://movie.walker.jp/mv27083/) 二〇二四年九月二一日閲覧。

22 『宝塚おとめ』によると一九五八年には再び「映画専科」の欄が復活し、汐風享子と峯京子の名があるが六〇年までしか掲載がない（峯は一九六一年、汐風は六二年に退団）。

23 舞台《宝塚 BOYS》は、辻則彦『男たちの宝塚――夢を追った研究生の半世紀』（神戸新聞総合出版センター、二〇〇四）を原案とし、「宝塚歌劇男子部」に入団した男性たちを描いた作品。脚本は中島淳彦、演出は鈴木裕美。二〇〇七年の初演ののちに〇八年、一〇年、一三年、一八年と再演が重ねられている。

ケートを取ったところ、二二人が反対、賛成はたった一人。また、同年九月号の「たからづか座談会」には、ファンからのより激しい反対の声が掲載されている。そのなかには次のような発言もあった。

今の日本の男の人で例えば『ロミオとジュリエット』を上演してロミオになれる人がありますかしら。日本にタキシードのよく似合う美しい男の方ってあるでしょうか? やっぱり春日野さんや神代さんの方がよろしいんですもの。(五七頁)

現在の男役人気を前提として宝塚男子部の顛末を聞くと当然の結果だと感じられるうえ、そもそも「男性加入論」自体が荒唐無稽な主張のようにも思える。だが、当時は男性を加入させるか否かは切実な問題だった。この時期の『歌劇』の理事長や演出家、識者を交えた対談記事では「男性加入論をどう考えるか」が必ずといっていいほど議論されている。「男性加入」に今後の可能性を見出そうという考えが強かったのだ。

「宝塚歌劇男子部」が活動中の一九五一(昭和二六)年には、音楽学校に男子も入学させるという案も出たようである。同年の『歌劇』四月号(一五頁)で「宝塚の明日を語る」と題した座談会が白井鐵造・高木史朗・引田一郎理事長・高井重徳芸能課長というメンバーで行われたが、このなかで「音楽学校も男女共学にして男子生徒も養成しては」との引田の提案に皆が賛同する形で議論が進んでいる。その言葉どおり、一九五三(昭和二八)年には音楽学校で男子募集もなされた。ただ合格者は一人もなく、すぐに「男子の入学廃止」と校則が変更されている(辻、二〇〇四・八〇)。

同年に帝国劇場の社長に就任した秦豊吉に至っては、女性が演じる男役の存在自体を真っ向から否定している(「なぜ少女歌劇は発展しないか——宝塚少女歌劇功罪論」『日本トピックス』一九五〇/六・二〇)。「変態歌劇は発展せず」「男装の麗人はオバケである」といった大変に過激な見出しのついた記事だが、要するに、海外の観客も視野に入れた日本独自のレビューの創造が必要（海外のモノマネでなく）となれば男性加入は当然のことであるのに「男装の麗人」人気に固執し「少女歌劇」であり続ける宝塚に未来はない、というのが秦の主張であった。

そもそもタカラヅカにおける男性加入論は、創設間もない頃から常に浮上しては消えていった問題である。その背景には小林一三の提唱する「国民劇構想」が常にあった。女性のみの劇団は不完全なものであり、男性も加えなければ「国民劇」にはなり得ないのではないかという論法である。宝塚少女歌劇創設から五年後の一九一九（大正八）年には早くも宝塚歌劇音楽学校内に「選科」という枠が設けられ、八人の男性が入学した。坪内士行が指導にあたったが、周囲の反発によりわずか一〇ヶ月で頓挫する[24]（辻、二〇〇四・二八）。一九三二（昭和七）年には岸田辰彌が目指した「グランド・オペラ」上演と連動する形で再び「男性研究科」が設立されたが、これもすぐに挫折した。一九二六（昭和元）年の「宝塚国民座」や三九（昭和一四）年の「宝塚ショウ」など、男性を加えた劇団を設立する試みも行われている（渡辺、二〇〇二・二八四）。「宝塚歌劇男子部」が頓挫した後も「男性加入論」は浮上しては消えていき、結局それは「ベルばらブーム」の頃まで続くことになるが、一九五〇年代はとりわけ議論が盛んだった時期といえるだろう。

それでは、「男性加入論」で姦しかったこの時代の男役像とはどのようなものだったのだろうか。一九五〇（昭和二五）～五一（昭和二六）年のスター大量退団の危機を経たのち、タカラヅカの五〇年代は淀かほる（花組）・故里明美（月組）・明石照子（雪組）・寿美花代（星組）が四組のトップスター的存在として君臨していくことになる。

24　この時の加入者のなかに、のちに演出家として活躍する白井鐵造や堀正旗がいたため、この試みは無駄ではなかった（辻、二〇〇四・二九）。

だが、『歌劇』誌を読むと、彼女たちの「迷い」が感じ取れる言説がしばしば見受けられる。

昔のように甘い夢をもった若人が少くなったような気がするの。私たち男役を憧れるって女学生も何となく減ってんじゃない。皆、歌舞伎とか映画に騒いじゃってる。（「男役No．1の世界」明石照子のコメント、『歌劇』一九五五／八・三〇）

宝塚の舞台を四カ月ぶりに見て、男役の歩き方、台詞などを見たり聞いたりした時、正直に言ってゾッとしました。これは勿論上級生の、芸の出来てる人以外ですよ。そして、見物の男の人が初めて男役を見たら、きっとこうなるのだろうナと思いました。（「真咲美岐の〝オケラ探訪〟」寿美花代のコメント、『歌劇』一九五六／三・二九）

『歌劇』一九五七（昭和三二）年一〇月号では「ニマイメ男役専科の想い」と題して、『朝日新聞』学芸部記者の安井保と四人のトップスターの対談が行われている（四八頁）。安井の「近頃は、映画に多分の影響を受けてるし昔の二枚目とちがった役柄が要求されてるとも思うから、役をつかむのが難しいのじゃありませんか」との問いかけに対し、淀かほると寿美花代は、「個性のあるほうが女性としてやりやすいですわ」（寿美）、「従来の宝塚的二枚目という感じも大切だと思うけど、演りながら自分の個性を創り出すのも大切」（淀）と答えているが、明石照子は「私は今迄個性のある役を割ともらってるけど、やはり限界ってものもありますね。個性の強い役ばかりやってると、次にファーッとした、いわゆる宝塚的二枚目の場合たまらなく立ってられない時あるのよ」と話している。

ここでいう従来の「宝塚的二枚目」とは、戦前のいわゆるレビュー時代に人気を博した「男装の麗人」のことだろう。戦後新たに求められるようになった「個性的な役柄」と昔ながらの「男装の麗人」との間で男役として揺れ動くさまが、明石の発言からも感じ取れる。

一九五〇年代は、男役像もまた過渡期であった。戦前のレビュー時代の「男装の麗人」のままではもはや時代に通用しないことは薄々わかってきている、時代が求めるのは「よりリアルな男役」らしいが、それをタカラヅカの世界観のなかでどう形づくっていったらいいかがわからない、そんな時代であったようだ。これは、ちょうど同時期に歌舞伎の世界で「女形不要論」が提唱されたことを彷彿とさせる。

さらにいうと、当時は男役たち自身が「男役」という存在に疑問を感じていた節もある。『サンデー毎日』一九五七年二月一〇日号「『宝ヅカ歌劇』はどこへ行く　ゆれる三十年の〝女だけの楽園〟」は、小林一三急死後のタカラヅカの行く末について取り上げたものだが、この記事のなかで「生徒たちに共通の不満は不自然な男役の存在」（二二頁）であるとしている。生徒たちは千編一律といわれる宝塚の世界にあきたらなさを抱いており、「宝塚にいても将来性がない。もっと広い世界へ出て自分の能力をためしてみたい」（二一頁）と考えて映画界などに去ってしまうというのだ。

こうした生徒の不満を受け止め、外の世界で男優と共演するチャンスを与えつつ、男役を「俳優」として育てることに尽力したのが菊田一夫である。この菊田の奮闘もあり、一九六〇年代において、タカラヅカ・ミュージカルを追求するなかで、男役たちは従来型の「男装の麗人」の殻を破った新しい男役像を創り出していくことになるわけだが、この点については次節、および第三章の各節で改めて触れていきたい。

【第四節】

一九六〇年代から《ベルサイユのばら》までのタカラヅカ

小林米三采配の時代

小林一三の志を受け継ぎ、一九六〇年代のタカラヅカを率いたのは一三の三男、米三である。小林米三は一九〇九（明治四二）年八月一八日、大阪市に生まれた。京都帝国大学経済学部卒業後、一九三二（昭和七）年に阪急電鉄に入社、三八（昭和一三）年にはタカラヅカ初の海外公演でもある独伊芸術使節団の団長を務めている。一九四六（昭和二一）年に阪急電鉄の取締役に就任、常務取締役、専務取締役を経て、五九（昭和三四）年に取締役社長となった。一九六一（昭和三六）年からは、かつて小林一三が『歌劇』に毎月連載していた「おもひつ記」と同じ位置づけの連載「見たこと　聞いたこと　感じたこと」の執筆を開始している。この連載は米三が一九六九（昭和四四）年二月に急逝するまで続き、その内容も公演評、劇団への提言から演劇界の気になる動向に至るまで多岐にわたった。阪急電鉄本社社長という多忙な地位にありながら毎月寄稿し続けたことからも、米三の宝塚歌劇への思い入れのほどがうかがえる。

タカラヅカの一九六〇年代、つまり、五九（昭和三四）年に小林一三が、六九（昭和四四）年に米三が亡くなるまでの間は、米三の舵取りによって大胆な挑戦が試みられ、戦前より続いた「レビューの王様」白井鐵造の強大な影響力からの脱却が図られた時代ともいえるだろう。[25]

小林米三も父・一三と同じく宝塚歌劇を愛し、その発展のために力を注いだが、偉大な父の面影を背負いながら地道な努力を重ねた人でもあったようだ。一九六九（昭和四四）年に米三が急逝した際に関係者が『歌劇』に寄せた追悼文には、その人柄が偲ばれるものが多い。たとえば、菊田一夫は《華麗なる千拍子》芸術祭賞受賞の祝賀パーティーでのエピソードを挙げる。主題歌「幸福を売る男」が流れ生徒たちが舞台と同じように列をつくって踊り始めると、その列に真っ先に加わって踊ったのが米三だったというのだ。菊田曰く、米三は生真面目な性格で、「ビールを少しぐらい飲んだからといって、ショーの主題歌を歌って踊り出す、といった性格の人ではない」「それは生徒達にとけこもうとする努力ではなかったのであろうか」（『歌劇』一九六九／三・五三）と述懐している。

ちなみに、米三は阪急ブレーブスもこよなく愛していた。当時ブレーブスの監督を務めていた西本幸雄の追悼文によると「ブレーブスの全員が、慈父のようにお慕いしていたオーナー」であり、球場にも足しげく通い、東京で会議がある時も夜には大阪に戻って試合に足を運んでいたらしい。ピンチの際は心配のあまり席を立って試合の見えない場所で、新聞記者などに「どうなりましたか」と経過を聞くこともあったという。一九六七（昭和四二）年の初優勝時には、胴上げされることを予測して財布や眼鏡を人に預けていたというほほえましいエピソードもあったようで、「あの時、選手一同で何故胴上げをしなかったのだろうとくやまれてならない」と西本は語っている（前掲、五〇）。

小林米三が采配をふるった一九六〇年代も、収益的には相変わらず苦しい状況が続いていた。内山理事長いわく

25　雑誌『勝利』一九六八年五月号「全調査　宝塚歌劇団」は、六〇年代のタカラヅカの内情を詳細に伝える良記事である。

「宝塚はいまでも赤字経営ですよ。この赤字は半永久的なもので、黒字転向は当分考えられません」という状況であった（青地晨《しん》「50才の〝男装の麗人〟宝塚歌劇団」、『サンデー毎日』一九六四年一月二六日号・九三）。

『リーダーズダイジェスト』一九六八年六月号に、ロンドン・サンデー・タイムズのクリストファー・ルーカスという特派員が書いた「青い目で見た〝タカラヅカ〟」という記事がある。この記事執筆の折には米三も取材を受けているが、[26]当時の劇団の台所事情について次のように書かれている。

五十四年の歴史をもつ宝塚歌劇団は、阪急電鉄会社の傘下にあり、敏腕の経営者たちの手で運営されているにもかかわらず、その間にただの一度も黒字を出したことがない。あの目もくらむばかりはなやかなショーには、年間六億円という大金がかかっているという。にもかかわらず、電鉄会社の大御所、小林米三氏は、百三十五もの会社をぎゅうじっているだけあって、その程度の金は気にもとめていない。（前掲、一六四）

実際には「気にもとめていない」はずはなく、阪急本社では針のムシロに座らされたようであったに違いない。一三亡き後、宝塚歌劇を覆っていた「聖域」のベールは徐々に剥がされ、重役会や株主総会で矢面に立たされる場面も増えていただろう。演出家の植田紳爾もそのことを示すエピソードとして、宝塚大劇場の舞台に立った米三が三階席を指して、「あそこまでどうしたら客が入るねん」と言い残して去っていったという話を伝えている（植田・川崎、二〇一四・一七七）。だが、赤字だからといって規模を縮小するのでなく攻めの姿勢は保ち続けた。未来に向けての先行投資的な試みもこの時代に数多く行われている。これは、一三の息子であり阪急電鉄の総帥という立場にあった米三だからこそ成し得た英断であったといえるだろう。[27]ぬるま湯的体質からの脱却を図りつつも、作品制作についてはコストゆえの妥協はなく、従来からのファン以外にも観客層を広げ、演劇界での評価を高める方向が目指された。
一九六四（昭和三九）年に宝塚歌劇団は菊池寛賞を受賞している。受賞理由は「宝塚歌劇団の五十年　レヴュー、ショーの先駆として永年健全な娯楽を提供し続けた努力と、多くの女優を輩出した功績」によるものであった。[28]
しかし、一九六六（昭和四一）年の年頭の拝賀式[29]の挨拶で、米三は次のような厳しい提言を行なっている（『歌劇』一九六六／二・二三）。

・昨年は芸術祭賞がとれなかったことが残念。『歌劇』にも「いい作品が少ない」との指摘があった。
・最近は所作物が減っている。どうしていい作品ができないのか反省したい。
・宝塚義太夫歌舞伎を本公演用につくって上演することはできないのか。
・カラーテレビ対策にも本腰を入れて取り組んでいきたい。

26　『歌劇』一九六八年二月号の連載「見たこと　聞いたこと　感じたこと」のなかに取材を受けた旨が報告されており、「二人の男女記者はどんな風に『宝塚』を語るであろうか、楽しみである」と述べている。
27　ちなみに、阪急は「タダほど高いものはない」との考えのもと公的な助成は受けない主義である。官からのＯＢも一切おらず、阪神・淡路大震災時も助成の話は多くあったがすべて断ったという（植田・川崎、二〇一四・二八九）。
28　公益財団法人日本文学振興会「菊池賞受賞者一覧」より（https://www.bungakushinko.or.jp/award/kikuchi/list.html）二〇二四年九月二一日閲覧。
29　年始の一月一日午前中に、宝塚の稽古場にタカラジェンヌが正装（袴）で集まり、年頭の挨拶などをする式典のこと（江藤編、二〇〇七・三六四）。

こうした内容からも、一九六〇年代は舞台芸術としての質を向上させるという正攻法で演劇界における評価を高め、広く一般に「タカラヅカ」の認知度を上げることが志向されたといえるだろう。

米三は起死回生のための知恵を外部のブレーンにも求めた。その一例が、「リラの会」だ。これは演劇関係の有識者の集まりであり、一九五七年八月、レビュー《モン・パリ》の三〇周年記念公演をきっかけにつくられた会である（『歌劇』一九五八／二・五六）が、実際は米三が主導権を握って招集した会であったようだ。メンバーは、映画批評家の南部圭之助、野口久光、清水俊二、双葉十三郎、舞踊批評家の葦原英了、演劇評論家の戸板康二、尾崎宏次、『読売新聞』演劇担当の川上英一であった。映画批評家の四人の共通点は、ミュージカル映画、広義の「バラエティ」に強いということである。舞踊批評家の葦原は、フランスへの留学経験がありバレエやシャンソンへの関心が強かった。演劇評論家の二人のうち、戸板はのちに《ベルサイユのばら》にも影響を与えることになる戯曲『マリー・アントワネット』[30]の作者であり、元々タカラヅカも愛好していた。いっぽう尾崎はどちらかというと新劇畑に近い人である。頭の古い大御所もいないが前衛的な若手もいない、バランスの良い組み合わせであった。米三は月に一度食事会の場を設けて彼らに知恵を求め、また、宝塚まで足を運んでもらいアピールにも務めた（植田・川崎、二〇一四・一七〇）。生徒たちもこうした外部の識者たちと交流して学ぶ機会を求めていたようだ（『歌劇』一九五八／一・四四）。この希望を受けて『歌劇』一九五八年二月号では「すみれの花は咲いている」と題した、リラの会メンバーと生徒たちの座談会を実施している。

この時期にまだ若手の演出家だった植田紳爾は、「『リラの会』が作られてから宝塚は変わっていった。それまでは白井先生なら白井先生がオールマイティでやっていた時代だった」（植田・川崎、二〇一四・一七〇）と評している。事実、一九六〇年代に入ってからは『歌劇』にも識者の寄稿が急速に増えている。こうして最新の情報収集に努めていったことが、一九六七（昭和四二）年のミュージカル《オクラホマ！》上演などの新たな試みにつながっていったのだろう。

ぬるま湯体質からの脱却

一九六〇年代は、赤字を気にしないぬるま湯的体質を改善すべく、組織・人事制度の整備が徐々に進められた時代でもあった。有り体にいえば、それまでのタカラヅカの組織体制は野放しの無法地帯だった。演出家たちの間では昔ながらの徒弟制度が敷かれ、上演作品の決定の際も大御所演出家の発言権が非常に大きかった（「全調査　宝塚歌劇団」、『勝利』一九六八／五・二三四）。また、生徒たちの多くが「花嫁学校」といわれる劇団のなかでのんびりと過ごしていたが、そこに少しずつメスが入り始めた。

一九六五（昭和四〇）年には、五五（昭和三〇）年に菊田一夫が劇団顧問に就任した際の提言（三章二節）を受けて以来の懸案事項となっていたプロデューサー制がようやく導入されている。宝塚歌劇団のプロデューサーの仕事は、商業演劇としての結果に最終責任を負わないため、一般的なプロデューサーとは性質がまったく違う。その仕

30　一九六九（昭和四四）年に上演。本作にマリー・アントワネットが故郷のオーストリアからフランスまで大事に持ってきたものの一つとして「ステファンと呼んでいる男の子の人形」が登場する。《ベルサイユのばら》（一九七四）の冒頭でも少女時代のマリー・アントワネットが「ステファン」という人形を婚礼の前に取り上げられてしまうが、これは植田紳爾が戸板の戯曲を参考にしてつけた名前だった。さらにいうと、この「ステファン」という名前は、『マリー・アントワネット』の作者であるステファン・ツヴァイクにちなんで戸板が命名したものだった（『歌劇』一九七六／一・三四）。参考：戸板康二と宝塚歌劇――『ベルサイユのばら』とステファン人形（http://toita1915.hatenablog.jp/entry/2013/05/14/000000）二〇二四年一二月三〇日閲覧。

事内容について、実際に劇団プロデューサーを務めた橋本雅夫は次のように述べる。

制作者の本務は公演の企画を建議し、配役ならびにスタッフ起用の原案を作成し、各公演の制作工程管理を行ふとともに関係各部を緊密なる連絡をとり、伝統ある宝塚歌劇団の精華を発揚するにあり（橋本雅夫、一九八八・七四）[31]

プロデューサー設置の大きな目的は、作品の制作から上演までを監督し、演出家任せにしておくとどうしても肥大化してしまう公演予算を一元的に管理するためだった。公演の継続を使命とするタカラヅカにおいては作品単体ではなく長期的な視野で、かつ、組ごとのバランスも考慮しながら制作コストを管理する必要性があった（中本、二〇一四・一八八）。予算の継続的な管理とともに、生徒の育成を長い目で見守り、支援するのもタカラヅカのプロデューサー独自の仕事である。演出家や理事長などの決裁を仰ぎながら、配役を最終決定するのもプロデューサーであり、自身の作品にしか目が届かない演出家とは違う視点から、個々の生徒の成長に鑑みて意見することも期待された（前掲、一九〇）。要するに、演出家とは異なる視野で公演を管理するために誕生したのがタカラヅカにおけるプロデューサー制といえよう。『宝塚歌劇の六〇年』年譜によると、一九六四（昭和三九）年一〇月二八日に公演制作者制度が決定され、翌一月公演から実施されることとなったが、実際にプロデューサー室が新設されたのは三月一日であった。プロデューサーの任に当たったのは阪急電鉄からの出向者であったため、実際にこの制度が実効性を持ち始めるまでにはさらに時間がかかったようだ。[32]

「定年制」についても議論が始められた。『週刊朝日』一九六三年二月八日号では「『ウチらにも定年がいるンやろか』五〇周年迎えるヅカ娘・体質改善の悩み」との特集が組まれている（一二二頁）。この記事によると、劇団員とは一年契約の自動更新であったため、プロ意識のない者でも何年も残り続けられることが問題視されたようで、「四〇歳定年説」や「研五定年制」が取り沙汰されている。焦る生徒がいるいっぽうで、トップスタークラスからは「やる気のある人だけが残ること」を歓迎する声も聞かれた。とはいえ、この議論が制度として形になったのも一九七〇年代に入ってからだった。『読売新聞』一九七二年三月二九日号付に、宝塚歌劇団にも定年制が実施される旨の記事が掲載されており、その要旨は次のとおりである。

・三月二七日に荒木秀雄理事長から五六歳定年制が発表された。
・新陳代謝をはかるのが狙いで、劇団生、音楽部員を始め全職員に適用。
・音楽労組とすでに話し合いがつき、歌劇団女子会とは近く交渉を始める。
・この定年制に現在該当するのは、生徒では冨士野高嶺のみ（天津・春日野は理事のため該当せず）。

「荒木理事長は『人件費の節約ではない』と強調するが、三百人を越す大所帯で、毎月の公演に膨大な経費がかかり過ぎるところから、この際、前近代的な雇用関係をはっきりした労働協約に切り替えて合理化をめざしたもの

31　原文は軍隊式の定義になぞらえてカタカナ混じりの文語調で記載されているが引用者が修正した。
32　プロデューサー制について演出家の植田紳爾は「プロデューサーが電車の会社から出るなんて無理があります」「宝塚なんていうのはもともと島流しみたいで、本社から来た人は出世も諦めて、もう何もない人たちが来て、溜まってたんですから」と語っている（植田・川崎、二〇一四：二四五）。逆に阪急電鉄から突然異動してきてプロデューサーとなった人の苦労については、関係者に取材した小説『ヅカメン！お父ちゃんたちの宝塚』（宮津大蔵）よりうかがい知ることができる。

とみられる」と記事は伝える（大笹、二〇一〇・別巻・三四一）。

こうして、一九七二（昭和四七）年七月一日から宝塚歌劇団で定年制が実施された。一九七七（昭和五二）年四月一日には、研究科八年以上の生徒を契約者（タレント）とする新制度が発足している[33]（『一〇〇年史』舞台編、二四）。

意外なのは「タカラヅカには未婚の女性のみが在籍できる」という不文律も、一九六〇年代には議論があったということだ。『サンデー毎日』一九六二年三月一八日号の「結婚にゆらぐ〝女の園〟」（二六頁）によると、雪組でトップスター的存在であった明石照子が「結婚退団」について小林米三に交渉したとある。また、星組の寿美花代も「結婚しても宝塚にいたい」と望んでいた。これに対して米三は「結婚退団システムを変えるつもりはない」ときっぱり断っている。ファンも結婚退団には賛成で「宝塚はヅカ調が基本、テーリー（明石）やまっちゃん（寿美）は芸が伸びすぎ」とまでいっている。明石や寿美の主張の根底にあるのは「タカラヅカにいてもっと芸を磨きたい。結婚により芸の道が絶たれるのは納得できない」という思いであった。この時期「男装の麗人」から「男役」への脱皮が図られ、タカラジェンヌの俳優としての技量が向上するなかで、舞台人としての欲が出てきたことの表れだとも見てとれる。

タカラヅカは長い間「花嫁学校」と称されてきたが、現在のタカラヅカにもはやこの言葉はそぐわないだろう。だが、「未婚の女性のみ在団できる」との不文律のもと、「限りある時間の中でひたすら舞台人として邁進する」という現代のタカラヅカの特質の基礎は、この頃に形づくられ始めたのだ。

「ミュージカル」へと舵を切る

次に、この時代にどんな作品が上演されたかについて見ていこう。

一九六〇（昭和三五）年には、高木史朗作のグランド・ショー《華麗なる千拍子》が大ヒットした。「もはや時代の動きやテンポは二拍子や三拍子でなく、千拍子で数えなくてはなりません」というコンセプトのレビューである（だが、形式名は「レビュー」ではなく「グランド・ショー」となっている）。寿美花代の「パイナップルの女王」も話題になり、初演から通算上演期間七ヶ月半、観客八〇万人突破を記録した（『宝塚歌劇の七〇年』、七八）。東京公演は芸術祭の芸術祭賞も受賞している。本作は翌六一（昭和三六）年三月の東京公演の際に戦後最高の興行収入を記録したが、この時の『東京新聞』（四月六日号付）が、戦後からこの時点までのタカラヅカの興行収入の多かった作品を挙げている（大笹、二〇〇九・二巻・五三二）。

年	月	作品名	場所	公演日数	公演回数	客席稼働率	興行収入
一九六一	三月	華麗なる千拍子	東京公演	25	40	86%	30,225,630
一九五五	四～五月	虞美人		40	52	94%	26,489,442

33　二〇〇七年入団者からは、タレント契約の開始が入団六年目からに早められた（『朝日新聞』二〇〇六年一〇月二三日付「近ごろのスミレの命短くて　宝塚トップの任期『異変』」）。また二〇二五年三月からは、六年目以降の生徒についても雇用契約が結ばれることになった。参考：阪急阪神ホールディングス株式会社ニュースリリース（https://www.hankyu-hanshin.co.jp/release/docs/c9574fe9404bc5ce615c2ded05a3e6d3d12eeb79.pdf）二〇二五年一月一四日閲覧。

一九五八	四月	花詩集		32	53	78%	24,373,526
一九六〇	一〇月	華麗なる千拍子	東京公演	25	44	81%	23,302,266

※『東京新聞』（一九六一年四月六日号付／前掲、五三一）より筆者作成

これによると、当時は大入りと騒がれた公演でさえ客席稼働率は七八～九四％である。そう考えると、一〇〇％超えを記録し続けた《ベルサイユのばら》（五章五節）はやはり歴史的大ヒットであったのだ。また、常時一〇〇％超えしている現在の状況も驚異的といえる。とはいえ、《華麗なる千拍子》のヒットは慢性的な赤字に悩まされていた劇団にとっては久しぶりの明るいニュースであったに違いない。同年の上演作品は次のとおりだ。

一九六〇年の上演作品一覧

月	上演組	形式名	作品名	作・演出
一月	月組	舞踊劇	雪姫	白井鐵造
		グランド・レビュー	ウイ・ウイ・パリ	高木史朗
二月	花組	舞踊風物詩	わらべ唄風土記	花柳徳兵衛（構成・振付）鴨川清作（演出）
		グランド・ミュージカル	燃える氷河	北條秀司
三月	雪組	舞踊	扇	高木史朗
		グランド・ミュージカル	燃える氷河	北條秀司
四月	星組	「日本の歴史博」協賛	春の踊り	白井鐵造（作・演出）萱沼潤（脚本・演出補）
		グランド・ミュージカル	ビバ・ピノキオ	内海重典

五月	雪組	「日本の歴史博」協賛	春の踊り	白井鐵造（作・演出）萱沼潤（脚本・演出補）
		ミュージカル・プレイ	三文アムール	矢代静一（作）内海重典（演出）
六月	花組	舞踊風物詩	阿波踊り	花柳徳兵衛（構成・振付）鴨川清作（構成・演出）
		ミュージカル・プレイ	東京の空の下	高木史朗
七月	月組	舞踊喜劇	蜜柑の花咲く恋	萱沼潤
		オペレット・ロマンチック	微笑の国	白井鐵造
八月	星組	日本民俗舞踊第3集	山びと	日本郷土芸能研究会（取材・構成）
		グランド・ショー	華麗なる千拍子	高木史朗
九月	雪組	ミュージカル・ファンタジィ	新・竹取物語	小原弘稔
		ミュージカル・プレイ	カルメン・カリビア	内海重典
一〇月	月組	ミュージカル・ファンタジィ	天守物語	白井鐵造（脚色・演出）
		グランド・フォーリーズ	ショウ・イズ・オン	宇津秀男（構成・演出）内海重典（脚本・演出）
一一月	花組	舞踊劇	狐と雨と花	内海重典（作・演出）西川鯉三郎（振付・演出）
		グランド・フォーリーズ	ショウ・イズ・オン	宇津秀男（構成・演出）内海重典（脚本・演出）
一二月	星組	舞踊劇	泣きべそ女房	植田紳爾
		ミュージカル・プレイ	鹿鳴館事件	鴨川清作
		グランド・ショウ	オープン・ザ・ウィンドウ	横澤英雄

一九五〇年代に比べると「ミュージカル」と称する作品が増えているのが目につく。高木史朗作《東京の空の下》は、高木が精魂を傾けた、現代日本を舞台とする「宝塚ミュージカル」シリーズの第一作である（三章三節）。八月公演の日本民俗舞踊第三集《山びと》は、演出家の渡辺武雄らを中心として発足した日本郷土芸能研究会（四章三節）の作・演出である。日本郷土芸能研究会が翌六一（昭和三六）年に上演した《火の島》は、芸術祭賞・テアトロン賞・レインボー賞を受賞した。演出家としては大御所の白井鐵造・内海重典、充実期の高木史朗に加え、若手が担当するのが慣例であった一二月公演に鴨川清作、横澤英雄、そして植田紳爾の名前が見える。前節で触れたように外部の作家の起用が増えていた時期でもあり、この年も北條秀司の《燃える氷河》、矢代静一の《三文アムール》が上演されている。

外に目を転じてみると日本初のブロードウェイミュージカル《マイ・フェア・レディ》が東京宝塚劇場で上演されたのが一九六三（昭和三八）年九月のことだった。一九六六（昭和四一）年九月には今の帝国劇場が落成し、《屋根の上のヴァイオリン弾き》（一九六七）や《ラ・マンチャの男》（一九六九）などが「東宝ミュージカル」として上演されるようになった。

一九六〇年代後半にはタカラヅカもいよいよブロードウェイミュージカルの上演に挑戦する（三章四節）。一九六七年の《オクラホマ！》がタカラヅカ初の海外ミュージカルの上演だが、同年の上演作品は次のとおりで、《オクラホマ！》以外にもさまざまな試みが行われた年でもあった。

一九六七年の上演作品一覧

月	上演組	形式名	作品名	作・演出
一月	花組	舞踊	寿式三番叟	楳茂都陸平（演出・振付）
		グランド・レビュー	龍凰夢《ロンハンモン》	鴨川清作
二月	月組	舞踊劇	おーい春風さん	植田紳爾
		ミュージカル・ロマンス	霧深きエルベのほとり	菊田一夫（作・演出）鴨川清作（演出）
三月	雪組	ミュージカル・ロマンス	忘れじの歌	白井鐵造
		グランド・ショー	タカラジェンヌに乾杯！	横澤英雄
四月	星組	日本民俗舞踊第10集　近畿編	花風流	日本郷土芸能研究会（取材・構成）
		グランド・レビュー	世界はひとつ	内海重典
五月	雪組	ミュージカル・コメディ	おてもやん	大関弘政
		グランド・レビュー	世界はひとつ	内海重典
六月	花組	宝塚ロマンス	白鷺	田中澄江・春日野八千代（演出）
		ミュージカル・プレイ	燦めく星の下に	高木史朗
七月	月・星	ミュージカル・プレイ	オクラホマ！	ジェムジー・デ・ラップ（演出）
八月	星組	ミュージカル・ロマンス	さよなら僕の青春	菊田一夫（作・演出）鴨川清作（演出）
		ミュージカル・ショー	ワン・ボーイ	横澤英雄
九月	雪組	ミュージカル・ロマンス	花のオランダ坂	菊田一夫・鴨川清作（演出）

		グランド・ショー	シャンゴ	鴨川清作
一〇月	花組	ミュージカル・ドラマ	アルルの女	白井鐵造（脚色・演出）
		ミュージック・フェア	ヒット・キット	内海重典
一一月	月組	ミュージカル・プレイ	アディオ・アモーレ	高木史朗
		ミュージカル・ショー	ワンダフル・タウン　※1	小原弘稔
一二月 ※2	星組	舞踊劇	水恋抄	酒井澄夫
		バレエ	夢の中の少女	大橋愛子（構成・振付）柴田侑宏（演出）
		ウィンター・フォーリーズ	若者達のバラード	岡田敬二（作）横澤英雄（演出）

※1「街」をテーマに、ミュージカルのナンバーを集めたショー。《ウエスト・サイド・ストーリー》《ショーボート》《オクラホマ！》《南太平洋》等
※2 一二月公演は新芸劇場公演

菊田一夫の王道ラブストーリーの名作《霧深きエルベのほとり》《花のオランダ坂》も、この年に再演されている。これらは『歌劇』誌上にて行われた人気投票に基づいて再演が決定されたものだった（三章二節）。鴨川清作による伝説のショー《シャンゴ》が上演されたのも同年である。[34] いっぽうベテラン演出家の白井鐵造、内海重典、高木史朗も健在だ。たとえば、三月雪組の《忘れじの歌》は戦前の一九三八（昭和一三）年に初演された白井によるラブロマンスの名作である。「古き良きタカラヅカ」へのノスタルジーとせめぎ合いながら、果敢な挑戦が続けられていたことが上演ラインナップからも見て取れる。

《ベルサイユのばら》前夜、七〇年代前半のタカラヅカ

一九六九(昭和四四)年、急逝した小林米三に代わって理事長の役職を引き継いだのは荒木秀雄だった。翌七〇(昭和四五)年、大阪万国博覧会が三月一五日から九月一三日まで開催されたが、タカラヅカもまた万博一色であった。開会式の構成・演出を、座付演出家の内海重典が(『歌劇』一九七〇/五・四四)、「お祭り広場」の総合プロデュースを渡辺武雄が、それぞれ担当している。上演作品も万博を記念したレビューが続いた。

一九七〇年代前半は、演出家もスターも世代交代の時期だった。七〇年代前半のタカラヅカを牽引した演出家は、一九七一(昭和四六)年に名作ショー《ノバ・ボサ・ノバ》を生み出した鴨川清作である。「三巨匠」[35]と称された白井・内海・高木もまだ健在ではあるものの、植田紳爾や柴田侑宏らが次第に主戦力となっていき、それぞれの作風を確立していく(五章二・三節)。

また、スターに関しても一九六〇年代後半に各組のトップスター的な立場にあったスターが続々と退団し、世代交代が進んだ。つまり、世代交代しつつあった演出家とスターがそれぞれ実力を磨き、機が熟した頃に上演されたのが《ベルサイユのばら》だったのだ。一九七四(昭和四九)年九月、月組で《ベルサイユのばら》が初演された

34 「アフリカの奥深いジャングルで生まれたリズムが、川を下り、海を渡って南米ブラジル、キューバ、そしてアメリカへと辿り着く」(『一〇〇年史』舞台編)、パディ・ストーン振付によるダンスシーンが話題になったショー。

35 この時期、しばしばこのような言い方がされていたようだ。植田紳爾・川崎賢子による対談集『宝塚百年を越えて』(二〇一四)においても「白井鐵造・内海重典・高木史朗——宝塚の巨匠たち」との見出しの後、三人について植田がコメントしている(一二〇頁)。

年、ほかにどのような作品が上演されたかを見ていこう。

一九七四年の上演作品一覧

月	上演組	形式名	作品名	作・演出
一月	花組	舞踊劇	花のお嬢吉三	内海重典
		グランド・レビュー	カルナバル・ド・タカラヅカ	高木史朗
二月	月組	ミュージカル・プレイ	白い朝	柴田侑宏（脚本・演出）
		グランド・レビュー	ロマン・ロマンチック	横澤秀雄
三月	雪組	宝塚狂言	花聟くらべ	渡辺武雄（構成・演出・振付）阿古健（脚本・演出補）
		グランド・レビュー	ロマン・ロマンチック	横澤秀雄
四月	星・花	祝舞	清く正しく美しく	白井鐵造（構成・演出）
		グランド・レビュー	虞美人	白井鐵造（脚本・演出）
五月	花・星	グランド・レビュー	虞美人	白井鐵造（脚本・演出）
六月	雪組	宝塚ミュージカル	若獅子よ立髪を振れ	植田紳爾
		ショー	インスピレーション	鴨川清作
七月	月組	ミュージカル・ロマンス	花のオランダ坂	菊田一夫（作・演出）鴨川清作（演出）
		ショー	インスピレーション	鴨川清作
八月	星組	ミュージカル・ロマンス	アルジェの男	柴田侑宏

九月	月組	ファンタスティック・ショー	ジュジュ	草野旦
		舞踊詩	秋扇抄	酒井澄夫
一〇月	花組	宝塚グランドロマン	ベルサイユのばら	長谷川一夫（演出）植田紳爾（脚本）
		日本と世界の広場	海と太陽とファド	日本郷土芸能研究会（構成）渡辺武雄（演出・振付）阿古健（脚本・演出）
		グランド・ショー	アン・ドウ・トロワ	小原弘稔
一一月	星組	ミュージカル	ブリガドーン	鴨川清作（演出・訳詞）
一二月	雪組	元禄花吹雪	紅椿 雪に咲く	阿古健
		グランド・ショー	ファンキー・ジャンプ	酒井澄夫

一九七四（昭和四九）年は、宝塚歌劇創立六〇周年という記念の年であった。また、同年の六月八日に理事長の職が荒木秀雄から、小林米三の女婿にあたる小林公平に引き継がれた（『宝塚歌劇一〇〇年史』人物編、一六〇）。

タカラヅカの節目に当たるこの年のラインナップは「名作の再演」と「現在の宝塚を見せる新作」で構成された（『歌劇』一九七四／六・五一）。前者の「名作の再演」が、星組・花組の合同公演で二ヶ月間続演された白井鐵造の《虞美人》や、菊田一夫の《花のオランダ坂》である。前年に菊田が亡くなったため、奇しくも《花のオランダ坂》は追悼公演のようになった。そして後者の「現在の宝塚を見せる新作」の一つとして上演されたのが《ベルサイユのばら》だったのである。

海外公演の変化

タカラヅカ初のヨーロッパ公演（一九三八）に団長として同行した経験もある小林米三は、海外公演への関心も高かった。柴田侑宏は「小林社長はどんな小さな公演でも海外で行う公演を重要視されて演目の選定の当初からいろいろと細かくオブザーブされ、稽古場にも度々臨まれ適切な御意見を述べられました」と述べている（『歌劇』一九六九／三・六八）。米三がタカラヅカの陣頭指揮を取った一九六〇年代から七〇年代「ベルばらブーム」の頃までに実施された海外公演は、次のとおりである。

【一九六五年九〜一〇月】パリ公演（第二回ヨーロッパ公演）
第一部《宝塚おどり絵巻》構成：白井鐵造／第二部《世界への招待》※ババリア・アテリエ社との共同制作

【一九六六年四月】第四回ハワイ公演
第一部《日本おどり絵巻》作：白井鐵造・渡辺武雄・小原弘稔／第二部《レインボー・タカラヅカ》作：高木史朗・小原弘稔

【一九七三年一一〜一二月】第一回東南アジア公演（ビルマ・マレーシア・シンガポール）
第一部《宝塚おどり》作・演出：白井鐵造／第二部《ハロー・タカラヅカ》構成・演出：鴨川清作

【一九七五年九月〜七六年一月】第三回ヨーロッパ公演（旧ソ連五都市＋パリ）「ザ・タカラヅカ」第一部《ファンタジー・タカラヅカ》作：白井鐵造、演出：高木史朗／第二部《ビート・オン・タカラヅカ》作：鴨川清作、演出：草野亘

一九六五（昭和四〇）年には、戦後初のヨーロッパ公演が実現した。これは、ドイツのババリア・アテリエ社がテレビ・ショー制作を目的としてパリ・アルハンブラ劇場で行われた画期的な公演であった。演目は第一部《宝塚おどり絵巻》、第二部《世界への招待》。《世界への招待》はババリア・アテリエ社と宝塚歌劇団の共同制作で、海外公演初の洋物のショーである（『一〇〇年史』舞台編、三三二）。この《世界への招待》の振付を担当したのが、イギリスから招聘されたパディ・ストーンだ。ストーンとの出会いが宝塚歌劇団のダンスの質とレベルを向上させたと、小林公平は指摘している（小林公平、一九八四・二一八）。

翌六六（昭和四一）年には「海外公演試作品」と銘打った作品が四組で続けて上演されている。《日本の祭》（一月・星組／内海）、《日本の幻想》（二月・花組／高木）、《藍と白と紅》（三月・雪組／渡辺）、《日本の四季》（四月・月組／白井）である。これらを踏まえて四月に第四回ハワイ公演が実施されている。このように多くの作品が海外公演に向けて「試作」されたことからも、海外公演への高い意欲と関心がうかがえる。「ベルばらブーム」に湧いていた一九七五（昭和五〇）年九月にも「第三回ヨーロッパ公演」を敢行している。これは旧ソ連五都市とパリを約四ヶ月かけて周るツアーであった。

ここで、海外公演の演目が一九六〇年代から七〇年代にかけて変遷していったことに注目してみたい。前節でも述べたとおり、戦後から一九五〇年代の海外公演の演目は日本舞踊が主流であり、そこで活躍したのが天津乙女であった（四章一節）。ところが、一九六五（昭和四〇）年の第二回ヨーロッパ公演からは、「日本物ショー」「洋物

ショー」の二本立てが海外公演の定番になっていく。

また、作品タイトルに「宝塚」「タカラヅカ」「ＴＡＫＡＲＡＺＵＫＡ」が多用され始める。初めて作品タイトルに「宝塚」が使われたのは、一九五六（昭和三一）年の第二回ハワイ公演《春の踊り（レインボウ宝塚）》からである。その後、複数の出し物のうち必ず一本のタイトルには「宝塚」「タカラヅカ」の語が使われるようになる。

「ベルばらブーム」真っ只中の一九七五（昭和五〇）年に行われた第三回ヨーロッパ公演は、そのものずばり「ザ・タカラヅカ」と銘打たれ、第一部で日本物ショー、第二部で洋物ショーが上演される形になった。この様式は一九八九・九二年のニューヨーク公演まで続くことになる。奇しくもそれは一九七四（昭和四九）〜七六（昭和五一）年の「ベルばらブーム」を経て、タカラヅカがもっとも大切にしなければならないのは「タカラヅカらしさ」を守ることだと考え始めた時期と一致する（五章六節）。海外公演におけるこうした変遷は、自分たちが上演しているのは「歌劇」だけでも「レビュー」だけでもない、「タカラヅカ」であると自己認識するようになってきたことの表れのように思われる。なお、タカラヅカの海外公演は、一九九〇年代に入ってから再び転機を迎え、現在に至るまで変遷を重ねていく。ただしそれは本書の論述範囲から外れる時代の話であるため、詳しい考察は別の機会に譲ることとしたい。

テレビ進出への模索

一般家庭へのテレビの普及が進んだ一九六〇年代、タカラヅカもまたテレビ進出を模索した。まず、劇場中継についてだが、これはすでに一九五〇年代から始まっている。ＮＨＫのテレビ・ラジオの過去の番組表を検索できる「ＮＨＫクロニクル」（https://www.nhk.or.jp/archives/chronicle/）で「宝塚歌劇」と入力してみると、ＮＨＫによる宝塚歌劇の舞台中継が始まったのは一九五三（昭和二八）年のようだ。五月二七日に帝国劇場からグランド・レビュー《蝶々さん三代記》（作・演出：高木史朗）が、九月四日に宝塚大劇場から《桃太郎記》（作・演出：白井鐵造）が中継されている。

テレビ番組制作への取り組みも始まり、一九五八（昭和三三）年には「宝塚ビデオ制作室」がつくられた（『歌劇』一九五八／四・七二）。同年一一月二八日には、関西テレビでのレギュラー番組『宝塚ＴＶ劇場』が始まっている（『一〇〇年史』舞台編、二三二）。これは毎週金曜日一九時半〜二〇時の三〇分番組で、テレビ番組専用の脚本を劇団の演出家が書き、生徒が出演して制作された。皇太子ご成婚によって白黒テレビが劇的に普及した一九五九年時点では、このほかにもほぼ毎日、主に関西テレビにおいて一五〜三〇分のタカラヅカ関係の番組が放映されていたようだ（『歌劇』一九五九／二・七三）。

小林米三は一九六〇（昭和三五）年一〇月より関西テレビの取締役社長も務めたが（『歌劇』一九六九／三・二二）、その後も関西テレビでは、タカラヅカ関連の三〇分番組が毎週一回放映され続けている。だが、その方向性は迷走し、番組内容は目まぐるしく変化した。この時期、『歌劇』に毎月掲載されるようになったテレビ関連情報の頁には番組の内容や見どころ、新企画などが詳しく紹介されており、テレビへの進出に対する熱意が感じられる。それによると、週一回のタカラヅカ関連三〇分番組は、次のような変遷をたどっている。

①『宝塚ＴＶ劇場』一九五八年一一月〜六一年三月
②宝塚バラエティ『タカラジェンヌと共に』一九六一年四月〜六二年九月
③『宝塚民話劇場』一九六二年一〇月〜六五年九月
④宝塚歌劇五〇周年記念番組『宝塚50』（年が変わるごとに『宝塚51』『宝塚52』に名称変更）一九六四年三月〜

六六年一一月

⑤『宝塚アワー・世界の名作シリーズ』一九六六年一二月～六七年一二月

⑥『宝塚カラー劇場』一九六八年一月～六九年二月

⑦ヤング・バラエティ『宝塚・シックス・オーオー』（六九年一〇月より『宝塚ヤング・バラエティ』）一九六九年二月～七一年三月

⑧『ザ・タカラヅカ』一九七一年四月～七九年三月

①『宝塚ＴＶ劇場』の頃に志向されていたのは、舞台とは別のテレビ向けのオリジナルコンテンツを制作して発信していくことであった。「他では創ることの出来ない洒落たミュージカルスを創り上げてみたいといつも努力しているのです」（『歌劇』一九六〇／一・八〇）といった言説からは、この時期に特に関心が高かった「テレビ・ミュージカル」の担い手を目指していたことがうかがえる。『宝塚ＴＶ劇場』は一九六一（昭和三六）年三月に終了するが、この系譜は③『宝塚民話劇場』、⑤『宝塚アワー・世界の名作シリーズ』と続いていく。だが、一九六七（昭和四二）年一二月に『宝塚アワー・世界の名作シリーズ』が終了してからは、この系統の番組制作は行われなくなってしまった。舞台とは別の「テレビ向け」のコンテンツを創り出していくという方向性はいったんここで頓挫することになる（のちに一時期復活する。後述）。

いっぽう、まったく異なる方向性として模索されたのが、②『タカラジェンヌと共に』に始まる、タカラジェンヌが歌って踊るバラエティショー番組の制作である。この系譜は、④宝塚歌劇五〇周年記念番組『宝塚50』『宝塚51』『宝塚52』、⑥『宝塚カラー劇場』、⑦『宝塚・シックス・オーオー』（『宝塚ヤング・バラエティ』）と続き、⑧『ザ・タカラヅカ』へと結実していく。

この系統の番組においては当初「舞台とは切り離し、タカラヅカを知らない視聴者にも受け入れられる番組をつくる」ことが番組制作の基本方針とされ、そのためには「男役スターも、テレビでは女優としての魅力を表出した方が良い」と考えられていた。だが、この方向性はファンには受け入れられず、「男役はテレビでも男役らしく」という考え方が次第に優勢となり、「ベルばらブーム」の頃には勝負があったと見て良いだろう。現在のタカラジェンヌがテレビ出演して歌い踊る時は、あくまで男役・娘役としての姿を崩さない。今となってはたいして疑問には思わないことだが、この時期の侃侃諤諤の議論があったからこそ確立したスタイルなのである。

テレビ時代の幕開けとともに、タカラヅカもまた当初は舞台とは別の「テレビ向け」のコンテンツ制作を目指していた。また、テレビのバラエティショー番組では「女性が演じる男役」という特異さを封印し、男役もまた女優として露出することでタカラヅカを広く世間一般に周知させようとした。だがそれらの試みは頓挫し、『ザ・タカラヅカ』の頃には、あくまで男役は男役らしく、娘役は娘役らしく、上演中の舞台の情報も含めた「ありのままのタカラヅカ」を届けるスタイルが確立した。そして「ベルばらブーム」の頃に、「舞台が主、テレビは従」という位置づけが確定していく。

なお、その後について概観してみると、『ザ・タカラヅカ』は一九七九（昭和五四）年三月にいったん終了し、八〇（昭和五五）年八月までの約一年半の間は『宝塚テレビロマン』というシリーズが放映される。これはタカラジェンヌによる連続テレビドラマで、大和和紀の漫画を原作とする『はいからさんが通る』『ラブパック』、デュマの小説を原作とする『三銃士』の三本であった。これは、かつて頓挫したはずの「舞台とは別のテレビ向けのオリジナルコンテンツを制作して発信する」という試みの、つかの間の復活である。

その後、一九八〇（昭和五五）年九月からは、舞台中継を中心とした『ＯＨ！タカラヅカ』が始まる。同番組は一九八四（昭和五九）年四月からは、月一回の八〇分番組『タカラヅカ花の指定席』となり、以後一〇年余り続いていく。だが、一九九五（平成七）年一月の阪神淡路大震災による放映中止を機に、そのまま番組は終了となった。

この頃から、タカラヅカ関連のテレビ番組は地上波からBS、CSへと場を移していくことになる。一九九一（平成三）年一一月からBS放送「WOWOW」で月四本ペースでの舞台中継『宝塚への招待』が、九四（平成六）年六月からは出演者のトークや稽古場風景などを盛り込んだ『宝塚・スターの小部屋』も始まり、二〇〇二（平成一四）年七月にはCS放送の専門チャンネル「タカラヅカ・スカイ・ステージ」が開局する。

あまり語られることのないタカラヅカとテレビとの関係だが、一九五〇年代後半以降の試行錯誤が現在の「タカラヅカ・スカイ・ステージ」にまでつながっているといっていいだろう。この点についても、機会を改めて考えたい。

以上見てきたとおり、一九五〇～六〇年代に行われたさまざまな試みは一朝一夕には必ずしも実を結ばなかったが、長い目で見ると七〇年代以降に花開く布石となっている。

次章からは一九七〇年代以降に大きな影響を与えたいくつかの取り組みの具体的な内容とその成果について、作家と作品に焦点を当てながら見ていこう。

第三章　「虚」と「実」の相克

ここからは、「虚」と「実」の相克、および「和」と「洋」の相克という二つのフレームを用いて、一九五〇～六〇年代のタカラヅカにおける取り組みについてその詳細を検討、整理していきたい。この二つのフレームを用いるのは、タカラヅカがオリジナル・ミュージカルの創造を目指す時、向き合わねばならなかったものが二つあったからだ。

その一つが戦前に築かれた「レビュー劇団」のイメージ、もう一つが内なる伝統としての「歌舞伎」である。そこで本書では「虚（レビューが描く「夢の世界」）」に対する「実（ミュージカルが描く「リアルな世界」）」、そして「和（歌舞伎に代表される日本の伝統芸能）」に対する「洋（西洋から入ってきたミュージカル）」という対比から、タカラヅカのオリジナル・ミュージカル創造の過程を整理していきたい。

まず、本章で見ていきたいのは、「虚（レビューが描く「夢の世界」）」と「実（ミュージカルが描く「リアルな世界」）」の相克だ。戦前よりレビュー・オペレッタを上演してきたタカラヅカにとって、同じく歌と踊りで物語を紡いでいく「ミュージカル」は「レビュー・オペレッタ」の延長線上にあるものとして捉えられた。だが同時に、タカラヅカにおいては、レビューやオペレッタとミュージカルを分かつものは「リアルな題材、リアルな演技」だと考えられる傾向があった。

一九五〇～六〇年代のタカラヅカではレビューに加え「ミュージカル」がもう一つの上演ジャンルの柱となっていき、タカラジェンヌは歌って踊るだけのレビューガールとしてのみだけではなく、芝居ができる役者へと進化した。本章では、そのために行われたいくつかの試みをとおして、この時代のタカラヅカが「虚＝レビューが描く「夢の世界」」から「実＝ミュージカルが描きうる「リアルな世界」」へ振れていくさまを見ていきたい。

【第一節】タカラヅカと「ミュージカル」

「ミュージカル」の始まり

タカラヅカが「ミュージカル」を上演し始めたのはいつなのか。実際の上演内容はともかく、「ミュージカル」という呼称を使い始めたのは戦前である。

『宝塚歌劇一〇〇年史』(以降『一〇〇年史』舞台編)の「全公演一覧」によると、タカラヅカが「ミュージカル」と称した作品を初めて舞台にかけたのは戦前の一九二八(昭和三)年、ミュージカル・プレー《ハレムの宮殿》が最初のようである。作・演出は、前年に《モン・パリ》を発表したばかりの岸田辰彌、外遊直前の白井鐵造が振付補を担当している。一九二八(昭和三)年の『歌劇』八月号「ミュージカル・プレー『ハレムの宮殿』を上演するに就て」という記事で岸田は次のように述べている。

ミュージカル・プレーはレヴユウのやうに近代の所産ではなく、古くから存在した楽劇の一種で、その作品は殆ど喜劇であつて、オペラと同様の形式を採り一貫した筋のあるもので、大凡三幕五場位の構成をとつている。

然し、近来はレヴユウの影響を受け非常に場数も多くなり、中には二十場位あるものも出来、音楽は主としてヂャズを用ひて、筋に関係のない踊子も出て来る等頗（すこぶ）る大掛りになつている。それに衣装も非常に色彩的になつて来ている。
有名なミュージカル・プレーには「チョウ・チン・チョウ」「ノー、ノー、ナネット」それに英国で上演された「ローズ、マリー」などがある。[1]（『歌劇』一九二八・八／七八）

これを読むと岸田は自身の洋行での見聞をもとに「ミュージカル・プレー」を創作したであろうことがわかる。《ハレムの宮殿》の筋書きは、アラビアのサルタン王に恋人を奪われそうになった青年が悪人に阻まれながらも恋人を取り戻すといった他愛のないものである（『一〇〇年史』舞台編、六一頁）。原作はイタリアの喜劇であり、《モン・パリ》同様にパリで流行していた「海水浴の唄」を取り入れている。『歌劇』誌には物語の展開が写真つきで紹介されているが、これを見る限りでは、ストーリーのあるレビューという趣である。その後も一九二九年に二本、三〇・三四年に一本、三五・三六年に二本、三七年に一本、「ミュージカル」と称した作品が上演されている。

戦後は一九四八（昭和二三）年の花組公演、ミュージカル・プレイ《ハリウッドに栄光あれ》が最初であるため、秦の「帝劇ミュージカルス」よりも前になる。もっともこの頃は「ミュージカル」という単語は観客にはまだなじみのものではなかった。一九五一（昭和二六）年に上演された大ヒット作《虞美人》も、現在からすると「ミュージカル」のようにも思えるが「グランド・レビュー」と銘打たれているのもそのためである。また、芝居中心の作品としては「歌劇」や「オペレッタ」もまだ上演されていた。

だが、その後一九五〇年代後半には「ミュージカル」と称する演目が増えていった。第一回公演《ドンブラコ》以来の伝統であるお伽歌劇からの流れとも思える、ミュージカル・コメディ《文福茶釜》（一九五一）、ミュージカル・ファンタジー《新・竹取物語》（一九六〇）、ミュージカル・プレイ《一寸法師》（一九六八）といった作品も上演されている。いわば、お伽歌劇ならぬ「お伽ミュージカル」であり、それとともに事実上のミュージカルを「グランド・レビュー」と言い換えることはなくなっていく。一九六〇年代には「ミュージカル」と称する演目が完全に主流となる。入れ違いに「歌劇」や「オペレッタ」と称される作品が消えていったことは第二章三節で述べたとおりだ。終戦直後はまだまだ多かった「歌劇」「オペレット」と銘打たれた演目が、一九五〇年代に入ると次第に減っていき、六〇年代後半には上演されなくなった。

「オペレッタ」「レビュー」と「ミュージカル」の混同

ここで注意したいのは、一九五〇年代後半に「ミュージカル」と称する作品が増えたからといって、タカラヅカとしては別にこの時代に上演作品の内容をがらりと変えたわけではないということだ。タカラヅカは昔から「歌あり踊りありの芝居」を上演してきた。それらを「オペレッタ」とも「レビュー」とも称してきたが、ここにきて「ミュージカル」というぴったりの名称が出てきたため、そう名づけるようになった、という感覚があった。演出家の内海重典の次の言葉はそのことを端的に示している。

従来のレビューから、踊をもう少し減らして、劇的にもり上げを作り、芝居から唄への導入が、音楽的に演

1　《ローズ、マリー》は一九二四年にブロードウェイで、《ノー、ノー、ナネット》は二五年にデトロイトで初演されたミュージカルである（グリーン、一九九五・八五・九二）。《チョウ・チン・チョウ》は一九一六年ロンドン初演（https://en.wikipedia.org/wiki/Chu_Chin_Chow）二〇二四年七月六日閲覧。

出されれば、もうこれは立派なミユージカル・プレイであると云っても過言ではないと思うのです。だから私は、一昨年暮に帰朝したとき、アメリカで一番流行しているミユージカル・プレイは、すでに宝塚で二十年も前からやっている事だと申上げたのであります。（「宝塚ミユージカル・プレイを創作したい」『歌劇』一九五三／一・七二）

現在のように「レビュー」は歌とダンスが中心の演目、「ミュージカル」は芝居が中心で、そこに歌やダンスが織り込まれる演目として区別する感覚はここには看取できない。当時のタカラヅカではその境目は曖昧であり、しかも戦前のタカラヅカでは「オペレッタ」もよく上演されていた。したがって、一九五〇年代の『歌劇』を見ると「ミュージカル」と「レビュー」「オペレッタ」という用語がしばしば混同して使われている。ことに、一九三〇年代のレビュー黄金時代を牽引した白井鐵造には「レビューこそがタカラヅカを代表する演目である」という矜持があったようで、白井作品に関する記事にそのパターンが目につく。たとえば、一九五七（昭和三二）年のグランド・ミュージカル《メリー・ウイドウ》の座談会で白井は次のように語っている（傍線は引用者）。

グランド・ミュージカルというタイトルにしたのは、他の一本の演し物『宝塚をどり絵巻』の方が、グランド・レビューになっているからです。併し宝塚の演し物は、最早、宝塚レビューとしての老舗が出来ているのだし、もともと宝塚の演しものはミュージカル・プレーなのですから、今更らミュージカルといわなくても好いのだが『メリー・ウイドウ』は世界的に有名なオペレットなので一寸ミュージカルと銘打って見ました。学問的にむつかしくいうなら、毎公演のものにこれがショウで、これがレビューでと厳正に分類しなくちゃならないが……（笑）。（『歌劇』一九五七／一・四二）

ここでは「ミュージカル」「レビュー」「オペレット」という三つの用語が混在しているが、その使い方は脈絡がない。あえて無造作に混在させることで「三つを区別すること自体、さほど意味のあることではない」と暗に主張しているかのようだ。また、一九五九（昭和三四）年八月公演《弓張月》の紹介記事においても、形式名は「グランド・ミュージカル」にもかかわらず、『歌劇』では「白井レビューの大ヒット作」と表記されている（『歌劇』一九五九／八・三〇）。こうした言説から類推できる白井なりの用語の使い分けは、「タカラヅカの演目の柱は『レビュー』である。これは今流行りのミュージカルの要素も多分に含んでいるのだから、レビューを主に上演するタカラヅカで今さらわざわざ『ミュージカル』と称する必要はない」ということではないだろうか。

この認識は、一九六〇年代につくられたオリジナル・ミュージカルにおいて、「夢の世界」に「リアルな芝居」を加味すること目指した菊田一夫や高木史朗らの姿勢とは大きく異なるものであった。

《虞美人》は「レビュー」か「ミュージカル」か

『歌劇』一九五五年二月号の「レビューの出来るまで」という記事のなかに、レビューにおける演技指導が変化してきていることを伝える興味深い記述がある。かつてレビューが輸入されてきたばかりの頃は、演技は重視されず、したがって演技指導の方法も「演技者が演出家のする通りに物真似する」という極めて幼稚なやり方だった。しかし、この方法はすでに過去のものとなり、「演技者に適当なヒントを与えて、演技者からその役に対する演技を引き出す」という新しいやり方に変わってきているというのだ（『歌劇』一九五五／二・一三八−一三九）。この時期、レビューにおいても「芝居」の要素が重視されてきている様子がうかがえる記述である。

前述のとおり、一九五一（昭和二六）年の白井のヒット作《虞美人》も形式名は「グランド・レビュー」だ。[2] だが、《虞美人》は中国古代の英雄・項羽とその寵姫・虞美人の物語であり、「長与善郎の戯曲『項羽と劉邦』をよりスペクタクルな音楽劇へと変化させた」（『一〇〇年史』舞台編、一〇九）、今の感覚からするとミュージカルと捉えたくなるような作品でもある。作・演出は白井鐵造、香村菊雄[3]が共同演出に加わっている。初演の星組で項羽を演じたのが春日野八千代、劉邦が神代錦、虞美人は元々男役の南悠子であった。一九五一（昭和二六）年八月に星組が初演。好評につき九月に月組、一〇月に花組と三ヶ月間続演された。また、米軍に接収されていた東京宝塚劇場が一九五五（昭和三〇）年に返還された際の第一作としても上演されている。戦後のタカラヅカにおける最初の大ヒット作といってよいだろう。まだ中国との国交が回復していない時期だが、中国楽器が使用されるなど、京劇の影響も随所に見られる。『歌劇』一九五一（昭和二六）年一〇月号では、東亜文化研究会文友会共催「虞美人」合評会も開催されている。

同年七月に「帝劇ミュージカルス」の第一回公演《モルガンお雪》が上演され、タカラヅカ内でもすでに「ミュージカル」と称した作品が出てきていたが、「ミュージカル」という言葉は一般には定着していなかった時代である。実際のところ《虞美人》はレビューなのか、それともミュージカルというべきなのか。初演版の《虞美人》はどういう内容だったのかを探るべく、『歌劇』一九五一年一〇月号掲載の「虞美人　楽の日　見たままの記[4]」（三〇－三八頁）を参考に、各場面の様子を紐解いてみよう。

《虞美人》の構成

〈第一部〉

第一場「娘々祭」赤い支那服の娘や子どもたちの踊りに続き、万林が恋しい人に振られるコミカルなシーン。

第二場「万林出発」失恋した万林は千林に誘われ、戦場で一旗揚げようと旅立つ。

第三場「項羽と劉邦」項羽と劉邦が本物の馬に乗って登場し、互いに名乗りを上げる。項羽（春日野八千代）は栗毛の馬に青の鎧。劉邦（神代錦）は白馬に赤い鎧。

第四場「軍馬調練」二四人の馬のラインダンス。

第五場「韓信と桃娘」韓信と桃娘の出会いを描く。

第六場「殷通の死」桃娘の父・殷通が奸計により項羽に殺されてしまう。桃娘は復讐を誓う。

第七場「街の娘の歌」カーテン前での芝居。お祭りの街で人々が歌い踊る。

第八場「韓信股をくぐる」有名な「韓信股くぐり」のエピソードを描いた場面。

第九場「王陵の歌」カーテン前。王陵が虞美人に寄せる想いを歌う。

第一〇場「虞美人」虞美人（南悠子）に想いを打ち明ける王陵。その王陵を斬った項羽が登場し、虞美人との愛を確かめ合う。

第一一場「紅林と万林」頬を丸く塗った女の子・紅林と万林とのコミックソング。

第一二場「劉邦、呂妃の別れ」出陣する劉邦と呂妃が別れを惜しむ場面。

第一三場「兵隊行進」兵隊となった万林と千林のコミカルな場面。ズボンのなかで竹馬をつけた大きな兵隊も

2　一九七四年の再演でも「グランド・レビュー」と称されている。二〇一〇年に木村信司脚本・演出でも上演されているが、この時の形式名は「ミュージカル」である。
3　一九〇八（明治四）年大阪生まれ。大阪で新劇運動に関わった後に宝塚歌劇団、ＯＳＫ大阪松竹歌劇団、宝塚新芸座などで制作・演出に携わる。著作に『愛しのタカラヅカへ』（神戸新聞出版センター、一九八四）等。
4　脚本集と比較すると割愛・変更されたいくつか場面があるようだ。枝葉末節のエピソードがカットされてすっきりと整理されている。

登場。

第一四場「流れの踊子」今は梅蘭と名乗って酒場で働いている桃娘に、呂妃が「男装して父の仇を討て」と勧める。

第一五場「韓信の歌」カーテン前。項羽の家来となった韓信の独唱「希望はまだ失わない」。

第一六場「項羽の陣」男装した桃娘は金祥鳳と名乗り項羽の陣に忍び込んでいる。万林と千林のコミカルなやり取りの後、項羽と虞美人が登場。軍師の范増は鴻門に劉邦をおびき出し討つ相談をし、韓信の重用を勧めるが、項羽は聞き入れない。項羽の前途を危ぶむ范増。

第一七場「項梁倒る」少年姿の桃娘が項梁（項羽の叔父）に捕えられ、項羽を暗殺しろとそそのかされるが、逆に項梁を討つ。

第一八場「鴻門の会」虞美人の踊りから劉邦への詰問。刺客が踊りにかこつけて劉邦を殺そうとするが、桃娘らに邪魔をされてうまくいかない。隙を見て逃げ出す劉邦。刀や剣などを使った踊りが続き、最高潮に達したところで幕。幕間には客席への主題歌の指導あり。

〈第二部〉

第一九場「項羽の幻想」項羽は「項羽の天下は長くない」と亡者に迫られる夢を見て苦しむ。

第二〇場「項羽と虞姫」虞美人が項羽を慰めているところに范増が出て、劉邦の家族を人質にする策を計じる。

第二一場「漢王挙兵」京劇風にきらびやかに着飾った劉邦軍の武将が登場。兵を挙げる。

第二二場「九里山の戦」楚の兵（青い衣装）と漢の兵（赤い衣装）の戦い。主な武将たちが立ち回りを繰り広げる。

第二三場（場面名不明）項羽と劉邦の馬上決戦。

第二四場「三人の女」今は韓信の妻となった桃娘と、呂妃、虞美人の場面。韓信の館を密かに訪ねてきた虞美人が「項羽への総攻撃を三日間だけ待ってほしい」と頼むが、呂妃に牡丹の枝で打ち据えられる。

第二五場「望郷」漢の兵が歌う故郷の歌を聞き懐かしさにかられた楚の兵が、一人また一人と陣を離れていく。いわゆる「四面楚歌」のエピソードを描く。影コーラスに男声合唱が使われる。

第二六場「四面楚歌」傷ついた項羽の前で、虞美人は剣を持って舞い、最後に自刃する。「虞や虞や汝を如何せん」と泣き崩れる項羽。

第二七場「主題歌」三名の歌手による主題歌のコーラス。

第二八場「虞美人草」バレエの場面。赤いロマンチック・チュチュを着たケシの花たちの舞。

第二九場「紅林万林大団円」戦が終わり疲れ果て、故郷に帰って結婚でもするかとぼやく万林の前に、結婚の約束をしたという千林と紅林が本物の象に乗って登場する。

第三〇場「フィナーレ」ケシの花のラインダンスなど。最後にパレードあり。


こうして見ると、芝居を見せる場面の合間に、カーテン前のコミカルな場面や歌や踊りの見せ場を織り込むという展開になっていることがわかる。一部では「鴻門の会」、二部では「四面楚歌」が最大の見せ場である。現代の感覚における「ミュージカル」として考えると「ぶつ切り」感が否めず、やはり「ストーリー性のあるレビュー」という印象が強い。万林、千林、紅林によるコミカルな物語を並行して息をつかせる手法や、本物の馬や象のメリー（『歌劇』一九五一／九・九二）を登場させて見せ場にしている点などもレビュー的である。いっぽうで芝居を見せる場面の脚本はしっかり書き込まれており、それなりに見応えもあったことが推察される。共同演出の香村菊雄が「このレヴユウを宝塚があえてとり上げたのは、悲劇もあればスイートなロマンスもあり、白井先生らしいコミックも入り、一本の作品がゆうに四本五本分のバラエテイに富んでいますので…」（「出演者座談会」『歌劇』一九五一／八・四七）と述べているとおりである。

『歌劇』の「高声低声」は「とにかく面白く見られた」「その舞台は限りない情熱と史劇の面白さ、スケールの豪華さ、装置衣装の華麗さは全く最近の傑作」「三時間に近い大レビュウを最後まで観客を引きずってゆく力は、生徒の演技もさることながら、白井氏のすばらしい演出に今更の様に敬服する」「宝塚史上に又一つ輝きを残す大作であろう」と大絶賛の嵐だった（『歌劇』一九五一／九・一一七－一二〇）。

これに対して『東京新聞』一九五五年四月一八日号付の公演評は、舞台美術や楽曲は評価されているものの、「大劇場向きに、そして宝塚向きに大物らしくまとめて一応老朽だが、三十分間の休けいを入れて三時間四十分は長い」「ワンマン項羽の失敗を描いているのは皮肉でワンマン白井は巨匠らしく劉邦の包容主義にならってスタッフに衆知を集めるといい。惜しい大作」と、やや辛口だ（大笹、二〇〇九、一巻・五二一－五二二）。

同年の『歌劇』八月号の特集記事「『虞美人』を語る」（四〇－五〇頁）によると、白井にとってはこの作品が従来の白井レビューとは一線を画した位置づけであったことも感じ取れる。「スタッフ座談会」「出演生徒座談会」[5]での白井のコメントもやはり「レビュー」と「ミュージカル」の語が混在している。また、従来のように出演者ありきの当て書きではなくストーリー重視であり、ストーリーに合わせて出演者も厳選したことが語られ、さらに、本作は元々男女混合での上演を望んでいたことなども言及されている。

> はつきり言いますと、前からこの本はやりたいと思つていたのですが、それには男の劇団でやりたいと思つていました。それを今度少女歌劇でとりあげたのですが、いざ仕事にかかつて見るとなかなか難しく、一週間目に行詰つて止めようかと思つたのです。宝塚でやるなら初めから宝塚的な題材のものにした方がいいの

ではなかつたかと考えると随分迷いましたが、そういふ安全性に許り立つていては宝塚の発展はないから、多少冒険でも一つ大いにやつて見てはと高井芸能課長が元気づけてくれたので自分もそれに力を得て頑張ることにしたのです。（「スタッフ座談会」『歌劇』一九五一／八・四二－四三）

こうした白井の言葉からも、《虞美人》がレビュー的手法でつくられながらも、従来よりもストーリー重視で「本来的には男女混合でやるべきと言えるほどの」リアリティを求めていたことが伝わる。のちの時代のタカラヅカの「ミュージカル」につながる要素も持ち合わせた作品だったとはいえそうだ。

「オペレッタ」「レビュー」が耕した土壌

戦後から一九六〇年代にかけてタカラヅカの座付演出家として活躍した高木史朗（本章三節）は「タカラヅカが戦後のミュージカル時代にうまく適応できたのは、タカラヅカではレビューと同時にオペレッタの上演にも力を入れてきたからだ」と主張する。たとえば、タカラヅカのレビューに関して高木は、「第一次黄金時代のころ、宝塚の出し物はレヴューというスタイルはとっていたが、実際には全てストーリーのあるオペレッタであった」（高木、一九八三・二〇六）と述べている。たとえレビュー時代にあっても常に芝居の要素は重視されており、そのことが戦

5 『歌劇』の作品ごとの座談会は通常は主な出演者とスタッフを交えて行われるが、《虞美人》に限っては「スタッフ座談会」と「出演生徒座談会」が分けて組まれている。そんなところからも、本作にかける意気込みが伝わってくる。

後のミュージカル時代に移行していく際の基礎になったというわけだ。さらに、日本のミュージカル導入についての高木の次の見立ては注目に値する。

> 浅草のオペラ・オペレッタ運動が、そのまま発展していたならば、アメリカが独自のミュジカルを創作していったように、日本でももっと早く独自のミュジカルが生まれていただろう。このような戦前のオペラ・オペレッタ運動の流れとは切れたところから出発した戦後のわが国のミュジカル運動も、ただ本場アメリカのものをそっくり移入するのではなく、アメリカではオペラ、オペレッタを通過し、その技法を充分マスターしたうえで新しいミュジカルが生み出せたという歴史的背景を考慮しておく必要があったのではなかろうか。（高木、一九八三・三七）

また、『歌劇』誌で、その名も「ミュージカル」という連載を一九七一（昭和四六）年から八九（平成元）年まで[6]連綿と続けた川井秀幸も、その第一回で次のように述べている。

> 宝塚の今までのレパートリーにミュージカルがなかったかといえばそれどころか、そのサブタイトルは何であろうとも、日本物の歌劇（これもミュージカルと云えるものが多い）から発足し、レヴュー（これも言葉の魔術で、ミュージカルと云えるものが多い）に発展し、現在のように構成されるに至った形式は、立派にミュージカルとしての大きな役割りを演じている事はもう既成の事実なのです。（『歌劇』一九七一／一・一六〇）

「オペレッタ」「レビュー」の土壌がタカラヅカ・ミュージカルを育てたことを言い当てた言説である。

日本でも東宝国民劇[7]や帝劇ミュージカルスで「和製ミュージカル」を生み出そうという試みはあったが、この流れはいったん途切れてしまい、結局、ブロードウェイのミュージカルを輸入する形で再スタートを切った（一章四節）。ところが、唯一タカラヅカだけが、歌劇、オペレッタ、レビュー上演の積み重ねの延長としての「ミュージカル」を創り出してきた。「オペレッタ・レビューからミュージカルへ」という、欧米におけるミュージカルの誕生と同じような道程を歩んできているのがタカラヅカであるともいえるのだ。そのさきがけとなったのは、やはり白井鐵造だと位置づけられるだろう。白井の弟子であった高木は、師匠・白井の作劇法について次のように述べている。

> 白井鐵造の作品は、常にダンスの場面が考えられ、それからストーリーが組み立てられていったが、それは彼がレヴューを作るようになってからも変らなかった。彼の作品が白井情緒ともてはやされるようになった原因は、この創作のプロセスにあったのかもしれない。（高木、一九八三・八五）

様式的な区分けでいうならば、白井鐵造はタカラヅカの歴史に残る大ヒットレビュー《パリゼット》（一九三〇）、《花詩集》（一九三三）の作者であり、タカラヅカにオペレッタを導入した先駆者であったが、その作品が何であれ、常に物語的な要素は含まれていたということだ。本来は歌と踊りが中心であるはずのレビューにもストーリーがあり、その独特の甘い雰囲気が「白井情緒」などともてはやされたのである。事実、第二章一節でも触れた初のストーリーのあるレビュー《ローズ・パリ》について、白井自身は次のように振り返っている。

6　一九八九年八月号に連載第一三四回が掲載されているが、九月号に連載終了の告知がある（五〇頁）。

7　歌舞伎に代わる歌と踊りと芝居をミックスさせた大衆的な演劇。第一章の五五頁、注16参照。

帰朝第三作『ローズ・パリ』は『パリゼット』『セニョリータ』と違い、いわゆる、筋のあるレビューで、これは私が当時アメリカやヨーロッパで盛んだった、美しく甘いミュージカル・プレイを宝塚の舞台に移したものである。宝塚のロマンティック・レビューの最初の作品で、宝塚はこの形式が最も好いという確信を持ったものである。（白井、一九六七・一一九）

一九二八（昭和三）年から三〇（昭和五）年にかけて洋行した白井は、アメリカにおけるミュージカル黎明期の混沌とした状況（一章四節）にも直接触れ、それをタカラヅカに持ち帰った。そう考えると、白井が「レビュー」「オペレッタ」「ミュージカル」の三つの用語の使い方にこだわらなかったことにも納得がいく。「レビュー」であれ「オペレッタ」であれ、白井がつくり続けたのは常に「歌とダンスで綴る物語」であることに変わりはなかったのだ。

だが、白井の演出手法はあくまで形から入るものであった。ミュージカルに不可欠な要素である「芝居」に関してはあまり得意としておらず、その人物造形もあくまで表層的なものにとどまっていたことは、一九五七（昭和三二）年に劇団に入った植田紳爾がのちに語った次のような言葉から推察される。

先生と僕ではドラマの作り方、見方、興味の持ち方の根幹が違うんですよ。白井先生にとって重要なのはもっと表の何かの動きであって、「人間の心理、そういったものを見て面白いということは僕の経験の中にはないね」というような方なんです。（植田・川崎、二〇一四・一四六）

白井先生の演出は、三歩行って振り向くんだとか、二歩出してなんとか、感情とか精神とかは全然なくて、まずは動きの演出だった。（前掲、一六九）

こうして白井を反面教師のようにして若手時代を過ごした植田が、のちに《ベルサイユのばら》を作り出すわけだが、こうした言葉の数々からも、白井はあくまでレビュー作家であり、ミュージカル作家としては不完全であった様子がうかがい知れる。

一九六〇年代、ミュージカルへの関心の高まり

一九六〇年代になると、『歌劇』誌上でも「タカラヅカ・ミュージカルはどうあるべきか」の議論が盛んに行われるようになった。たとえば、『歌劇』一九六〇年二月号の「高声低声」では「今年の舞台に望むこと」としてミュージカルについて言及した投稿がある。「当今世はまさにミュージカルでないと通用しないようなとき、しかし、ミュージカルと一言でいうと簡単だが、その説明となると、わからない」といい、テレビ中継された《南太平洋》やら《可愛いい《ママ》女》[8]を観たが「何が何だかわからなくてポカンとして」しまい結局のところ、「要は歌、踊、演技の三拍子揃った宝塚のミュージカルがやはり一番スマートであると、自信をもった次第」と結論づけている（二四九頁）。少なくともタカラヅカに足繁く通う人たちにとっては、この頃すでにタカラヅカが一番身近に「ミュージカル」を知る場になりつつあったことが感じ取れる。同年一〇月号の「高声低声」にはミュージカルのダンスシーンについて、次のような要望が寄せられている。

8　一九五九（昭和三四）年に上演された労音ミュージカル《可愛い女》のことだと思われる。

バレエ界出身者が主役になりふんだんにダンスを入れたミュージカルが、アメリカでは行われているそうだが、そこまでは無理としても、今までのように芝居の中や、フィナーレでの装飾的ダンスシーンよりも、ストーリーそのものを発展させてゆくドラマティックダンスを挿入したり、芝居から踊りへとスムーズに直結するシーンを増やしてみたらと思う。（『歌劇』一九六〇／一〇・一四九）

アメリカン・バレエ・シアターのダンサーだったジェローム・ロビンズが演出・振付を担当した《ウエスト・サイド・ストーリー》のブロードウェイ初演が一九五七（昭和三二）年であるため、もしかすると、この投稿者は同作の話題も耳にしていたのかもしれない。幕開きやフィナーレを飾る「レビュー的」なダンスシーンではない、より物語と一体化した、ストーリーの表現の一端を担うようなダンスシーンをこの人物は求めており、アメリカのミュージカル事情も視野に入れた、目の肥えた観客も生まれてきていたようだ。

一九六〇年代も後半に入ってくると、「高声低声」欄でも「タカラヅカでもブロードウェイのミュージカルをやるべきか否か」という議論が行われるようになっていく。『歌劇』一九六六年三月号には「かつてパリのレビューやオペレッタを輸入することで現在の宝塚の基礎を作ってきた」のと同様の流れで「宝塚がブロードウェイ・ミュージカルを見直すことで真の日本人のミュージカルが生まれるはず」という理由のもと、「どうぞ小林社長様、そして宝塚の皆様方、ブロードウェイ・ミュージカルを取り上げることを真剣に検討してくださいお願いいたします」と切望する寄稿がなされている（一五〇頁）。こうした声を受けてか、翌六七（昭和四二）年にはタカラヅカ初のブロードウェイ・ミュージカル《オクラホマ！》の上演が実現している。だが、先の投稿に対しては翌月の『歌劇』で次のような反論も寄せられている。

確かに現在日本において、ミュージカル的要素の最も充実した劇団と言えば、宝塚以外には考えられません。しかし私は、誰も彼もがミュージカル！　ミュージカル！と騒ぎ、既に東宝が演っている現在、今ここで宝塚が、同じようにブロードウェイ・ミュージカルを演るのは損なような気がします。〔略〕あえて他の劇団と、正面きっての苦しい競争をするより、宝塚は宝塚の良さを生かした独特のミュージカルを育てるのが最も賢明と思います。（『歌劇』一九六六／四・一五二）

一九五〇年代後半から六〇年代初頭、少なくとも一九六三（昭和三八）年にブロードウェイ・ミュージカル《マイ・フェア・レディ》が日本で初演される前までは、タカラヅカも日本でオリジナル・ミュージカル上演を実現できるカンパニーの一つとして期待されていたことは第一章四節で述べたが、劇団内でもその気運は高まり、また観客からも大きな期待が寄せられていた。実際、その後のタカラヅカでは試行錯誤を繰り返すなかで「ミュージカルが上演できる」土壌が育っていった。このことは、のちにミュージカル《エリザベート》（一九九六年日本初演）の潤色・演出でタカラヅカに新時代を築くことになる小池修一郎が次のように述べていることからもわかる。

僕が入った一九七七年くらいの時点で宝塚は、日本のほかのどこの劇団よりもブロードウェイに近かったと思います。たくさんの先生方がブロードウェイに留学なさったり、観にいらっしゃったりして、その影響を受けたものを次々に作っていらっしゃったので……。（「演出家に聞く・小池修一郎」『ユリイカ』二〇〇一／五・一二〇）

また、「タカラヅカで海外ミュージカルを担当するのはショーの演出家である」と考えられていたという小池の次の言説は興味深い。のちにタカラヅカが海外ミュージカルの翻案上演を十八番とする劇団として飛躍できたのは、レビュー・ショーを演目の柱とする劇団であったからなのかもしれない。

助手時代にはショーにばかりついていましたからね。自分自身ずっと、宝塚では「後物」の、レビューをやるんだと思ってましたから。宝塚では、翻訳ミュージカルをやるのはショーの演出家なんですよ。（前掲、一一二）

〔入団時に制作の人から「君はショーと芝居のどちらがやりたいの？」と聞かれて〕僕は「ミュージカルがやりたい」って言ったら、「いや、芝居かショーかどっちかだ」と。〔略〕宝塚の「前物」で「ミュージカル・ロマン」と銘打っているものもあるんだけど、私が考えるブロードウェイ・ミュージカル系統のミュージカルと、ちょっと違うんですよ。歌も芝居も踊りも入っているんだけれども、ちょっと違う。で、やっぱり「ミュージカル」と答えたら、「うーん」と言われてショーの方に回されました。（前掲、一二二―一二三）

次節からは、タカラヅカが「夢の世界」を見せるレビュー劇団から、ミュージカルにおいてリアルな芝居もできる劇団へと転換していくさまを考察していくが、土台として「レビューを上演してきた経験」も必要だったということも忘れてはならない。

以降では、「タカラヅカでオリジナル・ミュージカルを」との期待にそれぞれのやり方で応えようとした二人の作家の事例を見ていきたい。一人が「ミュージカル・ロマンス」で、当時の観客の絶大な支持を集めた菊田一夫、そしてもう一人が「宝塚ミュージカル」で、「現代の日本」という表象をタカラヅカの舞台に乗せることを目指した高木史朗である。

【第二節】

菊田一夫と「ミュージカル・ロマンス」

対照的な二つのアンケート結果

一九六六（昭和四一）～六七（昭和四二）年、『歌劇』誌上で二つの興味深いアンケートが実施された。最初に実施されたのは『歌劇』一九六六年一〇月号の「再演希望作品アンケート」だった。

「最近、各方面から宝塚の旧作再演のご要望がとみに多くなりましたので、このたび、どんな作品を再演したらよいか、皆様からアンケートをいただきたいと存じます」（『歌劇』一九六六／一〇・一二六）と告知され、宝塚歌劇団企画部宛のアンケートハガキが挟み込まれている。「宝塚局承認」で切手を貼らずに投函できるハガキであるため回答への敷居は低い。したがってこのアンケート結果は、この時代のファンの多数派の要望を反映していると見ていいだろう。翌六七（昭和四二）年一月号で発表された結果は次のとおりであった（『歌劇』一九六七／一・七六）。

一位《花のオランダ坂》菊田一夫　**二位**《霧深きエルベのほとり》菊田　**三位**《ラ・グラナダ》内海重典　**四位**《華麗なる千拍子》高木史朗　**五位**《南の哀愁》内海　**六位**《カチューシャ物語》菊田　**七位**《シャングリラ》菊田　**八位**《南蛮屏風》植田紳爾　**九位**《ダル・レークの恋》菊田　**一〇位**《君ありてこそ》内海　**一一位**《ジャワ

の踊り子》菊田　**一二位**《砂漠に消える》菊田　**一三位**《微笑みの国》白井鐵造　**一四位**《ローサ・フラメンカ》菊田　**一五位**《高校三年生》内海　**一六位**《皇帝と魔女》白井　**一七位**《リュシェンヌの鏡》菊田　**一八位**《赤と黒》菊田　**一九位**《エスカイヤ・ガールス》鴨川清作　**二〇位**《レビュー・オブ・レビューズ》高木

二〇作品中の半数の一〇作を占めたのが菊田一夫の作品だった。いっぽう当時の三巨匠と称された白井鐵造・内海重典・高木史朗については内海四作、白井二作、高木二作にとどまり、若手の鴨川清作と植田紳爾が一作ずつである。劇団は約束どおり、一位の《花のオランダ坂》と二位の《霧深きエルベのほとり》を同年に再演した。

想定外の結果に肝を冷やしたからか、劇団は続けて「〝宝塚（タカラヅカ）〟かくあるべし　政財界・マスコミ・その他宝塚を愛好する百人の意見」と題した、いわゆる有識者からのアンケートも実施している（『歌劇』一九六七／六・二六）。その結果は次のようなものだった（引用内の数字は獲得票数）。

・お好きな作品は？

《華麗なる千拍子》高木史朗（二六）《花詩集》白井鐵造（一三）《憂愁夫人》中西武夫（一七）《ラ・グラナダ》内海重典（一二）《モン・パリ》岸田辰彌（九）《花のオランダ坂》菊田一夫（九）《青春》堀正旗（九）《忘れじの歌》白井（八）《マリオネット》白井（七）《トウランドット》白井（七）《霧深きエルベのほとり》菊田（七）《アルルの女》楳茂都陸平（六）《虞美人》白井（六）《南の哀愁》内海（六）

・再演ご希望作品は？

《アルルの女》楳茂都（七）《花詩集》白井（七）《華麗なる千拍子》高木（七）《ラ・グラナダ》内海（七）《憂

愁夫人》中西（五）《虞美人》白井（五）《花のオランダ坂》菊田（五）《シャングリラ》菊田（五）

・お好きな作品形式は？

ショー：三八／ドラマ：二五／両方とも：二〇

・宝塚が重点とすべき作品形式は？

ショー：四三／ドラマ：一九／両方とも：六

「好きな作品」で白井作品が一四作品中五作、「再演希望作品」でも白井作品が複数ランクインするなど、何とか大御所の面目を保った形である。これらの結果に対して記事執筆者も「昨年秋の若いファンの方たちの投票による再演希望作品とは全く対照的な結果となりました。その時、若い方たちの九割が悲劇作品を希望したのに対し、今回の投票結果は『花詩集』や『華麗なる千拍子』などショー作品に重きを置いています」とまとめている。アンケートの回答者にも敬意を払い、「ご意見も正鵠を射た味わい深いものが多く、ここにその全てをご紹介できなかったことが残念です」とまで言っている。先の再演希望アンケートが思いがけない結果となり、大御所演出家たちの顔を立てるため劇団がいかに気を遣わねばならなかったかが伝わってくる。

いつの時代もファンの世代間ギャップはあるものだが、この時代もまたそうであったことが二つのアンケート結果から読み取れる。昔ながらのレビューを好むオールドファンと、菊田作品に見られる純愛ドラマに胸をときめかせる若いファンとの間には、お互い理解し難い溝があったのだ。もっとも、こうした対立はこの時期に始まったことではなかった。女性だけという特異な劇団として誕生しながらも「新時代の国民劇」を目指す小林一三の理想を背負わされたタカラヅカには、「女性のみでも無理のない、これまでどおりの作品をやっていけば良い」という保守派と、「女性のみであることに甘んじず、新しい挑戦もどんどんやっていくべきだ」という改革派の対立は常に存在した。古くはタカラヅカ創立からわずか五年後の一九一九（大正八）年頃から、少女歌劇の上演はどこまでもお伽的なものがよい、濃艶なやりとりの加わるお芝居じみたものは歓迎しないという「現状維持説」と、このままでは行き詰まりを見せてしまうし、生徒の技芸向上のためにも現状を打破して進むべきだという「現状打破説」の対立があったという（『宝塚歌劇五十年史』、三七）。

この時代の対立も基本的には同じ構造であり、オールドファンは古き良きレビュー作品を、若いファンはラブロマンスを好んだ。後者の急先鋒、いわば時代の先駆けとなったのが菊田一夫の作品だった。

菊田一夫とミュージカル

菊田一夫は一九〇八（明治四一）年三月一日、神奈川県に生まれた。生後間もなく台湾に渡り養父に育てられたが、一一歳の時「いずれ商業学校に入れてやるから」と小学校を中退させられ、大阪で丁稚奉公に出された、大変に苦労の多い少年時代だった。一〇代半ば頃から詩人に憧れ、詩歌グループの同人となったりしたが、一九二七（昭和二）年にサトウハチローの食客となったことが劇作家デビューへの扉を開くこととなる。一九二九（昭和四）年、川端康成が『浅草紅団』を『朝日新聞』に連載開始したことがきっかけで「エロ・グロ・ナンセンス」を売りにした浅草レビューが一躍人気になるが、菊田もサトウの紹介で浅草レビューの劇団での脚本書きの仕事をするようになった。主に執筆していたのは当時流行していた「アチャラカ」と呼ばれるドタバタ喜劇である。デビュー作は一九三〇（昭和五）年一二月に書かれた《阿保疑士迷々伝》（忠臣蔵のアチャラカ）とレビュー《メリー・クリスマス》だった。設備の整っていないさまざまな劇場、さまざまな俳優たちに合わせて大量の脚本を書いたことが、菊田の劇作家としての基礎体力をつくりあげていく。タカラヅカへの憧れもこの頃からすでにあり、一九二五（大正一四）年頃には『歌劇』にも詩を投書し、掲載もされていた（『歌劇』一九五三／五・三六）。

一九三一（昭和六）年、当時人気絶頂のエノケンこと榎本健一主演の《倭漢ジゴマ》を書くが、これを観た小林一三が菊田を「アチャラカの天才」と評し（井上、二〇一一・二六）、この頃から菊田の才能に一三も注目し始めたようだ。一九三三（昭和八）年に古川ロッパらが旗揚げした劇団「笑の王国」に菊田も脚本を提供し始め、ロッパ・菊田のコンビが誕生。一九三六（昭和一一）年にはロッパの東宝入りに伴い、菊田も東宝の嘱託社員となる。一九四三（昭和一八）年には帝劇でロッパ一座の《花咲く港》が上演される。[9] ドタバタではない喜劇が帝劇で上演されたことは画期的だったが、ロッパとのコンビは程なく解消され、一九四四（昭和一九）年に菊田は東宝を辞す。その後の菊田は戦争協力戯曲も書かざるを得なかったが、当時は劇作家としての菊田の転機であり、浅草のドタバタ喜劇作家からの脱皮が図られていった。

終戦により劇場という場を失ってしまった菊田は（菊田、一九九九・二三二）、NHKのラジオ番組の脚本を手がけるようになり、これが人気を博す。一九五二（昭和二七）年から放送開始した《君の名は》の大ヒットにより、その名は全国的に知られるようになった。また、薔薇座の千秋実の依頼によって書いた《東京哀詩》《堕胎医》（一九四七）などの戯曲でも評価を高めた。

一九五五（昭和三〇）年、劇作家としての実力と全国的な知名度を兼ね備えた菊田を小林一三は東宝の取締役（演劇担当）、および宝塚歌劇団の顧問として迎え入れる。ここに来てようやくその才能を自由に羽ばたかせる舞台

9　本作はタカラヅカでも二〇〇七年月組《パリの空よりも高く》として上演されている。脚本・演出は植田紳爾。

を得た菊田は、以降は劇作家としてだけではなくプロデューサーとしても活躍していく。

だが、菊田は「帝劇の秦豊吉のミュージカルを引き継いていくつもりは毛頭なく、戦後笑いを忘れかけている人々が理屈抜きで笑える大アチャラカ劇をやってやろうという心づもり」（菊田、一九九九・一九）であったらしい。こうして始まった第一回東宝ミュージカル《恋すれど恋すれど物語》《泣きべそ天女》（一九六五）の実態は、エノケン、ロッパ、越路吹雪など人気俳優総出演の「歌入りアチャラカ」だった。これが予想外の人気となるいっぽうで、批評家たちからは「こんなものはミュージカルではない」と批判された。「ミュージカルならざるミュージカルを、ミュージカルと称して提供したことが、かえって本当のミュージカルを要望する機運を急速に盛り上げたといえないこともない」（前掲、二一）と菊田は述懐する。こうして菊田のミュージカルへの模索が始まった。

一九五七（昭和三二）年には日比谷の東京宝塚劇場向かいに芸術座が開場する。この劇場でも菊田は《がめつい奴》（一九五九）、《放浪記》（一九六一）などのヒット作を生み出していくことになる。

菊田が海外ミュージカルに興味を持つきっかけとなったのが、一九六二（昭和三七）年七月の渡米での《マイ・フェア・レディ》観劇だった。この時前半だけを観た菊田は「どうしてもそのつづきを見たくなって」次の渡米で二度観劇をし、上演権を買う決心をしたという（井上、二〇一一・一八七）。そして一九六三（昭和三八）年、東京宝塚劇場における日本初のブロードウェイ・ミュージカル《マイ・フェア・レディ》の上演を実現させていく。

一九六四（昭和三九）年にはシネラマ館となっていた帝国劇場の取り壊しが始まり、六六（昭和四一）年九月には新帝劇が開場したが、そのスタートを飾ったのも菊田作品である。一一月から開幕した菊田の《風と共に去りぬ》は翌年の四月初旬まで上演が続いた。一九七〇（昭和四五）年一月には独占上演権を獲得したミュージカル版の《風と共に去りぬ》も菊田の脚本により上演している（タイトルは《スカーレット》）。この作品は海外でも上演する目論見であった。[10]

菊田最後のミュージカル作品は、ミュージカル《歌麿》（一九七二）。菊田自身が「国産ミュージカルの第一号」と自負していた作品である（『読売新聞』一九七二年五月二四日号付／大笹、二〇一〇・別巻・三七四）。晩年の菊田は日本発のオリジナルミュージカルを創り出し、海外に進出していく野心も持っていたようだ。だが、その志も半ばの一九七三（昭和四八）年四月四日、六五歳でこの世を去ることになる。

初期のタカラヅカ作品における試行錯誤

菊田は自身でも数多くの戯曲を書き、新劇とは異なる開かれた商業演劇を模索し続けるいっぽうで、日本における海外ミュージカル上演の端緒を開き、日本製のオリジナルミュージカルの創作を目指した。その戦後演劇界における業績は計り知れないが、一九五〇〜六〇年代のタカラヅカにおいても劇作家として、さらには劇団顧問として多大なる貢献があった。まずは劇作家・菊田一夫のタカラヅカでの足跡を振り返ってみよう。生前の菊田がタカラヅカで脚本・演出を手がけたのは次の二〇作品（『歌劇』一九七三／五・四八）である（初演のみ記載。[11]★印は、前掲「再演希望投票」で挙げられた作品）。

10　日本初演の後、アトランタで上演予定だったが資金繰りがつかず実現しなかった。その後、一九七二（昭和四七）年にロンドンで上演されたが不入りで、しかもプログラムから脚色者としての菊田の名は消されていた。これはクレジットのための会議に東宝の弁護士が欠席してしまったのが原因だった。菊田の死後、一九七三（昭和四八）年にはアメリカのロサンゼルスとサンフランシスコでも上演された（大笹、二〇一〇・別巻・三八七-三八八。井上、二〇一一・二三三-二三五）。

11　『歌劇』一九七三年五月号の菊田一夫追悼特集の「宝塚歌劇菊田一夫作品年譜」（五四頁）および『一〇〇年史』をもとにまとめた。ここに挙げたほかに一九五六年雪組《夜霧の女》に演出指導として関わった。形式名は『一〇〇年史』舞台編を参照した。

一九四〇年　歌劇《赤十字旗は進む》　※演出は東郷静男
一九五二年　忍術レビュー《猿飛佐助》
一九五二年　グランド・レビュー《ジャワの踊り子》★
一九五三年　グランド・レビュー《ひめゆりの塔》
一九五四年　ミュージカル・プレイ《君の名は》
一九五六年　ミュージカル・プレイ《ローサ・フラメンカ》★　※演出は春日野八千代
一九五六年　ミュージカル・コメディ《天使と山賊》　※演出は春日野八千代
一九五七年　グランド・ミュージカル《赤と黒》★　※演出は高木史朗
一九五九年　グランド・ミュージカル《ダル・レークの恋》★　※演出は春日野八千代
一九六一年　ミュージカル・ロマンス《砂漠に消える》★
一九六二年　ミュージカル・ロマンス《花のオランダ坂》★
一九六二年　ミュージカル・ロマンス《カチューシャ物語》★
一九六三年　ミュージカル・ロマンス《霧深きエルベのほとり》★
一九六三年　ミュージカル・ロマンス《クレオパトラ》　※この公演以降は鴨川清作も演出に加わる
一九六四年　ミュージカル・ロマンス《砂に描こうよ》　※上演は東京公演のみ
一九六四年　ミュージカル・ロマンス《シャングリラ》★
一九六五年　ミュージカル・コメディ《リュシエンヌの鏡》★
一九六五年　ミュージカル・ロマンス《佐渡の昼顔》　※上演は東京公演のみ
一九六六年　ミュージカル・ロマンス《夜霧の城の恋の物語》

一九六七年　ミュージカル・ロマンス《さよなら僕の青春》

こうして見ると、作・演出すべて手がけた作品は意外と少ない。一九五〇年代後半の四作品は、演出を春日野八千代らが担当している。また、一九六三（昭和三八）年の《クレオパトラ》以降の作品には、演出として鴨川清作の名も併記されている。つまり、菊田が脚本から演出まで一人で担ったのは、タカラヅカに作品提供をし始め試行錯誤の積み重ねであった一九五〇年代前半と、のちに菊田のタカラヅカにおける代表作となる《花のオランダ坂》《霧深きエルベのほとり》が生まれる六〇年代初頭である。この頃が、菊田がタカラヅカでの創作にもっとも力を注いだ時期なのだろう。ちなみに、一九六四（昭和三九）年の《砂に描こうよ》以降は、《佐渡の昼顔》以外の五作品すべてが那智わたるの主演作である。当時、絶大な人気を誇ったスター那智に、菊田も強い思い入れがあったようだ。

菊田がタカラヅカで本格的に脚本・演出を担当した第一作目は、一九五二（昭和二七）年三月に雪組で上演された忍術レビュー《猿飛佐助》であった。猿飛佐助役には寿美花代が抜擢された。菊田は『歌劇』一九五二年三月号の座談会で「いわゆる宝塚調から脱しようとする為に色んな物を演ってみることは好いこと」、また「漫画レビューとして好いと思い」と述べている（『歌劇』一九五二／三・四〇）。形式名に「忍術レビュー」と銘打ち、舞台には巨大なキングコング[12]まで登場させた。菊田がそれまで得意としていた「アチャラカ」路線の作品であったようだ。だが、ファンの間では賛否両論で、とりわけ、ふんだんに盛り込まれたギャグは不評だった。同年の『歌劇』三月号

12　一九三三（昭和一八）年にアメリカでつくられた同名の特撮映画に登場する巨大なゴリラの怪獣。タカラヅカの舞台に登場した時は、当時在籍していた「男子部」の研究生がなかに入った。

の「高声低声」には「今後の宝塚の行き方として仲々興味ある作品」という意見があるいっぽうで、「観客層の拡大を計るのは大切だが、その場合も宝塚の舞台を十分活かし得る作品を求めていくことが大切」という声も寄せられている。新聞でも総じて不評で、責任者であった高井重徳が辞表片手に小林一三にうかがいを立てる一幕もあったという（『歌劇』一九六七／一〇・九〇）。

それでも同年一〇月には再び雪組で《ジャワの踊り子》が上演される。「グランド・レビュー」という形式名がつけられているが、一貫したストーリーがある。失敗から学習した菊田が次にタカラヅカのために生み出したストーリーは、インドネシア独立運動に命を賭けた男と、彼への愛に生きた女の悲劇であった。前作からの作風の変化について菊田自身「これは自分としては最大な妥協」だと述べている（『歌劇』一九五三／五・二八）。前年にはサンフランシスコ平和条約が調印されていた。日本自身が独立を果たした時期であったことも意識して取り上げた題材であると考えられている（井上、二〇一一・八五）。

《ジャワの踊り子》あらすじ

舞台は第二次世界大戦直後のジャワ（現インドネシア）。王宮の踊り子アディナン（明石照子）は、オランダからの独立運動のリーダーという裏の顔を持っていた。アディナンを怪しむハジ・タムロン刑事（美吉左久子）は彼らを執拗に追いかけ、弟オースマン（寿美花代）は逮捕された。アディナンと恋人アルヴィア（新珠三千代）は無人島に逃れる。いっぽう、追跡中にアディナンに命を助けられたタムロンは次第にみずからの生き方に疑問を抱き始める。ついにアディナンは捕えられ、警視総監から言い寄られているアルヴィアは、彼の命を救うという条件で結婚を承諾。結婚式当日、アディナンが現れ、アルヴィアとともに逃亡するが、途中で撃たれてしまう。二人が絶命しかけたその時、インドネシア独立の報がもたらされる。

本作を演じ切った生徒たちを見た小林一三は、この「芝居がかった」作品をやり遂げられるかどうか当初心配したが「その心配は無用であった事を嬉しいと思う」（小林、二〇〇八・二七九）と記している。裏を返すと、この時期のタカラジェンヌはまだレビューガールの域を出ず、深みのある芝居ができるとは思われていなかったということになる。だが、演者に対する菊田の評価は手厳しい。《猿飛佐助》で初演出を手がけた際も「全生徒の演技の水準は、恐らくは、他のどの劇団と比較しても、その平均点は勝るとも劣らぬものであったと思う」と評価しつつ、「いままでが、お嬢さん扱いでありすぎたんだ。どんなことだつて、やりやあできるぢやあねえか」と小さく口のなかで呟いたという（『歌劇』一九五二／一一・三六－三七）。「宝塚の生徒は『無欲』すぎる」（『歌劇』一九五二／八・四六）というのが菊田の印象であり、本作の主演の明石照子に対しての評価は次のとおりだ。

> アリ・アデイナンの演技全般にわたる、あの舞踊的な演技を、どの程度まで、演劇的演技に近ずけ《ママ》るべきだろう。此のあたりには、リアルな演出法のみしか知らない演劇屋さんには口を出して貰いたくない。舞台はリアルの迫真と舞踊劇の様式化を折衷させなくてはならない四千人劇場の大舞台なのである。（前掲、三八）

また、新珠三千代や寿美花代についても、「激情の表現、ユーモラスな演技が要求されている部分以外では、絶えず演技のほころびを見せている。つまり、芝居がかつた部分以外はまずいという意味である」（前掲、三九）と評している。

こうした言葉の数々は一見厳しいが、今後の伸び代への期待も感じていたことが伝わる。おそらく菊田は、女優の原石の宝庫を見つけたと感じたのではないか。事実、菊田はのちに生み出す作品をとおして、〝無欲なお嬢さん〟

であったタカラヅカの生徒たちを大劇場にも通用する女優として育て、東宝の舞台でも起用していくことになる。《ジャワの踊り子》は好評を博したようで、『歌劇』の「高声低声」にも「大人の鑑賞に絶え得る作品」「宝塚の一つの新しい方向を示した」といった声が寄せられている。

宝塚では見られなかった本格的お芝居で、少しの弛みも感じさせない。〔略〕菊田氏が今までの宝塚の方式に従わず、独自の手法で本領を発揮されたのが、これだけの成果をあげ得たのであり、又宝塚自身にとつても大きな進歩をもたらしたと思う。今までの様な唄も音楽も少なく、演技の効果のみをねらつた各場が非常に長い芝居であるが、その各場の深い哀調は心に強く印象づけられるのである。（『歌劇』一九五二／一一・一二九）

こうした評からも、この作品は「従来のタカラヅカ作品とは違う」との印象を観客にも与えたことがわかる。本作はその後一九八二（昭和五七）年、二〇〇四（平成一六）年にも再演されている。菊田はのちの「ミュージカル・ロマンス」につながる作劇パターンを、この作品で発見したと思われる。

翌五三（昭和二八）年のグランド・レビュー《ひめゆりの塔》で、菊田は再び新たな物語テーマに挑む。沖縄戦における女子学生たちの悲劇を描いた作品であり、ちょうど同年一月に公開された映画《ひめゆりの塔》が話題を呼んでいた時期である。これまた形式名は「グランド・レビュー」だが、実態はレビューではない。菊田は前作の《ジャワの踊り子》についても「グランド・レビユーと銘をうちはしたが、これは完全なるグランド・レビユーではない」（『歌劇』一九五二、一一・三六）といったが、《ひめゆりの塔》についても「恐らくは、宝塚歌劇はじまつて以来の汚ないレビュー（純粋にはレビューと云えるものでなく、ミユジカル・プレイの一種なのだが）だつたであろう」（『歌劇』一九五三／八・三八）と述べている。これはレビューに苦手意識を持っていた菊田の言い訳のようでもあるが、菊田が「レビュー＝（美しい）夢の世界」「ミュージカル＝（汚ない）リアルな世界」と捉えていたことがうかがえる興味深い証言である。菊田は「反戦主義とか軍国主義とかそんなかたくるしいことでなく、とにかく平和であってほしいという人類共通の願いを表面に打ち出すために」この題材を取り上げたとする（『歌劇』一九五三／七・三八）。映画と違ってタカラヅカ版では「祖国の為には働かなくてはならないがしかし自ら死ぬことは愚かしい」（前掲）というテーマのもと「生きることの価値」がより強調された。悲惨な場面の合間には息がつけるダンス場面も折り込まれていた。加えて「日頃から宝塚の歌劇は低級な物だと決めてかかつている（宝塚ファン以外の）人達に……宝塚の生徒達でも、これだけ意義のある仕事がやれるんだぞ……と、見せてやりたくて」（『歌劇』一九五三／八・三八）書いたものでもあった。

とはいえ、この作品も賛否両論だった。観客にとっては「同じ世代の悲劇」であっただけに、本作に対する思いは切実なものがあった。「よくぞこれ程の作品を宝塚の為に書いて下さいました」という絶賛のいっぽうで「今更あの当時の悲惨をみせつけられるのは…しかも宝塚で」といった声も寄せられている（『歌劇』一九五三／八・一三四）。しかし、有識者たちの間での評価は高く、新聞各紙も絶賛した。のちに編まれた『菊田一夫戯曲選集』でも、タカラヅカ作品では唯一この《ひめゆりの塔》だけが収録されている。

タカラヅカ版《君の名は》

菊田作品で一般にもっともよく知られているものの一つは《君の名は》だろう。戦時下の数寄屋橋で出会った真知子と春樹の報われぬ恋の物語である。本作は当初ラジオ番組用に書かれ、一九五二（昭和二七）～五四（昭和二九）年にＮＨＫラジオ連続放送劇で放送されたが、番組の時間になると「銭湯の女湯から人が消える」といわれるほどの人気だった。一九五三（昭和二八）年には映画化され、三部作がいずれも大ヒット、六二（昭和三七）年にはテレビドラマ化もされている。

この《君の名は》がタカラヅカで舞台化されたのは一九五四（昭和二九）年一一月、映画化の翌年である。同年二月、『歌劇』の連載「真咲美岐の〝オケラ探訪〟」のゲストに菊田一夫夫妻が登場したことがきっかけであったようだ。そのなかに次のようなやりとりが見られる。[13]

真咲　先生はもう宝塚に作品お書きにならないのですか。
菊田　僕が書くといつても宝塚が書かせなけや書けないじやないか。
真咲　菊田ブームに便乗してメロドラマを出せば商売になるのにねえ（笑）
菊田　僕の一つの案としてレビュー『君の名は』をやればと思つてるのだよ。十八世紀ぐらいの外国を舞台にして西洋の衣装を着た西洋の名前の『君の名は』という手もあるね。

劇団に対する示唆に富んだ提言を含む対談の内容にいたく感服した小林一三は、翌月号の一三自身の寄稿のなかで早速次のように書いた。

菊田先生と真咲美岐の「オケラ探訪」は、面白く、有益に一読した。（略）『君の名は』は、ラジオもきかず映画も見ないから、私にはその内容をいう資格はないが、これを菊田先生によって宝塚レビューに上演するようにお願いしたい。それから『君の名は』に限らない、おとなのお客様に喜ばれるような出しものの工夫を教えてください。（小林、二〇〇八・三四七）

こうして、《君の名は》のタカラヅカ版が上演されることになる。二月の対談を契機として同年の一一月に早くも公演が実現した形である。タカラヅカ版の特徴は、まず舞台が終戦後の日本からポーランドのワルシャワに置き換えられていることだ。副題も「ワルシャワの恋の物語」とつけられている。ジュリアン（春日野八千代）＝春樹、エリーナ（新珠三千代）＝真知子、ヘンリイク（神代錦）＝真知子の夫の浜口である。映画の第一～三部がうまく凝縮されており、映画だとやや冗長の感もあるすれ違いの道程も舞台ではほど良くまとめられている。音楽は、古関裕而による映画そのままの楽曲が使われているわけではなく、入江薫・中元清純が担当している。ジプシーの娘ニノチカ（映画ではアイヌの娘ユミ）や革命派のルベッキ将軍（映画では元陸軍の加瀬田修造）など、魅力的な脇役たちのサブストーリーもきちんと織り込まれている。真知子の友人で気っ風の良い石川綾は、タカラヅカ版でもワルコフ嬢という名で登場し、のちに月組のトップスター的な位置づけで活躍する男役の故里明美が演じている。

男役スターが演じるジュリアンとヘンリイクがより魅力的に見えるように描かれている点にも、タカラヅカ版ならではの工夫がある。革命に身を投じ、最後にはエリーナを伴って国外に落ち延びようとするジュリアンは、映画の春樹よりはるかに行動的で男らしい。恋敵のヘンリイクも、映画版の浜口の粘着質な雰囲気がなく潔い。ラストシーンでエリーナをジュリアンと引き合わせるところも見せ場で、タカラヅカの二番手男役らしいおいしい役どころとなっている。

13　真咲美岐は一九四三（昭和一八）年に入団。名バイプレイヤーとして活躍し、とりわけコメディが得意であった。在団中から才媛として知られ、『歌劇』誌における対談形式の連載「オケラ慢訪」が人気であった。一九五六（昭和三一）年に退団後は文学座に所属。文学座第二次分裂の際に脱退し、浪漫劇場、NLT、劇団昴に移っている。

タカラヅカ版も評判が良く、一九五四（昭和二九）年一一月に花組が上演した後、一二月にはキャストを変えて星組が続演、五六（昭和三一）年には再び春日野八千代主演で花組が再演している。菊田一夫は、大衆が何を望んでいるのかを読み取る天才であり、かつ大衆の喜ぶものをつくりたいと考え続けた人であった。自身では失敗作だと称していた《君の名は》に関しても、いっぽうでは次のようにも言っている。

大衆は『君の名は』を好んでいる。それはこの作品が大衆の好む、色、をもっているからである（略）誰が黄色よりもネズミ色の方が高級であるといえよう。私は大衆の色を知っている。（『日本映画』一九五四／六。菊田、一九九九・六七）

こうした意識はタカラヅカにおいても同様で、その後の菊田作品は当時のファンの好む「色」を捨てず、なおかつ内容を高める姿勢でつくられ、それがやがて観客の支持を受けていくことになる。

人気を博した「ミュージカル・ロマンス」

この後の菊田は、タカラヅカにおいて男女の愛を中心に描いていく。一九五七（昭和三二）年の《赤と黒》はスタンダールの長編小説を題材とした作品である。上流階級の人妻と成り上がりの若者との禁じられた恋の物語をタカラヅカの舞台に登場させたのは画期的なことで、『歌劇』誌上の座談会でもレナール夫人を演じた淀かほるが「姦通物だから駄目、っていってたのに…時代も変わりましたね。（笑）」と話している（『歌劇』一九五七／九・三〇）。この作品は演出を高木史朗が担当しているが、「〔ジュリアンとレナール夫人の〕ベッドシーンをバレーでやる」というのが高木の演出プランで、振付を担当したのが渡辺武雄（四章三節）である。その場面は次のようなものだった。

バレーではレナル夫人はクリスチャンですし、良心を象徴した聖母が現われて宗教的な雰囲気の踊りを出します。すると夫人はジュリアンから離れますね。そこへ快楽を象徴する踊り手が、官能的で刹那的な踊りをおどると、夫人はそれにひきずられて良心に敗ける……それを表現します。（『歌劇』一九五七／九・三六）

リアルに演じるのが難しい官能的な場面であっても、ダンスを利用して「タカラヅカらしく」美しく見せる手法が、この頃から進化し始めていることが見て取れる。

一九五九（昭和三四）年には《ダル・レークの恋》が上演される。これは愛よりも地位を選んだ女性が最後に真実の愛を失うというシビアな結末の恋物語だ。異色作として話題になったが、一九九七（平成九）年、二〇〇五（平成一七）年、二〇二一（令和三）年と再演を重ねている。一九九七年の再演では、レビューシーンを多く盛り込んだ一本立ての大作としてリメイクされ（『歌劇』一九九七／一一・六五）、ラッチマンとカマラが一夜をともにする場面の濃密なデュエットダンスも加わった。以降の再演ではこのパターンが踏襲されている。

《ダル・レークの恋》あらすじ

インド北部の避暑地、ダル湖の湖畔で王族の娘・カマラ（故里明美）は騎兵大尉のラッチマン（春日野八千代）と恋に落ちる。だが、ラッチマンが平民の出だと明かすと一族は二人を引き離そうとし、カマラも愛よりも地位を取るべくラッチマンに別れを告げる。ところが、このラッチマンが実は前科一二犯の詐欺師ラジエンドラだという報が入る。王族の娘と詐欺師とが恋仲になった事実を隠蔽しようとする一族に対し、ラッチマンは秘密を守り姿を消す代わりにカマラとの一夜を求め、彼女にとってこの夜は忘れ難いものとなる。そこにカマラの妹リタが婚約者ペペルを連れ帰るが、この男こそが実は詐欺師ラジエンドラであり、かつてラジエンドラに騙されそうになったカマラの祖父を救ったのがほかならぬラッチマンだった。カマラは、実はマハ・ラジャの子息であるラッチマンに取りすがるが、彼は背を向けて出ていくのだった。

初演でラッチマンを演じた春日野八千代は、「私の在団中に他の人でこの役はしないでほしいわ」と言ったほど、この役に対する思い入れが深かったようだ（『歌劇』一九九七／一一・六五）。

元々本作は菊田の「身分格差」に対する強い問題意識から生まれたもので、初演時の『歌劇』の座談会でも、この物語を「差別意識から起こる悲劇である」と位置づけている。したがって、初演版は身分差に囚われたカマラが報いを受けるという構図が色濃く現れていた。さすがにこれでは現代の観客の共感を得られにくいということで、二〇二一（令和三）年の再演（潤色・演出は谷貴矢）では脚本にいくつかの補足・修正が加えられ、ラッチマンは身分格差への反発のみならず、高貴な身分ゆえのしがらみから逃れて「まことの愛」を強く求める男性として描かれている。しかし、ラッチマンの最後のセリフは「まことの愛はどこにあるのだろう?」である。このひと言からは「まことの愛など実は存在しない」という絶望が感じ取ることができ、「まことの愛は必ず存在する」ことが大前提となっている「タカラヅカ様式」（六章三節）とは一線を画している、菊田の試行錯誤の途上にある作品だったといえるだろう。

この作品に対する『毎日新聞』一九五九年一一月五日号付の評は、「はなやかさに欠ける」「純愛物語にサギ師物語がすりかえられるなど、もってまわったような筋立てはくどくて長い。ラッチマンがカマラと別れる幕切れなど、男のエゴイズムのようで、この悲恋のあと味はよくない」と厳しめだ（大笹、二〇〇九・二巻・一九五）。だが『歌劇』一九五九（昭和三四）年八月号の「高声低声」ではおおむね好評である。特に次のコメントは、この時期のタカラヅカの内なる変化を感じさせるものとして注目に値する。

甘く美しい宝塚調というものからすれば、かなり異質の、高度の演技力を要するむずかしい心理描写や性格の表現が続いて、物語の運びと共に、ある抵抗を感じさせる向もあるかもしれないけれど、こうした、お芝居そのものズバリの面白さを堪能させてくれるドラマの中に、一つの新しい宝塚が息づいているのを感じるのだ。（一四七頁）

また、一九九七（平成九）年の再演時に潤色・演出を担当した酒井澄夫も本作について次のように語る。

当時の宝塚は王子様やお姫様が中心の夢物語が多く、又、外部の演劇と言えば、シリアスなものが殆どでしたから、宝塚と外の演劇との境界に挑戦されたような素晴らしい作品が、この『ダル・レークの恋』だったんじゃないかと思います。（『歌劇』一九九七／一一・六五）

一九六一（昭和三六）年の《砂漠に消える》より菊田は「ミュージカル・ロマンス」という形式名を多用するようになる。それ以降の作品内容を要約するならば、男と女が身分差や戦乱などの障壁が立ちはだかるなかで愛に殉じる物語であった。

なかでもファンの人気が高く、タカラヅカにおける菊田の代表作としてしばしば挙げられるようになるのが、先に紹介した再演希望投票で一位、二位を獲得し、その後も何度か再演を重ねている《花のオランダ坂》（一九六二）と、《霧深きエルベのほとり》（一九六三）である。一九六二（昭和三七）年に雪組で上演された《花のオランダ坂》は、「長崎奉行の松平図書はヘンデレケ・ドーフとの友情によって、ドーフの息子・丈吉を奉行所の役人に登用したが、丈吉は体が弱く、若くして死んだ」「松平図書はフェートン号事件（一八〇八年）の責任を取って切腹した」という江戸時代の長崎における二つの実話から着想された物語である（『歌劇』一九六二／七・五四－五五）。あらすじは次のとおりだ。[14]

《花のオランダ坂》あらすじ

時は鎖国下の江戸時代、オランダの貿易商ヘンドリック・ズーフ（真帆志ぶき）は、長崎の街で遊女つる（加茂さくら）と恋に落ちる。一〇年後、二人は幸せな結婚生活を送っていた。だが、息子の丈吉（可奈潤子）の青い瞳を近所の子どもたちはからかう。祖国オランダで戦争が勃発したため帰国しなければならなくなったズーフは、丈吉に「道富《どうふ》」という名字を与え、信頼する松平図書（松乃美登里）に妻子のことを頼む。八年後、夫の帰りを待つつるは病に倒れる。それを知った図書は、丈吉（秩父美保子）を元服させ、長崎奉行所の役人に取り立て、その姿を見届けたつるは亡くなる。赤毛で青い目の丈吉が奉行所の役人たちにいじめられ、図書がこれを咎めようとした時、二隻の船の入港の知らせが入ってくる。一隻はオランダ船、もう一隻はそれを追撃するスペイン船であり、沈みゆくオランダ船にズーフは乗っていた。瀕死のズーフは花のオランダ坂に向かい、つると丈吉の幻を見ながら一人果てるのであった。

オペラの《蝶々夫人》を想起させる話だが、菊田自身もそれを意識していたようで「この作品は、いつかオペラに書こうと考えている」と述べている（『歌劇』一九六二／七・五五）。また、随所に織り込まれる踊りの場面も「外国人の見た長崎の絵に仕上げていこう」（前掲、五六）という意図をもってつくられたようで、エキゾチックな雰囲気が強調されたと思われる。丈吉が受ける差別がはっきりと描かれているとおり、この作品においても菊田は社会に目を向け、問題提起をし続けることを忘れなかった。要するにタカラヅカでの菊田作品は、たとえ形式名が「ミュージカル・ロマンス」であってもそれは「現実世界を踏まえた恋愛物語」だったのだ。『歌劇』一九六二年七月号に掲載されている《花のオランダ坂》初演の出演者座談会の記事はサブタイトルとして「混血児を扱った悲劇」と銘打たれている。決して「長崎のオランダ人男性と遊女の恋の悲劇」ではない。作者である菊田にとっては、混血児として生まれ、いじめられて育つ丈吉は、ファンが想像するよりもはるかに大切な登場人物だった。ただ、新聞評（『東京新聞』一九六三年四月六日号付・翌年の東京公演に対するもの）は厳しめで、「若い人たちが飛びつくような若々しい魅力が必要だ。それが足りない。つまり、企画が弱いのだ」「主役が次々と不幸な死に方をし、悲劇の押し売りがくどすぎる」と書かれている。とはいえ、タカラヅカファンの評価は高かったようで、「高声低声」には菊田脚本を評価する声が目立つ。

〔ポスターを見た時は流行歌まがいの題名だと感じたが〕実際の内容となるとまあ何と素晴らしいできばえであろう。友人達はオランダ坂を今までの最高という。いずれにしても沢山の台詞のあふれた舞台は、少しもあかせぬどころか幕が降りても、暫く拍手と感激で立ち上がる人もない。（『歌劇』一九六二／八・一四六）

14　一八〇八年、イギリスの軍艦フェートン号がオランダ船捕獲の目的で長崎湾内に侵入し、薪水・食料を強奪して退去した事件。当時のヨーロッパはナポレオン戦争の最中で、オランダもフランスの属国となっていた。

前述のとおり、結局本作は「若い人たち」による再演希望作品アンケートの第一位に選ばれ、ファン投票第一位を踏まえての再演時の東京公演の新聞評（『朝日新聞』一九六七年一一月一一日号付）では、その評価は絶賛に転じている。

〔ズーフとつるの純愛に加えて親子の愛、友情といった「愛の糸」が巧みに折り込まれ〕菊田一夫お得意の悲恋ドラマの終末に目がしらを押える客が多い。五年前とほとんど同じ配役で、芸の進境ぶりがうかがえるが、主役コンビの好演に、母の大路三千緒、七歳の息子丈吉を演じる可奈潤子、松乃の名奉行ぶりなどわき役もがっちり支えている。（大笹、二〇一〇・四巻・一九八）

演者の成長も高評価にひと役買っており、演者とともに作品も進化していったということなのだろう。続く一九六三（昭和三八）年には、月組で《霧深きエルベのほとり》が上演される。本作は二〇一九（平成三一）年にも大劇場作品として、初演の菊田脚本にはほとんど手を加えない形で再演され好評を博している（潤色・演出は上田久美子）。あらすじは次のとおりだ。

《霧深きエルベのほとり》あらすじ

ドイツのハンブルク、年に一度のビール祭りの夜に、荒くれ船員のカール（内重のぼる）と良家の令嬢マルギット（淀かほる）は一目で恋に落ちる。カールは以前の恋、マルギットは両親の不仲と、それぞれ心の傷を抱えた二人は結婚の誓いを交わし、マルギットの実家で暮らすことになった。マルギットの家族や友人は粗野な振舞いを時として見せてしまうカールに対して冷ややかだが、ただ一人、マルギットの婚約者フロリアン（藤里美保）だけが二人がうまくいくよう手を尽くしていた。次第にカールは「自分との結婚はマルギットを幸せにしないのではないか」と考えるようになり、彼女にわざと愛想尽かしをする。霧深きエルベ川のほとり、カールは再び船に乗って旅立つ。

菊田はタカラヅカ作品にもっとも傾注したと思われる時期に生み出したこの二作あたりでようやく、タカラヅカにおける作劇法を確立したといっていいだろう。つまり、タカラヅカの観客の好む「色」を作品に巧みに反映する術を心得たのである。

井上理恵はその著作『菊田一夫の仕事——浅草・日比谷・宝塚』のなかで「まさに宝塚は菊田にとっての永遠のテーマ、〈愛とは何か〉を心置きなく書きこめる〈今を生きる舞台〉であった」（井上、二〇一一・一七九）と述べている。元々「夢の世界」を体現してきたタカラヅカだからこそ、逆に「真実の愛」などという一見気恥ずかしいテーマをとことん追求することができたといえよう。そのうえで菊田作品は、決して単に甘く薄っぺらい恋物語に終わることはなかった。それは《霧深きエルベのほとり》一九六三年初演時の『歌劇』五月号座談会で、菊田と演出助手の鴨川清作とで交わされた次のようなやりとりからもわかる。

菊田　宝塚でやるものの中で一番むずかしい表現だね。（略）性格の複雑さの面だけをいえば、商業演劇としては深すぎるほど深い…ナンデこんなにしたんかナ。（笑）

鴨川　ドラマとしての巾は今までの先生の作品から見てせまいけど、キャラクターと表現の点では、どれよりも深いですね。

それは観客にも高く評価された。『歌劇』の「高声低声」には、本作について「どの人物にも筆が行き届いていて、その人達の一喜一憂納得がいく。満員のお客さんが、シーンとして事のなりゆきを見つめているのがよい証拠である」（『歌劇』一九三六／六・一四七）と評されている。

東京公演の新聞評（『東京新聞』一九六五年三月一七日号付）でも、「（主演の内重のぼるが）金持ちの令嬢との恋をあきらめる主人公の船員を好演し、久しぶりに快打を放っている」「ラフだが純情でかわいい若者に見えて、当たり役である」と高評価を受けている（大笹、二〇〇九・三巻・四五七）。この役は内重にとっても思い入れの深いものとなったようで、一九六七（昭和四二）年の退団公演でも本作を再演している。

このように菊田にとってタカラヅカは「愛」を描くための格好のキャンパスだったが、逆にタカラヅカの側からしても菊田は当時まさに必要とされた人材であった。『歌劇』一九五六年二月号の「舞台・映画・入学試験など――歌劇団理事長に〝今年の宝塚〟を聞く」と題する対談記事のなかで、理事長の引田一郎が、「今の宝塚の作者の欠点は、レビューやショウの構成演出は実にウマイ。しかし戯曲として真味のある脚本を書く人が少い」（五〇頁）と述べているが、菊田一夫の登場はこうした劇団側の切望も満たすものでもあったといえるだろう。

脱「ヅカ調」を目指す

こうした作品の上演を重ねていくなかで菊田が残したもう一つの功績が、タカラヅカの生徒を「役者」として育てたことである。この時代のタカラヅカの芝居を揶揄するものとして「ヅカ調」という言葉があった。菊田はこれに関して、「いわゆるヅカ調というのは、白井鐵造調ということで、一口にいえば、アマイ芝居なのだ」という言い方をしている（『文芸朝日』一九六七／四。菊田、一九九九・一七八）。菊田はその「ヅカ調」からの脱却を目指し、対するタカラジェンヌは、人間性の本質に迫るドラマチックな菊田作品を演じることで、「役者」としての経験を積み、成長を遂げた。

菊田は「ヅカ調＝白井鐵造調のアマイ芝居」と断じたが、ではこの言葉はいったいどのような意味で使われていたのか、そのヒントになりそうな言説をもう少し拾ってみよう。たとえば、星組のトップスター的存在であった寿美花代は次のように言っている。

若い世代のうちでもドライ派の人には向かないかも知れないが、宝塚はやはり昔からのヅカ調といわれる歌と踊りの出しものが最も適していると思います。初公演に花詩集をやった二十五年前というのは、私がやっと生れたばかりのことで、それを再演しても人気があるということは、時代は変ってもやはりこういうものがファンに求められているのではないでしょうか。(「どちらが日本一？　宝塚と松竹」『娯楽よみうり』一九五八／四月四日号・一八)

ここでの「ヅカ調」は、昔ながらのレビュー中心のタカラヅカの出し物、あるいはそこで醸し出される「アマイ」世界観のことを指しているようだ。

「宝塚調」という言葉が比較的好意的に使われている例としては次のようなものもある。高木史朗のレビュー《シャンソン・ダムール》(一九五九)に対する『毎日新聞』七月八日号付の公演評である。

高木史朗構成・演出「シャンソン・ダムール」一八場がたのしい。宝塚調といってしまえばそれまでだが、宝塚ならではの特色は十分に発揮されていて、リズム、テンポ、やわらかい色の調和、そうした全体に作者の自信のようなものが一本強く貫いている。出演者も水を得た魚のように張切っており舞台に活気があふれている。（大笹、二〇〇九・二巻・一一九）

ここでの「宝塚調」も「宝塚ならではの特色」、つまりおそらくは柔らかい色調の甘く夢々しい世界を意味しているのだろう。こう評する側の前提には「タカラヅカは宝塚調のものを上演することが一番良い」という考えがあるようだ。だが、このレビューをつくった高木自身には「宝塚調」に対する煩悶があった。これについては次節で詳述する。

菊田と同じように「ヅカ調」をタカラヅカ独特の演技術を意味するものと解し、どちらかというとネガティブな意味で使用した言説もある。戸部銀作は、世間で演技の批評をする場合に使われる「宝塚的」という言葉について「悪い意味で使われるから宝塚ファンとしては抵抗を感じるが…」と前置きしつつ、ことに女役のセリフで「ヅカ調」を実感するという。

女役がクライマックスになると、どのせりふも、ただ張り上げるだけで、感情の表出が乏しくなる。眼をつぶって、女役のせりふを聞くと、皆同じで、誰れが誰れだか、わからない経験にしばしば出あう。男役も含め、せりふの鍛錬と、いかに、意味を通じさせていうか、観客へ説得力を持たすかなどの点で、共通の欠点があるようだ。（『歌劇』一九六五／一・五四）

こうした「ヅカ調」芝居のイメージが具体的に想像できる場面が、井上ひさし作《紙屋町さくらホテル》のなかにある。本作には宝塚歌劇を退団して新劇に転じた女優・園井惠子[15]が登場する。タカラヅカで初めて脚本提供した

《赤十字旗は進む》（一九四〇）に出演した園井に対して菊田は深い思い入れを持っていたようで、「私は彼女にすっかりいかれてしまった。第一に彼女は宝塚歌劇の人でありながら、いわゆるヅカ調でない、きわめて新鮮な演技でリアルに芝居をやっていたのだ」（菊田、一九九九・一七七）と述べているくらいだ。したがって彼女こそが「ヅカ調」とは対極にある、菊田の理想の女優であったと見ていいだろう。その園井が《紙屋町さくらホテル》のなかでは、自分がかつてやってきたタカラヅカ芝居を痛烈に批判する。

「ものを言うときはいちいち相手を指す、「わたし」と言うときは必ず胸に手を当てる、台詞を言うときは一歩前に出て、言い終わると元の位置に戻る。そういった約束ごとの小手先演技を丸ごと集めて大全集にしたのがタカラヅカの芝居」（井上、二〇〇一・一五四）

さらに園井は、「男役が恋人のもとへ登場するやり方は、宝塚には三つしかありません」と言ってのける。それは次のような三パターンである（前掲、一五五－一五七）。

一．普通の恋人（扉を力いっぱい開けてしばらく立ち止まり、大きく手を上げ、印象的な足取りで近づく）
二．内気な恋人（贈物にする草花の鉢を抱えて、もじもじしながら登場。敷居につまづいて鉢を取り落とす）

15　園井恵子は一九三〇（昭和五）年に入団。在団中から名バイプレイヤーとして知られた。一九四二（昭和一七）年に退団後は丸山定夫らが結成した新劇の劇団「苦楽座」に所属。一九四五（昭和二〇）年八月六日、日本移動演劇連盟の「桜隊」の一員として丸山らとともに広島を訪れた際に被爆し、三二歳で亡くなった。《紙屋町さくらホテル》は原爆投下直前に広島のホテルに滞在した「桜隊」の悲劇を題材とする。

三　陽気な恋人（胸を反らせてステップを踏んで、踊るような歩き方をしながら入ってくる。そして口笛）

《紙屋町さくらホテル》は井上の創作であるが、園井が劇団に在籍した一九三〇年代のタカラヅカ芝居はおよそこのようなものであったと井上が捉えていたといえるだろう。

以上から推察するに、菊田の言う「ヅカ調」とは、レビュー中心のタカラヅカにおける、単調でステレオタイプな芝居のことである。これを菊田は「白井鐵造調」「アマイ芝居」と断罪し、みずからのミュージカル作品のなかでの「リアルな芝居」によって「ヅカ調」からの脱却を目指したのである。

菊田が盛力的にタカラヅカ作品を書き下ろしていた頃、「宝塚の主役といえばレビューというマスゲームの上にのせられた一つの劇の進行係ともいうべき役柄が案外多い」という記述が「高声低声」への投稿にある（『歌劇』一九五八／一〇・一五六）。たしかにレビューの進行係であれば「ヅカ調」芝居でも十分であったのだろう。だが、菊田の「ミュージカル・ロマンス」は、それをひと皮むけさせる効用も果たしたのである。

菊田側の事情もあった。先に述べたとおり、帝劇や芸術座などの自身の舞台で起用できる女優を欲していた菊田にとって、タカラヅカは人材発掘の場でもあった。この頃、菊田の牽引によって目立って増えたのがタカラヅカの生徒の外部出演である。「劇界は宝塚オン・パレード」という『東京新聞』一九六〇年二月二三日号付の記事は、「宝塚歌劇の出身者たちが続々と舞台に返り咲く一方、宝塚の生徒の他流試合が続出し、宝塚のＯＢと現役が歌劇公演以外の舞台で出演を競うのが今年の流行になっている」と報じている。劇団も「今後も機会があれば、東宝の仕事に限って勉強のために出演させたい」と門戸開放に方針を変えたようで、実際、二月芸術座の菊田作品《がめつい奴》には浜木綿子、五月東京宝塚劇場の東宝歌舞伎には神代錦、南悠子と在団中の生徒が出演している。

一九六二（昭和三七）年九月に東京宝塚劇場で上演された東宝ミュージカル《君《あなた》も金儲けができる》（菊田一夫

作・演出）には宝塚歌劇団から二八名が出演。単独で生徒が出演することはあったが、これだけ多くの生徒が男優と共演するのは初めてだった（大笹、二〇〇九／二巻・七七八）。生徒の外部出演に対しては賛否両論があったが、菊田が主導してつくった機会は、彼女たちの「役者としての成長」に寄与した。この時代のタカラヅカは今よりはるかに外の世界に開かれており、生徒たちもタカラヅカの内外を行き来することで経験を積み、芸を磨けたのである。こうして菊田の薫陶を受けて育ったスターとして、演劇評論家の戸板康二は、明石照子、八千草薫、淀かほる、鳳八千代、扇千景、浜木綿子、故里明美、加茂さくら、真帆しぶき、那智わたる、内重のぼる、藤里美保[16]といった総々たる人々の名前を挙げている（『歌劇』一九七三／五・五〇）。彼女たちには、宝塚歌劇団退団後も女優として活躍する道が開かれた。たとえば、八千草は退団後すぐに、菊田が脚色を手がけた芸術座《蟻の街のマリア》（一九五八）で主演しており、新帝劇開場後に上演された《風と共に去りぬ》（一九六六）では、手塩にかけて育てた那智わたるをヒロインのスカーレット・オハラに起用している。菊田にとってタカラヅカは、「いずれ外で起用できる女優育成」のための格好の場でもあった。[17]

ここで思い出されるのが、先の章で触れた松竹歌劇団（ＳＫＤ）解散前のエピソードだ。一九八九（平成元）年に松竹から突然の公演中止を言い渡され、ミュージカル劇団への転換をはかる際、団員が「レビューからミュージカル劇団に転換したら男役はいらなくなるのでは？」との危機感を抱いたという。今日その懸念が何を意味するかはすぐに判然としないが、考えてみればミュージカルにおいては「歌」「踊り」、そして「芝居」の三拍子が揃うこ

16　原文は「藤里明美」となっているが「藤里美保」の間違いと思われる。
17　当時は俳優座養成所の俳優が多く活躍していたが、菊田にとって「演技しかできない俳優座養成所出身者と違い、歌や踊りもできる生徒がいる宝塚は、セクショナリズムを超えた現代演劇を目指す菊田にとって女優の宝庫でもあった」（井上、二〇一一・一三五）。

とが求められる。これは男役においても然りだ。だが、戦後はレビュー専門劇団と化したため芝居の経験を積んでいなかったSKDにおいては、とりわけ、別の性を演じる男役が「芝居をする」ことへのハードルは高く感じられただろう。だが、タカラヅカにおいては豊富なオリジナル・ミュージカル体験、とりわけ「現実世界を踏まえた恋愛物語」を描く菊田作品によって、男役もまた「芝居」という第三の武器を持ち始めた。これが、その後のタカラヅカがミュージカル劇団として飛躍するための足がかりの一つとなっていったのではないか。

有識者の批判

しかし、脱「ヅカ調」を目指す菊田の「ミュージカル・ロマンス」路線に対して、当時の識者は批判的だった。『歌劇』一九六五年一月号では「五一年目の宝塚にのぞむこと」と題した、新聞各社（朝日、毎日、産経、読売）の演劇記者による座談会が行われているが、ここでは「宝塚で恋愛モノをやる必要はない」という、今からすると驚きの論調で話が進んでいる。ここで暗に槍玉に挙げられているのは菊田作品である。

「男役スターと娘役がラブシーンをやるのはむずかしいよ。（笑）宝塚に男性加入論が度々くり返されてきているが、全面的男性加入は反対だが、試演的に少数人数によるドラマの場合など、男性を入れてやる試みはどうだろう」（八四頁）

「ドラマに骨格ができてない、『芝居』を知らなさ過ぎるのでしょうね。菊田作品は芝居の骨格ができてるが」（八五頁）

「その菊田作品が宝塚らしくないいんだな。（笑）」（前掲）

一九六〇〔昭和三五〕年一月、舞踊劇《雪姫》〔白井鐵造演出〕、レビュー《ウイ・ウイ・パリ》〔高木史朗演出〕というベテラン座付作家による二本立てが東京宝塚劇場で上演されたが、これに対して『朝日新聞』三月一八日号付は、「このところわき道へそれがちだった宝塚歌劇に久しぶりで宝塚らしい作品がそろった。リアルな、それだけに裏を見せやすいものよりも、宝塚の本筋をねらった方が安心して楽しめる」と書き、特に豪華レビューの《ウイ・ウイ・パリ》を高く評価している〔大笹、二〇〇九・二巻・二七八〕。ここで「わき道へそれがち」と言われているのが、おそらく菊田や若手作家による革新的な作品だろう。この頃の演劇担当記者にとっては、この二本立てのような作品こそが「宝塚らしい作品」であり「宝塚の本筋」であったのだ。また、当時の識者の『歌劇』寄稿のなかにも、そうした論調のものが見られる。

〔《ダル・レークの恋》のような〕波瀾万丈のストーリーを持ったものがたりは、ほんとうに宝塚にとって必要なのだろうか〔略〕皆の演技力が進んだための嬉しい試みかもしれないが、度をすぎて、宝塚本来の在り方から脱線するのを恐れる〔略〕宝塚はいつまでも、明るい、華麗な、スピーディーな、たのしい舞台であって欲しい。〔戸部銀作「宝塚らしさの尊重を」、『歌劇』一九六〇／一二・四四〕

〔新しいレビューへ〕脱皮すること自体は決して悪いことではないが、問題はその方法であり、そこで宝塚がそれまでのレビューにはまったく無縁だった〝リアリズム〟を取り入れたことが、そもそものつまづき〔?〕だったと思う。リアリズムというのは、つまり菊田一夫氏の作品に多くみられる、ショー形式のものよりドラマ的要素の多い作品のことである。〔略〕宝塚の将来を安定させるのはあくまでもオーソドックスな宝塚レビューであり、〝宝塚新劇〟や〝宝塚歌舞伎〟などの物真似ごっこではないことを繰り返しここでいう。（福島秀治「こんごの宝塚の路線」、『歌劇』一九六二／一〇・三六）

裏を返せば「タカラヅカは昔ながらのレビューとお伽歌劇をやれば良い」という保守的な有識者たちの劇団や生徒たちへの「演劇」としての期待値は、さほど高くなかったともいえるだろう。

対する改革派の急先鋒が菊田一夫であり、そのために彼は生徒の演技力を鍛え上げた。だが、そんな菊田の作品はマスコミや有識者の間ではまだまだ「異端」であり、そのことは菊田本人も自覚していた。かつてレビューこそが華と思われてきた劇団において自分は本流ではない（『歌劇』一九五五／一二・三五）という意識もあったようだ。自身の作劇術について振り返った次のような言説からも、そんな意識の片鱗が垣間見える。

白井先生も高木先生も、ある題材を考えた場合、筋の中に、ここではこんな簡単な舞台を、ここではこういう豪華な場面を、と組んで作って行かれる……。僕の場合は、筋が如何に面白くいくかを先に考えてしまう。〔略〕それで悲鳴を上げる……「俺のレビューはなんでこう綺麗ぢやないのだろ」（笑）（前掲）

しかし、その位置づけは観客の力により逆転していった。一九六〇年代に恋愛結婚の数が見合い結婚を逆転するが（一章一節）、菊田の「ミュージカル・ロマンス」は結婚をゴールとする美しい恋愛に憧れる女性ファンの心をわしづかみにしたのである。本章の冒頭で紹介した「再演希望作品アンケート」における菊田作品の上位独占は、そのことを示しているといえるだろう。

また、この時期物議を醸していた「男性加入論」に関して菊田は反対だった。より正確には「〔タカラヅカの男役には〕まだまだ完成していい余地があり、余地のある間は男性加入の必要はない」（『歌劇』一九五六／二・六四）という考え方だった。

〔タカラヅカの男役は〕いまよりも、もっと立派なものとして磨く必要はある。例えば、歌舞伎の女形に対抗する宝塚の男役としてね〔略〕世間の人が、たとえば宝塚の男役をバカにするとしたら、それは演技の未熟さからくるものだよ。（前掲、六四）

こうした考えのもと、男役スターの明石照子や寿美花代に対して技術向上のための具体的なアドバイスをしている。レビュー時代が過ぎ去り、もはや「男装の麗人」の時代ではなくなってから、新時代の男役像が見えないと悩む男役たち（二章三節）に、こうした言葉は大きな希望を与えただろう。

劇団からするとあくまでよそ者であった菊田だが、傍観者にとどまることなく、逆にその立場をうまく使って劇団や生徒に対し諫言も行った。その姿勢は時に軋轢も生んだが、今となってみれば必要不可欠な「劇薬」であったように思う。コンサルタント兼プロデューサー兼作者としてタカラヅカにも足跡を残した菊田一夫は、小林一三最期の置き土産でもあったのかもしれない。

【第三節】高木史朗と「宝塚ミュージカル」

「これぞ国民劇」《河童まつり》

一九五一（昭和二六）年、《河童まつり》という、今日の感覚からすると何とも奇妙なタイトルの作品が上演された。作者は高木史朗。高木はこの作品の創作意図に関して次のように述べている。

私はカッパの世界をかりて、戦後の風俗などを風刺しようとした。宝塚の舞台に登場させるのはどうかと思われる『踊る宗教』や競輪、パチンコなどを登場させ、教会は結婚屋、お寺は葬式屋になってしまったこのカッパの国の将来は一体どうなってしまうのだろうかと、混乱した戦後の世相をカッパの国を通じて嘆いてみせたのである。（高木、一九八三・七八）

『歌劇』誌上の座談会を読むと、スタッフも生徒もこの意欲作に対し自由な発想で伸び伸びと取り組んでいる様子が伝わってくる。作曲を河村一朗、振付を渡辺武雄（四章三節）が担当したが、次のようなユーモラスなやりとりも交わされている。

記者　振付の方も河童となると大変ですね。
渡辺（武）　そうですよ、宝塚の動物園にでも河童がいてくれると、私は一日その前で研究するのですが（笑）〔略〕
川崎　河童の挨拶といふのもあつていいですね。
高木　河童同志が出合つたとき、礼儀としてお互いに頭の皿を撫で合ふことにしますか（笑）

（『歌劇』一九五一／六・二八、二二〇）

《河童まつり》あらすじ

とある村の話。お千代（新珠三千代）と三郎（打吹美砂）は恋仲だが、お千代の親は、金持ちの左門（大路三千緒）か右門（淀かほる）に娘を嫁がせようとしている。三太（南風洋子）もまた密かにお千代を好いているが、とても想いが叶いそうもないので、流行りの「自殺」をしようと沼に飛び込んでしまう。ふと気がつくと、河童の兄弟の勘助（真咲みのる）・勘平（八千草薫）が三太を介抱してくれていた。二人は三太を自分たちの住む青河童国に案内する。ここでも人間界と同様にバクチや「踊る宗教」が大流行りらしい。青河童国には美しい姫（新珠）がいたが、隣の紅河童国の左門王子（大路）と白河童国の右門王子（淀）が求婚し、争っていた。姫に対する青酸カリ暗殺未遂事件[18]も起こり、互いに相手の犯行だと言って譲らない紅河童国と白河童国は一触即発となる（実はこれは、再び戦争を起こして一儲けしてやろうという大臣の陰謀だった）。困った王様は三八度を超える熱を出してしまうが、姫が密かに想っているのは自国の武将の青三郎（打吹）だった。姫が身分の違いを乗り越えて青三郎との結婚を宣言したため戦争は回避される。姫に憧れていた三太はまたしてもフラれてしまったが、ふと気がつくと河童の国から元の世界に戻っていた。そこではお千代と三郎が親の反対を乗り

18　「帝銀事件」（一九四八）など、この頃数々の青酸カリ事件が起きている。

越えてめでたく一緒になり、二度の失恋に懲りた三太もまた許嫁のおこうと一緒になる決心をするのだった。

随所に見られる風刺は確かに「よくぞここまでタカラヅカで」と思える鋭さだ。河童の国の王様はしょっちゅう「三八度を超える」熱を出すが、これは前年の一九五〇（昭和二五）年、北緯三八度線によって分断された朝鮮半島にて勃発した朝鮮戦争を意識したものだろう。脚本のト書きによると、河童の国のデモ隊が手にしたプラカードには次のような文字が書かれていた。

一．「言論出版の自由を守れ／エロ出版組合チャンタレン」
二．「漢字制限ゼッタイ反対／姓命判断組合」
三．「横バビは終りだ／糸へん組合」
四．「男性加入ゼッタイ反対／少女歌劇ファン連盟」
五．「三十八度を越えると注意せよ／体温計製造組合」

一の「エロ出版組合チャンタレン」は、同年に起こった、小説『チャタレイ夫人の恋人』の性的描写がわいせつ罪に問われた「チャタレイ事件」を風刺したものだろう。二の「漢字制限」はおそらく「産児制限」、「姓命判断」は「生命判断」のもじりだろう。一九四八（昭和二三）年に優生保護法が制定されベビーブームが急速に沈静化した当時の世相を皮肉っていると思われる。三の「糸へん」産業とはいわゆる繊維産業のことだ。この頃は朝鮮特需のため「糸へん景気」「金へん景気」（「金へん」は鉄鋼業のこと）という言葉が流行っていた。四は当時タカラヅカで物議をかもしていた「男性加入論」のことだ。

「ロマンティックなことの好きな一部の観客にと思つて、ときどき常套ですがロマンティックなものを入れた」(『歌劇』一九五一／六・二九)という配慮はあったものの、舞台写真を見ると登場人物たちは頭に皿をつけた河童の格好をしており、フィナーレでは皆、河童の顔を型どったシャンシャン[19]を手にしている。

ヒヤヒヤしながら初日を迎えた高木だったが、まず師匠の白井鐵造からは「こんな宝塚らしくないケッタイな作品、どうなることかと心配していたが、けっこう宝塚のワクの中に収まっていたから安心した」と言われたという(高木、一九八三・七八)。幸いにして、観客からも好評を得た。[20]『歌劇』の「高声低声」でも、「高木氏の素晴しいアイデアが随所に流れて楽しい」「近代感覚の満ちあふれた面白いアイデアに観客を笑の渦に巻き込む」(『歌劇』一九五一／七・一二四－一二五)といったコメントが寄せられ、観客も素直にこの作品を楽しんでいた様子がうかがえる。だが、何より高木を鼓舞したのは、小林一三による次のような大絶賛の言葉だった。このひと言が高木の座付作者としての方向性を決定づけ、その後の心の支えになっていく。

誰が何といおうとも私は、宝塚歌劇空前の壮挙であり、画期的産物だと感激した。それは大正十二年、この大劇場を新築し国民劇の創成を叫んだ私の理想の見本劇が現れんとする傾向があるからである。(小林、二〇〇八・二二一)

19 「シャンシャン」とはフィナーレの一番最後の場面で全員が大階段を降りてくるパレードの際に持つ小道具で、毎公演ごとに作品内容に関連したデザインのものがつくられる。一九五〇年八月《アラビアン・ナイト》のパレードで使われたものに鈴がついており、その音色が評判となったことが名前の由来である(『宝塚歌劇検定　公式基礎ガイド 2010』、四八)。

20 好評につき続編として《かっぱの姫君》という作品も一九五六(昭和三一)年に上演されている。ちょうど米ソ冷戦の最中であったことを踏まえ、「青河童国の美しい姫君をめぐる白河童国と赤河童国との冷たい戦争」(『歌劇』一九五六／六、舞台写真頁より)の物語だった。

「芸術家」として生きる

高木史朗は戦後のタカラヅカにおいて白井鐵造、内海重典とともに「三巨匠」と並び称された座付作家だ。だが、白井は一九〇〇（明治三三）年生まれであるのに対し、高木と内海はともに一九一五（大正四）年生まれと世代が違う。また、白井と高木は師弟関係でもあった。出生地は神戸であり、このことはのちに高木が生み出す作品にも影響を与えていくことになる。姉四人、兄三人の八人兄弟の末っ子だが、一番上の姉が第一回公演《ドンブラコ》を観たことが、タカラヅカとの縁の始まりであった。これがきっかけで姉や兄たちが次から次へとタカラヅカファンになり、高木も子ども時代からタカラヅカに親しんで育った（高木、一九八三・八六）。

高木の三番目の姉の友人でタカラヅカに入団した沖津浪子が、のちに白井鐵造と結婚したことが、高木と白井をつなげることになる。旧制中学時代に将来の進路に悩んだ高木は白井を訪ねた。白井の紹介で《モン・パリ》の作者である岸田辰彌とも会い、この時岸田から言われた「なんでもいい、芸術家として人生を送ることができれば、一番幸せだよ」という言葉が、高木のタカラヅカ入りを決意させた（高木、一九八三・一七八）。関西学院大学を卒業後、一九三六（昭和一一）年四月に宝塚歌劇団に入団（高木、一九八三・六七）、白井鐵造に師事する。

一人立ちして作品を任され始めたのは戦時下の一九四〇（昭和一五）年のことだった。五月に歌劇《太平洋》の構成を担当し（『歌劇』一九八五／四・四二）、一〇月には陸軍航空本部の要請による航空思想普及のレビュー《航空日本》で構成と振付を担当した。もっとも同年の八月からは「レビュー」という文字の使用が禁止されていたため（『宝塚歌劇九〇年史』、一八九）、この作品も「レビュー」とは称されてはいない。

何かと制約の多い時代だったが、それでも高木は《航空日本》を「時局にふさわしい、それまで宝塚に全然なかった新しいスタイルのものにしよう」と前向きに決意し、「外国の曲などは一切使用せず、舞台のスペクタクル化に映画を使用し、シュプレヒコールを合唱化してみせたり、ダンスをドイツのノイエ・タンツ風な活発な振付にした」。結果、「これからの宝塚はこういう風な作品でなければならぬ」という声が内外から起こった（高木、一九八三・二三八）。翌四一（昭和一六）年七月の《こども風土記》は、『朝日新聞』における柳田國男の同名の連載に取材し、子どもの年中行事を通じて四季を描いた作品で、高木は本作で才能を認められることになる（『歌劇』一九八五／四・四二）。一九四四（昭和一九）年三月、宝塚大劇場が閉鎖される直前の公演として知られる《翼の決戦》を演出したのも高木であった。

戦後の第一作は、一九四六（昭和二一）年八月のグランド・レビュー《人魚姫》だった。「ミュージカル」と称した作品も早々に手がけており、高木が初めて「ミュージカル」という形式名を使ったのは一九四九（昭和二四）年九月のミュージカル・コメディ《リオでの結婚》のようだ。

一九五一（昭和二六）年には、二月花組公演で《文福茶釜》というミュージカル・コメディをつくっている。昔話の「分福茶釜」をアレンジしてミュージカル風に仕立てた作品で、劇中には宝塚ファミリーランドの動物園から連れてきた本物の狸も登場し、綱渡りを披露したという。

《文福茶釜》あらすじ

捨右衛門・さくら姫の兄妹は、殿中に仕えていた父親が、いばらの方（玉野ひかり）の策略から金の茶釜紛失の罪を着せられて自刃したため、御殿を出て、捨吉、さくらと名を改め、貧しい暮らしを続けていた。捨吉（内吹美砂）はいばらの方の娘・山吹姫（宮城野由美子）と、さくら（新珠三千代）は若殿（有馬稲子）と、それぞれ恋仲であったが、いばらの方は山吹姫と若殿を結婚させようとしていた。ある日、捨吉は子どもたちにいじめられている小狸の文福（真咲みのる）[21]を助ける。文福とその両親は捨吉を気の毒に思い、一計を案じた。殿中で山吹姫と若殿の結婚の宴が行われるなか、紛失したはずの金の茶釜を持った捨吉とさくらが現れる。実はこの茶釜は文福が化けたものだった。偽物であることはいばらの方に見破られてしまうが、正体を表した文福と狸の一族は匂いを嗅ぎ回り、古井戸のなかから金の茶釜を探し出す。もはやこれまでと思ったいばらの方は、山吹姫を捨吉に託して自害。殿中では、捨吉と山吹姫、さくらと若殿の二組の結婚がめでたく執り行われた。（『歌劇』一九五一／二・三二一—三三より筆者まとめ）

本作はお伽話をもとにした初のミュージカルだった。これ以降、同様の手法で「お伽歌劇」ならぬ「お伽ミュージカル」がタカラヅカ作品に加わっていく。だが、『歌劇』二月号の座談会記で高木は、「《文福茶釜》は筋としては、誰もが知っている只あれだけの筋なので、それに色々な装飾をつけて楽しいオペレッタにしてみたのです」と述べつつ、「あの『狸御殿』[22]があれだけ受けたのはミュージカルだからだつたので。結局ミュージカルなものを観客は求めているといふことになるのです」と言っている。このあたりにも、本章第一節で触れたようなオペレッタとミュージカルとの混乱がある。とはいえ、この座談会の高木のコメントには、のちに高木が試みる「宝塚ミュージカル」への萌芽がすでに見られる。その一端を紹介してみよう。

レヴユウやショウでは今までアメリカ調のものばかり作られて来ましたが、本当は日本人にアメリカ人の心の中から出る様な音楽が出来る筈がないのです。〔略〕日本物のオペレッタも、『ミカド』の様なものを狙ふのが理想ですが、宝塚の現在の技術でこれを希むのは無理なことです。『メリイウィドウ』などを上演するのは有名なオペレッタを日本に紹介する意味でいいですが、日本人が外国のオペレッタを創作したりするのは考えてみると気味の悪い話ですよ。〔略〕いたづらに理想ばかり追はず二流でも三流でもいいから吾々の出来る力で日本のオペレッタを試作して見様と考えて作つたのが此の『文福茶釜』なのです。（三五頁）

要するに「押し寄せるアメリカ文化に傾倒し、アメリカ流のものばかりつくっていてはいけない。日本の文化も大事にして日本人にしかできないものをつくるべきだ」ということである。だが、『歌劇』の「高声低声」に寄せられた評は数も少なく、内容も表層的なものにとどまり、高木にはもどかしい思いが残ることになった。

この種作品〔童話を題材とした作品〕の第一号として『文福茶釜』は、試作又は単なる思いつきの域を出ないが、却つて作者のこの軽い書き方が、楽しい良い味を出しているようである。（『歌劇』一九五一／三・九六）

また、高木には風刺劇に挑戦したいとの思いがあり、本作もそうした考えのもとにつくられていたが、これも観客にはうまく伝わらなかったようだ。

記者　文福茶釜も諷刺的なところがありましたね。
高木　ところが見た人は皆、童話劇としか見てくれなくて、童話劇としての扱ひ方が云々と批評されて驚きました。私は単なる童話劇として書いたつもりはなかつたのですが。

21　のちに真咲美岐と改名。本書でもたびたび引用している『歌劇』の対談記事「真咲美岐の〝オケラ探訪〟」の筆者である。
22　木村恵吾原作で映画化・舞台化されたシリーズ作品の総称。映画第一作が一九三九年に公開されている。

川崎　出演者が宝塚の生徒だから、どうしてもそう見られて終ふのですよ。

（『歌劇』一九五一／六・二四）

この無念の思いが、同年六月花組公演のグランド・レビュー《河童まつり》というさらに挑戦的な作品につながり、それが小林一三に「国民劇の理想」と絶賛されるのである。

「伝統」と「挑戦」の間で

この頃の高木はまだまだ恐れを知らぬまま理想を追い求めることができた。だが次第に、受け継がねばならぬ伝統と、自分が志す新たな挑戦との間で揺れ動くことになる。

《河童まつり》上演の後、ヨーロッパに遊学した高木が、翌五二（昭和二七）年に帰朝後第一作として発表したのは六月雪組のグランド・レビュー《シャンソン・ド・パリ》という王道レビューだった（『歌劇』一九八五／四・四二）。好評につき七月花組でも続演されている。だが一九五三（昭和二八）年には、三月雪組公演で蝶々夫人とピンカートンの子ども、孫、曽孫の三代が登場するミュージカル・プレイ《蝶々さん三代記》、一一月雪組公演では新国民歌「われら愛す」をテーマにしたレビュー《われら愛す》と、挑戦的な作品をつくっている。《蝶々さん三代記》はタカラヅカにおける戦後初の現代物ミュージカルといわれている（『一〇〇年史』舞台編、一一二）が、この作品は不評だった。公演直後の『歌劇』五月号で行われた菊田一夫との対談での高木はかなり弱気である。「もうここらで評判の悪い冒険をやめて、元のレビューへ引返そうかと考えているのですが」（『歌劇』一九五三／五・三五）と悩む高木を、菊田は次のように励ましている。

どうも歌劇のお客さんになる女性というものは、西洋ものばかり見たがる、ということは、すでにその少女時代から、現実を逃避した生活に入っていると思う。〔略〕だから、歌劇は舞台から、この観客に現実的なもののあり方を訓練しなけりやいけない。しかし、また、ハイカラなように見せかけて、美しいレビューの中へ女性ファンを閉ぢ込めているという。いわゆる歌劇のあり方も、いわば功罪相半ばしている訳になりますよ。〔略〕投書家というものは全観客じやないんだ。片よつているんですよ。そういう新しい試みが続くに従つて、物いわぬ新しい階級の客が増えて来ているんだから、充分に気を強くするがいいですよ。（前掲、二七－二八）

作品の評判とは別に、高木の心中に常に重くのしかかっていたのは師匠・白井鐵造の存在だった。この時期、高木は次のように語っている。

〔パリを訪れた観光客がフォーリーベルジェールを見て「やっぱりこれがパリのレビューだ」と喜んで帰るさまに関して〕宝塚もそれと同じで、宝塚のスタイル、カラーを見に来て、ああやつぱり宝塚だと安心して帰る様な名物たるものだから、之はこわされたくないつていう所で、勿論次々と新しいスタイル、新しいカラーは輸入すべきだけど、そのスタンダアドね、宝塚の、それはさう変えるべきぢやないつていう白井先生の意見は流石だと感心したんだ。（「第九回　真咲美岐の〝オケラ探訪〟」『歌劇』一九五四／三・四四）

続けて高木は次のように言う。

宝塚のレビューは白井先生が完成さしてられるから、僕は白井レビューの試みられない面ばかりを探してやつて来たんだよ。それでないと僕の存在理由がないもの。（前掲）

師匠・白井を尊敬し強い影響を受けながらも、みずからの存在価値を見出すためにはその影響から脱却しなければならない、それが座付作家としての高木が抱えるジレンマであった。

一九五四（昭和二九）年にはグランド・レビュー《人間萬歳》が上演される。武者小路実篤の同名の戯曲をヒントに、その内容の一部分のみを取り入れて構成したものだが、キリストと仏陀がグロテスクな仮面をつけて登場したり、米大統領ルーズヴェルトがスターリン、ヒットラー、ムッソリーニらとコメディダンスを踊ったりという奇抜な場面の数々が新聞紙上で酷評されている。[23] だが、本作を観てタカラヅカに入ってきたのが、のちに多くの傑作ショーを生み出し「鬼才」と呼ばれた鴨川清作であった（高木、一九八三・二一四）。

翌五五（昭和三〇）年に劇団の顧問となった菊田一夫から、高木はまたしても叱咤激励されている。

菊田　高木先生は何か新しいことをやろうとし、又やっていられる舞台の中に、ここまではやるけどこれ以上はやめとこ……としてやめているところがチラチラみえてますよ。それを押し切ってやれば成功しているのに……覚えがあるでしょ？（笑）

高木　あります。

菊田　〔略〕僕は見ていてムズムズして高木先生のうしろへまわって、お尻蹴つとばして、はげましてやろうか、と思う時がある。

高木　……それなのに、之丈妥協してやっているのに、それに、まだ何かといわれるのかと腹が立つんです（笑）

菊田　と、思う位なら、思う通りのことをやったらいい。〔略〕
高木　それを押し切って書くにはクビを覚悟して書かねば……（笑）
菊田　クビ……何ですか、そのくらい覚悟して書きなさい。誰がアナタをクビにしますか。やめると云えば、とめに来る……。もっとも僕は余りに気が強いので三度クビになりましたがね、ずっと若い頃です。（笑）
（「作者重役〝宝塚〟を語る――菊田一夫氏を囲んで」『歌劇』一九五五／一二・三四－三三五）

結局、このやり取りは高木の「徹底しないといけませんね。『かつぱ祭』の頃は思う様に出来たんですがね」という反省の弁で締めくくられている。この時の二人の年齢は菊田四七歳、高木四〇歳であった。

レビュー作家としての実績

師匠・白井への尊敬と脱・白井への焦り、伝統の継承に対する責務と新たな挑戦への野心、相反する思いの間で高木は揺れ続けた。だが、高木への評価を不動のものにしたのは、皮肉なことに白井レビューの路線を継承した王道レビューであった。

23　『毎日新聞』一九五四年二月二〇日号付、「読者の会議室」のR・D・コートニー・ブラウンの寄稿。キリストと仏陀がグロテスクな仮面をつけて登場する場面に対しては「世界の二大宗教の教祖に対し、何という侮辱」「いくら喜劇といえ、この低劣さ、悪趣味さ。日本人の観衆は、すくなくともキリスト教信者は、これを見ても、平気ですましておれたであろうか」と怒気を含んだ批判がされた。これに対して小林一三は『歌劇』誌上で平謝りに謝っている（小林、二〇〇八・三四九－三五一）。

パリ帰りの高木によるレビュー《シャンソン・ド・パリ》は、前述のように一九五二（昭和二七）年に上演され好評を博した。本作で高木が意識して盛り込んだのが、日本にまだ紹介されていない戦後のシャンソンの名曲だった。また、パリの色彩感、とりわけレビューに使用されている黄色の美しさに感銘を受けた高木は、本作でも黄色をふんだんに使用した（高木、一九七六・二〇四）。これは、白井レビューの定番であったトリコロールカラー（ピンク・ブルー・白）の伝統を打ち破ることを狙った色使いでもあった。

この作品から、白井レビューを継承しながらも「高木らしさ」が加わった、高木の「シャンソン・レビュー」路線が始まったといえるだろう。先に挙げた一九五三（昭和二八）年の『歌劇』対談で、「もうここらで評判の悪い冒険をやめて、元のレビューへ引返そうかと考えているのですが」とぼやいた高木は実際、この後、《ボンジュール・パリ》（一九五五）、《ブーケ・ド・パリ》（一九五七）、《シャンソン・ダムール》（一九五九）、《ウイ・ウイ・パリ》（一九六〇）と「シャンソン・レビュー」路線の作品をいくつか作り、好評を得ている。そして、この路線の頂点ともいえる作品が、一九六〇（昭和三五）年八月に初演されたグランド・ショー《華麗なる千拍子》であった。[24]それまでのショー作品と違い「パリだけに留まらず世界を主題にして」（『歌劇』一九六〇／八・三二）おり、ロンドン、リオ、ベニス、スペイン、アフリカ、ニューオリンズ、ニューヨーク、パリと世界各地が舞台になっている。そう聞くと《モン・パリ》や《パリゼット》と同じ趣向だが、ボンゴの拍子による踊りやベニスのゴンドラの歌、あるいはアメリカのジャズなど、世界各地の音楽やダンスが見どころになっており、演者にも歌唱力や舞踊の高いクオリティが求められたようだ。

本作で高木が意識したのが「これでもか式の人海戦術」である（高木、一九七六・二〇六）。全員が主題歌「幸福を売る人」を歌いながらパレードするプロローグはこのショーならではの特色であり、寿美花代の「パイナップルの女王」が大変な話題になった。しかし、初演直後の『歌劇』「高声低声」欄はさほどの盛り上がりを見せず、それどころか否定的なコメントばかりが目につく。

正直の処、最大の期待はずれショウであった。それは、アイデアが長くあたためられてできたものではなく、無理に作り出したように思えるからである。どうも、お膳立の割には物足りなさが感じられ、一編を貫くムードが乏しい。（『歌劇』一九六〇／九・一四五）

世界最大のショウと肩書きのある『千拍子』であるが、これというヤマ場のないのが私には何故か物足りない感じ。（前掲、一四七）

こうした感想だけ読むと、まるでこの作品は駄作だったのかと思ってしまうほどである。新聞記者のなかにも「この作品が芸術祭賞をとるようなら、宝塚新橋の上を逆立ちして歩いたる」とまで豪語した者もあったようだ（高木、一九七六・二〇六）。ところが、一一月の東京公演が芸術祭賞文部大臣賞を受賞した。受賞理由は「高木史朗の卓越した構成演出、主演者の寿美花代の新鮮なショーマンシップを中心に、宝塚歌劇の限界をよく克服して迫力あるミュージカルショー作品たらしめ、優れた総合的成果を上げた」（『歌劇』一九六一／二・一四八）ためであった。また、東京演劇記者会による「テアトロン賞」も受賞している。結果としてこの作品は宝塚、東京、梅田コマ劇場合わせて七ヶ月のロングランが行われ、観客動員数も七五万人を記録し（高木、一九七六・二〇六）、「ベルばらブーム」以前の最大

24 初演の形式名は「グランド・ショー」であったが、高木自身はこの作品は「レビュー」だと位置づけていたようだ（高木、一九六四・一一九）。二〇〇〇年の再演時には形式名が「グランド・レビュー」と変更されている。

のヒット作となった。[25]この実績により高木史朗は「《華麗なる千拍子》の作者」として後世に記憶されることになる。

その世界に通暁した「玄人」が高く評価するものと、その世界をよく知らない者が歓迎するものとの間にはズレがあり、後者の期待に応えられた作品の方が爆発的にヒットする。この現象は演劇の世界に限ったことではない。タカラヅカでいうとその最たる事例が《ベルサイユのばら》だが、《華麗なる千拍子》もまたその一例だったのだろう。ただ、芸術祭賞受賞理由に「宝塚歌劇の限界をよく克服して」とあることなどから推察するに、華やかな王道レビューの体裁で衆人の期待に添いながらも、歌やダンスが真の見どころ、聴きどころになっていた作品であったと思われる。

一九六一（昭和三六）年、《華麗なる千拍子》初演の翌年に高木は劇団の理事に就任し、タカラヅカを代表するレビュー作家として、劇団が力を入れる大作を任されていくことになる。一九六二（昭和三七）年四月のグランド・ショー《メイド・イン・ニッポン》は一本立てのショーで、第一部「限りなき前進」は日本製品のPRショー、第二部「夢と希望」は日本物ショーという構成になっている。いかにも高度経済成長期真っ盛りらしい作品だ。本作の七月の東京公演に関して『新日本現代演劇史』では、「明石照子の「サヨナラ公演」に加え春日野八千代、寿美花代、那智わたるに明石と四大スターの競演で、前売り人気は長谷川一夫の東宝歌舞伎をしのいだ」（大笹、二〇〇九・二巻・七五二）との記載も見られる。続く一九六三（昭和三八）年一月の花・星組合同公演、グランド・ミュージカル《タカラジェンヌに栄光あれ》が上演される。これは寿美花代のサヨナラ公演であり、前年一一月の東京公演が先行していた。この公演も「一カ月以上も前から前売り場に行列が並んだほどの大入り続き」（大笹、二〇〇九・二巻・八〇九）であったようだ。タカラヅカ五〇周年という節目の年であった一九六四（昭和三九）年には、幕開け一月の専科・月・星組合同公演でグランド・レビュー《レビューへの招待》、五月（専科・花・雪組合同）、六月（専科・月・星組合同）にはグランド・レビュー《レビュー・オブ・レビューズ》が続演され、レビュー作家のエースとして八面六臂の活躍を見せている。

現代日本を舞台とした「宝塚ミュージカル」

こうしてタカラヅカを代表するレビュー作家としての地位を不動のものにした高木は、その地位に甘んじることなく、再び新機軸への挑戦の姿勢を取り戻していった。この頃から高木は、同時代の日本を舞台にしたミュージカルの創作に意欲的に取り組み始める。その根底にあった思いの一つが、小林一三の国民劇構想に端を発する「日本物」に対する志向であった。

元来宝塚というところは、日本モノと洋モノをバランスをとりながら育ててきており、その上にのって発展してきた。この事情は『モン・パリ』によって宝塚がレヴュー時代に入ってからも変っていない。また小林一三翁は常にこのことを気づかわれこのことに力を注いでこられた。(高木、一九八三・七三)

《河童まつり》で「これぞ理想の国民劇につながるもの」と一三の大絶賛を受けた高木は、この遺志を受け継ぎ、実践していこうと考えるようになる。

私がこの小林一三先生から受けた国民劇の創成ということの意味は、結局日本製のミュージカルという意味

25 高木は「ベルばらブーム」真っ只中の一九七六年四月に出版された『宝塚のわかる本――舞台裏のタカラジェンヌ』(一九七六)において、七五万人の観客動員記録は「『ベルばら』が一〇〇万人を動員するまで破られなかった」(二〇六頁)と述べている。

に受け取れた。私達がこれから目指さなければならないことは、日本製のミュージカルの創成である、ということである。（高木、一九七六・二〇一）

そして、もう一つが「リアリズム」への志向であった。《河童まつり》座談会の時点でも、高木は次のように語っている。

高木　昔「ジャ《マ》ブジャ《マ》ブコント」[26]が上演されたとき、唯物的だとか何とか、とかくの批判がありましたが、私はこのレヴユウを非常に身近かにかんじたことを覚えています。今の人には殊に身近かにかんじさせるものが必要なのではないでせうかね。

小西〔衣装担当の小西松茂〕　そうですね。現実の裏付けがないと今の人には共感がないのです。

（『歌劇』一九五一／六・二六）

「日本物」への志向と「リアリズム」への志向、この二つが結びつくことで、やがて高木が「現代の日本を舞台とした作品をつくりたい」と考えるようになるのは必然の結果といえるだろう。加えて高木は、オペレッタとミュージカルの違いは「現代劇であるかどうか」であると考えており、自著のなかでも「ミュージカルは現代劇である」と何度も述べている。[27]

蘆原〔英了〕先生によると、オペレッタというのは端的にいえば作り話であり、いわば王子様とお姫様のお話である。〔略〕ミュジカルはオペレッタから生まれたけれども、オペレッタにルーツをもちながらオペレッタと根本的に違うのは、まずミュジカルは現代劇であるということである〔略〕もちろんミュジカルの中にも古い時代を扱った作品は数多くあるが、基本的には古い時代をかりた現代劇なのである。（高木、一九八三・八二）

元来タカラヅカにはレビュー・オペレッタを上演してきた伝統がある。この伝統で培ったものを活かし、なおかつリアリズムを取り入れられるのが現代劇たるミュージカルだと高木は定義する。こうした言葉に鑑みると、高木の中には「虚＝レビューが描く「夢の世界」」「実＝ミュージカルが描く「リアルな世界」」という区分けが明確にあったように思われるが、そのうえで生まれたのが「タカラヅカは現代日本を舞台としたミュージカルを上演していくべきである」という考えだった。高木はこれこそが「宝塚ミュージカル」であるとし、その後「宝塚ミュージカル」と銘打った一連の作品を送り出していくこととなる。白井鐵造の愛弟子であり、元々は「虚（レビューの「夢の世界」）」を描くことを得意としていた高木は、「実（ミュージカルが描く「リアルな世界」）」の方向へと再び舵を切っていった。

また、当時の高木は熱心な男性加入論者としても知られ、ファンの攻撃に晒されていた。だが、誤解してはいけないのは、彼の言う男性加入論は宝塚歌劇に男性を加入させようというものではなく、女性のみの宝塚歌劇とは別

26 《ヂャブ・ヂャブ・コント》は楳茂都陸平の作・振付により一九三四（昭和九年）に上演された。水を主題とし、雨を扱ったスケッチや温泉めぐりの場面などが織り込まれた作品で、日本物レビューの新局面を開いた（高木、一九八三・二〇〇）。洋行帰りの楳茂都による先鋭的な作品だったが、当時人気の白井レビューのような作品を期待した観客には受け入れられなかった。なお、タカラヅカ史上初めてマイクロフォンを使用した作品としても知られる。

27 ここで挙げたほかにも『宝塚のわかる本』二〇二頁、『宝塚花物語』一九八頁などにも同様の記述がある。

の、男女混合でのミュージカル上演の実現だった。[28]

宝塚の新発展の為に宝塚の組織と伝統をもつて新しく始める別個のもののことなのです。世界の大宝塚と云ふ理想をめざして少女歌劇あり、映画あり、新芸座ありそれにこう云う男性の入つたミユジカルありと云ふ意味なんですよ。(『歌劇』一九五三／一・二八)

高木はこう述べ、「少女歌劇が下火になってきた時には男性を入れないと仕方ないのではないか」という従来型の男性加入論とはまったく目的を異にするものであると強調している。日本でも本格的なミュージカル上演を実現したい、そのために男優は不可欠である、こうした試みを行うのはタカラヅカ以外あり得ないため男性も加入させるべきである、というのが高木の論法であった。

「真咲美岐の〝オケラ探訪〟」のなかで高木は「僕はね、あくまで宝塚と共に歩みたいと念願している人間なんだ」(『歌劇』一九五四／三・四三)と語っているが、この言葉が高木の根本姿勢をよく表している。高木はあくまで「タカラヅカのなかの人間」として、タカラヅカで何もかも実現することを望んだ。それは、あくまでタカラヅカと外部の間というポジションで冷静にこの芸能を眺め、いっぽうで観客の望みを巧みに取り入れながらヒット作を生み出していった菊田一夫の立ち位置とは異なるものだった。

「現代日本」との格闘

「宝塚ミュージカル」第一弾となるミュージカル・プレイ《東京の空の下》が上演されたのは、一九六〇(昭和三五）年六月の花組公演、《華麗なる千拍子》初演直前のことだった。これは「現代の東京」を舞台にしたミュージカルであり、『一〇〇年史』舞台編では「宝塚で初めて現代の日本を舞台にしたミュージカルとして成功を収め、各方面で多大な反響を呼んだ記念すべき作品」と紹介されている（一二二頁）。『歌劇』六月号座談会の書き出しの一文がおもしろい。

現代の生活をモチーフとしたミュージカルが、パリでもアメリカでも風靡しています。日本でもこれの完成に人々は躍起となって努力をしていますが、未だに決定打のない今日、レビュー界のキリン児高木史朗が、六月の舞台に放つクリーンヒット。カーンと音がしました。入りますか入りますか？　ホームラン、ホームランです。と御期待を乞う問題作。（三〇頁）

ここで「アメリカを風靡しているミュージカル」とは、一九五七（昭和三二）年に初演された《ウエスト・サイド・ストーリー》のことを指しているのだろう。座談会の冒頭で高木は、次のように宣言している。

宝塚はパリのオペレッタを主体にして今日まで進んで来たのですが、今はもうオペレッタからミュージカルに進まねばいけない時です。ですが一番困難なのが、ミュージカルは現代の風俗を扱ったものであるから、

28　高木はタカラヅカの未来に関して「僕が昔から宝塚に託している大きな夢は百年二百年先の大宝塚は、今まで通り少女ばかりの歌劇もあり、別の団体として男性の入ったミュージカルもあり宝塚歌舞伎あり、宝塚の映画、宝塚のテレビのある色んな総合組織のあるでつかい夢なのです」（『歌劇』一九六六／七・八〇）と語っている。現在の東宝ミュージカル的なものをタカラヅカが実現することを高木は夢見たのであろう。

外国を主材にしていたのではいつまでたっても外国のミュージカルであり、エキゾチズムでファンタスティックなものになるから、日本のミュージカルは日本の現代を取扱わなくちゃならんということです。（『歌劇』一九六〇／六・三一）

この言説からも、「ミュージカルとはオペレッタと違い、リアルな世界を描くものである」と高木が考えていたことがわかる。

実際の制作過程は試行錯誤の連続だったようだ。「バック一つ、音楽一つ、衣装一つが今までの既成の概念で通用せん」という状態で、生徒たちからも「私達言ってるのですよ。お化粧が困ったナ、日本の男になるのに青黛入れられないし、って」という声が上がっている。しかし高木は、花組組長だった曖克美から発破をかけられた。

世の中にミュージカルをやりたい人はいっぱいいるでしょ？　それが一応高木先生がやられれば、あれをどうとかこうとかいうでしょうね。開拓者のつらさですよね。晩かれ早かれやらねばならぬ人だったのですから、一つでも歳の若いうちに苦労をしておきなさいよ先生。（笑）（『歌劇』一九六〇／六・三八）

出演者たちも一丸となって何とか本作を形にしていこうと奮闘する様子が対談からもうかがえる。その筋立ては従来のタカラヅカ作品の定番であった夢物語からはかけ離れており、現在のタカラヅカ作品でもここまでのものはないといっていいほど日常生活に密着したものであった。

《東京の空の下》あらすじ

日比谷の音楽会で信子（淀かほる）は吉岡（星空ひかる）という青年と出会い互いに心を惹かれあう。上品な身なりから裕福な家の出に見えた二人だが、実は貧しい信子は女工として働いていた。そんな生活が嫌になり、父（大路三千緒）と諍いを起こし家出をした信子が頼ったのは青年実業家の村木（松乃みどり）だった。村木がダイヤの指輪で信子を誘惑した現場に居合わせた吉岡はその場を去り、後を追った信子は事故にあったために記憶を失う。信子はペンキ塗りの園部（藤里美保）とその恋人チエコ（夏亜矢子）らに助けられ、彼らの住むバタヤ部落の人々に手厚く介抱される。実は吉岡もその部落の住人であり信子との再会に衝撃を受けるが、記憶を失ったままの彼女と幸せな日々を送る。やがて記憶が戻った信子は、吉岡に本当の身の上を知られることを恐れ、記憶を失ったふりをし続けた。だが、家出をした娘をずっと探していた父親が信子を訪ねてくる。互いの真の姿を知った信子と吉岡はこれまでの嘘を詫び、改めて気持ちを確かめ合うのだった。

観客からの反応は多種多様で、『歌劇』七月号「高声低声」にも、「私のように長年観て来て、常に新しい物への憧れを持っている者には、このたびの作品は快いヒットだが、初めて観た人は豪華絢爛への期待が裏切られたかも知れない」（一四六頁）といった評があるいっぽうで、「私共素人目には今まで見なれたレビューとそう肌ざわりは変らなかった」（一四七頁）といったコメントもあり、戸惑いつつも何とかこの新しい試みを受け止めようという姿勢も見てとれる。

また、『週刊読売』の大沼正は「ミュージカルへの招待」と題して「《東京の空の下で》は宝塚のファン層を大きく拡げる可能性のある作品である」と評価する一文を『歌劇』八月号に寄稿している（五六－五八頁）。『読売新聞』同年八月九日号付（東京公演時）の公演評でも、「できはともかくとして、日本の現実に取材した勇気は買うべきだろう」と企画の大胆さが特筆されている。内容については、バタヤ部落へ転換した群衆場面とコーラスの「素朴な迫力」や、振付の渡辺武雄による群衆の配し方を評価しつつ、後半の筋が弱く「東京の生気は出なかった」とし、作者に「筋をもっと強固にねりあげることを望みたい」としている（大笹、二〇〇九・二巻・三八五）。この「ダンスやコーラスの処理はうまいが、筋が弱い」という評価は、その後の高木の「宝塚ミュージカル」に対しても続いていくことになる。

工員の青年の青春グラフィティ

一九六三（昭和三八）年七月には花組でミュージカル・プレイ《虹のオルゴール工場》が上演される。地方のオルゴール工場で働く[29]、この時代どこにでもいそうな青年・諏訪一郎が東京に出て一旗上げることを夢見る物語だ。最後は「やっぱり故郷で地道に働くのが一番」という結末である。

高木はこの時も上演前の座談会で、「日本の現代を扱うのはしんどい、しんどいがこれをやってゆかんことには宝塚の前進はないと思いますから敢えてやります」（『歌劇』一九六三／七・三〇）と宣言している。一九六三年といえば、九月に日本初のブロードウェイ・ミュージカル《マイ・フェア・レディ》が東宝で上演された年だが、「東宝では次々と新しく企画して今度はブロードウェイから十三人の踊り子を連れて来るわ、次は『マイフェアレディ』を演るわと、トットトットと追い越して来る。宝塚はどうするか」（前掲、三三）と、高木は対抗意識を燃やしている。

地方の工場を舞台にした作品とはいえ、都を描く華やかなシーンやダンスシーン、コーラスなどで地味にならないない工夫がなされ、特に楽曲には力を入れた。高木は「ミュージカルは音楽が命」「作詞の面白さ、これもまた生命。普段使っている言葉が歌詞にならないと」「大勢が歌って踊るところで宝塚の特色が発揮できるのだから、これを前面に押し出していこう」と語っている（『歌劇』一九六三／七・三三）。それは第一弾の《東京の空の下》を経ての学びを活かしたものであった。

《虹のオルゴール工場》あらすじ

諏訪一郎（星空ひかる）は「虹のオルゴール会社」の工員で働き者の青年だが、東京に行って流行歌手になるという夢があった。町ののど自慢大会で一等を取り、芸能プロダクションの社長に会う機会を得た一郎は、同じ工場で働く恋人アヤ子（夏亜矢子）らの反対にもかかわらず上京する。一郎はいちやく人気歌手となり、ライバル会社の引き抜きにも応じるが、もとの会社の報復によりマスコミの容赦ない攻撃にさらされる。絶望のどん底に突き落とされる一郎……目が覚めると、枕元には祖母がいた。東京でのことはすべて夢のなかのできごとだった。一郎は故郷の街でアヤ子とともに生きていく決意をするのだった。[30]

元々高木はこの年の一一月、東京での月組・雪組の合同公演での大作《レビューへの招待》を担当することも決まっており、《虹のオルゴール工場》はその前につくる小品という扱いだった（『歌劇』一九六三／七・三一）。ところ

29　モデルとなったのは諏訪湖の畔にある「スイスを凌ぐ世界一のオルゴール工場」三協精機製作所だった（『歌劇』一九六三／九・七一）。
30　一九六四年の再演版では東京での顛末は一郎が見た夢という設定はなくなり、すべてを失った一郎が故郷の街に戻るとかつての恋人が待っていた、とより現実味のある筋立てに改変された。

が蓋を開けてみれば意外にも好評を博し、その後八月の星組でも続演される。結局本作は、一一月東京での月星合同公演、一二月名古屋での月組公演でも《レビューへの招待》と同時上演され、芸術祭奨励賞を受賞。翌六四（昭和三九）年にも星組と花組（東京）で再演されている。初演後の『歌劇』八月号の「高声低声」も概ね好意的に受け止めるものが多く、高木の意図が見事に功を奏したことが感じられる。

内容は他愛ない小品物語でも、これだけのスケールを持ち、ボリュームを盛り上げ、矢張りこの世界の先駆を行く日本のミュージカルとしての一方向がはっきりと打ち出されて、誠に嬉しい限りである。〔略〕場をプロローグとフィナーレに持ってきて、全員の制服姿というのも思い切った手法と思うが、それでも一人一人の顔は華やかに輝き、台詞から歌へ、歌からダンスに、そして芝居に、流れるような自然の動きに何の抵抗もなく観客はついてゆく。（一四六頁）

新聞評も好意的だ。『読売新聞』一九六三年一一月八日号付（東京公演時）では、「静と動、感情の起伏、場面転換のうねりなど心憎いばかりだが、東京へ出てマスコミにおどらされるあたりは、にぎやかな割りにつまらない」と良かった点、至らなかった点を挙げつつも全体的には、「宝塚にもこうした日本製のミュージカルが生まれる口火になっている。続けてほしいものだ」と背中を押している（大笹、二〇〇九・三巻・一八四－一八五）。一九六四（昭和三九）年三月の東京再演に対しても、「現代の日本を扱った創作ミュージカルの試みが、再演されるほど成功したのは収穫で、高木・中元（清純）コンビのこのよき路線を続けてほしい」（『東京新聞』一九六四年三月一九日号付／大笹、二〇〇九・三巻・二四五）とある。

時代は高度経済成長期の真っ只中、翌年には東京オリンピックも控えていた。そんな明るい時代の空気にぴったり合った作品であったことも評価を後押ししていたようだ。

新川部落を舞台に

第三弾は一九六五（昭和四〇）年二月に雪組で上演された、宝塚ミュージカル《港に浮いた青いトランク》である。神戸を舞台にして、いわくありげな「青いトランク」がさまざまな人の手を渡っていくという物語である。「宝塚ミュージカルの完成を目指す路線」（『歌劇』一九六五／二・三二）でつくられた作品だった。

神戸は高木自身の出身地でもあるからか、綿密な取材により、さらにリアリティを追求した作品となっている。「頭ドツイたれ」「何してケツカル」「ええ加減にさらせ」といった悪態をつくセリフもあり、物語の鍵として麻薬も登場する。これに関して高木は『歌劇』同年二月号の対談で、次のように語っている。

麻薬は出したくなかったが、聞いてみると神戸と麻薬はつきもので神戸から全国に流れてるらしい。（笑）ダイヤモンドか何かにすればよかったかもしれないけど、神戸新聞に行って話したら、そら麻薬にせんと神戸らしくないっていわれたし、やっぱり麻薬でやってみました。（三五頁）

また、神戸の貧民街である新川部落を舞台とし、《東京の空の下》でもバタヤ（廃品を集めて生活する人のこと）を登場させたことに関しては、こういう要素こそがミュージカルに必要不可欠なのだと説明している。

また今度もバタヤが出るので僕のことバタヤ好きやというけれど、外国のミュージカルをみてもこういう階級のものが多いでしょ。「イルマドラーズ」[31]「ウェストサイド物語」「オリバー」なんか……上流階級ではオペレッタになってしまうからね。（四〇頁）

「取材地が近いので現場へ行って、皆でああしょうかこうしょうかと相談が出来る好さを感じたね」と言う高木に対して、出演者たちも「これからは生徒も一緒に現地につれて行ってもらえれば……」「遠足しましょ」と応えるなど（三九頁）、タカラヅカにとっても身近な場所である神戸を舞台とした作品を皆で和気藹々とつくっていこうとする雰囲気が伝わってくる。本作に限らず、この時期の高木の野心的な「宝塚ミュージカル」に対して、スタッフはもとより生徒たちも力を合わせて一緒に新たな道を切り開いていこうという心意気が、『歌劇』の対談記事からは感じられる。

《港に浮いた青いトランク》あらすじ

神戸の波止場で、歌手の須磨照子（加茂さくら）とその友人の平野マヤ（黒木ひかる）が、船員の楠章二（真帆志ぶき）、菅原竜三（松乃美登里）と語らっている。四人は香港からの船に同乗していたが、楠は照子に、菅原はマヤに心を寄せていた。靴磨きの次郎（汀夏子）は四人にちょっかいを出しながら仕事をもらおうと懸命だ。照子が世話になった人から受け渡しを頼まれたという青いトランク（実は麻薬が入っている）を荷物預かり所に持っていった後、四人は神戸見物に繰り出した。その様子を見たチンピラのジョージ（葉月恵）は「あのトランクには金目のものが入っているに違いない」と騙し取り、仲間の宇治川一郎（牧美佐緒）のもとに持っていく。だが、一郎は今の生活から足を洗い、船員となって真面目に稼ぎたいと考えていた。弟の次郎の説得もあってジョージはトランクを持ち主に返すことを承諾する。次郎に連れられ一郎は久しぶりに新川部落に戻るが、母のミツ（大路三千緒）は「息子が堅気になるまでは」と会おうとしない。トランクを取りに来た楠と菅原の紹介で一郎は船に乗れることになり、部落に住むバラード神父（上月晃）は一郎を励ます。だが、トランクは再び何者かの手に奪われ、さらに、たまたま神戸に来ていた修学旅行生が間違えて持っていき……てんやわんやの末、マヤの手に戻ったトランクを何者かが再び奪い返そうとした時、銃声が響き警官たちが現れた。実はマヤは警官だったのだ。麻薬の密売人らは逮捕され、トランクが結んだ縁で照子と楠、マヤと菅原という二組のカップルも誕生し、大団円となるのだった。

舞台の一つとなる新川部落について高木は、公演プログラムでも次のように語る。

神戸が港町として発展して行った為に、日本中から働き人が集まって来て沖仲仕のような仕事を始めたのが、スラム街としての部落を構成していったもののようです。〔略〕この新川部落を出してみないと神戸らしくないので、宝塚では少々無理かも分らないと思いましたが出してみました。（三〇頁）

また、劇中でも「賀川豊彦の『死線を越えて』でも有名になったところ」と紹介している。このほか登場人物のなかに混血の「あいのこ」が多数登場するなど、港町神戸の風俗がふんだんに盛り込まれている。だが、観客の反応は冷ややかなものだった。『歌劇』同年三月号の「高声低声」を見ると、冒頭に掲載されているのは皮肉たっぷ

31　一九五六年にパリで初演された《イルマ・ラ・ドゥース》のことと思われる。一九六〇年にブロードウェイで上演された（グリーン／一九九五・三二〇）。

りの評である。

宝塚ミュージカルも回を重ね、大分高木先生に教育されたせいか、バタ屋が舞台に現われても余り気にならなくなって来た。この難しい仕事に敢然と取り組みコンスタントに点を挙げていく先生の努力は必ず実を結んでいくだろう。しかし一方〝宝塚、わが憧れの花園〟という夢と陶酔はだんだん程遠くなっていく感がある。〔略〕オペレット上演は後退なのであろうか。高木先生の才能をその方面にも駆使して欲しいと注文するのは無理なのだろうか。（一四七頁）

また、神戸を舞台とし、麻薬を登場させることに関しても、釘を刺す意見が寄せられている。

身近になればなる程、難しく考えすぎてしまうものである。宝塚の場合だとそれが余計感じるのではないか。現実的過ぎると嫌味になるし、そうかといって舞台を日本のしかも身近なよく知っている場所等を取り上げた場合、おとぎ話過ぎても話をつまらなくしてしまう。今回は一つのトランクがかもしだすエピソードを取りまとめたものなので、無難な作品に仕上がってはいるが麻薬だの夜の女などが舞台に登場するのに至ってはヒヤヒヤものだ。なるべく健全な明るいものを宝塚ミュージカルの基本にしていただきたい。（一四八頁）

新聞評としては、『読売新聞』一九六五年四月一四日号付（東京公演時）に南部圭之助の評があるが、「いささか長い」「導入部が長過ぎて要領が悪く、中盤から後半がよい」など構成に関してと主要キャストの起用に関する言及に終始しており、可もなく不可もない（大笹、二〇〇九・三巻・四六九－四七〇）。

ここまでの「宝塚ミュージカル」三作品を振り返ってみると、そこで取り上げられている「現代の日本」的な要素は工場であったりバタヤ部落であったり、あるいは麻薬であったり、あくまで材料にすぎないことに気づく。ストーリーはむしろ夢物語的な単純明快なものにとどまり、人間のリアルな心情への迫り方が浅い。その点が、設定は夢物語だが、登場人物の心情表現にリアリティがある菊田作品と対照的なところである。

先の章で、高木が白井鐵造の作劇法について、「常にダンスの場面が考えられ、それからストーリーが組み立てられていったが、それは彼がレヴューを作るようになってからも変らなかった。彼の作品が白井情緒ともてはやされるようになった原因は、この創作のプロセスにあったのかもしれない」と述べていることに触れたが、高木は「この方法は弟子の私が受け継いでいる」としている（高木、一九八三・八五）。また、菊田との作劇術の違いについても、「菊田さんは、音楽や舞台美術の方は二の次で、まず芝居の骨組みから仕上げていくやり方であった。ところがレヴュー屋の私は、何よりもまず、音楽や舞台面の美しさや面白さが先行した」（前掲、二三〇）と述べている。菊田が「先に芝居を作ってから、後で無理にダンス場面を入れる」という作劇法であったのに対し、白井や高木は「先にスペクタクル場面やダンス場面をこしらえてから、芝居に入る」（『歌劇』一九五七／九・三七）という作劇法であった。この点にも高木の「宝塚ミュージカル」の限界があったのではないだろうか。

その後の「宝塚ミュージカル」

この頃になると、現代の日本を舞台にするという高木の「宝塚ミュージカル」路線に対する新鮮味はすでに色褪せ、「新機軸に挑戦する姿勢」自体が評価されることも少なくなってきていた。当時の『歌劇』の「高声低声」では、宝塚ミュージカルの行く末について侃侃諤諤の議論が交わされている。もちろんなかには、前向きな賛成意見もあった。

宝塚ミュージカルを支持する。高木先生の熱意溢れる新路線作りには感謝するのみだ。いつだって開拓者は苦しみを味わうものだ。〔略〕「あこがれのムードに酔いたいのよ」という人は多かろうが、現状維持ではこれからは満足されないのではなかろうか。（『歌劇』一九六五／六・一四七）

だが、現代の日本をテーマとして扱うことに関しては、「やっぱり、日本の工場のお話よりも、パリの街のお話の方に魅力を感じる、ごく保守的なファンである私には、宝塚百年の計など、たてられようもない」（『歌劇』一九六五／一・一七八）といった声も上がり、次第に旗色は悪くなりつつあった。

また、前節でも取り上げた「ヅカ調」と宝塚ミュージカルとの関係についても、むしろ「ヅカ調」を宝塚ミュージカルに織り込むべきなのではないかという声が寄せられている。

宝塚調を失った宝塚はファンには受けいれられない。また宝塚の先生方は一般の観客をつかむためというと必ずヅカ調を殺そうとなさるが、花やかなショーが宝塚の専売特許だった時代ならいざしらず、ネコもシャクシもショーやミュージカルを作っている現在、単にヅカ調から脱しただけで一般にアッピールできるとは思えない。むしろヅカ調をいかに成長させるかが、宝塚ミュージカルを日本ミュージカルの一ジャンルとして成長させるためのきめ手であるように思える。（『歌劇』一九六五／一・一四六）

この「ヅカ調」とは先の節でいうところの「華やかで夢々しい雰囲気」というような意味だろう。その「ヅカ調」がむしろほかのジャンルとの差別化につながるのではないかというわけだが、このことはのちに《ベルサイユのばら》で実証されることになる。もっとも識者のなかには、苦境に立たされる高木の挑戦を支援する声もあった。たとえば、尾崎宏次は「東京や大阪や神戸が舞台になると、だれにでもわかっていることだから末端の小さな表現まで批判が出るのはあたりまえ」としたうえで、次のように述べる。

フランス人はフランスの生活と歌でレヴュー[32]をつくっているのであり、アメリカ人も結局はおなじことである。日本人だって同じであるはずだ。〔略〕私たちの生活をレヴューにしないままでいたら、それも怠慢であろう。(尾崎宏次「創作の時代を迎えるときではないか――高木史朗の新作をみて」、『歌劇』一九六五／四・四九)

続けて、「いつ傑作が生まれるかはだれしも予言できないが、しかし、この道はだれかが歩きださなければならない」と改訂版への期待を寄せている。

一九六〇年代は高木作品に限らず、現代の日本を舞台にしたミュージカルがタカラヅカでも時折上演された時代であった。一九六四(昭和三九)年のミュージカル・プレイ《海に生きる》(作・演出は川井秀幸)は「ある小さな漁村に、東京から水産技師がやってくる。村長の姪は彼に惹かれるが、彼女に心惹かれている網元の息子は心穏やかではない」(『一〇〇年史』舞台編、一二七)という、前年の《虹のオルゴール工場》の影響を感じさせるストーリーだ。このほかに横澤英雄は「無人島に大きな看板を立てる」というインチキ不動産会社の指示を受けた少年たちの冒険劇であるミュージカル・コメディ《ぼくらの時代》(一九六五)、カメラマンとその友人、ライバル、恋人

32　ここでも「レヴュー」という言葉と「ミュージカル」という言葉があまり区別なく使われている。

たちが繰り広げる現代の冒険に悪魔が絡むミュージカル・ショー《ワン・ボーイ》（一九六七）を手がけている。

高木自身もその後、ミュージカル・コメディ《虹を追って》（一九六八）、ミュージカル・ファンタジー《星の牧場》（一九七一）、ミュージカル・プレイ《星のふる街》（一九七二）などで、みずからが理想とする宝塚ミュージカル路線を追求していく。

一九六八（昭和四三）年の《虹を追って》は、地中海の架空の小国レインボニアで発見されたウラン鉱脈の利権を巡るコメディで、日本人の商社マン、イトチョー商事の原田権次郎を主人公とした二時間の大作であった。『歌劇』一九六八年三月号の「高声低声」では、出演者の個性に合わせた配役と見どころを評価する評が目につき、『朝日新聞』一九六八年四月八日号付の評（東京公演に対するもの）でも、「ふざけたようなくすぐり演技が多く、また実在の政治家名や会社名が使われるのがかえって安っぽく聞える。その各国の大使がお国ぶりの歌や踊りを披露する舞踏会シーンがおもしろく、ここで羽織、ハカマで登場する上月の日本民謡メドレーはききもの」（大笹、二〇一〇・四巻・二八七）とだけ書かれている。いずれも、高木が本来この作品で伝えたかった風刺の視点には触れられていない。

一九七一（昭和四六）年二月の《星の牧場》は、戦争から復員してきた青年モミイチと戦争で死んだ愛馬ツキスミを巡る物語で、原作は庄野英二の童話である。[33] すでに三年前に劇団民藝により舞台化され、同年には宇野重吉が主役のモミイチを演じていた。『歌劇』二月号の座談会を読むと、モミイチ役の鳳蘭を始め出演者は皆、それまでと勝手が違う演技が求められることに対し「二階に案内されて梯子をはずされたみたい」「いつも手をつないでもらってたのに、一人で勝手に歩きなさい、といわれたみたい」という具合に戸惑った（『歌劇』一九七一／二・四八）。民藝の稽古場まで見学に行くなどして試行錯誤を重ねた様子がうかがえる。上演後の『歌劇』一九七一年三月号の「高声低声」は大いに盛り上がっている。論点となったのが「戦争否定」という原作のテーマがタカラヅカ作品でどう描かれているか、そもそも描くべきなのかという点であった。「血みどろの戦いの悲惨さが背景に感じられず、作品全体として訴える力がいまひとつ欠ける」といった評もあるものの、好意的に受け止める評が多勢を占めている。

正面に押し出されたジプシーたちのファンシィな踊りと音楽の中で、（戦争否定というテーマも）巧みに消化され、静かに、じんわりと平和の尊さを感じさせているのが、印象強かった。つまり現実との接点を見出しながら、宝塚らしい特殊な詩の世界を創りあげている。（一四四頁）

この作品は高木が目指してきた「宝塚ミュージカル」の集大成であり、晩年の代表作といってよいだろう。翌七二（昭和四七）年六月の《星のふる街》は、敗戦直後のバタヤ部落にともに住まい奉仕した北原怜子という実在の女性の物語『アリの街のマリア』（酒井友身著）の舞台化である。[34] 主人公である北原怜子役を雪組トップスターの郷ちぐさが演じたという珍しい作品であったが、「高声低声」を見る限りでは「宝塚ファンだけでなく、是非全国の青少年少女にもみせたいもの」「日本の現代ものミュージカルを観るのは初めての私を大感激させてくれ

33 庄野英二は、高木の関西学院大学哲学科時代の同級生でもあり、一九三七（昭和一二）年に出征した庄野に対して、劇団生徒による千人針を高木が送ったという仲だった（『歌劇』一九七一／一二・四二）。庄野はこの作品を書き上げた時から「宝塚でやったらどうか」と高木に進言していたという（『歌劇』一九七一／一二・四六）。

34 先に触れたとおり、この作品は一九五八（昭和三三）年に芸術座で上演されており（作・演出は菊田一夫）、北原怜子を演じたのがタカラヅカ退団後の八千草薫だった。

た」「先生お好み（?・）のバタヤ部落も夢のように美しく哀しい」と好意的な評が目につく。

だが、のちに劇団理事長に就任する小林公平は『歌劇』における自身の連載「花の道より」のなかで、「正直の処、筆をとるのに稍《やや》気が重い」と前置きしつつ、厳しい評を寄せている。見るべき点もある反面、「現実にあったことを題材にしているため、掘り下げるとキツい感じのものになり、かといって妥協すると中途半端になる」「ほとんど全員が汚れ役というのはどうか」「どうしても宗教色が強くなり、説教じみてしまう」といった問題点を指摘し、「宝塚には宝塚の進むべき領域がある筈だ。『星のふる街』が果して我々の舞台であろうか」と問いかける（『歌劇』一九七二／七・四三）。結局、現代日本の舞台化に挑んだ高木の「宝塚ミュージカル」はこれが最後の作品となった。

高木のタカラヅカ最後の作となったのは、一九七七（昭和五二）年のミュージカル・コメディ《わが愛しのマリアンヌ》であった。「ベルばらブーム」終焉の翌年である。その後、亡くなるまでの八年間、書籍は出版したが舞台作品は手がけていない。晩年の高木には「作品の発表の機会が少なくなってきた」ことへの不満もあったようだ（『歌劇』一九八五／四・四六）。一九八三（昭和五八）年には、『レヴューの王様――白井鐵造と宝塚』を上梓する。師匠である白井の生涯と功績をまとめたものだが、戦前・戦後の日本のレビュー、ミュージカルの歩みがよくわかる一冊となっている。刊行から二年たった一九八五（昭和六〇）年二月、高木は六九歳で亡くなった。一五歳年上である師匠・白井鐵造の死のわずか二年後だった。

「宝塚歌劇の申し子」高木史朗の功績

『歌劇』一九八五年四月号の高木の追悼記事のなかで尾崎宏次は、「高木の作品には二つの系譜がある」という。一つは《華麗なる千拍子》に代表される傑作レビューの数々、もう一つが、「《河童まつり》（一九五一年）、《虹のオルゴール工場》（一九六三年）、《星の牧場》（一九七一年）とつづく、一連の作品」であり、こちらの系譜については高木が「どうしても成功させたいと願っていた仕事」と振り返る（『歌劇』一九八五／五・四七）。高木自身もまた「タカラヅカ一〇〇周年記念に《虹のオルゴール工場》が再演されること」を望んでいたようだ（高木、一六四・一一六）。だが、その夢は実現しなかった。その後、高木の「宝塚ミュージカル」路線は継承されることはなく、現在のタカラヅカは「現代の日本を舞台とした作品は基本的に上演されない」劇団だと認識されている（六章二節）。

それでは、後者の系譜は絶たれたと言ってしまってよいのか。あるいは、高木の挑戦は無意味だったのだろうかというと、そうではないと筆者は考える。もちろん短期的には、「現代の日本を舞台とした作品」は観客の受けが悪いことを知ったタカラヅカにとって「反面教師」的な存在だっただろう。だが、それだけではない。「タカラヅカらしさ」という言葉は、「ベルばらブーム」以降は「虚（夢の世界）」の方向を指す用語として使われるようになるが（五章六節）、その後のタカラヅカで時折「これはタカラヅカらしいといえるか」と物議を醸す作品が立ち現れては、演者や観客の舞台作品に対する思考力を刺激してきている。近年の典型的な例は、煙草をふかしながら登場する大悪党をトップスターが演じたショー《ＢＡＤＤＹ》（二〇一八）だろう。[35] 高木のスピリットはその後の作家たちにも受け継がれているといえよう。

35　作・演出は上田久美子。この作品に対してベテラン演出家の岡田敬二は「わざと伝統に反し、タブーに挑戦したんだと思うんです。規制を壊さないと、新しいモノはできないですから」と語っている。スポーツ報知「〝タカラヅカ過激〟な超問題作にレビュー界の巨匠の反応は…」二〇一八・五・二（https://hochi.news/articles/20180430-OHT1T50365.html）二〇二四年九月二一日閲覧。

この項の最後に、《華麗なる千拍子》初演翌年の一九六一（昭和三六）年、高木が『歌劇』九月号に寄稿した記事「宝塚七つの矛盾」（四八頁）を紹介したい。「宝塚を愛する者が、宝塚を分析して考えてみたこと」として、高木は次の七つの「矛盾」（引用による要約）を挙げている。

①女性ばかりの劇団であるがゆえの作品制作におけるさまざまな限界
②演者に男性がいないにもかかわらず、女性ファンが圧倒的に多く男性ファンが増えないこと
③ファン自身がタカラヅカの発展を望んでいないように思われること
④学校組織であり、劇団員も「生徒」と呼ばれており、プロ意識のある「俳優」ではないこと
⑤学校組織でありながら「卒業」時期が決まっておらず、いつまでたっても一人前の舞台人として扱われないこと
⑥「劇団」でありながらも阪急という電鉄会社によって運営されており、スタッフも電鉄会社の社員であること
⑦「いつか退団する」ことが不文律であり、生涯とどまって芸に励めないこと

興味深いのは、『歌劇』のこの記事を、一般芸能誌である『週刊サンケイ』（一〇月二日号）が紹介している点だ。同記事では、理事にも就任したばかりの高木のこの指摘について、これまでも折に触れて議論されてきたが「いつも未解決というより、面倒くさくなって放りだされ、そのまま宝塚歌劇の底でぶつぶつとメタンガスのように、醗酵しつづけていた」問題であり、「それをあえて思いきった形で高木氏が発表したところに、宝塚のために、宝塚とともに生きようとする作家の良心と苦悶があり、これらの矛盾を、台風のたびに、土のうと乾パンを唯一の対策としている、台風対策本部的な歌劇団のやり方への警鐘がみてとれる」としている（七四頁）。ところが、ここから六〇年余りを経た現代のタカラヅカは、指摘された「七つの矛盾」をほぼすべて逆手にとって今日では

「強み」としているといえよう。

「女性ばかりの劇団」で創り出された男役・娘役は今や唯一無二の価値となっており、世代を超えて受け継がれていく女性ファンの存在もまた他社が羨む構造である。学校組織であることは「清く正しく美しく」のモットーと結びつき、そこで生まれるつながりは芸の継承にもひと役買っている。そして現在、退団は「卒業」といわれ「限りがあるからこそのかけがえのなさ」もまた、タカラヅカならではの魅力と化している。これら七つの矛盾は高木一人の手に負えるものではなかった。しかし、その問題意識と果敢に挑戦するスピリットは脈々と受け継がれ、六〇年かけて多くの人の手によって解決されていったのである。

【第四節】海外ミュージカルへの挑戦

ブロードウェイ・ミュージカルへの挑戦

今日でこそ、タカラヅカといえば《エリザベート》に代表されるような海外ミュージカルの翻案を十八番としている劇団のように思われているが、その第一歩は今日からは想像もつかないものだった。

タカラヅカが海外ミュージカルの上演に初めて挑戦したのは一九六七（昭和四二）年のこと。演目は《オクラホマ！》だった。前年の一九六六年に帝国劇場が建て替えられ、東宝ミュージカル《屋根の上のヴァイオリン弾き》（一九六七）や《ラ・マンチャの男》（一九六九）が上演された頃である。

《オクラホマ！》は一九四三（昭和一八）年に初演されたブロードウェイ・ミュージカルだ。リチャード・ロジャースとオスカー・ハマースタイン二世の名コンビが誕生するきっかけとなった作品として知られる。物語の舞台は、一九〇七（明治四〇）年のアメリカ・オクラホマ州だ。この年はオクラホマ準州がインディアン準州との統合で州に昇格した年であり、オクラホマのネイティブ・アメリカン居住区ではカウボーイと農民が共存し、物流の発達により外界との交流が開け始めていた（小山内、二〇一六・七〇）。

《オクラホマ！》あらすじ

カウボーイのカーリー（上月晃）と、農家の娘ローリー（初風諄）は互いに想い合っているが素直になれない。燻製小屋に住んでいる使用人ジャッド（古城都）は不気味な男だが、彼もまたローリーに気があるようだ。ローリーの友人のアド・アニー（八汐路まり）は惚れっぽく、間抜けなカウボーイのウィルと恋仲でありながら行商人アリとの浮気騒動を起こす。カーリーとローリーはすったもんだの末にようやく互いの思いを告白して晴れて結婚式を挙げる。その最中にジャッドがカーリーに襲いかかるが、ジャッドは死に、カーリーの正当防衛が認められる。アド・アニーも無事にもとの鞘に収まり、カーリーとローリーは新婚旅行へ向かう。

このように、筋立てはごく他愛ない。だが本作は、「物語・歌・ダンスを一体化した点でミュージカルに革新をもたらし、新時代を切り開いた」（前掲、七〇）として評価されており、冒頭でカーリーが歌う「なんて美しい朝」やカーリーとローリーとのデュエット「恋仲だと人が言う」、結末での大合唱「オクラホマ」などの名曲が今に知られている。ダンスシーンも、農夫とカウボーイらによる明るい群舞や、一幕ラストのローリーの深層心理を描いたソロダンスなどが印象的だ。こうした名曲やダンスシーンが、芝居の要所要所に巧みに盛り込まれているため「ミュージカルに革新をもたらし、新時代を切り開いた」とされる。

それではなぜ、タカラヅカは海外ミュージカル第一作として、この《オクラホマ！》を選んだのだろうか。ブロードウェイでの初演が一九四三（昭和一八）年と、タカラヅカ初演時の二四年も前であり、当時の新聞評でもすでに「時代遅れ」との声も出ていた作品である（『歌劇』一九六七／八・三二）。だが、本地盈輝は本作の歴史的意義を踏まえたうえで、タカラヅカがこの作品を選んだことの意義を評価している。

一九三〇年代までのアメリカのミュージカルが、オペレッタ、あるいはレビュー形式のものが多かったのにくらべて、一九四三年に初演されたこの作品は、清らかで純粋な郷土的テーマのなかに、歌とバレエをスムーズに融合させ、しかも、モダンなタッチと軽快なテンポを持ったものとして、当時、最も注目を集めたものであり、この一作によって、ブロードウェイ・ミュージカルが、形式的にも今日に見るような、演劇の一つのジャンルとしての形態に発展する原型となった。〔略〕宝塚が、二十四年前の「オクラホマ!」を選んだのは、まず、近代ミュージカルの原型を学びとることによって、つぎへの足がかりにしょうとした意欲のあらわれだと、私はみたい。(『歌劇』一九六七/八・三〇)

実態としては、あれこれの作品に当たってみた結果版権が取れたのが《オクラホマ!》だったという事情もあろうが、ともあれタカラヅカの海外ミュージカルは、この「ミュージカルの古典」ともいうべき作品から始まったのである。

一九六七(昭和四二)年七月、月組公演に星組から上月晃・水代玉藻・司このみの三名が加わる形で、タカラヅカ版《オクラホマ!》は上演された。カーリーには星組の上月晃、ローリーに初風諄、ジャッドに月組のトップスター格であった古城都、アド・アニーに月組のトップ娘役格であった八汐路まりというキャスティングである。演出・振付には、初演の振付者の弟子であり、自身も本作出演経験のあるジェムジー・デ・ラップが招聘された。

実際、《オクラホマ!》はそれまでのタカラヅカ作品とはさまざまな点で異なっていた。もっとも大きな相違はスタニスラフスキー・システムに基づいたリアリズム演技が強く求められたことだった。この時代のタカラヅカにはまだ根強い男性加入論があり[36]、新聞にも《オクラホマ！》上演の記事と同時に男性加入云々の記事が大々的に掲載されるほどだった（『歌劇』一九六七／八・三五）。つまり、女性だけの劇団で本格的な海外ミュージカルなどできるわけがない、という認識が強かったのだろう。こうしたなか、演出を担当したデ・ラップは「タカラヅカの男役」ではなく「リアルな男」の演技を要求した。『歌劇』七月号の座談会でも「皆さんに演ってもらいたいことはリアリズム演技で、アーサー・ミラー[37]を例に取るまでもなく、自然に動くこと以外に演技の基本はありません」（『歌劇』一九六七／七・三八）と述べている。スタッフ、出演者らは特に音楽が大切にされていることも驚きだったようで、音楽監督の吉崎憲治らは次のようなやりとりを交わしている。

吉崎　たとえば上月さんが『美しき朝』を唄い、一度止って台詞をいいますが、音が完全に止ってからセリフに入り、セリフが終ってから音楽が始まる。その点に非常に気をつかってますね。僕も今までもわかっているつもりだったのですが、それ以上です。

八汐路　私たちは今まで音楽が流れている時に台詞をいう方がミュージカルらしいと思ってたのに……今度は、はっきりしてますね。

上月　私もすごくそれを感じました。

（『歌劇』一九六七／七・三八）

36　『歌劇』一九六六（昭和四一）年七月号で小林米三理事長は、「宝塚の責任者は『男性加入は絶対にしません』と宣言せよ」というファンからの要望に応え、「私は男性を入れた新しい宝塚歌劇団を作ろうとは思っておりません」と述べている。

37　アーサー・ミラー（一九一五〜二〇〇五）はアメリカの劇作家。《セールスマンの死》（一九四九）などで知られる。

セリフのやりとりの合間に歌が入り、きちんと歌い上げて聴かせるという、現在からするとミュージカルでは当然のように思えることも、一歩一歩の学びの積み重ねの結果であったことがこうしたやりとりから見て取れる。

デ・ラップはメイクの点でも、日焼けした西部の男を表現するために普段と違う茶褐色のドーラン化粧をさせた。『サンケイスポーツ』文化部の入方宏は「男役はみんな顔を茶かっ色にしているし、衣装もたいへんリアルで、宝塚的ではなかった」(『歌劇』一九六七/八・三三)と驚きを伝えている。ただ、『東京新聞』九月八日号付に掲載された東京公演の公演評では「東宝劇場では照明のせいかきたなく見えない」とある(大笹、二〇一〇・四巻・一五二一一五三)ため、大劇場公演を経てメイクの方法も多少は変化があったのかもしれない。出演者たちはデ・ラップの指導に素直に耳を傾け、懸命についていった。その健気な様子が『歌劇』の座談会からも伝わってくる。スタニスラフスキー・システムに基づいた演技指導や、群衆芝居のあり方などから、出演者たちは大きな刺激を受けた。「国民意識で負けてはならじ、とがんばる」気持ちもあったようだ(「組長座談会」『歌劇』一九七一/一・一一五)。その涙ぐましい努力は功を奏し、「高声低声」でも「今迄のヅカ調なる歌の節回し、振付、演出方と全く変わったこの作品は以後語り伝えられる事だろう」(『歌劇』一九六七/八・一四七)と評されている。

オーディションによる配役決定も初の試みだった。結果的に主役の四人はいずれも当時のトップスター、トップ娘役クラスが占めてしまったため「意味があったのか」との批判もあったが、それでも月組のトップ娘役的立場にあり、順当にいけばヒロインのローリー役を務めそうな八汐路まりがアド・アニーにキャスティングされたことなどはオーディションの成果だった。実際、『東京新聞』九月八日号付(東京公演時)でも、新境地を拓いた八汐路のアド・アニーが評価されている。

情実を廃したオーディション形式による配役のおかげでやりつけない役を成功させ役の幅を広げた人が多い

のもいい。ことに、悲劇のヒロインが多かった八汐路まりが、ちょっと頭が弱くてコケティッシュな三枚目に近いアド・アニーを好演しているのが目立つ。（大笹、二〇一〇・四巻・一五二）

興味深いのは、客席でのファンの態度も違っていたことだ。当時はまだ「かけ声が人気のバロメーター」という認識があり、歌やセリフが聞こえなくなるほどのかけ声がしばしば問題となっていた。だが、この作品に限ってはそんなかけ声がピタリと止み、拍手喝采だけが送られたという。「客席からのかけ声が影をひそめ、拍手で出演者を迎えたり送ったりしていたのは好感が持てた」（『歌劇』一九六七／八・三四）とあるように、ファンの側にも「海外ミュージカル」というだけで襟を正してしまう緊張感があった。

新聞評は好意的だ。『東京新聞』九月八日号付では、二四年も前にブロードウェイで初演されたミュージカルであるため古くて稚拙なところもあるとしつつも、次のように評している。

宝塚歌劇団に向かないはずの西部の荒くれ男たちの世界を扱った作品を一応こなし、女性ばかりでも外国製ミュージカルをやれる自信を持てたのは収穫〔略〕外国製ミュージカルという新路線がふえたのは宝塚にとって強みだが宝塚向きにアレンジし直すことを忘れないでほしい。（大笹、二〇一〇・四巻・一五二－一五三）

だが、観客の間では物議をかもしたようだ。一九八四（昭和五九）年刊『宝塚歌劇の七〇年』では、当時をこのように振り返っている。

賛否両論がうず巻く。否の方は「西部の荒くれ男の出るミュージカルは宝塚的でない」「衣装や装置がお粗末で、フィナーレがないのはさびしい」など……、賛の方は「生徒たちの新しい芸域と魅力が発見できた」「女性だけの劇団でこのようなミュージカルができるとはすばらしい」など……であったが、宝塚に新しい一頁を開いたことは間違いなかった。(八三頁)

さらなる挑戦・定着・中断

このように評価が分かれつつも、タカラヅカは海外ミュージカル上演の第一歩を踏み出した。しかし賛成派であっても、二歩目としては「もう少しタカラヅカ向きの作品を」と考えたようだ。

たとえば野口久光は、タカラヅカがブロードウェイ・ミュージカルを上演する場合は「女性を主人公とした作品」が良いのではないかとし、「宝塚向きの理想的な作品」として、ホームドラマ的な《サウンド・オブ・ミュージック》、登場人物の大部分が東洋人である《王様と私》、ロマンティックな幻想物語である《ブリガドーン》、戯曲『リリオム』をミュージカル化した《回転木馬》や、《カーニヴァル!》《ピーター・パン》を挙げている[38](『歌劇』一九六八/八・三二)。ところが、大方の予想に反して翌六八(昭和四三)年、海外ミュージカル第二弾として選ばれた作品は、不良少年グループらの物語であり、力強いダンスシーンにも定評のある《ウエストサイド物語》[39]だった。タカラヅカは、さらに難易度の高い戦いに挑んだといえよう。この決断の背景には、一九六五(昭和四〇)年に行われた第二回ヨーロッパ公演あたりから、タカラヅカのダンスレベルが飛躍的に向上したことや、男役にブルージーンズが似合うようになったと認識され始めたこともあったようだ(小林公平、一九八四・一九七)。

八月月組公演で初演され、トニーを古城都、マリアを八汐路まりが演じた。振付・演出を担当したのは、ジェローム・ロビンスの弟子であるサミー・ベイスである。のちに数々のオリジナル・ミュージカルの名作を生み出すことになる柴田侑宏（五章三節）が演出補を担った。この時もオーディションが実施され、リフ役に清はるみ、チノ役に大滝子、アクション役に榛名由梨、アニタ役に砂夜なつみらがキャスティングされている。一一月の東京公演は芸術祭賞大賞を受賞し（『宝塚歌劇の七〇年』、八三）、識者からは概ね高い評価を得たようだ。『朝日新聞』一一月一五日号付もこの東京公演を絶賛している。

男っぽい不良少年の決闘という筋運びは、女ばかりの宝塚歌劇には不向きだとの心配もあった。だが結果は、四年前に来日したブロードウエー・ミュージカルをむしろ上回るほどの舞台を見せた。主役、わき役を問わず、出演者全員が呼吸を合わせて、ひたむきに男役の限界、本格ミュージカルのカベにいどむ姿がつよく訴える。力作といえるだろう。（大笹、二〇一〇・四巻・四一九）

また、元々は「ブロードウェイ・ミュージカルの中にも、もっと宝塚向きの作品があるのでは？」と作品選定に関して疑問を呈していた野口久光も、その出来を高く評価して「私は感心するやら、うれしいやらで複雑な気持ちになったものでした」（『歌劇』一九六九／一・五九）と述べている。同寄稿で、野口は《オクラホマ！》《ウエストサイド物語》の成功について、次のような要因を挙げる（引用者による要約）。

38　後述するが、このうち《回転木馬》は一九六九（昭和四四）年に、《ブリガドーン》は七四（昭和四九）年に上演されている。また、《サウンド・オブ・ミュージック》は一九八八（昭和六三）年に宝塚バウホールにて上演され、主人公マリアを春風ひとみが演じた。

39　《ウエストサイド物語》の日本人キャストによる初演は、実は劇団四季（一九七四年に上演）よりタカラヅカの方が先である。

・宝塚の出演者たちが、こぞって歌、踊り、芝居の勉強を、十分ではないとしても基礎からやっていて、集団として日本のほかのいかなる劇団にも求められないティーム・ワークを発揮できること。
・男役は伝統的にお手のもので、宝塚独特の型がつくられていて、私たちが心配するほど不自然にならないということ。
・歌や踊りに関しても、日本ではいわゆる東宝の手で上演されてきたブロードウェイ・ミュージカルよりも有利であること。

続けて、この二作の上演によって宝塚のブロードウェイ・ミュージカル路線が確立したとしている。だが、観客の間ではやはり賛否両論で、なかには現在の感覚では信じがたいような酷評もなされている。

・〔《ウエストサイド物語》に関して〕素人の立場で、平均的ファンであるつもりの私の見た印象を率直に云わせて頂くなら、これは失敗であった。
・原因その一。どだい男の踊りを女がやる事の体力的な無理。
・その二。ストーリーが単純、場面の展開もごく限られていて、衣装は、薄汚れたジャンパーとGパンスタイルだし、目を楽しませる要素がなく、今、思い返してみても、どこと云って印象に残る場面の一つすらないのは何としたことか。
・その三。ＦＭなどで聞いていれば名曲と感じた音楽も、正直云って一向ぱっとしない。
・はっきり云って、このような作品のなかからは、宝塚のスターは誕生しないであろう。

（「高声低声」より引用要約。『歌劇』一九六八／九・一五五）

翌六九（昭和四四）年には、雪組が《回転木馬》を上演した。前二作が合同公演だったのに対し、本作は雪組単独での上演で、舞台装置として使用するために本物の回転木馬を四〇〇万円かけて製作したという（大笹、二〇一〇・四巻・六〇九－六一〇）。ファンからは「次回こそは宝塚内部での演出を」という声が根強かったが、それは叶わず、演出・振付には、本作のアメリカでの上演時に振付を担当したエドワード・ロールが招聘された。この公演では演者たちの実力、とりわけ主演の真帆志ぶきが高く評価された。『歌劇』一九六九年六月号の座談会では、演出・振付を担ったロールは次のように述べている。

> 映画ゴードン・マクレーンの『回転木馬』のビリーよりも、舞台のオリジナルのジョンレートのビリーよりも真帆ビリーが一番いい。女性だけの劇団で男のやくをこれだけこなせるとは思わなかった。男性がやるよりももっとせん《マ》さ《マ》いに男を出している。（四〇頁）

また、同年の東京公演時の『東京新聞』八月一二日号付の評も、一四年前に初演された作品ゆえ古めかしいところもあると指摘しつつ、「感心するのは、宝塚の四分の一の雪組だけで適役をそろえた実力と配役のうまさ」と出演者を高く評価し、特にビリー役の真帆について「また一つ真帆の当たり役がふえた」と絶賛している。いっぽうで「エディ・ロールの演出・振り付けの功績も外国製ミュージカル路線の好調も結構だが、一体全体宝塚の作者たちは何をしているのだろうか」と演出家陣に対しては手厳しい（大笹、二〇一〇・四巻・六〇九－六一〇）。同公演は前二作と違って『歌劇』の「高低低声」評もこぞって好意的だ。タカラヅカらしい甘く悲しく美しいラブストーリーだけに、前作の《ウエストサイド物語》とは違って、観客に安心して受け入れられた様子がうかがえる。次回作を期待する声も少なくなかった。

三作の海外ミュージカルについての外部評で目を引くのは、演者の実力と努力が高く評価されていることである。これは一九五〇年台の初頭、菊田一夫がタカラヅカに作品を提供し始めた頃のボヤキからすると隔世の感がある。

こうしてタカラヅカは立て続けに海外ミュージカルを上演し、それなりの成功をおさめた。だが、一九六九（昭和四四）年二月、《回転木馬》上演を前にして、海外ミュージカル上演に熱心だった小林米三理事長が急逝する。翌七〇（昭和四五）年は大阪万博が開催された年だが、一月の『歌劇』で新理事長の荒木秀雄は、「万博に来た外国人にわざわざお国のミュージカルを見せることもないし、ブロードウエイ・ミュージカルはがっちりそのままやらねばなりませんから二本立興行というわけにもゆかない。今年はやれませんね。それより宝塚らしいショーとドラマをやってゆきます」と語っている（一四八頁）。「がっちりそのままやらねばならない」とは、たとえば、《オクラホマ！》で、「西部の男たちが行商人からいかがわしい写真を買ったり、ヌードのうつる覗きメガネを手にして喜ぶシーンなど、従来なら当然カットされる画面もそのまま上演」されたといったことだ（大笹、二〇一〇・四巻・一五三）。日本の観客に合わせた「潤色」が行われるケースも増えた昨今とは違い、この頃のタカラヅカにとって、海外ミュージカルはそれほどまでに制約の多いものだった。

結局、タカラヅカの海外ミュージカル路線はここでいったん途切れることになる。一九八四（昭和五九）年の《ガイズ&ドールズ》までの間は《ブリガドーン》（一九七四）一作があるだけで、ぽっかりと間が空いている。海外ミュージカルとは距離を置いたタカラヅカは、再びオリジナル・ミュージカルの上演を積み重ねていった。そして、この間に「ベルばらブーム」が到来するのである。

一九七四（昭和四九）年、《ベルサイユのばら》が初演されたのと同年に上演された前述の《ブリガドーン》は、タカラヅカ六〇周年記念作品の一環であった。本作のブロードウェイ初演は一九四七（昭和二二）年で《オクラホマ！》同様に古い作品だが（『歌劇』一九七四／一一・三四）、一〇〇年に一度、霧のなかに現れる幻想的な村で繰り広げられる物語で「宝塚にふさわしいものは何であるか」という観点からの作品選定であった。演出を任されたのは、ショー作品に定評のある鴨川清作だった。本章第一節で紹介した小池修一郎の言説からもわかるとおり、この頃は海外ミュージカルの演出は「ショー作家が行うもの」とみなされていたが、悲願だった座付演出家による演出がようやく実現した。音楽は寺田瀧雄、振付は司このみとスタッフも日本人で固めている。ただ、当の鴨川は念願の実現を素直に喜んでいたわけでもなく、「映画の試写を見て『これではヒットしないはずだ』と悲観的になった」「宝塚で一番新しい仕事をしていると自負しているスタッフで最も古いミュージカルをやるなんて」と、『歌劇』誌の座談会でも文句たらたらであった（前掲、四四–四五）。

その後、タカラヅカが再び海外ミュージカルに本格的に力を入れ始めたのが一九八四（昭和五九）年である。まず九月より宝塚バウホールにて星組《回転木馬》、月組《南太平洋》、花組《オクラホマ！》と、ロジャース＆ハマースタインの三部作を上演する。同年一二月、大劇場公演としては久しぶりの海外ミュージカルとして、大地真央と黒木瞳の月組トップコンビが《ガイズ＆ドールズ》を初演。宝塚大劇場では五本目、《ブリガドーン》以来一〇年ぶりの海外ミュージカル上演だった。

《ガイズ＆ドールズ》は酒井澄夫の「脚色・演出」であり、ここにきてようやく「脚色」が可能になった。さらに《ブリガドーン》までの海外ミュージカルは、物語の結末の後にタカラヅカ独自のフィナーレはないが（公演プログラムを確認）、《ガイズ＆ドールズ》はフィナーレも演じられた。こうしてタカラヅカにおける海外ミュージカルは、タカラヅカ流のリメイクへの第一歩を踏み出したのである。

本書では詳しく触れないが、タカラヅカの海外ミュージカルへの評価が定着し、タカラヅカファンだけでなくミュージカル好きの観客からも認知されるようになったのは、《エリザベート》以降といってよい。《エリザベート》が「日本で海外ミュージカルを立派に上演できる劇団」へと飛躍する「ジャンプ」だとすれば、《オクラホマ！》が「ホップ」、一九八七（昭和六二）年の《ME AND MY GIRL》が「ステップ」というところだろう。この「ホップ」と「ステップ」の間にタカラヅカは大きな変化を遂げていたのである。

現在のタカラヅカにおいて、ミュージカルはショー・レビューと並ぶタカラヅカの主要な演目だ。それでもなお、タカラヅカを「ミュージカル劇団」と言い切ることに筆者は抵抗を感じ、タカラヅカ自体も実際のところ純粋な「ミュージカル劇団」を目指してもいないのではないかとさえ思われる。現に、タカラヅカの代表作の一つといわれる《ベルサイユのばら》は「ミュージカル・ロマン」でも「ミュージカル・プレイ」でもなく「宝塚グランド・ロマン」と称されている。そのヒントが、創立時からタカラヅカとは切っても切れない縁のある芸能分野「歌舞伎」にあるのではないかというのが本書の見立てである。次章ではこの点について探っていくことにしたい。

第四章

「和」と「洋」の相克

タカラヅカには、歌舞伎を始めとした日本の伝統芸能から学び、その要素も受け継いでいこうという意識が連綿と息づいていた。そもそも小林一三は、「新時代の歌舞伎」としての「国民劇」を目指していた。この経緯からして、タカラヅカと歌舞伎は因縁浅からぬものがある。ところが、一九五〇～六〇年代になると生活そのものが西欧化し、歌舞伎も日常から遠い存在となっていった。「伝統芸能」と化していく歌舞伎とどう向き合い、そこから学んだものをいかに継承していくかが、一九五〇～六〇年代のタカラヅカにとって大きなテーマとなっていく。

ここまで見てきたとおり、そこにアメリカからもたらされたのが「ミュージカル」である。タカラヅカでは、いったん消えかかった歌舞伎的な要素を受け継ぐという流れを、日本物のミュージカルという形で新たに吸収していこうとする。つまり、一九五〇～六〇年代のタカラヅカでは「和＝歌舞伎に代表される日本の伝統芸能」と「洋＝西洋から入ってきたミュージカル」の相克も存在した。ただ、こちらは「虚実」の相克とは違い、両極の間を揺れ動きながら落ち着きどころを探すというシンプルな話ではなかった。本章では、一九五〇～六〇年代に行われたユニークな取り組みを経て、タカラヅカが「ミュージカル」のなかで歌舞伎を始めとした日本の古典芸能のエッセンスをどのように消化していったのか見ていこう。

【第一節】

一九五〇～六〇年代のタカラヅカと日本の古典芸能

「歌舞伎」の影響力の減少

現在のタカラヅカから歌舞伎の影響を感じ取ることは難しい。だが、かつては歌舞伎の演目を題材とし、形式名に「歌舞伎」という用語を使うなど、その影響を感じさせる作品が上演されていた。

創成期については、『歌舞伎と宝塚歌劇』（二〇一四）の吉田弥生「創立者・小林一三と歌舞伎」における調査がある（吉田編著、二〇一四・四〇）[1]。それによると、一九一四（大正三）年から二七（昭和二）年（日本初のレビュー《モン・パリ》上演の年）までの上演作品のうち、歌舞伎演目を題材として歌劇化されたと思われる作品は一四年間で一四公演一八作品である。当時の上演作品総数のなかでは決して多いとはいえないものの、少なくともこの時期はおよそ年一本のペースでは歌舞伎を題材とした作品が手がけられていた。タカラヅカ初期の名作といわれた《お夏笠物狂》（久松一声作・一九二〇年初演）も、歌舞伎でおなじみの「お夏清十郎」の物語を題材としたものだ。こ

1　『歌劇』および脚本による調査。作品タイトルをもとに歌舞伎から歌劇化されたと判断される作品や、形式名「歌劇」とされる作品から抽出。形式名が「舞踊」の作品は除かれている（吉田編著、二〇一四・四〇）。

の時期の特徴は、歌舞伎作品のなかでも女性が主人公の作品が選ばれている点である（前掲、四一）。

一九三〇年代のレビュー時代以降はどうだろう。ここでは、形式名またはタイトルに「歌舞伎」とついている作品の上演件数を確認したところ、三二年に一件、三三・三四・三六年に二件、三七年に三件である。つまり、レビュー時代華やかなりし頃にも「歌舞伎レヴユウ」と称される作品が年一〜三本のペースで上演されていたことがわかる。

日本舞踊専科が発足し、天津乙女らが配属されたのが一九三三（昭和八）年である。小林一三は、白井鐵造の大レビュー《パリゼット》上演と同時期にも、なお「日本の風俗習慣を度外視して、外国種のみを真似をして居る場合には必ず落伍する」（『歌劇』一九三〇／八・二）と警告を発していた。その危機意識のもとで、日本独自の歌舞伎という様式を活用した「国産レビュー」への模索も粛々と続けられていたといえるだろう。このうち一九三七（昭和一二）年の《恋に破れたるサムライ》は一三の作である。創成期から五年ほどは一三が脚本を書いた作品がしばしば上演されていたが、以降執筆はなかった。それが十数年ぶりにみずから筆をとったのが、この作品だった。七代目市川團十郎のために書かれた《那智滝誓文覚《なちのたきちかいのもんがく》》に着想を得ており、欧米公演での上演も視野に入れていたという（阪田、一九九一・三六二）。一三の強固な問題意識が伝わってくる作品である。

形式名に「歌舞伎」を入れたり、歌舞伎でおなじみの物語を題材にするなど、歌舞伎の要素を含んだ作品上演の試みは一九五四年に一作品、五五年に二作品、五六年に一作品と、戦後の一九五〇年代にも散見される。一九五四（昭和二九）年の宝塚歌舞伎《白井権八》上演後の『歌劇』六月号では、「新しい『宝塚歌舞伎』への道」と題した座談会（香取仙之助、花柳年之輔、天津乙女らによる）の特集が組まれている。そのなかで「この頃宝塚は、歌舞伎を取り上げて宝塚歌舞伎と銘打ってやっている」（『歌劇』一九五四／六・三〇）との発言がある。また、一九五五（昭和三〇）年の歌舞伎レビュー《曽我物語》について、作品解説に「宝塚歌舞伎レビューの一篇」（『一〇〇年史』舞台編、一一四）とあるように、この時期「宝塚歌舞伎」や「歌舞伎レビュー」という呼び名はタカラヅカ作品の形式名の一つとして存在していた。

『歌劇』一九五一（昭和二六）年四月号で、劇団に正式復帰したばかりの白井鐵造、高木史朗、引田一郎理事長、高井重徳芸能課長による座談会が行われているが、このなかにも次のようなやりとりが見受けられる。

引田　歌舞伎もミユージカルプレイなのだから、宝塚はオーケストラで表現した歌舞伎なのです。
白井　宝塚歌舞伎といふものが宝塚の行き方の一つですし、これは将来日本の新演劇の一つになると思ひます。
（「宝塚の〝明日〟を語る」『歌劇』一九五一／四・一八）

また、翌五二（昭和二七）年の『歌劇』四月号でも、引田はこう述べている。

歌舞伎にしても古典を残して行かうというのと、歌舞伎をレビユー化しなくちやいけないという意見がありますが、歌舞伎はあらゆる演劇のセンスを含んでいるとしても、内容の陳腐なものでは今の人達がついて来ませんし、そこで宝塚は新しい歌舞伎を作る立場にあるといえませう。（「学校・映画・研究会など——引田理事長にきく宝塚近頃の話題」『歌劇』一九五二／四・二七）

こうした言説からも、まだこの頃の歌舞伎は日本人の生活に溶け込んだ芸能であり、タカラヅカも歌舞伎を基本にした「宝塚歌舞伎」を確立すべきという考え方が存在したことが感じ取れる。だが一九五七（昭和三二）年以降は、形式名またはタイトルに「歌舞伎」と付されている作品は見当たらない。

歌舞伎舞踊の上演頻度についても同様の流れだ。前掲『歌舞伎と宝塚歌劇』の阿部さとみ「宝塚舞踊と歌舞伎舞踊」によると、宝塚大劇場および東京宝塚劇場における歌舞伎舞踊をもとにした作品は、一九一四（大正三）年、小林一三が初めて脚本を書いた《紅葉狩》に始まり、二〇（大正九）年以降、五九（昭和三四）年までの間は毎年一作品以上、多い年は宝塚大劇場だけで五～六作品が上演されている。ところが一九六〇年代に入ると急速にこの頻度が衰え、六二（昭和三七）年一作品、六六（昭和四一）年一作品、六七（昭和四二）年二作品（宝塚一、東京一）、七〇（昭和四五）年の一作品を最後に途絶えている（吉田編著、二〇一四・一一九）。日本舞踊を基調として物語が展開する「舞踊劇」も一九五〇年代までは年間二～四作品のペースで上演が続いていたが、歌舞伎や能・狂言にある演目を題材とした作品が目についたのは五〇年代の前半までであった（二章三節）。つまり、タカラヅカの上演作品と歌舞伎とが直接的に密接な関わりを持っており、歌舞伎を題材とした作品の舞台化が行われていたのは一九五〇年代までのようだ。一九六〇年代初頭、歌舞伎は危機的な状況を迎えるが（一章二節）、この頃からタカラヅカもまた歌舞伎とは急速に縁遠くなっていく。

宝塚義太夫歌舞伎研究会の試み

タカラヅカにおける「歌舞伎」色が徐々に薄れていくなか、歌舞伎を題材にした作品を上演し技芸を受け継いでいくための試みがなおも諦めずに行われた。それが、「宝塚義太夫歌舞伎研究会」である。これは人形浄瑠璃から生まれた「義太夫歌舞伎」をタカラヅカの生徒が実演するという試みで、一九五三（昭和二八）～六八（昭和四三）年に二二回の公演が行われている。全二二回の上演演目は次のとおりである（演目名表記は『歌舞伎と宝塚』、七〇－九七頁の酒井澄夫の寄稿に準じる。ふりがなは、読みやすさを優先し、便宜的に現行の歌舞伎作品と同様の読みを付した。このため、実際の読みとは異なる場合もあるかもしれないが了承されたい）。

一九五三年　第一回《朝顔日記《あさがおにっき》》《お染久松野崎村《そめひさまつのざきむら》》

一九五四年　第二回（一月）《お夏清十郎連理柵《なつせいじゅうろうれんりのしがらみ》》《伽羅先代萩《めいぼくせんだいはぎ》》《嫗山姥《こもちやまんば》》／第三回（八月）《加賀見山旧錦絵《かがみやまこきょうのにしきえ》》《大江山酒呑童子《おおえやましゅてんどうじ》》

一九五五年　第四回《箱根霊験躄仇討《はこねれいげんいざりのあだうち》》[2]《妹背山婦女庭訓《いもせやまおんなていきん》》

一九五八年　第五回《増補忠臣蔵《ぞうほちゅうしんぐら》》《壺坂観音霊験記《つぼさかかんのんれいげんき》》《新作紅葉狩《もみじがり》》

一九五九年　第六回（五月）《義経千本桜《よしつねせんぼんざくら》》／第七回（九月）《絵本太功記《えほんたいこうき》》《心中天網島《しんじゅうてんのあみじま》》《釣女《つりおんな》》

一九六〇年　第八回（五月）《寿式三番叟《ことぶきしきさんばそう》》《卅三間堂棟由来《さんじゅうさんげんどうむなぎのゆらい》》[3]《本朝二十四孝《ほんちょうにじゅうしこう》》《宝塚義太夫歌舞伎手打式》／第九回（一一月）《壺坂観音霊験記》《御好み・佐和利集》《宝塚義太夫歌舞伎手打式》

一九六一年　第一〇回（六月）《道行旅路の嫁入《みちゆきたびじのよめいり》》《壺坂観音霊験記》《菅原伝授手習鑑《すがわらでんじゅてならいかがみ》（車曳）》《おはん・長右衛門《ちょうえもん》、桂川連理柵《かつらがわれんりのしがらみ》》《吉例　宝塚義太夫歌舞伎手打式》／第一一回（一一月）《寿式三番叟》《加賀見山旧錦絵》

一九六二年　第一二回（五月）《新版歌祭文《しんぱんうたざいもん》（野崎村）》《仮名手本忠臣蔵《かなでほんちゅうしんぐら》（九段目・山科閑居）》《里げしき色競べ（万丈、汐馴れ衣、蝶の道行）》／第一三回（一〇月）《佐和利集（日高川、お夏清十郎、櫓のお七）》《日蓮上人御法海《にちれんしょうにんみのりのうみ》》《忠兵衛羽織落し》《鎌倉三代記《かまくらさんだいき》（三浦別れの段）》

一九六三年　第一四回（五月）《続日蓮上人御法海（佐渡島三味堂の段）》《義経千本桜（道行初音旅路《みちゆきはつねのたびじ》・川連法眼館《かわつらほうげんやかた》）》《五枚続花絵草紙（艶競五人娘）》／第一五回（一一月）《薫樹累物語《めいぼくかさねものがたり》（埴生村の段、土橋の段）》

2　元の書籍では「箱根霊験壁仇討」と表記されていたが、誤植と思われるので修正した。
3　注2に同じ。元の書籍では「卅十三間堂棟由来」と表記。

《碁太平記白石噺《ごたいへいきしろいしばなし》》[4]《釣女》

一九六四年　第一六回（六月）《菅原伝授手習鑑（賀茂堤、車引き、賀の祝）》《雪月花三枚綴（団子売り、新口村、連獅子）》／第一七回（一二月）《桂川連理柵（六角堂、帯屋、桂川）》《曲輪璋（吉田屋）》《浪花華競文楽》

一九六五年　第一八回（六月）《菅原伝授手習鑑（筆法伝授、築地、寺入り、寺子屋）》《今様恋道成寺》／第一九回（一一月）《菅原伝授手習鑑（車引の段／賀の祝の段／寺子屋の段）》

一九六六年　第二〇回（五月）《端午の節句》《日蓮上人御法海》《恋姿浮名草子（鼠の道行、蝶の道行）》

一九六七年　第二一回《偲ひ草又一菱（序の巻　偲ひ草又一菱／雪の巻　雪の新口村／日の巻　月の東山）》《壺坂観音霊験記（沢一内より谷底まで）》《修羅妄執　幻知盛》

一九六八年[5]　第二二回《志度寺縁起》《櫻鍔恨鮫鞘《さくらつばうらみのさめざや》（鰻谷の段）》

浄瑠璃・三味線は第一回より女義太夫の竹本三蝶一座がつとめた。この研究会開始のきっかけが、一九五一（昭和二六）年三月に、竹本三蝶が語り、タカラヅカの生徒が踊る会が催されたことだったからだ。[6]これが回を重ね、五回目に「宝塚義太夫歌舞伎研究会」として正式発足する。第一回の出し物《朝顔日記》《お染久松野崎村》は「宝塚歌劇に相応しい清純な恋を取扱った狂言」ということで選ばれた（『歌劇』一九五三／九・六〇）。また、第二回より指導を行ったのが上方歌舞伎の二代目林又一郎である。上方歌舞伎の大スター・初代中村鴈治郎の長男であり、のちに《ベルサイユのばら》を手がける長谷川一夫が映画界入り以前に入門した先も、この又一郎のもとだった。又一郎自身も「宝塚に新温泉ができて歌劇が観られるようになった頃から観に来ていた」というほど、タカラヅカには思い入れがあったようだ（『歌劇』一九五四／九・七四）。タカラヅカの生徒の技能向上への思いに加えて、竹本三蝶一座の義太夫を伝えていきたいとの思い、また、又一郎自身の上方歌舞伎の灯を消してはならないとの思い、この三つの思いから実現に至ったのが宝塚義太夫歌舞伎研究会だった。一九五四（昭和二九）年の第三回公演の際、『歌劇』誌上で又一郎と天津乙女が対談を行っているが、この時又一郎は次のように述べている。

〔有能な生徒たちを目の当たりにするたびに〕この人達が歌舞伎を一生懸命勉強したなら、もつとレビューの舞台にも助けになるのになあ……と思つたんだ。と云うのも歌舞伎は、その要素からして歌い、踊り、芝居するのだから、レビューの凡ゆる基礎的な要素を全部具えているわけだからね。（『歌劇』前掲、七五）

こうした言説からも、歌舞伎の素養は舞台人の基礎であるという考え方が当時はまだあったことがうかがえる。また、「若い人は、レビューの方の勉強ばかりして、その割に日本物の勉強をしない」（前掲）という天津らの忸怩たる思いも、義太夫歌舞伎研究会の原動力であった。

自主的な勉強会のような形でスタートした研究会だったが、最初の転機は一九五八（昭和三三）年に訪れた。この時上演された《壺坂観音霊験記》では、タカラヅカの二枚目スターが演じるとは思われない盲目の座頭・沢市を「白薔薇のプリンス」春日野八千代が演じたことが話題になり、相手役のお里には天津乙女が扮した。この舞台は芸術祭奨励賞を受賞した。翌五九（昭和三四）年からは上演の頻度が上がり年二回となる。九月の第七回公演では

4　注2に同じ。元の書籍では「碁太記白石噺」と表記。
5　元の書籍では一九六五年となっているがおそらく誤植だと思われる。
6　同会は、小林一三と竹本三蝶の話し合いで始まったようだ。最初は「さわり」（義太夫節の最大の聞かせどころ）だけを手がけるはずが、「通し」で上演しようということになった（天津、一九七八・一三九）。

《絵本太功記》の武智光秀を神代錦、《心中天網島》の紙屋治兵衛を春日野八千代が演じた。『歌劇』一〇月号の文楽研究家の大西重孝の寄稿からは、演者に対する要望のレベルが少しずつ上がっていることが感じ取れる。

チョボ（歌舞伎専属の義太夫語り）でない義太夫との共演を単なる形式だけに止めず、時には義太夫浄るりのよさをもっと活かす工夫、時にはそれと鎬をけずるような隙のない舞台を作りあげる方向、そんなことをこの辺で再検討してはどんなものかと考えました。（『歌劇』一九五九／一〇・六八）

一九六〇（昭和三五）年の第八回公演では文楽の桐竹紋十郎に指導を仰ぎ、上方歌舞伎の手打式を復活させた。同年の第九回公演では初の東京・名古屋公演も実施している。[7] 一九六一年の第一〇回公演では《加賀見山旧錦絵》で岩藤を演じた神代錦が芸術祭演技賞奨励賞を受賞した。初の東京公演を観劇した戸板康二は、次のように評している。

宝塚義太夫歌舞伎の特色は、演奏が本行（ほんぎょう）で、その間（ま）に俳優が合わせてゆくところにある。チョボの手順を排して首ふり芝居ならぬ限界ギリギリでおさえているわけだが、指導してきた又一郎のこの考えは賢明であったと思う。（「東都における義太夫歌舞伎の反響」『歌劇』一九六〇／一二・八五）

つまり、この時期の宝塚義太夫歌舞伎は義太夫の語りに演者が合わせる方式であり、これを戸板も前向きに評価している。いっぽう演劇評論家・歌舞伎演出家の戸部銀作は、東京で宝塚義太夫歌舞伎が興味を引いたのは「林又一郎の指導により、珍しい演出の見られること、市川少女歌舞伎との異同という二つの点」[8] だとしたうえで、「又一郎の得意・不得手を考え、人形の演技にわずらわされた舞台を思うと、又一郎や紋十郎だけを指導者にしてよいものだろうか」（前掲、四四）との懸念を示している。

第二の転機は一九六四（昭和三九）年に訪れた。同年は宝塚歌劇五〇周年にあたり、第一六回はその記念公演の一環として行われたが、この回から戸部銀作が相談役（監修）に入ったのである。そして、東京から八代目松本幸四郎（のちの初代白鸚）、二代目中村又五郎、のちにタカラヅカ作品の演出にも携わることになる二代目尾上松緑が指導に招かれた。翌六五（昭和四〇）年六月の第一八回公演では十一代目市川團十郎の指導が実現する。團十郎らの教えにより、義太夫に合わせる「首振り芝居」から、普通の歌舞伎の演出に一歩近づくこととなった。そこで問題となってくるのが竹本三蝶の語りである。歌舞伎の義太夫と、人形浄瑠璃の義太夫節（本行）の語り口は異なる。歌舞伎の義太夫は役者に合わせるが、浄瑠璃の義太夫は、人形の動きを気遣うことなく、ただ語りに専念する。三蝶も又一郎も後者の行き方をとっていた。ところが、團十郎らは前者を当然として指導する。《車引》なども、松緑は六代目尾上菊五郎の型を指導したようだ（吉田編、二〇一四・八九）。そこで、又一郎は三蝶に無理を言って、役者に合わせて語ってもらい、義太夫のセリフの一部を役者に譲ってもらった。三蝶は「いやな顔もせず熱心に新しい語り方を覚えられた」という（前掲、九二）。この姿勢も宝塚義太夫歌舞伎研究会の進化にひと役買うことになった。監修の戸部も「実際的にも義太夫歌舞伎は、ゆきつくところへゆきつき、これからも新しい進路が約束されている」（「義太夫歌舞伎の価値と今後」『歌劇』一九六五・七・四三）と評し、宝塚義太夫歌舞伎は次のステージへ

7　『歌劇』一九六〇年一一月号でこの公演について報じているが、記事のタイトルが「豪華メンバーを揃えて　義太夫歌舞伎の東下り　宝塚一座初の地方公演」となっているところに矜持が感じられる。

8　一九五五年前後の数年間、全国規模で活動し絶大な人気を博した少女たちによる歌舞伎の一座。参考：浜松市立中央図書館／浜松市文化遺産デジタルアーカイブ（https://adeac.jp/hamamatsu-city/text-list/d100040/ht303110）二〇二四年九月二一日閲覧。

向かえると確信できたかのようだった。

だが、悲観的な見方もあった。『朝日新聞』の本地盈輝は『歌劇』一九六五（昭和四〇）年七月号「宝塚義太夫歌舞伎の灯を消すな」と題した寄稿のなかで、宝塚義太夫歌舞伎の今後の懸念点の一つとして、[9]「義太夫歌舞伎の観客のほとんどが中年以上の婦人で占められており、いわゆる宝塚のファン層とはまったく違っている」点を指摘している。この研究会はタカラヅカの生徒全員が関わっていたわけではない。中心メンバーは、天津乙女（一九六五年当時六〇歳）・春日野八千代（同五〇歳）を筆頭に、冨士野高嶺・神代錦・南悠子・黒木ひかる・梓真弓と四〇代以上の「ベテラン」の生徒たちであった。この状況に対して本地は若手スターの登用を提案するが、実現することはなかった。

一九六六（昭和四一）年五月の第二〇回公演は「なにわ芸術祭」への参加という形で、大阪・サンケイホールで催された。戸部はこれを「義太夫節の本場・大阪へ、宝塚の誇るべき義太夫歌舞伎が初進出した点で意義がある」（『歌劇』一九六六／五・三五）と評価している。だが、この年末に指導者・二代目又一郎が急逝、翌六七（昭和四二）年の第二一回は又一郎追善公演となった。《偲ひ草又一菱》は又一郎の家の紋「イ菱」を重ねた追善演目であった。一九六八（昭和四三）年の第二二回公演では十三代目片岡仁左衛門の指導も実現したが、結局この回を最後に宝塚義太夫歌舞伎研究会は自然消滅する。義太夫の竹本三蝶も一九七一（昭和四六）年に亡くなった。

それでは「宝塚義太夫歌舞伎研究会」の試みはまったくの無駄骨だったかというと、決してそうではない。継続はしなかったものの、この時の一連の経験からタカラヅカが勝ち取った財産はいくつかあると思う。

その一つは、歌舞伎界とのつながりがより密接になったことであり、これが一九六〇年代後半から七〇年代にかけて別の形で活かされていくことになる。植田紳爾や酒井澄夫など、若手演出家のなかにはこの取り組みに関わっている人物もいた。先の本地も「作者も義太夫歌舞伎に新作を書くだけの熱意と勉強を持つべきだ。植田紳爾君のように、一生懸命にがんばっている作者もいるのである」（『歌劇』一九六五／七・四一）と述べている。植田はこの試みに関心を寄せて勉強しており、のちに植田がつくる《ベルサイユのばら》が「宝塚歌舞伎」とも称されるようになる素地はこんなところにもあった。また、戸板康二は宝塚義太夫歌舞伎の成果について、次のように述べている。

この宝塚の歌舞伎は、菊田一夫氏の構想する『女優の歌舞伎』に、ひとつの暗示を与えてさえいる。また、この義太夫歌舞伎の勉強が、水代玉藻の『オクラホマ！』のエラ小母さんの好演を生んだとさえ、ぼくは思うのだ。（『歌劇』一九六八／一・四〇）

「エラ小母さん」とは、タカラヅカが初めて取り組んだブロードウエイ・ミュージカル《オクラホマ！》（一九六七）のヒロインの育ての親であり、重要な脇役だ。義太夫歌舞伎での学びが生徒の演技力の向上にひと役買っていると考えられることも、同会が残した財産の一つである。

その典型的な例が神代錦であろう。一九六一（昭和三六）年に芸術祭演技賞奨励賞を受賞した神代は宝塚義太夫歌舞伎の中核となって活躍した人であるが、彼女の芸について戸部銀作は「神代錦の義太夫歌舞伎における演技力は関係者の間で認められている」「〔《加賀見山旧錦絵》の岩藤について〕女性によって演じられる岩藤の最高に近い演技だろう」と評し、「古典歌舞伎へ女優が出る可能性も、神代錦あたりならかなえてくれるに違いない」とまで

9　この時本地はもう一つの問題点として「宝塚歌劇団当局が、どういう気構えをもっているのかが一向に伺い《ママ》知れない」という点を指摘している。本地は新聞記事に掲載する写真の提供を劇団に依頼したが「その写真について、ただのひと言の説明があるわけでなく、『送れといったから送った』という感じの「寺子屋」の場面を写したものが、一枚、無造作に入っていただけ」であったことから、劇団は宝塚義太夫歌舞伎研究会に対して「一片の熱意も持っていない」と感じ取ったそうである（『歌劇』一九六五／七・四〇）。

言っている（『歌劇』一九六二／一・七八）。指導にあたった文楽の人形遣いの二代目桐竹紋十郎からも「性根をしっかり掴まえている」（前掲）と称賛された神代は、この経験を活かし、一九六〇年代後半から七〇年代にかけて植田紳爾が作る大作において、なくてはならない存在となっていく。

一九六〇年代の「古典」継承への努力

一九六〇年代は、タカラヅカ作品のなかで次第に薄れつつあった日本の古典芸能の色を「残していかなければ」と躍起になっていた時代である。では当時、歌舞伎を始めとした日本の古典芸能とどう向き合っていくかについて、タカラヅカのなかでいかに考えられていたかを、いくつかの記事を参照しながら見ていくことにしよう。

タカラヅカが五〇周年の節目を迎えた一九六四（昭和三九）年、新春公演の幕開きを飾ったのは、舞踊集《舞拍子》であった。戸部銀作の構成・演出で、花柳寿応・藤間勘十郎・楳茂都陸平・西川鯉三郎という日舞の四大家元が振付を担当するという触れ込みの作品である。この頃のタカラヅカはまだ、こうした作品が節目の年の第一作目を飾る時代ではあったということである。だが、その実態はというと「古典を継承すべし」という建前と本音は乖離していたようだ。同年の『歌劇』二月号では《舞拍子》上演にあたって「関西演劇評論家のみた　宝塚の古典について」という特集が組まれ、沼艸雨《そうう》・大西利夫・升屋治三郎・菱田雅夫と、出演者より天津乙女・春日野八千代・冨士野高嶺・神代錦・南悠子・梓真弓による対談が行われている。ここでは一人一五分しか舞台の受持時間がないことに対し「ハイ十五分すみましたお次へどうぞ、十五分だけ顔立てて、あとは消えてなくなれというのが舞台に見えてます（笑）（大西）」といった不満が述べられ、「こういうことで年一度大劇場の舞台に出て、あとは義太夫歌舞伎に出るだけでは皆さんの芸の深さが惜しいです（菱田）」とも言われている。

一九六八（昭和四三）年二月には、阪急百貨店友の会公演で《太刀盗人》が上演された。同作は一九三二（昭和七）年、白井鐵造のレビュー《ブーケ・ダムール》とともに初演された作品で、初演時の演出は水田茂であり、これが天津乙女・美吉作久子・神代錦によって再演された。演出は植田紳爾が担当している。

この公演にちなんで、『歌劇』一九六八年二月号では「宝塚古典をふりかえる」という特集が組まれている。「宝塚歌劇の古典が久しく埋もれたままになって、惜しいという声のある折柄」との書き出しで始まっているこの対談記事の趣旨は、これまで上演されてきたタカラヅカの「古典」を振り返ることだった。そこでは「再演して欲しい作品」として、《紅葉狩》（一九一四、小林一三作／一九三一、水田茂作）・《奴道成寺》（一九三一）・《棒しばり》（一九三二）・《鏡獅子》（一九三三）・《素襖落》（一九三四）・《船弁慶》（一九四七）・《花子》（一九四九）が挙げられている。つまり、この時期はこうした作品がすでにタカラヅカにおける「古典」とみなされており、それらが「久しく埋もれたままになって、惜しい」という声があったということである。

いっぽうで、一見こうした流れに逆行するかのような動きも見られる。たとえば、日本舞踊を披露する「宝塚舞踊会」が徐々に定例化していった。この催しは、一九五三（昭和二八）、五四（昭和二九）年と開催された「宝塚舞踊発表会」が端緒だったが、その後はしばらく途絶えていた。これが復活するのが一九五八（昭和三三）年で、当初は「ゆかた会」という名称であったが、六四（昭和三九）年に「宝塚舞踊会」に変更され、毎年一回開催されるようになった[10]（『一〇〇年史』舞台編、二七七）。

宝塚舞踊会は、一九七一（昭和四六）年一一月一一日に初めて東京（東京宝塚劇場）でも上演されている。藤間勘寿朗の指導のもと、専科の天津乙女らに加え、榛名由梨、大原ますみ、安奈淳、松あきらといった若手スターも出

10　踊りの指導は一年交替で花柳流と藤間流が受け持ったようだ（『歌劇』一九七二／九・八二）。二〇〇二年からは隔年の開催となっている。

演している。だが、この公演は歌劇団からの補助はなく、旅費なども出演者の手弁当だった。驚いた周囲が広告やチケット購入などの支援を行い、何とか赤字にならずにすんだようだ。支援者の一人でもあった戸部は「今後は歌劇団当局の積極的な援助を望みたい」との厳しいひと言を送っている（『歌劇』一九七一／一二・五六－六一）。また、一九六〇（昭和三五）年からは三味線と箏が宝塚音楽学校の正科になった。[11] これは、前年のアメリカ公演の際にその必要性を痛感したことがきっかけだったという（『歌劇』一九六〇／五・七九）。

古典芸能の潮流を失ってはいけないという考えは、当時の劇団にも残ってはいたようだ。その大きな理由の一つは、海外公演における必要性だろう。戦後、一九五〇年代から九〇年代前半にかけての宝塚歌劇は一〇年に二～三回のペースで海外公演を実施しているが、そのほとんどが欧米圏での公演であり、演目の一つとして先の「古典」にあたる作品や日本物のショーが必ず上演されていた。世界的にはまだタカラヅカの認知度は低く、ましてレビューの本場である欧米において「女性だけのレビュー劇団」としての勝負が難しい状況下では「日本の伝統」を前面に押し出していくのが得策だった（渡辺裕、二〇〇二・二七三）。

とはいえ、古典の芸を継承していくための活動は、生徒たちの熱意に負うところが大きかった。先の宝塚義太夫歌舞伎研究会然り、宝塚舞踊会然りである。とりわけ貢献したのが天津乙女だった。

天津乙女は一九一八（大正七）年に入団し、その生涯をタカラヅカの生徒として全うした。芸名の由来は百人一首の僧正遍昭の歌「天津風　雲の通ひ路　吹き閉ぢよ　をとめの姿　しばしとどめむ」だ。歌舞伎の世界で踊りの名手としても知られた六代目尾上菊五郎を非常に尊敬しており、自身も「女六代目」の異名を取ったほどだった。タカラヅカでも歌舞伎舞踊をアレンジした作品に多数出演している。なかでも《鏡獅子》は得意演目で、一九三三（昭和八）年から五七（昭和三二）年の間、計一九回も上演されている。一九五八（昭和三三）年には生徒個人としては初の紫綬褒章を受賞した。ところが、天津自身は「宝塚での私の舞踊については私自身が〝ヌエ的〟存在なので四十年来ずっと悩み続けて来ました」(『読売新聞』一九五八年七月一六日号付)と語っている。レビューを楽しみに来る観客からは歓迎されず、日舞愛好者からも異端視される苦しい立場だった。「私は日本の国にせっかくあるいいものをなくすのがイヤなのです。ですから義太夫でも歌舞伎でもどうにかしてつづけていきたいと思うのです」(『歌劇』一九六四/二・六六)と述べた天津は、先の宝塚義太夫歌舞伎研究会や宝塚舞踊会につながる「ゆかた会」の開催にも尽力した。また、一九五〇年代の海外公演にはほぼ出演している、まさに「タカラヅカにおける古典の顔」だった。

そんな天津らの努力に敬意を評し、戸板は『歌劇』一九六八(昭和四三)年一月号において「新春ずいひつ　もうひとつの宝塚」として「宝塚のために長老の存在を活用したい」という趣旨の寄稿をしている。戸板は「年に何回でもいい、大劇場や東京宝塚の定期公演とべつに、『もうひとつの宝塚』を実現することは不可能であろうか」と劇団に提案している。この提案は裏を返すと、当時のタカラヅカの生徒には、歌舞伎など古典芸能の技芸の習得に励み、宝塚義太夫歌舞伎研究会などで中心になって活躍してきた「長老」たちと、大劇場公演を活躍の場とするスターとに分かれていたということだ。そして、前者の芸が受け継がれていくことはなかったのである。

タカラヅカにおける「和=歌舞伎に代表される日本の伝統芸能」を継承していこうという流れは、このまま潰えていくかに見えた。ところが、一九六〇年代に入ると、これが意外な形で復活していくことになる。タカラヅカのミュージカル作品の演出に歌舞伎俳優を登用することで、歌舞伎のエッセンスを取り込んでいこうという試みが始まった。ここに「和=歌舞伎に代表される日本の伝統芸能」と「洋=西洋から入ってきたミュージカル」の相克が起こり始めたのである。

11　二〇〇九(平成二一)年の入学試験方法の変更、授業科目見直しの際に、ピアノ、三味線、箏から選択していた「器楽」がピアノのみとなった。したがって現在は三味線・箏の授業は行われていない。

【第二節】歌舞伎俳優らによる演出と反リアリズム

歌舞伎俳優・二代目尾上松緑

一九六八（昭和四三）年、タカラヅカでは歌舞伎俳優の二代目尾上松緑に演出を依頼するという話が持ち上がった。松緑は元々戦時中からタカラヅカに理解があり、生徒たちと親睦を深めるなかで出てきた話であったようだ（植田・川崎、二〇一四・一七一）。松緑自身が「以前たまたま義太夫歌舞伎の『車引』を演出させて頂き、今度は二度目ということになりますが」（『歌劇』一九六八／九・三二）と言っているように、前節で述べた、一九六四（昭和三九）年の宝塚義太夫歌舞伎研究会の第一六回公演を松緑が指導した縁の影響も大きかった。生徒たちのなかには松緑が家元を務める藤間流の名取もおり、その人柄からも「パパ」と呼ばれ慕われていたことも背景にあったのだろう。ではまず、松緑の経歴とその実績について振り返っておこう。

二代目尾上松緑は、一九一三（大正二）年三月二八日、東京都に生まれた。父は七代目松本幸四郎、長兄が十一代目市川團十郎、次兄が八代目松本幸四郎（のちの初代白鸚）という歌舞伎俳優の一家である。父の七代目幸四郎は三重県で土木建築業を営む家に生まれ、祖父と不仲になった祖母に連れられて上京、縁あって二代目藤間勘右衛門となり、七代目幸四郎となった（松緑、一九六七・一三－一四）。中学生の時に歌舞伎役者になると決心した松緑は、父の意向で六代目尾上菊五郎のもとに預けられた。師・六代目菊五郎は教え方がうまく、松緑も「さんざんやり直しをさせておいて、疑問を感じさせたところでピシャリ解答を与えてくれる」「演技の急所をよく千秋楽の日に教えてくれる。そうすると忘れることができない」（前掲、四五）といったエピソードを書き残している。

一九三三（昭和八）年、徴兵検査で甲種合格した後、三八（昭和一三）年一〇月、四一（昭和一六）年七月、四五（昭和二〇）年三月と三度も召集を受け、満州や中国にも派遣された。ここでの戦争体験は松緑のなかに大きな爪痕を残す。晩年の著書『松緑芸話』（一九九二）のなかにも「私の戦争体験」という一節がある。「一生にたった一度も手を上げられたことのない」二人の兄と違って、兵隊生活で殴られた経験のある松緑は「殴られた人の痛み」もわかる人であった（松緑、一九九二・六六）。一九三五（昭和一〇）年に二代目尾上松緑を襲名し、時代物・世話物の立役を幅広く演じた。荒事の「でっけえ」との掛け声がもっとも似合う役者だったという。戸板康二は「古典の大時代の役柄が、その芸を発揮するのには、いちばん向いていた」、なかでも岩の上で巨大な錨を担いで入水する《義経千本桜》の平知盛が素晴らしかったと評している（『演劇界』一九八九／八・一四二）。

一九五〇年代後半にかけて訪れた歌舞伎界の危機（一章二節）を乗り越え、次の時代を切り開いた一人である。小説『きのね』のモデルにもなった長兄・團十郎に、東宝入りして新境地を開こうとした次兄・八代目幸四郎と、二人の個性的な兄を持った苦労もあったのだろう。[12] 一九六七（昭和四二）年、松緑五〇代の頃に出版された著書『役者の子は役者』のなかではみずからのことを、古いものをコツコツ勉強する習慣が身についてしまった「平均点役者」であると、ユーモラスかつ自虐的に語っている（松緑、一九六七・一〇）。[13] だが晩年には「上の兄貴が一番

12　ある著名な批評家がこの三兄弟をたとえて、金、銀、銅と評した。それを読んだ松緑はとても悔しがったという（『演劇界』一九八九・八・一四八）。

13　この著書のなかではさらに小学校時代について「上の兄治雄は五十人中三十番以下、中の兄順二郎はいつも一、二番で級長だったが、私は十四、五番というところで、そのころから平均点役者の素質があったようだ」とも語っている（松緑、一九六七・三〇）。

難しく見えて、中の兄貴は分かりにくいとよく言われますが、一番難しいのは本当のところ私じゃないでしょうか」とも言っている（松緑、一九九二・六八）。一見豪放磊落に見えて、実のところは繊細さも持ち合わせた人であったようだ。歌舞伎俳優のほかに日本舞踊の家元としての顔もあり、舞踊の名手であった。一九三七（昭和一二）年、父親の後を継ぎ四代目藤間勘右衛門を襲名する。一九五九（昭和三四）年には「藤の会」（女性）、「松の会」（男性）をつくって、藤間流舞踊家の育成にも力を入れた。

歌舞伎以外に映画、テレビ、新劇などにも活躍の幅を広げた人だ。テレビでは大河ドラマ第一回の『花の生涯』（一九六三）で主人公の井伊直弼を演じている。一九七九（昭和五四）年の大河ドラマ『草燃える』では後白河上皇を演じ、息子の初代尾上辰之助が後鳥羽上皇を演じた。新劇では《シラノ・ド・ベルジュラック》《悪魔と神》《オセロー》などに出演した。

社交上手で、紀尾井町の自宅には常に多くの人が集まり、手料理で客人をもてなすのも好きだった。また、師匠譲りの教え上手でもあり、先人の型を色々と伝えたうえで「さて君はどうする?」と考えさせる、理路整然とした指導をする人であった（『演劇界』一九八九／八・一五四）。その人柄や教え方の上手さ、他ジャンルの演劇や映像などの経験で培った柔軟性から、タカラヅカの演出にも適任とみなされたのだろう。

松緑晩年の不幸は、期待をかけていた長男の初代尾上辰之助が一九八七（昭和六二）年に急逝したことだった。その後を追うように一九八九（平成元）年六月二五日に七六歳で亡くなった。

松緑・植田コンビの成功

二代目松緑が演出を担当することになった時、松緑の希望により脚本の執筆者として白羽の矢が立ったのが植田紳爾だった。歌舞伎や日本舞踊にも造詣が深く、宝塚義太夫歌舞伎研究会に積極的に関わってきた植田自身ものちに「いちばん迷ったり苦しんだ時にヒントを与えてくれるものは、歌舞伎ですから」（植田・川崎、二〇一四・二二六）と述べている。植田は、松緑の持ち味を最大限に引き出すために「日本人が一人で世界に出て行って奮闘するとか、ひとつの国がつぶれるような歴史劇とか、何かそういう大きなもの」をやってみたい（前掲、一七二）と考え、選んだ題材が、江戸時代初期にシャム（現在のタイ）の日本人町で活躍した山田長政の生涯であった。こうして生まれたのが宝塚グランド・ミュージカル《メナムに赤い花が散る》（一九六八）である。

《メナムに赤い花が散る》あらすじ

〈第一部〉波濤篇

一六二五年、アユチャ王朝ソンタム王（沖ゆき子）の治世にあるシャムロ国を山田長政（春日野八千代）の一行が訪れる。日本人町の人々の信頼を勝ち得た長政を国王の長女ナラーダ姫（近衛真里）は見初め、姫の取次でソンタム王への謁見を許される。そこに、姫の婚約者・軍務大臣カラフォーム（神代錦）がビルマの大軍の侵攻の急報を告げにきた。長政は兵を借りることを申し出、奇策をもってビルマ軍を打ち破る。いっぽうのカラフォームも同数の兵を率いてビルマ軍と戦うが大敗を喫す。ソンタム王の信任を得た長政は、世継ぎであるゼッダ王子（甲にしき）の指導役を任される。

〈第二部〉飛翔篇

半年後、ソンタム王が急逝。今際の際に王は長政に、次女のカリーニ姫を妻にするよう言い残す。長政が心許す女性は日本人町の居酒屋の女将・お市（黒木ひかる）であったが、事情を察したお市は潔く身を引き、いっぽう長政への執着を断ち切れないナラーダ姫は愛を告白するが、長政はきっぱりと断る。怒りと嫉妬に狂ったナラーダ姫は、カラフォームに「長政を殺せばお前の言うことを何でも聞こう」と取りすがるのだった。

〈第三部〉狂潤篇

三年後、鎖国令が敷かれた日本に向かう最後の御朱印船が出航する。日本人町には長政らの一行のほか誰もいなくなった。スペインやポルトガルとの関係に鑑み、カラフォームはゼッダ王に「シャムロの国益のために長政を殺すべきである」と告げる。ゼッダ王は、長政をカラフォームの手にかけるくらいならばみずから毒酒を差し出すという苦渋の決断をする。王の誕生日の宴にて、ナラーダ姫やカラフォームが見守るなか、祝盃を受ける長政。「待て！　その酒には……」と止めるゼッダ王の言葉に真意を見た長政は、衣装を脱ぎ白装束姿となり、杯を飲み干し、祝いの舞を舞いながら息絶えるのだった。

武士として最期までシャムロ国王への忠義の道に生きる長政、恋の情念ゆえに狂気に走るナラーダ姫、潔く身を引くお市等の人物造形、死を覚悟した長政があらかじめ準備した白装束で舞う演出など、至るところに歌舞伎的な要素が見られる作品である。毒酒を飲んで血を吐くラストシーンは、グラスのなかに血玉が入っていて、これを飲んだ春日野が踊りながら白い扇の上に血を吐くという段取りだった。この仕掛けは松緑が藤浪小道具に依頼して製作したもので、血の垂れた扇は一回使用すると終わりだった（『阪急文化』第一三号・六）。演出にあたって松緑は、「役の性根をつかむ」ということを強調した。

僕は長年六代目〔菊五郎〕に教育されて来ましたが、〝この役の性根をつかめ〟でやって来ました。〝あれがお月さんだよ〟まで俺は教えるよ。だがお月さんに行くのはお前たちだよ。オノレにキビシク、というわけ。
（『歌劇』一九六八／九・二二六）

稽古場はあくまで楽しく、自分には厳しくというのが松緑の教えであった。松緑も、自身が俳優であるため「女が男の役をやるのだからやりにくかろう」などと思ってしまうものの、「かといって私がなまじ細かい演技をつけ、それを生徒がマネをすると松緑のばけ者ができてしまうから、一切演技についてはいわず、個人の個性を尊重して全体を見ることにし、わからないところについてのみ私なりの解釈を与えるようにした」（松緑、一九六七・一三二）と振り返っている。生徒たちからは「なぜもっとしごいてくれないのか」という声もあったようだ。とはいえ、役者でもあり舞踊家でもある松緑は実際に自分で動いてみせることもあったようで、今までとはまったく違った演出方法は生徒を感嘆させた（植田・川崎、二〇一四・一七二）。そんな松緑演出を植田も、「役者の身体に一度入ってから動きに出てくるので思いがけない動き……血の中を通って出てくるものが感じられます」（『歌劇』一九六八／九・二二二）と評している。

《メナムに赤い花が散る》は、「高声低声」によると「ドラマチックで見せ場も多いストーリー展開」「適材適所のキャスティング」と大好評であったようだ。特に、松緑演出の効果は幅広い観客に受け入れられた。

まず題材が良く、専科から若手まで多くの人を適当に活躍させ、静動、緩急の見せ方を心得た舞台はスケールの大きさにも関わらず退屈させせない。話題の人松緑丈がこれ又期待にそむかぬ気品ある振付、緻密な演出、植田先生も学ばれる事が多かっただろう。随所に歌舞伎の匂いがするが宝塚を見慣れぬ人にも受けたに違いなく勿論ファンにとってもこの充実感は嬉しい。(『歌劇』一九六八／一〇・一四七)

「歌舞伎とミュージカルをつなぐ」という試みは成功の第一歩を踏み出した。[14] ここに「洋＝西洋から入ってきたミュージカル」のなかに「和＝歌舞伎に代表される日本の伝統芸能」のエッセンスを取り込んでいくという新たな流れが始まった。宝塚義太夫歌舞伎研究会の相談役でもあった演劇評論家の戸部銀作も、本作について「老人の団体客は長政の死に涙し、いっぽうでいつも宝塚を見に来るファンも熱心に楽しく見ていた」ことを伝え、高く評価している。

いつもの宝塚の芝居ではない。大人の芝居である。といって、『宝塚グランド・ミュージカル』というタイトルをつけているように、宝塚の舞台から、はみ出してはいない。〔略〕こうしたどの種類の見物をも満足させるものは、毎月の各劇場を見て廻っても少ないが、この作品はその珍しい例である。宝塚としても、開拓すべきひとつの壁を破ったといえよう。(『歌劇』一九六八／一〇・四六)

脚本を手がけた植田については「日本の古典芸術をよく知り、宝塚作家としての新しいセンスを持ち合わせ、天分の感受性と器用さを身につけている」「若いながら、有能な劇作家・演出家だと思う」、松緑の演出についても「宝塚を知らない人が、歌舞伎的に徹底したら、不調和な舞台になるが、宝塚ファン松緑の歌舞伎的処理は、巧く宝塚の舞台にとけ込ますことができる。むりをせずに歌舞伎の手法を入れたのが、こんどの演出面での成功だと思う」と、この組み合わせの成功要因を分析している(前掲)。

好評を受け、本作は一九六八（昭和四三）年九、一一月と花組で続演された。一九六九（昭和四四）年には東京公演も行われたが、これに対する阪田寛夫の公演評（『読売新聞』三月一八日号付）でも松緑の演出は高く評価された。

花やかな舞台なのにけっきょく長政ひとりにクローズアップされ切ったのは、この道一筋の春日野の実力であると共に、カブキ風の演出・振り付け（尾上松緑）の手柄であろう。特に圧倒されるのは新王の即位式に、長ばかまの長政がゆるやかに、またはげしく舞う、大ぶりの舞だ。長政を想う酒場の女・お市（黒木ひかる）のかなしさが、人間くさくてドラマを深めた。（大笹、二〇一〇・四巻・四九六）

一九七〇（昭和四五）年には姉妹編《鴎よ波濤を越えて》が月組で上演され、松緑が演出・振付を担った。前作の長政の死から約二〇年後、長政とカリーニ姫の落とし胤オイン（古城都）を主人公に据えた物語で、かつて長政の薫陶を受け、宮廷から消えたオインの行方を捜す武官アルトームに春日野八千代、権謀術数に長けオインを邪魔者とする政治家プラサトングに神代錦といった布陣であった。この作品に関して、『読売新聞』一九七〇年一一月一七日号付では阪田寛夫が次のように評している。

14　歌舞伎俳優の二代目中村芝鶴もこの作品を観劇し、同年の『歌劇』一二月号で「宝塚歌劇は立派な歌舞伎」と題して寄稿している。これによると、歌舞伎俳優の三つの条件は「歌えて踊れて演技ができる」ことであり、現在この三つの条件を完全に備えている演劇はミュージカルであり、タカラヅカがミュージカルを上演できる劇団であるという前提に立ったうえで、「宝塚歌劇団は現代の歌舞伎と言えることになるのではないでしょうか。『メナムに赤い花が散る』は立派な歌舞伎でした」（『歌劇』一九六八／一二・三二）と評している。

〔オインがアルトームから父長政の血染めの扇子を渡されたとたんに「もののふの道」に目覚めるという〕論理は戦争中の宝塚作品が思い出されて、私などにはちょっとつらいのだが、反対派の重臣（神代錦）が政治の冷酷さを実演して見せるくだりから、一気にオインの死に至るまでは面白かった。（大笹、二〇一〇・四巻・九五三）

だが、観客の評価は「宝塚としてはかなり高度なシリアスドラマに仕上がっている」という声があるいっぽうで、「前作より地味」「劇的な盛り上がりに欠ける」といった声もあり（『歌劇』一九七〇／一〇・一五二－一五三）、その評価は前作には至らなかったようだ。

《ベルサイユのばら》初演の前年の一九七三（昭和四八）年には、再び松緑が演出・振付に加わった宝塚グランド・ロマン《この恋は雲の涯まで》が上演される。源義経が大陸に渡ってモンゴル帝国のチンギス・ハンになったという伝説を題材とした壮大な歴史劇であった。この題材は、植田が高木彬光の小説『成吉思汗の秘密』を読み一五年来温めてきたものだった。だが、義経が蝦夷から蒙古に渡るというルートにどうしても納得がいかなかったのが、前年に上演した《花の若武者》執筆の際の調査資料から義経と宋の水軍との関係がわかった時、初めて舞台化できる確信が持てたのだという。「少なくとも私たちの創作態度として、現代に於いても理解出来得る要素が必要です」（公演プログラム・一九）と植田は述べている。歴史上の一時代に舞台を借りつつ、現代の観客を納得させるストーリー作りをするという創作態度は、《ベルサイユのばら》にもつながっていく。

《この恋は雲の涯まで》あらすじ

〈第一部〉蝦夷の鈴蘭

一一八九年、兄・頼朝に追われ平泉に逃げ延びた源義経（甲にしき）は、乾王陵（瀬戸内美八）の勧めにより宋の国に渡ることを決意する。だが、早くも追っ手が迫り、金売り吉次（美吉佐久子）の手引きでひとたび蝦夷に落ち延びた。実母がアイヌ女性である藤原忠衡（松あきら）も行動をともにし、追っ手は弁慶（神代錦）らが体を張って食い止める。一行はアイヌのウサップ部落にたどり着く。アイヌの人々は日本人を憎んでいたが、義経を一目見て恋に落ちた部落の長の娘チャレンカ（上原まり）や母オサヤ（淡路通子）の好意でいったんは部落に身を寄せる。義経の恋人・静（大原ますみ）も佐藤忠信とともに来訪し、二人は再会を果たす。だが、義経らを討とうとするアイヌの人々に対し、チャレンカとオサヤは一行を逃がそうと手引きするも追い詰められる。実はオサヤこそ忠衡の母であったが、親子再会の喜びもつかの間、二人は毒矢に倒れる。絶体絶命のところで現れた乾王陵の船に乗り一行は宋を目指すが、嵐に遭遇。これを鎮めるため、静は海に身を投げる。

〈第二部〉砂塵のイリス

五年後の一一九四年、克羅《クロー》と呼ばれる義経には、彼の人徳を慕うモンゴルの兵が付き従い、その数は八〇〇人に膨れ上がっていた。義経一行は金国王の謁見を求めるが、宰相承暉《しょうき》（神代錦）[15]は取りなさない。承暉は女奴隷のカンを一夜の慰めと称して義経のもとに送るが、実はこのカンこそ嵐の海から奇跡的に命を救われた静であり、義経に会いたい一心で奴隷に身を落としても生き延びていた。義経と再会した静は、もう思い残すことはないと汚れた我が身を恥じて命を絶つ。一度はモンゴル兵らと別れて宋に旅立とうとする義経だったが、それこそが承暉の謀だと知り、改めてモンゴル兵と行動をともにし、この地に骨を埋めると決意する。義経は亡き静への思いを込めて、成吉思汗《チンギス・カン》と名乗るのだった。

15　この承暉は初演ではあくまで金国の行く末を思う忠臣だが、一九九二年の雪組での再演時はクーデターを企む悪役として描かれる。また、金国王の従兄弟で、王を陰謀から守るため承暉と手を結ぶふりをする張栄勲という人物が新たに登場し、二番手スターの一路真輝が演じた。

植田は本作の創作時に「なるべく歌舞伎的にしたいと考えた」と明言している。歌舞伎的なおもしろさとして「ジンギスカンは実は義経である」「奴隷のカンは実は静」「藤原忠衡の母が実はアイヌのオサヤ」といった設定を挙げている（『歌劇』一九九二／四・五八）。これは「花川戸助六 実ハ 曽我五郎」「早瀬主水の娘 実ハ 弁天小僧菊之助」といった、歌舞伎における「実ハ」の世界を取り入れたものといえるだろう。松緑の演出はここでも「役の性根をつかむ」こと、つまり、役の性格や心情を重視したものであったようで、上演を前にした座談会でも「私の演出というより、役者として入り込んでの演技相談役のつもりです。ですから例によって例の如しで、演出といってもガミガミいわない。無言です。無言ってのはコワイってこと。（笑）」（『歌劇』一九七三／八・三八）と語っている。

観客の評判は、この作品も上々だった。「高声低声」では「義経＝ジンギスカン伝説という突飛な話を上手くまとめあげている」と評され、特に一幕のラストと二幕で奴隷女カンとなった静が義経と再会を果たす場面が好評だったようだ。

『メナムに赤い花が散る』に始まった、植田紳爾先生と、尾上松緑先生の三度目のコンビも、今までの宝塚にはなかった新しい男性路線の舞台として、すっかり定着したようである。それにしても筆一本で、どんな歴史上の人物も自由自在に動かす事のできる作者は、何と楽しい職業かと観ていてつくづく感じた。植田先生の作品は悲劇であれ、喜劇であれ宝塚ファン以外の、老若男女の観客を納得させるよさがある。随所に歌舞伎的な手法で見せ場を作り、それと宝塚のよさが上手く噛み合って、不自然でないのが松緑先生の演出の特徴。（『歌劇』一九七三／九・一四七）

こうしたコメントからも、史実を題材に採り、歌舞伎の手法も取り入れつつ歴史に翻弄される人々をドラマチックに物語を描くという、植田ならではの作風が確立し、観客層を広げつつある状況が推察される。本作も一九九二（平成四）年に雪組で再演されている。

松緑はその後も、一九七六年花組の宝塚ロマン《うつしよ紅葉》と、八一年星組の宝塚ミュージカル・ロマン《海鳴りにもののふの詩が》（振付のみ）で植田作品の演出・振付に携わっている。《うつしよ紅葉》は織田信長を、《海鳴りにもののふの詩が》は慶長遣欧使節としてヨーロッパに派遣された支倉常長を主人公とした物語であった。「ベルばらブーム」最後の年に上演された《うつしよ紅葉》は、「うつけ者」と呼ばれた若き日の信長が守役の平手政秀の命を賭した諫言により己の成すべきことに目覚め、桶狭間の戦いに出陣していくまでが描かれる。[16]一時間一〇分の小品だが、夢の世界を体現した洋物の《ベルサイユのばら》とは対照的な風格のある日本物を見せたいというねらいで企画され、これを達成するために松緑に声がかかった。松緑演出の重厚さは功を奏し、観客からは「宝塚の伝統的なドラマづくりを久しぶりに味わった」「ベルばらブームに水をかける手応えは十分にあった」と評価を得たが、いっぽうで「宝塚としてはかなり辛い芝居」「特にベルばら以降の新ファン層にはとっつきにくいだろう」といった懸念の声も挙がっている（「高声低声」『歌劇』一九七六／一〇・一四六ー一五〇）。

《メナムに赤い花が散る》が一九六八（昭和四三）年、《この恋は雲の涯まで》が七三（昭和四八）年、そして《ベルサイユのばら》初演が七四（昭和四九）年である。だが植田は、「松緑さんとだけでずーっとやってたら、『ベルばら』は生まれなかったろう」とも言っている（植田・川崎、二〇一四／一七四ー一七五）。ここに登場するのが、歌

16　歌舞伎の《若き日の信長》を想起させる筋立てであったようだ。《若き日の信長》で松緑は、陰腹を切って信長を諫める平手政秀を演じている（『歌劇』一九七六／一〇・一四六、一五〇）。

舞伎俳優としての経験もあるが松緑とは真逆の考えを持っていた長谷川一夫である。

長谷川一夫と東宝歌舞伎

《メナムに赤い花が散る》の成功により、劇団が次に組むことを考えた相手が長谷川一夫であった。一九七一（昭和四六）年には、長谷川が初めて演出に加わった宝塚グランド・ロマン《我が愛は山の彼方に》が上演される。ここで歌舞伎俳優と映画スター、両方の顔を持つ長谷川一夫の生涯についても振り返っておこう。

長谷川一夫は一九〇七（明治四〇）年二月二七日に京都府で生まれた。幼少時代、旅芸人一座の代役に引っ張り出され《菅原伝授手習鑑》の菅秀才役で初舞台を踏んだのが、役者の道に目覚めるきっかけであったようだ。一九一八（大正七）年、初代中村鴈治郎門下に入り、その息子の二代目林又一郎にも仕えることになった長谷川は、林長丸を名乗り、女形としての修業を積む。だが、梨園の御曹司でない者が歌舞伎の世界で頭角を表すのは難しい。その才能を埋もれさせるのは惜しいと考えた周囲の勧めによって、長谷川は新興の映画界にデビューすることになる。一九二七（昭和二）年、二〇歳の時に初出演した映画《稚児の剣法》が大当たりし[17]、長谷川（当時の名は「林長二郎」）は一躍映画界のスターとなった。一九三五（昭和一〇）〜三六年には林長二郎時代の代表作といわれる《雪之丞変化》三部作が封切られる。それでも長谷川には「いずれ歌舞伎の舞台に戻りたい」という思いが強くあったようだ。一九三五（昭和一〇）年、師匠である初代鴈治郎が亡くなり、三七（昭和一二）年に行われた追悼公演に長谷川も出演する。しかし、他の歌舞伎役者たちからの風当たりは強く、松竹からも思いのほかの冷遇を受け、悶々としていたところに引き抜きの声をかけたのが、東宝の小林一三であった。

同年一〇月、長谷川は東宝入りの契約を結ぶ。この直後の一一月一二日に起きたのが「林長二郎　顔斬られ事件」である。東宝京都撮影所で撮影を終えて移動する途中に暴漢に襲われ左頬に傷を負うという、役者としては致命的な事件だったが、奇跡的に回復した。その後は本名の「長谷川一夫」として、映画のほかに商業演劇での活動も精力的にこなす。一九四二（昭和一七）年三月には「新演技座」を旗揚げした。劇団創立時は東宝劇団部の専属であったが、四六（昭和二一）年に勃発した東宝争議をきっかけに独立。しかし、のちに深刻な資金難に陥り、大映の支援を受けるが立ち直れず、一九五二（昭和二七）年に解散に追い込まれる。一九五〇（昭和二五）年にはそれまでの支援との引き換えのような形で大映に入社し、大映映画にも出演するが、六三（昭和三八）年に退社した。以後は映画の世界からは引退し、舞台に専念する。一九五五（昭和三〇）年七月、長谷川四八歳の時に第一回東宝歌舞伎が開幕。以降、東宝歌舞伎は一九八三（昭和五八）年一月まで二八年間続き、公演回数は五四回を数えた。その絶頂期ともいえる一九七四（昭和四九）年、長谷川六七歳の年に手がけたのが、宝塚歌劇《ベルサイユのばら》の演出であった。

では、長谷川一夫の功績であり東京宝塚劇場のドル箱公演でもあった「東宝歌舞伎」について、さらに詳しくみておこう。

雑誌『演劇界』一九九六（平成八）年七月号に「長谷川一夫と東宝歌舞伎の時代」という特集があるが、このなかで亀井六郎は「戦後の自由な空気と五〇年代も中盤のやっと落着いた豊かさの実感、その現代日本人の趣向に合わせた、新しい〝カブキ〟であったのです」と述べている。この言葉のとおり東宝歌舞伎とは、ひと言でいうなら歌舞伎の作品や様式をもとにしつつ、現代の観客の嗜好に合わせた華やかでわかりやすい舞台だった。その命名

17 《ベルサイユのばら》（一九七五年花組版）のアンドレがジャンヌに撃たれて片目を失う場面で、オスカルを助けるアンドレに「稚児の剣法お目にかけよう」というセリフがある。これは長谷川一夫の映画から取ったものだ（『歌劇』一九七五／七・一一五）。

は小林一三だといわれているが（矢野、二〇〇四・一四三）、東宝歌舞伎が目指した方向性は一三が終生かけて目指した「国民劇構想」とも合致するものでもあった。また、同特集のなかで水落潔は、東宝歌舞伎の基本は「（長谷川が）映画で身につけた大衆的なリアリズム演技」「それを包む歌舞伎的様式美」「大胆な洋楽と洋舞の導入」であると述べている。水落が「長谷川の死で東宝歌舞伎が終わってしまったのは、彼以外にそんな芸当が出来る人がいなかったことによる」と言うように、東宝歌舞伎は長谷川だからこそ実現し得た、長谷川中心のステージだった。

東宝歌舞伎は「歌舞伎」と銘打っているが、男優のみの舞台ではない。長谷川以外は公演ごとに違うゲストが出演する方式で、最初は歌舞伎俳優との共演が主だが、次第に女優の出演も多くなっていった。最多出演は淡島千景で、山田五十鈴、朝丘雪路と続く。タカラヅカの春日野八千代も三回ほど出演している。当初は菊田一夫、川口松太郎、北條秀司、中野實らによる書き下ろしが多かったが、やがて既存の作品や映画やテレビでのヒット作の上演へと移っていく。《桂川連理柵《かつらがわれんりのしがらみ》》を中年の大人の男と若い女の恋愛という視点から捉え直した《お半長右衛門》のように、歌舞伎の古典を現代の観客の共感を得られやすいように解釈し直した作品もあった。また、清元、長唄の名曲のサワリだけを扱うなど、観客が飽きないための工夫もなされた。公演は東京宝塚劇場で行われたが、この劇場独自の舞台機構である「銀橋《ぎんきょう》」も大いに活用された。フィナーレで主な出演者がずらりと銀橋に並ぶのも東宝歌舞伎の名物で、ここで長谷川は満面の笑顔で観客にサービスしたのである。[18]

東宝歌舞伎のなかでも特に人気があったのが、ショー《春夏秋冬》である。一九五五（昭和三〇）年の第一回公演から始まり、八三（昭和五八）年の第五四回までほぼ毎回のように上演された、東宝歌舞伎の定番演目であった。このショーは、古典舞踊の一部をアレンジした場面をいくつか組み合わせて構成され、音楽はタカラヅカの日本物のショーと同様、基本的には洋楽が使われた。[19]

同タイトルのビデオが一九七一（昭和四六）年に株式会社ポニーより発売されている。ビデオの内容説明には

「春の光にうかれ、夏の夕、秋の空に人想い、冬の花に物思う…、長谷川一夫の名舞で華麗につづる人生の四季」とある。舞台の収録ではないが、定番演目を踏襲した内容と思われる。全七場のうち邦楽が使われているのは一場の長唄と四場の清元のみで、その他の場面は洋楽だ。ソロ舞踊もあれば群舞もあり、古典的でゆったりとした場面もあれば現代的な場面もある。アップテンポの洋楽に合わせた華やかな群舞の場面は、タカラヅカの日本物ショーを彷彿とさせる。変化に富みメリハリも効いており、古典芸能を知らない観客にも親しみやすく、飽きさせない工夫が凝らされている。なかでも秀逸なのは、ゲストの朝丘雪路、淡島千景とそれぞれ共演し、男女の恋模様の機微を見せる四場「夕立」と七場「夜の梅」である。ちょっとした仕草や視線の動きの一つひとつが匂い立つような色気を醸し出し、また、一挙一動にすべて意味が感じ取れるようで目が離せない。そこには、長谷川の日舞の鍛錬と映画で培った「見せ方」の工夫が凝縮され、やがてそのエッセンスが《ベルサイユのばら》にも投影されていくのである。

18 一九六二年、八代目松本幸四郎（松緑の次兄）も乞われて東宝歌舞伎に出演したが、銀橋で笑顔を振りまくことがどうしてもできなかったため、その出演はたった二回で終わっている（矢野、二〇〇四・一七七）。

19 『歌劇』一九五三年七月号「真咲美岐の〝オケラ探訪〟」第二回のゲストとして長谷川一夫が登場しているが、ここで東宝歌舞伎の《春夏秋冬》につながったと思われるアイデアが述べられている。「今までにどこでもやっていない様なものをやりたいのですね。日本舞踊でバレエ形式のものを純日本音楽を使つてやつてもいいし、舞台面をホリゾント一ぱいにピアノだけおいて、それが春の季節を表すなら、壺に綺麗な櫻を入れたのをピアノにのせ、櫻と同じ衣装の女の人と、燕尾の人を立たせて独唱させます。それをシルエットで浮かせて傍で明るい光線をかけた、日本趣味豊かな踊りを踊らせて、その方は豪華に見せるのですね。又赤毛せんにお琴を並べて、バレエの群舞の中へ源氏のような扮装で踊らせたり、外国のものも入つていてもいいが日本化されたものとしてやつてみたいですね」（三〇頁）。

形容重視の長谷川演出

長谷川一夫とタカラヅカとの縁は、一九七〇年代に作品の演出を手がけるようになる以前から深かった。『歌劇』の対談記事にも一九五〇年代からたびたび登場しており、娘の長谷川季子《としこ》（一九五一年入団～五六年退団。第三八期生）が宝塚歌劇団に在籍していたことや、東宝歌舞伎にタカラヅカの生徒も出演していたことなどから、生徒たちとの交流もあった。「小林一三先生が、男子禁制の宝塚歌劇だけど長谷川ならウチの子と混合して出てもかまわん、と仰ったことがある」（『歌劇』一九六三／六・六九）というのが長谷川の口ぐせであった。

タカラヅカがレビュー時代以来の「夢の世界」であり続けるか、リアリズムを取り入れるべきかで揺れ始めていた一九五三（昭和二八）年、長谷川は早くも、のちの「ベルばらブーム」でみずからがやってのけたことを予期するかのような発言をしている。

一部の批評家のことも考えるべきかも知れませんが、それよりも大勢のお客様のことを考えてもらいたいですね。ここの大きな舞台でリアリズムをやられたらお客様はかないませんよ。僕なんかそんなの見たくない。（笑）（「真咲美岐の〝オケラ探訪〟第二回」『歌劇』一九五三／七・二九）

また、戦後のタカラヅカにおける男役・娘役の変化も如実に感じ取っていたようで、『歌劇』一九六五年六月号の対談記事「水代玉藻のスター探訪　ちょっとお邪魔を！（ゲスト：長谷川一夫）」のなかで、娘役について「新珠三千代の時代位から活歴、つまりリアリズムの娘役になってきた」、男役についても「小夜福子さんから思えばずい分変わってしまっている。小夜さんみたいな甘い二枚目さんはいませんね」と指摘している。その後の《ベルサイユのばら》においても、長谷川が目指したのは甘く華やかな男役像、可愛らしい娘役像であった。
演出への意欲も早くから抱いていたようだが（『歌劇』一九五四／一〇・三二）、念願叶って長谷川が初めてタカラヅカで演出を手がけたのが、一九七一（昭和四六）年九月の星組公演《我が愛は山の彼方に》である。[20] 伊藤桂一の小説『落日の悲歌』を原作とし、脚本を執筆したのは《メナムに赤い花が散る》に続いて植田紳爾であった。他の若手演出家の作品案がすべて長谷川に却下された挙句の、「たってのご指名」であったという（植田・川崎、二〇一四・一八二）。初演では高麗の武将・朴秀民を鳳蘭が、高麗と敵対する女真国の武将・チャムガを安奈淳、秀民の婚約者でありながらチャムガを愛してしまう万姫を大原ますみが演じた。

《我が愛は山の彼方に》あらすじ
朝鮮半島の高麗は北の女真国と対立している。崔家の万姫（大原ますみ）は、沿岸警備にあたる武将・朴秀民（鳳蘭）との結婚を二日後に控えていたが、秀民が軍務で町を離れている間に女真軍が攻め入り、万姫は囚われの身となる。だが、女真軍の武将・チャムガ（安奈淳）は万姫に礼節をもって接し、「必ず高麗の婚約者のもとへ帰そう」と約束する。万姫は、たとえ戻っても秀民に己の貞節を信じてはもらえまいと嘆き、チャムガの優しく高潔な人柄に心惹かれていく。チャムガの婚約者ジェリメ王女は激しく嫉妬し万姫を殺すよう

20　本作はその後も一九八四年（星組）、八五年（星組地方公演）、一九九九～二〇〇〇年（博多座・大劇場）、二〇一一年（月組全国ツアー）と再演されている。一九八四年の再演は長谷川一夫の追悼記念公演でもあった。

に命じるが、武人としての約束に準ずるチャムガに拒否される。この様子を見たブルチ王妃は、万姫の帰参は高麗に攻め入る時、と再度の出陣を命じ、チャムガは万姫に形見として短剣を渡し、別れを告げる。戦いは迎え撃つ高麗有利で展開し、女真軍は追い詰められる。万姫と再会した秀民は、チャムガを救うため降伏を勧めに女真軍のもとに赴く。だが、誇り高いチャムガにはそれはありえない選択だった。秀民とチャムガの一騎打ちとなった時、チャムガはわざと隙をつくり捕えられる。秀民は「万姫のためにも生きてほしい」とチャムガを故国に帰そうとするが、生き恥を晒すことを良しとしないチャムガは「万姫は私の妻ではない」と言い残して崖から飛び降りる。チャムガの死を知った万姫に対し、秀民はその最期の言葉を「万姫は私の妻である」と伝える。万姫はチャムガの形見の短剣で胸を刺し、後を追って崖下に身を投じる。残された秀民は、一人立ち尽くす。

上演に先がけた出演者らとの座談会で、長谷川に演出を依頼した理由について、星組プロデューサーの野田浜之助が「これは皆さんご承知の、先生が永年名優として維持されてきた人気、大衆のアイドルといいますか、その秘密があるにちがいない。それを宝塚に教えて頂こうという気持ですね」(『歌劇』一九七一/九・三四)と言うのを受けて長谷川も次のように語っている。

皆が役を掘り下げて考え過ぎてるので驚愕しました。(笑)〔略〕宝塚の歌劇ですから、台詞をいうていてトタンに歌になったり踊りになったりするでしよ。だから余り掘り下げると観る方が肩がこるの。(笑)〔略〕星組がこの前演った『星の牧場』は内面的な演技から入ってゆく作品でしたが今度は、風俗、舞台装置、音楽などの面からすべて形から入った方がなじみいいのじゃないかと思います。(前掲、三五)

《星の牧場》は現代の日本を舞台にした「宝塚ミュージカル」によってリアリズムを極めようとした高木史朗の晩年の作品である（三章三節）。それは長谷川が目指したものとは真逆の世界だった。つまり、《我が愛は山の彼方に》で長谷川からもたらされたのは、形容から入ること、すなわち男役であればよりかっこよく、娘役であればより可愛らしく見せることで観客を喜ばせる手法であった。それは若き日に歌舞伎の世界で学び、映画スターとしての経験を経て、「東宝歌舞伎」でさらに磨き上げられた長谷川独自のものである。この公演は、『読売新聞』一九七一年一一月一七日号付で次のように評されている。

長谷川一夫の演出だという先入観で見たせいもあろうが、劇の要所に演出者そっくりのフリや物言いや間を感じた。淡白が売り物だった宝塚に、ネオかぶき調というか、艶やかな上方のいわゆる『はんなり』したにおいが加わって、それで違和感が起こらないのは時代のなりゆきだろう。（大笹、二〇一〇・別巻・二三一―二三二）

ここでタカラヅカの売り物が「淡白」と称されているのは現在の感覚からすると驚きであり、やはりこの頃のタカラヅカは相対的に地味な方向に振れていたと考えられよう。また、『歌劇』一〇月号の「高声低声」を確認すると「長谷川演出」に対するコメントが多く寄せられており、観客の期待がいかに大きいものであったかがうかがえる。その多くは賞賛の声であった。

ファンの求めるものをよく分かっておられ、宝塚本来の甘く悲しく美しい作品であったと思います。宝塚レビューと、世界中の人に知られているように、宝塚のショーの素晴らしさは皆が認めていますが芝居物となると多少違和感を感じるようです。〔略〕悲劇が持つ切なさに加え、宝塚の持つ独特の甘さと美しさがまざり、宝塚ならではのお芝居であったと思います。久しぶりに何か甘酸っぱい思いを抱きながら帰途につきました。
(『歌劇』一九七一／一〇・一四三)

いっぽうで長谷川演出には物足りなさもあったとする、次のような声も寄せられた。

長谷川先生の演出は、オールドファンと自称していられるように確かに昔の宝塚に郷愁を感じての演出である事は分る。何処か白井先生の演出と似通っているし、隅隅にまで神経の行き届いた演出ではあるが、それだけにヤマ場の盛り上がりがもっとあればと、残念だった。〔略〕型から入る演技で三階の客席にまで分るお芝居にしようとされた意図は分るのだが(本作の主な出演者が)目下修行中のスターで、完成されたスターではないので、型にとらわれ過ぎて〝心〟を忘れてしまいがちだし効かせなければならない筈の折角の良い台詞を、効かせて貰えないはがゆさもある。(前掲、一四六)

前章で見てきたとおり、一九六〇年代といえば菊田一夫によるドラマチックな「ミュージカル・ロマンス」が人気を博し、高木史朗が同時代の日本を舞台にした「宝塚ミュージカル」を模索した時期である。また、一九六七(昭和四二)年の《オクラホマ!》を皮切りに、ブロードウェイ・ミュージカルが三年連続で上演されたのもこの頃であった。つまり、当時のタカラヅカの演技はどちらかというと「リアルさ」を追求する向きが強かったのだろう。そこに「まずは形から入り、男役はかっこよく、娘役は可愛らしく見せて観客を喜ばせる」という真逆の手法を取り込んだのが長谷川一夫であり、この方向性は《ベルサイユのばら》にも引き継がれていくことになる。
理屈だけではない、実際にみずから身体を使って見せて教えられることが、ともに演じ手でもあった二代目松緑と長谷川一夫の共通点であった。戯曲を読み込むだけでなく、立って体を動かして演技をつけていくという芝居づくりは、歌舞伎の手方でもあり、植田もまたそういう演出法を志向していた（植田・川崎、二〇一四・六四、一五一）。また逆に、松緑と長谷川には、「気持ちから入る」か「形から入る」か、「立役専門である」か「女形も兼ねる」か、「生粋の江戸育ち」か「上方育ち」かといった相違があった。この両者のやり方を側で学んだことが、演出家・植田紳爾の転機となった。

松緑さんの型と、長谷川一夫の形から入る型と、最終的に富士山に上がるのに頂点は一緒で、どっちから入ろうと、山梨県から登ろうと、静岡から登ろうとそんなに変わらない、最終的には出来上がったものですから。そういったものを毎日毎日、身を以て体験させていただいたおかげで、僕の演出術はそこからきっと変わってる。（前掲、一七四）

歌舞伎を原点とし、同じ頂上を目指しながらも対照的な演出法を、植田はこの時期に会得した。「洋＝西洋から入ってきたミュージカル」に「和＝歌舞伎に代表される日本の伝統芸能」を取り込む手法はより洗練され、このことが、のちの《ベルサイユのばら》の誕生にもつながっていくことになる。

【第三節】「日本郷土芸能研究会」の取り組み

発足のきっかけと活動内容

一九五〇～六〇年代のタカラヅカにおける特筆すべき試みとして、日本郷土芸能研究会による「日本民俗舞踊シリーズ」がある。一見、これまで見てきたさまざまな試みからは孤立しているように感じられるが、「和（日本の伝統芸能）」と「洋（西洋から入ってきたミュージカル）」の相克という観点から捉えると、実は重要な取り組みだったと筆者は考える。この試みがのちのタカラヅカに何を残したのか、ミュージカルの系譜に与えた影響にも注目して見ていこう。

一九五八（昭和三三）年、タカラヅカに「日本郷土芸能研究会」が発足した。「全国各地に伝わる郷土芸能を詳しく調査し、その成果を踏まえた作品を創ること」を目指したものであった（池田文庫編、二〇一一・一二）。発足の背景には、昭和三〇年代の民俗芸能（郷土芸能）に対する関心の高まりがある。急速に西欧化が進むなかで失われる「日本」の根源を全国各地の民俗芸能に求める機運が盛り上がっていたことは、第一章二節で触れたとおりである。

タカラヅカにおいてその端緒となった公演は、一九五六（昭和三一）年のグランド・レビュー《春の踊り》（作・演出：白井鐵造）だった。「日本各地に伝わる民族舞踊を見て歩き、これをタカラヅカの舞台で新しい形にして上演してみたい」という白井のかねてからの興味関心が、観光日本博と結びついて実現した企画だった（『歌劇』

一九五六／四・四六)。この時白井と、振付を担当した渡辺武雄、音楽担当の十時一夫の三名は九州地方、奥三河、丹後など各地を訪ねて民俗舞踊や民謡から素材を収集した。全二八場の舞台は、あくまでレビューの典型的な構成であったようだ。だが、華やかで情緒的ないつもの白井レビューと異なり、取材してきた各地の民族舞踊を順次紹介してみせた。それだけでは冗長になるため、間に「春山君(大路三千緒)」と「秋村君(真咲美岐)」のコンビによる寸劇が入っている(前掲、一三五)。「高声低声」における観客の評価は辛口のものが目につく。

アイディアは仲々素晴しいが、舞台では面を付けた踊りや単調な舞を二十八場も延々と見せたことは少し冒険だった様だ。舞台にかけるならトリにせず一時間以内のステージショウ式にもってゆけばきっと楽しいものになり数々参考にもなったろうと惜しい気がする(『歌劇』一九五六／五・一四八)

だが、この作品を契機として一九五八(昭和三三)年に日本郷土芸能研究会が発足する。劇団理事長の梅田健一が会長を務めたが、その中心となったのが《春の踊り》の振付を手がけた渡辺武雄だった。酒井協(作曲家)、羽山正一(劇団事業部長)[21]も積極的に加わっている。

学術面での指導は、田辺尚雄、本田安次、郡司正勝、西角井正慶、宮尾しげを、三隅治雄(文化財研究所)に仰いだ(『歌劇』一九六〇／二・六七)。田辺は音楽学者であり、とりわけ日本音楽・東洋音楽の研究に功績があった。本田は日本の民俗芸能研究のパイオニアであり、日本青年館における「日本民俗芸能大会」の開催を中心になって

21　池田文庫編、二〇一一・一五頁参照。

推進した。郡司は歌舞伎の研究家だが、歌舞伎と民俗芸能研究を結びつけた草分的な存在である。西角井は折口信夫に師事した国文学者・民俗学者であり、宮尾は漫画家であったが戦中・戦後からは民俗芸能研究を幅広く手がけた。[22] 三隅は研究会の発足当時、国立文化財研究所芸能部員だった。このように、民俗芸能研究の世界における代表的な顔ぶれが揃った充実の陣容であった。

『歌劇』一九六〇年二月号「日本郷土芸能研究会の活動について」によると、その発足にあたっては次の三つの考えがあったという。

一．日本の創作舞踊の基礎となる素材やテクニックは、永い間伝承されてきた民俗芸能から再出発することで生まれてくるはず（日本の新たな創作舞踊の創造）。
二．外国人に対して「日本の民族舞踊」として見せ得るものを作り出したい（海外に向けての発信）。
三．急速になくなったり変化していく民俗芸能を後の世代に残しておきたい（伝統芸能の保存）。

（『歌劇』一九六〇／二・六六。カッコ内は引用者）

一見、失われゆく芸能の保存という三番目の点がこの研究会の主眼だと思われがちだが、それ以前に挙げられているのが「日本の新たな創作舞踊の創造」と「海外に向けての発信」である点が注目される。つまり、郷土芸能研究会の目指すところは、単に各地の芸能の発掘・再現にとどまらず、そこから日本の新たな創作舞踊を創造しようという未来志向のものであった。ここにも小林一三が提唱し続けた「国民劇構想」の思想が受け継がれているように思われる。[23] このことは、あくまで現地に近い姿での上演を求め続けた「全国民俗芸能大会」（一章二節）などとは対照的な、タカラヅカならではの特筆すべき点である。さらに、この活動でつくり上げた「日本の民族舞踊」を海外に向けて発信していくという目的の背景には、当時のタカラヅカでは海外公演の頻度が高まっており、日本らしさを発揚する作品が求められたという事情もあった（池田文庫編、二〇一一・一二）。

渡辺ら研究会メンバーは、日本全国をくまなく歩き、各地の郷土芸能を取材した。また、全国民俗芸能大会や「ブロック別民俗芸能大会」（一章二節）も熱心に取材し、情報収集に努めた（池田文庫編、二〇一一・一五）。その成果をもとに、二〇年の間に「民俗舞踊シリーズ」一四編と「物語り風土記シリーズ」八編、計二二作品を送り出した。その際にも先の三つの考え方にもとづき、「現在伝承されている民俗芸能を尊重してそのままの形で見せること」「そこから今後に通じるものを抽出し、創作舞踊、民族舞踊への道を開いていくこと」という、二つの方向性をともに目指した舞台づくりが行われた（『歌劇』一九六〇／二・六七）。ちなみに、研究会の名称が「日本郷土芸能研究会」であるにもかかわらず、上演作品の方は「民俗舞踊シリーズ」と銘打っている。これは、ちょうどこの活動が始まった一九五〇年代に、その呼称が「郷土芸能」から「民俗芸能」へと研究者間で移り変わった時期であったことの表れだろう（一章二節）。

「民俗舞踊シリーズ」一四編のラインナップは次のとおりである。[24]

22　宮尾は、日本民俗芸能大会の第一～四〇回のプログラムの表紙および挿絵も担当していた（西角井、二〇一六・六七）。

23　《火の島》が三冠（二九四頁参照）を獲得した時の渡辺武雄の言にも次のようなものがある。「宝塚全体が亡き小林先生の理想とされている国民劇構想に邁進し、それを念願としてきてますね」（『歌劇』一九六二／二・五〇）。

24　組別の内訳を見ると、雪組七作、月組四作、星組三作、花組〇作であり雪組が多い。ちなみにこの時期の雪組のトップスターは日本物の得意な明石照子、そして芸達者な真帆志ぶきと続いている。

［一九五八年］雪組《鯨》［一九五九年］雪組《花田植》［一九六〇年］星組《山びと》［一九六一年］雪組《火の島》［一九六二年］月組《花のみちのく》［一九六四年］月組《黒潮》［一九六四年］月組《ユンタ》［一九六六年］雪組《藍と白と紅》［一九六六年］星組《砂丘》［一九六七年］星組《花風流》［一九六九年］雪組《祭》［一九七二年］雪組《かぐら》［一九七三年］雪組《竹》［一九七八年］月組《祭りファンタジー》

現在、郷土芸能研究会の膨大な取材記録は池田文庫に整理・保管されており、「日本民俗芸能資料目録」をもとに申請すれば誰でも閲覧ができる。また、「日本民俗芸能資料目録」は早稲田大学の演劇博物館や全国の図書館などに配布されている。Ａ４サイズで厚さは三センチ近くあり、都道府県別のあらゆる民俗芸能を取材した記録が一覧化されている。その種別も、盆踊りや労作歌、地方の歌舞伎や文楽、神楽など多岐にわたり、取材場所も「現地取材」「〇〇市文化センター」「××市中央公民館」などさまざまだ。目録によると、取材した芸能の演目・曲目の登録は約七〇〇〇件に及び、日本だけでなく、世界各国の民俗芸能の記録も収集されている。取材の記録は、八ミリフィルム約一二〇〇巻、録音テープ約一七〇〇巻、三五ミリネガフィルム約一三〇〇〇コマ、スライドフィルム約五〇〇〇枚、レポート約二四〇冊という膨大なものとなった（池田文庫編、二〇一一・二三）。これらは三次にわたって分類、整理され、ＤＶＤ化されているものもあり、学術的にも貴重な資料として高く評価されている。

中心人物・渡辺武雄の経歴

郷土芸能研究会の活動の中心となった渡辺武雄は元々振付家志望であり、しかもその興味関心は日舞ではなく洋舞にあった。一九一四（大正三）年、台湾に生まれ育つ。やがて日本の関西学院大学に進学したが、ダンスの道を志すため、いったん大学を中退して上京し、秦豊吉率いる日劇で振付助手となる。ちょうどこの頃の日劇では秦のもとで、各地の民俗舞踊に取材した作品の上演が試みられていた。渡辺も故郷台湾を舞台にした《燃ゆる大地・台湾（山の巻）》（一九四〇）という作品の構成・演出を担当している。この時の経験ものちにタカラヅカで「日本民俗舞踊シリーズ」を生み出す糧となっていく。

戦後の一九四八（昭和二三）年からタカラヅカでの振付を担当するようになるが、元々ショーやレビューをつくることには興味がなく、その情熱の対象はもっぱら創作舞踊でありバレエであった。一九五二（昭和二七）年に劇団の援助でアメリカに遊学し、ニューヨークでダンスを学んだ。戦後間もない時期で日本人がバカにされることもあったため、日の丸のついた鉢巻きをして稽古場に臨んだこともあった。この時教えを受けたキャサリン・ダナムという黒人ダンサーから、「日本には良い文化、古い文化があることを知っている。アメリカの模倣にならないように、自分の足元の周辺にあるものから作品を作ることを考えたら」と言われたことが、その後の渡辺に大きな影響を与えることになる（池田文庫編、二〇一一・一八九）。「民俗舞踊シリーズ」は、このように日本文化を客観的に眺める視点と、洋舞のスピード感の両方を身につけた渡辺だからこそ生み出せた作品ともいえそうだ。実際、創作にあたって渡辺らは、「歌舞を羅列するだけのショーではなく、歌舞を通して、日本人の美意識や生命力を顕現したい」（前掲、一二）と考えていた。渡辺はまた、次のようにも述べている。

宝塚の創始者小林一三先生が歌劇に夢を託したのは、日本女性が生活の中で培った美の文化伝統を、歌・踊・劇で磨き上げ、そこから世界に誇示する日本ならではの舞台芸術を創造することだった。そのために、生徒に洋を学びながら和を磨いて行く道を摂らせたのだが、それがだんだん逆になってきた。自分も洋舞の振付

が専門だったが、今度の民俗舞踊シリーズによって、わたしなりに小林先生の志を実現させたいと思う。（前掲、一三）

一九六〇～七〇年代といえば日本人の生活様式が急速に西洋化した時代だ。「民俗舞踊シリーズ」は、そんな時代への問題提起でもあったといえよう。

晩年の渡辺は郷土芸能研究会による膨大な取材記録の分類・整理においても先頭に立ち、二〇〇八（平成二〇）年に亡くなるまで作業を続けた。郷土芸能研究会と「民俗舞踊シリーズ」に生涯を捧げた人生であった。

代表作《火の島》

「民俗舞踊シリーズ」一四編のなかでもっとも著名なのは、一九六一（昭和三六）年に上演された《火の島》だろう。これは鹿児島県南部や奄美大島、種子島などに取材した作品である。

上演したのは、日本物を得意とする明石照子を擁する雪組だ。陣頭指揮を取った美吉左久子、大路三千緒、淡路通子を始め、三鷹恵子、木花咲耶、曽我桂子、睦千賀といったベテランの生徒たちも主力メンバーであった（前掲、六四）。宝塚義太夫歌舞伎研究会（本章一節）や高木史朗の「宝塚ミュージカル」（三章三節）、のちに述べる新人会公演（五章一節）にしてもそうだが、この時代の新しい試みは、スタッフと生徒が一丸となって協力し合いながら進められていた。シリーズ四本目にあたるこの作品が芸術祭賞、大阪芸能記者会選出のレインボー賞、東京演劇記者会選出のテアトロン賞を受賞と三冠を獲得し、「民俗舞踊シリーズ」は一躍注目を浴びることになった。

筆者は、この《火の島》の関連資料を池田文庫で閲覧した。映像と音声は別撮りであるため、プログラムに掲載されている脚本にまず目をとおし、おおよその流れを把握したうえでＤＶＤ映像を確認し、それからＤＡＴテープで音声を聴く。こうして文字・映像・音声の三つの情報を参照してまとめた、本作のおおよその流れは次のとおりである。

《火の島》あらすじ

噴火音のなかで開演アナウンスが流れる。「鹿児島地方で取材した」との説明つきだ。幕開きは勇壮な「太鼓踊り」から始まる。「上山田の太鼓踊り」に「伊作の太鼓踊り」と、鹿児島県の二つの地方の太鼓踊りが再現されている。続いては娘役中心に、はしかや疱瘡の平癒を神に祈る「疱瘡踊り」。再び男役による「棒踊り」。皆、頭にハチマキ、手には棒という出で立ちだ。ここで背景の桜島が大噴火し、「おはら節」「はんや節」の総踊りで賑やかに盛り上がる。場面変わって、都会から地元に帰ってきた学生（明石照子）が故郷を想い、種子島に伝わる「おっかんじょ」を歌う。頭に桜島大根を載せた素朴な薩摩おごじょたちが鹿児島弁で語らうなか、「草切り節」が歌われる。続いては海辺で遊ぶ子どもたちと、卵を産みにきた大海亀との交流の一場。ここで種子島のわらべ歌も聴かせる。「来年もまた来いよぉ」といって亀に焼酎を飲ませてやる様子がほほえましい。そして、舞台はフィナーレへ。牛相撲「斗牛」も再現され、その後、沖永良部島の「シュンガ・シュンガ」という曲が歌われる。クライマックスは奄美大島の「八月踊り」だ。まず女たちの踊り、続く男たちの踊り。男声と女声での歌の掛け合い。太鼓に手拍子、「ハッハッ！」という掛け声。プログラムに「まことに自由開放的で野生に満ちあふれています」とあるとおりの雰囲気が伝わってくる。徐々にテンポアップし、盛り上がりが最高潮に達したところに突然の嵐、大合唱のなかで幕となる。

公演時間は五三分五〇秒で、現在の宝塚歌劇におけるショーの時間とほぼ同じだ。緩急のある展開と、スピーディな場面転換で飽きさせない。「単調な舞を延々と見せた」と評されている《春の踊り》（一九五六）に比べると、構成・演出に工夫がある。男声による合唱も要所要所で使われている。この時期、男性コーラスをバックに流すことは時々行われていたようだが、実際に聴いてみると、これが意外に効果的である。火山、嵐といった自然現象も丁寧に描写され、牛や海亀などの動物も登場する。そこから感じられるのは、膨大な取材に裏づけられた奥の深さ、そして、日本各地の多様な文化に対する温かな目線である。

この《火の島》に対して、一九六一（昭和三六）年の東京公演に対する『読売新聞』一一月九日号付の劇評は、演出・出演者ともに高く評価している。

『太鼓踊り』の勇壮なスタートに続き、ホウソウやハシカよけのために神に奉納する『疱瘡踊り』の素朴、そして学生が故郷に思いをはせる種子島の景で『おっかんじょ』という母の歌をうたわせたり、終景の『八月踊り』などダイナミックな総踊りと、奄美に残る『シュンガ・シュンガ』の哀愁とをとけ合わせたりする演出はまことに見事。（大笹、二〇〇九・二巻・六四三－六四四）

いっぽう『歌劇』の「高声低声」の観客の声は、「地味なショーだが、十分その価値を持ちまた小品ながら珠玉のような業績を残してきたこの種の作品に関係した人々に敬意を表する」（『歌劇』一九六一／九・一四五）と建前論にとどまっており、さほどの熱狂は感じられない。

熱い賛辞の声を寄せたのは、各方面の識者であった。それは、単に各地の民俗芸能を忠実に再現したことに対するものではなく、調査結果を消化したうえでの「舞台化」の手法が高く評価され、日本のオリジナルミュージカルの創造へつながる可能性さえ期待された。たとえば、東京国立文化財研究所に所属していた戸部銀作は次のように述べる。

いかに数多くの資料を集め、取材に正確を期しても、それだけで、優れた舞台ができるものではない。むしろ、あまりに調べすぎると、捨て切れないうらみがあって、舞台は、ジレッタント化、一人よがりになり勝ちである。だが、渡辺武雄という、優秀な演出者は、自分の調べたものを、芸術化する時は、客観視する才能を持っている。（『歌劇』一九六二／一・七六）

また、日本郷土芸能研究会の発足時から関わってきた三隅は、当初は「郷土芸能ブームに便乗した興行政策だろう」とたかを括っていたのが、研究会メンバーの謙虚で丹念な仕事ぶりに感服している。また、ブームのなかで郷土芸能に関心を持つ人々の多くが「芸能の風変わりな扮装や動作だけを珍しがって、舞台にとりあげても、その物珍しい風俗の紹介をするだけ」であるのに対し、郷土芸能研究会の人々の情熱の対象が、「郷土芸能そのものにあるのではなく、その芸能の裏にある『日本人』の伝統的な生活、感情をつかみとることにあるという点」を高く評価した（『歌劇』一九六二／二・四二）。さらに三隅は、「すでに『火の島』など民俗舞踊集でそのきざしを見せ初めている『日本人のミュージカル』の創造を、きっと果されるに違いありません」（前掲）とまで明言している。

同様に、『大阪読売新聞』文化部の福島秀治も『歌劇』一九六二年三月号にて「『火の島』と『ウエスト・サイド物語』」と題する一文を寄稿している。そこで福島は《火の島》とブロードウェイ・ミュージカルの《ウエスト・サイド物語》に観客の一人として共感した点として「作品の持つリアリティ」を挙げ、「その現実感に観客が共感し、また作品に脈々たる〝生命力〟を与えていることは、両作ともなんら変わりがない」（『歌劇』一九六二／三・四五）と評し、「宝塚は昭和初年から今日まで約四十年、ただひたすらにパリのレビューを真似てきたが、民俗舞踊の誕生でやっとそこから脱出できそうなきざしが見えだした」（前掲）と述べている。

一九六二（昭和三七）年といえば、ブロードウェイ・ミュージカル《マイ・フェア・レディ》が日本初演される前年である。当時の演劇界の大きな関心事は「日本のオリジナル・ミュージカルを創り出すこと」であり、識者たちのこうした言説からもその思いが感じ取れる。《火の島》を観た彼ら識者たちは、そこからタカラヅカが日本のオリジナル・ミュージカルの創り手になりうる可能性を見出し、期待を寄せたのである。

「郷土芸能研究会」その後の成果

こうして高い評価を得た《火の島》だったが、三冠受賞後も研究会スタッフは至って謙虚な姿勢のままだった。『歌劇』の渡辺武雄、酒井協、羽山正一の対談によると「今回の受賞で研究会の目標が達成できたと思われるのが一番辛い」（渡辺）ということで、スタッフとしては「受賞はまだ早すぎる」という受け止め方であった（『歌劇』一九六二／一二・五〇）。この対談では「楽器の表現力の不十分さ」「腹から声を出す日本の民謡の現代の観客への受け入れられにくさ」「各地の風土と関係が深い踊りから『日本のリズム』を作り出すことの難しさ」「そもそも神仏の力を願うために生まれた芸能を人に見せることから生じる矛盾」（前掲、五二－五三）など、音楽面、舞踊面それぞれが直面している課題について語られている。「学者の場合三千部の本が出るのは大変ですが、三千人のお客様の目に見せる方が説得力が強い」（羽山、五三）との言葉どおり、郷土芸能研究会にとって舞台の上こそが研究の成果が試される場であった。

一九六四（昭和三九）年には、宝塚歌劇五〇周年記念として、月組で《ユンタ》を上演している。これは沖縄県八重山群島に取材し、二〇〇種に及ぶ民俗舞踊のなかから一五種を選んで舞台化した作品だ（池田文庫編、二〇一一・四四）。当時の沖縄はまだ返還前であり、誰もが容易に足を伸ばせる場所ではなかった。それだけに民俗芸能研究に携わる人々にとって沖縄は、「そこに行けば『日本』の原風景と出会えるのでは？」という幻想を抱かせる特別な場所だった。
一九六九（昭和四四）年の第一一集《祭》より「民俗舞踊シリーズ」は「民族舞踊シリーズ」と名前を改める。[25]それまでは一地方の芸能を取材し忠実に描くことを心がけたが、今後は特定の地方に限定せず、日本の民族芸能をタカラヅカからつくり出していこうとの考えからの改名であった。
一九七〇（昭和四五）年一月から、渡辺ら郷土芸能研究会のメンバーは、『歌劇』誌にて持ち回りで「ちょうちん一つ」と題する連載を始めている。これは一九七六（昭和五一）年一二月まで続いたが、カンボジア、ラオス、フィリピン、インドネシアなどアジア各地に取材した際のできごとが多く取り上げられている。この頃の渡辺の興味関心が、日本国内からアジアへと広がっていることが感じ取れる。[26]
一九七二（昭和四七）年には第一二集《かぐら》が雪組で上演されたが、これに対しても『読売新聞』一九七二年八月一五日号付で阪田寛夫が次のように評している。

神楽概論もしくはかぐら入門という趣もあって、私には面白かった。人々がたいまつをともして神を迎え、稲の豊作を祈るために仮面劇を演じて、夜明けまで神と交歓する一夜がかりの劇的なかぐらの構成が、ちょ

25　《火の島》が三冠獲得した翌年、尾崎宏次は「この仕事の土台がかたまって、日本人の独特なリズムのとりかたに新しい技術をくわえて、創作をはじめたら、それは「民俗」舞踊ではなくて「民族」舞踊とよべるものになるのではないか」（『歌劇』一九六二／一・八〇）と予測している。
26　同時期、鴨川清作がアフリカを舞台にした《シャンゴ》（一九六七）、南米リオのカーニバルを題材とした《ノバ・ボサ・ノバ》（一九七一）といったショー作品を発表し注目を集めていた。つまり、タカラヅカはこの頃からショーの題材を欧米以外の地にも求め始めたのである。

うど舞台に移し植えるにぴったりだ。巨大な張り子の大蛇六匹が酒をのんでトグロを巻く見せ場もあって、郷ちぐさ、汀夏子といったスターも、ここではタダの人として、チームで熱演している。踊りがダイナミックで、日本的というより、もっと大きく日本を含めたアジア・モンスーン地帯風、という感じの場面もあった。(大笹、二〇一〇・別巻・四四三)

だが、その後の一九七八(昭和五三)年、「民俗舞踊シリーズ」は二〇周年記念公演となった第一四集、春の踊り《祭りファンタジー》を最後に、その活動を休止している。

近年では「郷土芸能研究会の伝統を引き継いだ」(『歌劇』二〇〇七/八・七五)作品として、二〇〇七年に月組で上演された《MAHOROBA》[27]がある。公式サイトでも「時代を超えて伝承されてきた伝統芸能、民族舞踊にスポットを当て、洋楽のリズム感や華やかさを織り込みながら、古典の面白味、エッセンスを込めたショー作品」と解説されている。しかし、これ以降で「民俗芸能」を中心に取り上げたショーは上演されていない。

こうしてみると、郷土芸能研究会による「民俗舞踊シリーズ」は一見、学術的色彩が強く感じられ、同時代の他の取り組みから一線を画したもののように見える。また、学術的に価値の高い資料を残した以外は、その成果は今に受け継がれていないとも思えるが、果たして本当にそうなのだろうか。

まず、一連の試みは「日本のオリジナル・ミュージカルを創造したい」という、当時のタカラヅカ、そして演劇界の関心事とも分かち難く結びついていた。そのことは先に触れたような、《火の島》に対する識者らの高すぎるともいえる評価からも伝わってくるとおりである。尾崎宏次は、高木史朗の「宝塚ミュージカル」を前向きに評価していたが、「民俗舞踊シリーズ」もこれと同様に、日本人は日本人の生活をレビューにしていくべきであるとの考えのもとにあると指摘する。

開拓の時代から、創意の時代を迎えるようなところへ、とくにレヴューの歴史はさしかかっているのではないだろうか？　宝塚が渡辺武雄の郷土舞踊レヴューをつづけたのも、私はその一線上にあるものとして見てきた（『歌劇』一九六五／四・四九）

つまり、郷土芸能研究会による「民俗舞踊シリーズ」は、第三章で述べてきた菊田一夫や高木らの取り組みとも共通する、同時代的なものであったということだ。そして、その底流にはやはり小林一三が提唱した「国民劇構想」が流れていた。本節の冒頭でも触れたとおり、郷土芸能研究会の目的の第一は「日本の新たな創作舞踊の創造」であった。これに関して、戸部銀作は民俗舞踊シリーズが見せたものは「日本物で宝塚がはじめて見せたテンポの早い運び」（『歌劇』一九六二／一・七六）の舞踊であったと評価している。一連のシリーズをとおして、少なくとも「タカラヅカの新たな日本舞踊のスタイル」の確立の一助には貢献したといえるのではないだろうか。さらにいうと、各地の民俗芸能を題材としてアップテンポで盛り上がる場面は、現在では日本物のショーではしばしば見られるうえに、日本物のミュージカル作品のなかでも、物語の舞台となる地域独自の踊りが取り入れられることは珍しくない。こうした点にも、郷土芸能研究会による「民俗舞踊シリーズ」で培った経験値は活かされており、その意味で、この系譜は決して断ち切られたわけではないと筆者は考える。こうした取り組みもまた、同時代のタカラヅカの一連の試みと並行して位置づけられるものであり、そう捉えれば、タカラヅカの歴史における「鬼っ子」

27　作・演出・振付は謝珠栄。日本神話の世界における神々の国造りに始まり、ヤマトタケルの誕生から死までを描いた作品であった（『歌劇』二〇〇七／八・七五）。

的な存在では決してなかったといえるだろう。

以上のように、高度経済成長期で人々の生活が日ごとに西欧化するなかにあっても、タカラヅカはあくまで「日本的なるもの」への希求を諦めなかった。次章以降では、このことが一九七〇年代以降のタカラヅカにどのように作用していくのか、様相を見ていきたい。

第五章

「ベルばらブーム」の時代に何があったのか

一九七四（昭和四九）年、《ベルサイユのばら》が初演され、一躍大ブームとなったが、これは単に漫画の人気にあやかったのみの幸運ではなかった。

「ベルばらブーム」の頃にタカラヅカ自体が大きく変化した。第三、四章で見てきたさまざまな試みで蓄積されたことによって人材が育ち、彼らの会得したノウハウが「ベルばらブーム」の頃に花開いたのである。《ベルサイユのばら》だけではない、今なお再演され続けている秀作にはこの時期に生まれたものが多い。そのなかでいくつかの幸運により爆発的ヒットにつながったのが《ベルサイユのばら》だということだ。

この一九七〇年代の開花を担うことになるのが、五〇～六〇年代の二つの相克を目の当たりにして育った演出家たちであった。本章では、次なる世代の演出家たちに焦点を当てつつ、第三章で論じた「虚（レビューが描く「夢の世界」）と実（ミュージカルが描く「リアルな世界」）」、第四章で論じた「和（歌舞伎に代表される日本の伝統芸能）と洋（西洋から入ってきたミュージカル）」の二つの相克が、いかにして「ベルばらブーム」に結実していったかを見ていきたい。

【第一節】

若手演出家の台頭と「新人会」の試み

新たな土壌の開拓

一九六〇年代の後半には、「ベルばらブーム」以降の時代を担うことになる演出家たちも頭角を現し始めていた。このことを象徴する試みとして、一九六六（昭和四一）年に若手演出家一〇名によって結成された「新人会」の公演がある。そのメンバーは、川井秀幸（入団年不明）・植田紳爾（一九五七年入団）・小原弘稔（一九五六）・柴田侑宏（一九五八）・阿古健（一九五八）・酒井澄夫（一九五九）・大関弘政（一九五九）・海野洋司（入団年不明）・岡田敬二（一九六三）・南明（入団年不明）という、入団一〇年目まで、年齢にして当時二〇〜三〇代前半の一〇名であった（『歌劇』一九八二／七・八四−八九）。このうち植田、小原、柴田、酒井、岡田は劇団の発展に貢献した「宝塚歌劇の殿堂」[1]入りをしている。植田、酒井、岡田の各氏は現在も劇団に在籍し活躍を続けており、阿古、大関もその後も再演される作品を残している。「ベルばらブーム」以降のタカラヅカを支えることになる演出家たちがこ

1　宝塚歌劇が創立一〇〇周年を迎えた二〇一四年に発表した。創設者の小林一三を始め歴代のスターや演出家・作曲家らのスタッフ一〇〇名が名を連ねる。殿堂入りした一〇〇名の功績については、宝塚大劇場内の「宝塚歌劇の殿堂」コーナーに常設展示がある。

こに集結していたのである。[2]

公演は宝塚新芸劇場にて一週間程度の期間で行われた。出演者二五人以下という少人数での公演であり、那智わたるや内重のぼる、真帆志ぶき、上月晃といった当時のトップスタークラスは出演させないという取り決めだった（『歌劇』一九六六／九・七〇）。そのうえ、「興行的にも赤字を出さない」という条件を劇団当局から課されていた（『歌劇』一九六六／八・一三二）。この新人会公演の目的について、参加メンバーは次のように語っている。

「私達の作品の向上を目指し、併せて若手生徒諸氏の演技の向上と新しいスター発掘に役立ちたい」（小原）
「先ず新芸劇場という小さい劇場をつかい、これに当てはまる作品を、しかも宝塚の線を外さずゆこうというネライです」（柴田）
「ブロードウェイに対するオフ・ブロードウェイの意気込み」（小原）
（『歌劇』一九六六／四・八三）

上演作品の決定も、自主的な試みならではのユニークな方式が取られていた。メンバー一〇人が全員毎月一本脚本を提出して全員で回し読み、合議のもとに二本の上演作品を選び、演出担当、出演者を決定するというルールである。毎月一本の脚本を書かねばならず、しかも一〇人中八人分の作品はお蔵入りになってしまうという過酷なルールだったが、「若いうちの貯金は多い方がいい」との意気込みで続けられたようだ。「新人会」公演が第五回目を迎えた時、『歌劇』八月号で「新人会公演をエグる」と題したメンバー全員の対談が行われている（『歌劇』一九六六／八・一三〇）。ここで圧倒的に多く発言しているのが植田紳爾であり、また、九月号には「新人会公演をきく　新しい芽生えをのぞむ」と題した、新聞二誌の記者と植田の対談が掲載されている。こうしたことから、この会でリーダーシップを取っていたのが、のちに《ベルサイユのばら》を生み出す植田であったことがうかがえる。

雑誌『勝利』一九六八年五月号の「全調査　宝塚歌劇団」という特集記事が、当時の宝塚歌劇団の内情をよく伝えているが、この記事では劇団理事でもあった「宝塚を代表する四人の作家（白井鐵造・内海重典・高木史朗・渡辺武雄）」について、次のように述べる。

この四人の作家は、年間に大作二本をそれぞれ発表する。今月はAが書いたから、来月はB、今月はスターXを使ったから、来月はスターYの番だという具合に、作家理事というよりは作家プロデューサーの馴れあいでことが運ばれている感じが強い。（二三四頁）

このため、横澤秀雄、菅沼潤、鴨川清作、植田紳爾、柴田侑宏らの若手作家活躍の場が奪われていると指摘する。

若手作家は、四人の大先生の合い間をぬって作品を発表しているのが現状だ。いつお座敷がかかってくるのか、さっぱり見当がつかないのである。彼らの間から不満の声が出るのは当然だろう。ひところは、これらの若手が手をつないで、大劇場のお隣の宝塚新芸劇場で作品発表の場を持ったりもしたが、それもいつの間にか立ち消えになってしまった。（前掲）

2　川井秀幸は「民俗舞踊シリーズ」の各作品の脚本・演出を手がけた。また、ブロードウェイ・ミュージカルに対する造詣が深く、『歌劇』に「ミュージカル」という連載を続けている。海野洋司は一九六八年《ヤング・メイト》の作・演出、《タカラヅカ'68》の構成・演出に名前がある。南明については不明である。

ここでいう「宝塚新芸劇場での作品発表の場」が「新人会公演」のことなのだろう。たしかに、この試みは一九六八（昭和四三）年三月までしか開催されていない。だが、短期間に密度濃く行われた意義ある試みだったと考えられるため、次から詳しく見ていきたい。

新人会公演の上演作品

新人会公演は一九六六（昭和四一）年四～一〇月、六七（昭和四二）年四～六月、六八（昭和四三）年三月に計一一回行われている。上演作品とそれぞれの作・演出は次のとおりである。

	組	上演時期	形式名	タイトル	作	演出
第一回	雪組	一九六六年四月		瞳に咲く花	小原弘稔	酒井澄夫
				羽衣物語	植田紳爾	柴田侑宏
第二回	月組	一九六六年五月		唖女房	柴田侑宏	柴田侑宏
				すみれの花咲く頃	大関弘政	大関弘政
第三回	星組	一九六六年六月	ミュージカル・ファンタジー	柳恋落日	岡田敬二	植田紳爾
			コメディ	此の世界の恋は倖せ	酒井澄夫	小原弘稔
第四回	花組	一九六六年七月	民話劇	狸月夜噺	南明	川井秀幸

			琉球悲話	哀しよのぬし	阿古健	柴田侑宏
第五回	月星	一九六六年八月	グランド・メルヘン《アンデルセン物語》	裸の王様	岡田敬二 南明	酒井澄夫
				一本足の兵隊	川井秀幸	海野洋司
				羊飼いの王子	柴田侑宏 阿古健 大関弘政	植田紳爾
第六回	花組	一九六六年九月	ギリシャ悲劇	乙女の園	川井秀幸	海野洋司
			コメディ	恋の騎士道	酒井澄夫	植田紳爾
第七回	月組	一九六六年一〇月		ながれ	植田紳爾	酒井澄夫
				黎明の詩	小原弘稔	小原弘稔
第八回	雪組	一九六七年四月	バレエ	くずのは	なし	柴田侑宏
				さようならエルネスト	海野洋司	酒井澄夫
第九回	星組	一九六七年四〜五月	舞踊劇	波の花	小原弘稔	酒井澄夫
			ミュージカル・コメディ	雨の降る日は天気が悪い	植田紳爾	植田紳爾
第一〇回	雪組	一九六七年六月	民話劇	とんと嫁こがあったげな	南明	南明
			ミュージカル・トラジェティ	想い出の街角	岡田敬二	岡田敬二
第一一回	星組	一九六八年三月	あたらしい昔噺	魚になったばさま	大関弘政	大関弘政
			コメディ	午後7時	海野洋司	柴田侑宏

これを見るとミュージカルから民話劇、舞踊劇、バレエからギリシャ悲劇に至るまで、内容はバラエティに富んでおり、なかには野心的な作品も交じっている。いっぽう大劇場公演ではすでに減少傾向にあった民話や童話に題材を採ったものも多い。作および演出の担当回数は、「作」の方は各メンバーとも二〜三本ずつ自作の脚本が採用されており平等性が保たれている。いっぽう演出の方は柴田、酒井が五回、植田が四回と、メンバーのなかでは先輩格にあたり、結果として後々まで劇団で活躍した演出家が多く手がけている。

賛否分かれる存在

小林米三は『歌劇』一九六六年六月号「見たこと　聞いたこと　感じたこと」のなかで新人会の試みについて、「作品の発表の機会の少ない座付き新人作者に楽しみを与え勉強にもなり、生徒にもいろいろな勉強のチャンスを与えて大変有意義であるから、息切れしてやめないようにお願いしたいものである」（小林米三、二〇〇一・二五五）と述べている。だが辛口の評価もあった。舞踊作家の萩原雪夫は「これがこの作家グループの、作品の向上をめざしてという目的に叶うものかどうか」という疑問を呈している。宝塚新芸劇場という、舞台装置もお粗末な「うす暗い、あまりきれいでない劇場」が、レビュー作家育成の場としてはふさわしくないというのである（『歌劇』一九六六／七・三三）。だが、ここでの萩原の認識は「タカラヅカ＝レビュー劇団」の域を出ていない。逆に先輩演出家の高木史朗は「若い作家に期待するのは新しい畑を見つけること」、つまり新ジャンルの開拓を奨励したうえで、この公演は大劇場公演のダイジェストであってはならない、中劇場に適したものを作らなければ意味がないとしている（前掲、八二）。新進作家に要望するものが違えば、評価もまったく違うものになる。

『歌劇』一九六六年九月号では、前述した「新人会公演をきく　新しい芽生えをのぞむ」と題して、新聞二誌の記者と植田紳爾の対談が行われている。この対談は、記者たちからの「新芸劇場ならではの実験的な作品があるかと思えば、明らかに大劇場の縮小版と思われるものもあり、作品的に何をねらっているのかがわからない」「出演者に関しても、新人発掘の場かと思えば、次世代スタークラスも出ていたりする」といった指摘に対し、植田が矢面に立って懸命に防戦するような形で進んでいる。植田は「運営にあたっては一〇人全員がすべて同等の権利があるという建前なので、そこに問題がある」「ビジョンメイカーのいないことは痛切に感じている」と認めつつも、「とにかく前向きに何かをやることが先決だとして始めた試みである」とコメントしている。そもそも脚本家も演出家も、お互いに強い個性を持ち、同調しないことが大切な職業である。そうした前提のうえで「その十人が一つの理想を目標として仲良く仕事をやるのは、これだけでも実は大変なこと」(『歌劇』一九六六/八・一三〇)であり、まずは「続けること自体に意義がある」というのが実態であったようだ。

観客からの評価を見ると、『歌劇』の読者投稿欄「高声低声」欄の新人会公演に関する投稿は、おおむね次世代の人材を育てるための意義ある試みとして応援するという内容がほとんどだ。

しかし、なかには新人会公演が小劇場向きの「演劇作家」養成機関と化すことを懸念するように、「新人会公演が演劇作家を作るための公演であってはならないと思う。ドラマの勉強も勿論大切だが、より以上に〝レビュー〟の勉強が優先すべきことを強調したい」(『歌劇』一九六六/八・一五〇)という意見も寄せられている。この寄稿者は、次のような論拠のもと、「タカラヅカの本筋はあくまで歌と踊り中心のレビューであり、込み入ったドラマの方向に振れるべきではない」との主張を繰り広げている。曰く、「白井鐵造も高木史朗も元は振付からスタートしたレビュー作家であり『ドラマ』を本領とする外部作家の菊田一夫は苦労した」「高木史朗は《虹のオルゴール工場》上演の際『歌と踊りの充実のため、ドラマはわざと簡素なものにした』と語っている」「海外のミュージカル映画も物語は簡単なものが多い」。これは、先の荻原の論旨に近い意見である。菊田一夫のミュージカル・ロマンスがヒットし、翌年には初のブロードウェイ・ミュージカル《オクラホマ！》が上演されようという時期にも、なおもこうした意見は根強くあったのだ。

「高声低声」欄における、新人会公演についての投稿件数の推移を見ると、開始当初は毎回三名程度の熱心な投稿が続いていたが、八月の第五回、グランド・メルヘン《アンデルセン物語》からほぼ途絶えている。一〇月号に冒頭でちらりと触れた投稿が一件あるだけだ（一四七頁）。この会の宣伝不足は『歌劇』読者からもたびたび指摘されているが、結局、観客層はタカラヅカの未来への存続にまで関心を持っている一部の熱心なファンに留まり、そこからは広がりを見せなかったようだ。

この新人会公演は一九六六（昭和四一）年の第七回公演（一〇月）で一旦締めくくられ、翌六七年に三回、六八年に一回実施されるが、その後は続いていない。一九六七（昭和四二）年以降は『歌劇』の対談記事も掲載されなくなった。『歌劇』一九六八年三月号の第一一回公演の案内記事には「最低年四回、各組一回は公演出来る様なスケジュールで、企画しております」（一二二頁）とあるため続ける意志はあったようだが、結果としてこれきりになってしまっている。元々「続けること自体」が目的になるほどに負担の大きい公演であっただけに、致し方ないといったところだろう。次節以降で述べるように、主力となってこの試みを進めていた植田・柴田の両氏はすでに座付作家として主戦力となりつつあり、もはや「新人」の域を脱し始めていた。同時に、観客層の広がりがなく、持続可能な商業公演にまでは脱皮しきれなかったことも継続が難しくなった理由だろう。

新人会公演の成果

わずか三年、一一回で途絶えてしまった「新人会公演」だが、実はこの後に劇的に変容していくタカラヅカの布石となった試みであったと推察される。

まず、新人会メンバーにとっては貴重な経験になったことは間違いない。「筆に慣れる」機会になり、かつ互いに作品を読み合い、自作と比較し意見交換することも大いに勉強になったはずだ。また、通常は脚本も演出も同一者が担当するのが通例のタカラヅカにおいて、作者と演出が別という点も新人会公演の大きな特色であった。このことはメンバーに作者、演出それぞれの仕事を客観的に見られるという意義ある機会をもたらした（『歌劇』一九六六／八・一二三）。

また、個々の演出家のその後の作風の確立にも影響を与えていることが見て取れる。まず、植田紳爾については、第五回月組・星組公演、グランド・メルヘン《アンデルセン物語》と銘打たれた三本立ては、のちの植田の「宝塚グランド・ロマン」を彷彿とさせるつくりである。作・演出の分業についても「そもそも作、演出［を同一の人物が担う］というのは宝塚だけぢゃないですか。北條、菊田、川口、中野先生方『四人の会』は別として」（『歌劇』一九六六／八・一二三）といった発言から、作・演出の分業も十分ありえると考えていた気配があり、これが二代目尾上松緑と組んだ《メナムに赤い花が散る》《この恋は雲の涯まで》や長谷川一夫と組んだ《我が愛は山の彼方に》《ベルサイユのばら》の成功にもつながっていくと考えられる。

柴田侑宏にとってこの時期は「習作時代」であり（本章三節）、作風の確立に向けての模索の時期であった。柴田にとってこの新人会公演は、さまざまな演出手法を試すことで自身の引き出しを増やす良い機会だったのだろう。この時期の柴田は、本公演では「舞踊劇」や「王朝千一夜」と称する和物の作品を手がけていたが、新人会では第八回でバレエ《くずのは》の演出を手がけたことで観客にも新鮮な印象を与えている。

のちの作風とは異なる作品を発表している作者も散見される。岡田敬二は、第三回公演《柳恋落日》の上演後に「中国物やコスチュームプレイは僕の柄じゃない。僕には井上靖より大江健三郎、ラシーヌよりアーサーミラー、ボードレールよりマヤコフスキーがぴったりくる。今度は現代物のテーマミュージカルをやらせてもらいたい」と自身の特色を振り返りつつ、今後の展望を語っている（『歌劇』一九六六／七・一二四）。岡田はこの後レビュー作家にシフトし、やがて「ロマンチック・レビュー」シリーズを生み出すこととなる。

正統派のショー作家として現在も活躍している酒井澄夫が第三回《此の世界の恋は倖せ》、第六回《恋の騎士道》とコメディを二本も手がけているのは興味深い。

一九七八（昭和五三）年に大ヒットするミュージカル《ME AND MY GIRL》の演出などで知られる小原弘稔も、新人会公演では「宝塚新劇」的な《瞳に咲く花》（第一回）や、ヤマトタケルの物語を題材とした《黎明の詩》（第七回）など、その後の作風を考えると少し意外な作品をつくっている。思うに「新人会」は演出家にとって手持ちのアイデアを試す格好のトライ&エラーの場であり、そこから売りにしていくべき自分の持ち味を見出す機会でもあったのではないか。若手演出家たちは、新人会公演で自身の劇作上の得意・不得意を見極めていったのだろう。

また、出演者にとっても新人会公演は良い勉強の機会であり、多忙な公演の合間をぬって意欲的に取り組んでいた様子がうかがえる。《オクラホマ!》のジャッドや《ウエストサイド物語》のトニーを演じる古城都や、やがて「ベルばら四強」と称されることになる榛名由梨・汀夏子・鳳蘭など、のちにトップスター・トップ娘役クラスとして活躍するメンバーが主要な役どころで出演している。トップスタークラスは出演できないという制約はあったが、甲にしきや古城といった次世代スター候補からは逆に出演への強い要望があったという（『歌劇』一九六六／九・七〇）。豪華な装置に頼れない空間で、少人数で見せる作品を経験することは、タカラヅカが当時もっとも弱いとされていた「芝居」を勉強するのにも大変得難い機会となっただろう。賛否両論はあったが、「小劇場でのリアルな芝居を経験しているか否か」は、一九七〇年代以降に主力になっていくスターと、それ以前のスターとの違いである。関係者が新人会公演にいかに前向きに取り組んでいたかは、『歌劇』一九六六年九月号で第六回公演の稽古場の様子を伝える次の一文が物語っている。

今現在は成果が目に見えないといっても、いつかきっと、この時の実が立派にみのってくると信じる位、そこにいる人達の感じが新鮮なのです。育たぬもの、成果の目あてのないものに特有の、あのスエたような気配はどこにもない新鮮な空気、これが何よりの証拠です。（前掲、七三）

この試みはいったん中断するが、その後一九七八（昭和五三）年に竣工した客席数五〇〇の宝塚バウホールで、ほぼ同形態の公演が実現する。のちに小林公平は自身の連載「花の道より」のなかで、かつて新人会公演によって経験を積んだ作者や生徒たちがのちに活躍していることに触れ、「そうしたことが、今日の『宝塚』を支えている有力な一つの原因だと考えるとき、バウホールにおける諸活動もまた来年の繁栄につながるものとして、これからも一作一作を大切にしていきたいものと願っている」と述べている（『歌劇』一九八六／四・四三）。こうした言説からも、「新人会公演」はバウホール公演につながる成果を生んだ試みとして評価されたといえるだろう。

現在、宝塚バウホール公演での主演がトップスター候補生にとっての登竜門であると同時に、座付演出家も宝塚バウホール公演でデビューすることが慣例になっている。特筆すべきは、この「新人会公演」が若手演出家たちの自主公演として始まったということだ。彼らがいかに切実にタカラヅカ作品のありようを考えていたかが推察され、事実この場での切磋琢磨を経た一九七〇年代には、それぞれの作風を見出していくのである。

【第二節】植田紳爾と「宝塚グランド・ロマン」

植田紳爾、新人の頃

前節で取り上げた新人会公演を牽引した植田紳爾が、一九七四（昭和四九）年に初演された《ベルサイユのばら》の成功によって、「ベルばらブーム」の火つけ役となっていく。「ベルばらブーム」について詳しく見ていく前に、「ベルばら前夜」の植田の歩みを振り返っておきたい。

植田紳爾は一九三三（昭和八）年、大阪府に生まれた。生後まもなく父が亡くなり、母も家を出たため、植田は祖母のもとで育つ。小学一年生の時に父の弟夫婦が養父母となった。愛に飢えた子ども時代を過ごすなか、いつしか「舞台という虚構の世界に引きずりこまれていった」という（植田、一九九七・一七）。中学一年生の時、疎開先の福井県で大空襲に遭う。翌日学校で死骸の山をトラックに載せる仕事を課せられたが、次第に慣れてきて淡々と作業をこなす自分自身を顧みて、人間の心理の恐ろしさを痛感した。終戦直後の一九四六（昭和二一）年、初めてタカラヅカの舞台を観て「こんな素晴らしいものがあるのか」と心揺さぶられた。のちにタカラヅカで仕事をするようになった際、常に根底にあったのはこの時に受けた感動であった（『阪急文化　第一三号』二〇一九／一二・四）。芸事には子どもの頃から興味があったようで、一〇代で日本舞踊を始め、中学校ではみずから演劇部をつくり、文化祭で毎年公演をし、高校時代にはクラシックバレエや声楽も習っていた。高校演劇コンクールではのちに尊敬する師となる北條秀司原作の《王将》を演出、主演の坂田三吉を演じた（植田・川崎、二〇一四・三〇－三九）。

早稲田大学第一文学部演劇学科へ進学し、倉橋健の授業からミュージカルの存在を知る。一九五二（昭和二七）年、早稲田大学ミュージカル・プレイ研究会の創設にも加わり、翌年再編して、劇団早稲田劇場を旗揚げする。演劇界は新劇の全盛期だったが「逆らって戦っていた」という（前掲、七四－七九）。

一九五四（昭和二九）年、早稲田劇場のこけら落とし公演《たけくらべ》では演出を担当。この公演に関して植田は「古典芸能、日本の歴史のある音楽や踊りをアレンジして、若い人たちにもわかりやすくあるいは面白く、とっつきやすいものにした。そういう意思は今なお持ちつづけている」（前掲、八二）と述べている。日本の古典芸能とミュージカルをつないでいこうという志向は、すでにこの頃から芽生えていたものだった。

ちょうど当時、タカラヅカでは《虞美人》（一九五一）や《源氏物語》（一九五二）を始め、《トウランドット》（一九五二）、《白蓮記》《桃太郎記》（一九五三）、《ラヴ・パレード》（一九五四）、《キスメット》（一九五五）と、白井鐵造の一本物の大作レビューが毎年のように上演されており、植田も客席で観劇している。植田は「レビュー中心に仕事をしてこられた先生が、その長年の経験と体験を見事に集約して、宝塚の音楽劇の基盤を作り上げ、集約されたのがこの頃だった」（植田、一九七八・一四）と評し、「これらの白井レビューを見ることが出来なければ、『ベルサイユのばら』もあんな形では上演することがなかったでしょうし、『風と共に去りぬ』をあんな風に舞台化することも不可能だったに違いありません」（前掲、一五）と、一連の白井レビューが自身にも大きな影響を与えていることを認めている。

一九五七（昭和三二）年、葦原邦子の紹介で劇団の演出助手となった。入団した年の一二月に、舞踊劇《舞い込んだ神様》の作・振付を手がけている（演出は菅沼潤）。これは、太郎冠者（深山さくら）と花子（那智わたる）の貧乏夫婦の家に本物の貧乏神が住み着いてしまった、という狂言風のミュージカルだった。当時の舞台写真を確認すると背景に松羽目が描かれ、登場人物も狂言風の衣装を身につけている。「宝塚には松羽目物の歴史があるのに最近は出ないので書いてみようと思った」のが、着想のきっかけだった（『阪急文化』第一三号、二〇一九／一二・五）。開幕前には新聞記事[3]でも取り上げられて話題になった。『歌劇』の「高声低声」にも「久しくこうした形式の劇を見なかったので嬉しい」といった声が寄せられている。この作風と《ベルサイユのばら》とは一見かけ離れているように思えるが、その後の植田作品はどのような変化を遂げていくのだろうか。《ベルサイユのばら》初演は一九七四（昭和四九）年、植田四一歳の年だが、それまでの間に植田が手がけた大劇場作品は次のとおりだ。

一九五七年　舞踊劇《舞い込んだ神様》　作・振付（演出は菅沼潤）
一九五九年　小林一三原案《日本美女絵巻》　脚本の一部を担当（作・演出は白井鐵造）
一九五九年　舞踊劇《恋盗人》
一九六〇年　舞踊劇《泣きべそ女房》
一九六一年　舞踊劇《三つの愛の物語》　※同年に柴田侑宏デビュー
一九六二年　ミュージカル・コメディ《嫁とり長者》
一九六三年　舞踊劇《夏》（構成は内海重典）阪急京都線地下延長線開通記念
一九六三年　ミュージカル・ドラマ《落日の砂丘》
一九六四年　舞踊劇《狐貉狸さん》
一九六五年　ミュージカル・ドラマ《楊妃と梅妃》
一九六六年　舞踊劇《南蛮屏風》
一九六六年　民話ミュージカル《恋天狗》

一九六七年　舞踊劇《おーい春風さん》
一九六八年　舞踊劇《舞三代》
一九六八年　ミュージカル・コメディ《牛飼い童子》
一九六八年　宝塚グランド・ミュージカル《メナムに赤い花が散る》（演出・振付は尾上松緑）　※同年花組で続演
一九六九年　宝塚ミュージカル《真夏のクリスマス》　※洋物
一九六九年　宝塚ミュージカル・ロマン《椎葉の夕笛》
一九七〇年　舞踊劇《茨木童子》
一九七〇年　ミュージカル・プレイ《春ふたたび》（郷土芸能考証は阿古健）
一九七〇年　宝塚グランド・ミュージカル《鴎よ波濤を越えて》（演出・振付は尾上松緑）
一九七一年　宝塚ミュージカル《紅梅白梅》
一九七一年　宝塚コメディ《花は散る散る》
一九七一年　宝塚グランド・ロマン《我が愛は山の彼方に》（演出は長谷川一夫）
一九七一年　宝塚ミュージカル《江戸ッ子三銃士》
一九七二年　宝塚ロマン《哀愁のナイル》　※古代エジプトが舞台
一九七二年　グランド・ロマン《花の若武者》

3　『日刊スポーツ』一九五七年一一月二〇日付の記事。「新人作家　植田紳爾に聞く　処女作『舞い込んだ神様』の宝塚歌劇上演」との見出しだった（植田・川崎、二〇一四・一二七）。

一九七三年　宝塚コメディ《花かげろう》
一九七三年　宝塚ロマン《新・花かげろう》※《花かげろう》の舞台装置、衣装、音楽はそのままで悲劇に転換
一九七三年　宝塚グランド・ロマン《この恋は雲の涯まで》（演出・振付は尾上松緑）
一九七四年　宝塚ミュージカル《若獅子よ立髪を振れ》

これを見ると、一九六〇年代は「舞踊劇」が多く、新人の頃の植田は和物の「舞踊劇」という形で試行錯誤を重ねていったことがわかる。なお、私生活でも一九六三（昭和三八）年に山村流宗家の一人娘である舞踊家の山村糸と結婚している。一九五〇年代までは舞踊劇はタカラヅカの演目の柱の一つであったこと、また四〇年代までの舞踊劇には歌舞伎演目を題材にした作品も多かったことは第二章三節で述べた。だが、植田は舞踊劇の上演が減り始めた一九六〇年代にもこうした作品をつくり続けている。また、一九七〇（昭和四五）年の《茨木童子》は、歌舞伎《茨木》をタカラヅカ風にアレンジした舞踊劇であり、七一（昭和四六）年の《紅梅白梅》は歌舞伎でおなじみの曾我五郎十郎兄弟が登場する物語である。このあたりからも歌舞伎の伝統を取り入れつつ創作していきたいとの植田のこだわりが見て取れる。

前述したように、青年期、また駆け出しの頃の植田に大きな影響を与えた一人に、北條秀司がいる。一九五〇年代終わりから六〇年代初頭にかけて、タカラヅカでも外部の作家が多く起用されたことは第二章三節で述べたとおりだが、北條もその一人だ。一九五九年《恋河童》《浅間の殿様》、六〇年《燃える氷河》、六一年《朧夜源氏》《剣豪と牡丹餅》と、北條が提供したすべての作品において植田は演出助手につき、さまざまな教えを受けたという（植田、一九七八・六四）。

いっぽう、《ベルサイユのばら》以前の植田作品には、西洋を舞台にしたものはほとんどない。初の洋物は

一九六九（昭和四四）年の《真夏のクリスマス》、フランスで初演されたコメディの翻案であった。この時の植田は「日本物で及第点を取ってから洋物をやらないと何もかも中途半端になってしまうのでは」との心持ちであったが、荒木理事長（当時）や振付の岡正躬《まさみ》から強く勧められたことで踏ん切りがついたと語っている（『歌劇』一九六九／八・三二）。このほか一九六五（昭和四〇）年の《楊妃と梅妃》は中国、七二（昭和四七）年の《哀愁のナイル》は古代エジプトが舞台だが、それ以外の作品はことごとく日本物である。つまり《ベルサイユのばら》は植田としては初めての大がかりな「洋物」への挑戦だった。

若手時代の植田には、大御所・白井鐵造との確執があった。この頃の白井作品は、まず大まかな構成を白井が決め、各パートの脚本執筆を若手の演出家が分担して行うという方式でつくられていた。その担当場面を決める際に、白井が可愛がっていた菅沼潤を差し置いて植田に声がかかったため、先輩に配慮して「まず菅沼さんがどこをやるかを決めて欲しい。残ったものを自分がやります」と答えたところ、それが白井の逆鱗に触れたという（植田・川崎、二〇一四・一三一－一三二）。「そのころはなんでも白井先生の鶴の一声で決まっていた」「一度白井先生の逆鱗に触れたら二度めはない」（前掲、一三四－一三五）という時代にあって、これは大変な反抗だった。この時期の植田は、白井のような「旧勢力」と戦いながら、若手演出家の作品力向上に粉骨砕身していた。

転機となった二作品

一九六二（昭和三七）年、植田は初めて「ミュージカル」と称する作品を手がけた。ミュージカル・コメディ《嫁とり長者》である。この作品は、村一番の長者のぐうたらな息子・鈍太郎（麻鳥千穂）が、余命いくばくもない父親の「自分が死ぬまでに嫁をもらってほしい」との願いをいいことに、嫁探しと称してあちこちの女性に近づいていく、という喜劇だった。どうやらこれは、一九五六（昭和三一）年より菊田一夫が始めた「東宝ミュージカル」の影響を受けた作品のようで、出演者座談会でも「東宝ミュージカルののり平さんなんか見てると毎日ちがうことしてはるでしょ。喜劇の場合ああいうことがあると思うのよ」（『歌劇』一九六二／九・六五）といった発言も見られる。当時の東宝ミュージカルは、「ミュージカル」と銘打てど、実態としては「歌入りアチャラカ」であり「こんなものはミュージカルとは言えない」との批判を浴びていたが（三章二節）、この作品もまた「高声低声」欄では「愉快といえば愉快だが、いささかアチャラカに過ぎた感あり」と批評されている（『歌劇』一九六二／一〇・一四二）。植田自身も「この前後二、三本がぼくの宝塚生活における一番苦しかった時」と振り返る（植田、一九七八・五二）。デビュー作での快調な滑り出しからきた自信と、その後の失敗からスランプに陥った時期であったようだ。

転機となったのは、一九六五（昭和四〇）年のミュージカル・ドラマ《楊妃と梅妃》だった。この作品の『歌劇』座談会の冒頭で植田は、九本目となる本作で「今までの総決算をやって十本目からどうするか自分の行く道を考えたい」と決意のほどを示している。また、同時上演がベテラン高木史朗の《港に浮いた青いトランク》（三章三節）であったため、「安心して私は冒険をやらせてもらおう」「僕にしては異色といわれる作品をあえて世の批判に問いたいと思ってます」と語っている（『歌劇』一九六五／二・五〇）。「今までのような小手先の変化球ではなく、今度は剛速球を投げてみたかった」（公演プログラム、二二）と言う植田が選んだ題材は、唐の玄宗皇帝下の絢爛たる後宮だった。女性の業をテーマにした作品で、楊妃（のちの楊貴妃）を真帆志ぶき、ライバルの梅妃を松乃美登里と、ともに男役スターが演じている。女性同士がタイトルロールという、現在のタカラヅカからすると珍しい作風に思えるが、当時の植田としては女性だけの劇団であるタカラヅカのレパートリーとして「一つの財産になってくれれば」（『歌劇』一九六五／二・五一）との思いもあったようだ。この時すでに「〔ほかの俳優や劇団でもできる作品をやるくらいなら〕宝塚の存在価値はないと思って、これを作劇の信念、根本としてます」「今後も宝塚でしかやれないものを追求して行くこの信念はかえません」と述べている（前掲）。植田にとって「タカラヅカらしさ」は生涯のテーマとなっていった。

《楊妃と梅妃》あらすじ
中国の唐の時代、宮廷の楽人であった亀年（牧美沙緒）の哀しい思い出語りから物語は始まる。宮廷では楊妃（真帆志ぶき）と梅妃（松乃美登里）が玄宗皇帝の第一の妃「貴妃」の座をかけて激しく争っていた。ある晩、踊り競べに破れて失意のうちにある楊妃のもとに「花祭りの日に、梅妃がペルシャから取り寄せた珍しい鬱金香（チューリップ）の花を献上するらしい」との知らせが届く。梅妃に勝つためには、ヒマラヤの奥深くに咲く青いケシの花を献上するほかはない楊妃は、亀年に「青いケシの花を取ってくればお前の望みは何でも叶えよう」と頼む。亀年は命を賭けてヒマラヤに赴き、青いケシの花を持ち帰ったうえで、楊妃に「貴方の心がほしい」と言う。心揺らぐ楊妃だが、梅妃への激しい競争心ゆえに、青いケシによって「貴妃」の位を勝ち得る道を選ぶ。失意の亀年は宮廷を去っていくのだった。

「高声低声」に寄せられた投稿を見ると、これまでにないタイプの物語展開はおおむね好評であったようだ。
植田先生快心の力作で女同志のねちねちした葛藤及権勢への執着、報いられぬ恋の悲哀が一体となって、短い時間に迫力ある内容を盛り上げている。（『歌劇』一九六五／三・一四七－一四八）

また、この作品は菊田一夫にも高く評価されたようで、菊田は「新人作家の東京第一作としては珍しく、骨格のしっかりとしたミュージカル・ドラマです。ドラマの書ける作家の少ない宝塚歌劇団として前途有望の一人」と称賛している（井上、二〇一一・五七）。

翌六六（昭和四一）年の舞踊劇《南蛮屏風》も評判を呼んだ。これは一九六五（昭和四〇）年のパリ公演（第二回ヨーロッパ公演・二章四節）の後に世界各地を旅して各国の文化遺産に触れた植田が、「日本人でなければ作れぬ日本のものを作ることこそ若い世代の使命だ」と感じ、その思いでロサンゼルスを訪れた時に出会った一枚の南蛮屏風に着想を得た作品だった（『歌劇』一九六六／五・五六）。振付を六世藤間勘十郎（のちの二世勘祖）が担当している。

《南蛮屏風》あらすじ

江戸時代の始め、徳川幕府の切支丹迫害は日増しに厳しさを増していた。長崎の唐寺・竜福寺の竜永（大路三千緒）は信徒たちをかくまっていたが、ついに寺社奉行の前田多門（真帆志ぶき）の厳しい取り調べを受けることになる。これを逃れるためには、奉行所の発行する舟切手を手に入れ、翌日出航予定のオランダ船で国外脱出するよりほかなかった。折から、消息不明の兄を探す妙と由加の姉妹が竜福寺を訪れるが、実はこの兄こそ、前田多門その人であった。若き日の多門は敬虔な切支丹であり、神学生として長崎で学んでいたが、父の殉教が彼を変えたのだった。かつて丸山の遊廓の太夫で、今は竜福寺で信仰に身を捧げている深雪（松乃美登里）は舟切手を手に入れるため、以前は恋仲だった多門のもとを訪れる。深雪は妙と由加を引き合わせるが、多門は、舟切手の発行はできないと言う。もはやこれまでと思われたところ、賊によって舟切手が持ち出される。切支丹らの前に現れ、舟切手を手にした黒いマント姿の男は、前田多門その人であった。追手が迫るなか、無事にオランダ船に乗り込んだ切支丹たちを、手負いの多門と深雪が見送るのだった。

「高声低声」を見ると、この作品も観客の評価はかなり高かったようで、絶賛コメントが並んでいる。

雪組五月公演では『南蛮屏風』を絶賛する。〔略〕一見に値する感動的な出来栄えである。着々と実力を伸してきた植田には素晴らしい未来が開けるに違いないと思われる。（『歌劇』一九六六／六・一四三）

形式名は「舞踊劇」となっている本作であるが、現在であれば日本物のミュージカルと銘打たれても良さそうな内容であり、降りしきる雪のなかでの幕切れも強い印象を残したようだ。本作は同年に実施された「再演希望アンケート」（三章二節）でも、菊田作品が連なるなかで第八位に食い込むことになる。

「ミュージカル」から「宝塚グランド・ロマン」へ

一九六〇年代の後半は、植田がそれまでのタカラヅカの常識を打ち破るような試みに挑んだ時期である。一九六六（昭和四一）～六八（昭和四三）年の「新人会公演」を植田が中心となって牽引したことは、前節で詳しく紹介したとおりだ。また、一九六九（昭和四四）年には「宝塚芸術劇場」旗揚げ公演として《引き潮》を上演している。これは歌も踊りもない三幕芝居で、演技力向上と専科人材の活用を狙うものだったが、一回限りで終わってしまった（一章三節）。

こうした挑戦の時期に並行して生み出されたのが、植田にとっての次なる転機となった《メナムに赤い花が散る》（一九六八）である。一九七一（昭和四六）年には宝塚グランド・ロマン《我が愛は山の彼方に》、七三年には宝塚グランド・ロマン《この恋は雲の涯まで》が続くが、このあたりの作品で植田が「歌舞伎や日本の古典芸能の要素を取り入れたミュージカル」という独自の作風を確立していったことは、第四章二節で述べたとおりである。この《メナムに赤い花が散る》以降、植田は自身の作品の形式名に必ず「宝塚」とつけるようになった。「宝塚ミュージカル」「宝塚コメディ」、そして「宝塚グランド・ロマン」という具合である。ここには植田の「タカラヅカでしかできないものを」というこだわりが感じられるが、この点については次節でも詳述する。

一九七一（昭和四六）年一月、雪組の宝塚ミュージカル《紅梅白梅》は、歌舞伎の《曾我対面》をミュージカル仕立てにした作品で、兄の十郎を郷ちぐさが、弟の五郎を汀夏子が演じている。この作品に関して戸部銀作は、「宝塚歌舞伎ともいえるほど、歌舞伎仕立ての舞台」「歌舞伎でも難しく、また、ゆうめいな場面が、巧くアレンヂされている」（『歌劇』一九七一／三・三二）と評価し、作者の植田に対しても、「歌舞伎の曾我物をあれやこれや取って巧くまとめあげたのには感心した。やるほうも勉強になろうが、見るほうも、歌舞伎のエッセンスがわかって、参考になるし、歌舞伎入門の役割を果たす。得がたい作家だ」（前掲）と述べている。こうした評価からも、植田が「日本の古典芸能とミュージカルをつないでいきたい」という志のもとに創作を続けていることが感じ取れる。

《ベルサイユのばら》上演直前の一九七四（昭和四九）年六月に雪組で上演された《若獅子よ立髪を振れ》も、形式名を「宝塚ミュージカル」と銘打っている。戊辰戦争で自刃した会津の白虎隊を描くが、これは植田が一〇年来温め続けてきた題材であったという（『歌劇』一九七四／六・五二）。主人公の兄弟（汀夏子・順みつき）およびその妹のみが架空の人物だが、それ以外はすべて実在の人物であり、基本的に史実に忠実に物語は進む。飯盛山における白虎隊の最期は、琵琶と尺八の演奏、二世花柳寿楽の振付による舞踊で見せる（公演プログラム、一二三）。主な人物それぞれが懸命に生きる様子が丁寧に描かれ、各々見せ場が設けられた群像劇としての構成が巧みだ。この点は「高声低声」でも「一人の傑出した主役ではなく、どの役にも血が通っているのが良い」「座付作者としての姿勢を変えない氏の神経のこまやかさのあらわれ」「若手男役陣の豊富なことが心強く感じられた」などと高く評価されている（『歌劇』一九七四／七・一四六―一四七）。

《ベルサイユのばら》にも用いられている「宝塚グランド・ロマン」という形式名が最初に登場したのは、長谷川一夫が初めて演出を担当した一九七一（昭和四六）年の《我が愛は山の彼方に》からである。以降、形式名「宝塚グランド・ロマン」が使用された作品とその概要を列挙すると次のとおりになる。

一九七一年　《我が愛は山の彼方に》第四章二節参照
一九七三年　《この恋は雲の涯まで》第四章二節参照
一九七四年　《ベルサイユのばら》次節参照
一九七七年　《風と共に去りぬ》マーガレット・ミッチェルの小説が原作
一九七九年　《白夜わが愛》五木寛之の小説『朱鷺の墓』が原作　※鳳蘭サヨナラ公演
一九八〇年　《去りゆきし君がために》一九世紀中頃スペインの王政復古の動乱が舞台　※汀夏子サヨナラ公演
一九八一年　《彷徨のレクイエム》ロシア革命における皇帝一家の悲劇を描く[4]
一九八二年　《夜明けの序曲》（酒井澄夫も作・演出）川上音二郎が主人公　※松あきらサヨナラ公演
一九八三年　《オルフェウスの窓》（阿古健と共同演出）池田理代子の劇画が原作　※瀬戸内美八サヨナラ公演
一九八五年　《愛あれば命は永遠に》ナポレオンが主人公　※若葉ひろみサヨナラ公演
一九八六年　《レビュー交響楽》（監修に清水俊二・野口久光・双葉十三郎）アメリカのレビュー王フローレンツ・

4　フランス革命を描いた《ベルサイユのばら》、南北戦争を描いた《風と共に去りぬ》とともに「革命三部作」と呼ばれた（『一〇〇年史』舞台編）。

ジーグフェルドの生涯を描く　※湖条れいかサヨナラ公演
一九八七年《別離の肖像》日本民謡集・コメディ・悲恋物語の三部構成　※峰さを理サヨナラ公演
一九八八年《戦争と平和》トルストイの長編小説が原作　※榛名由梨、南風まいサヨナラ公演
一九九一年《紫禁城の落日》清朝最後の皇帝、愛新覚羅溥儀が主人公　※日向薫、毬藻えりサヨナラ公演
一九九五年《国境のない地図》ベルリンの壁崩壊を描く　※麻路さきトップお披露目公演、阪神淡路大震災後最初の公演
一九九七年《ザッツ・レビュー》（石田昌也も演出）昭和初期、レビューづくりに賭けた人々を描く　※旧・東京宝塚劇場最後の作品

《別離の肖像》（一九八七）を除くと、「宝塚グランド・ロマン」はほぼ歴史の転換期の動乱を生きた人々を描く一本物[5]である。漫画『ベルサイユのばら』『オルフェウスの窓』や、小説『風と共に去りぬ』『戦争と平和』など長編の原作がある場合や、《この恋は雲の涯まで》の源義経や《愛あれば命は永遠に》のナポレオン、《紫禁城の落日》の愛新覚羅溥儀など、歴史上よく知られる人物が主人公となる場合も多い。スケールの大きさを売りにするだけに、トップスターのサヨナラ公演など節目の公演で大々的に上演されてきた。

「宝塚グランド・ロマン」で目指したもの

《ベルサイユのばら》を始めとした一連の「宝塚グランド・ロマン」は、「音楽・舞踊・演劇を巧みに融合させた総合舞台芸術（『大辞林　第三版』）というミュージカルの定義と照らし合わせると、明らかに「ミュージカル」で

ある。にもかかわらず植田があえて「宝塚グランド・ロマン」と称し続けているのはなぜなのだろうか。

そのヒントになりそうな言葉が、植田の著作『宝塚　百年の夢』のなかに見出せる。同書が出版された二〇〇二（平成一四）年はすでに《エリザベート》（一九九六）が大ヒットし、タカラヅカでも海外ミュージカルの上演がしばしば行われるようになってきていたが、植田はその傾向に警鐘を鳴らし、次のように述べている。

それが時代の要請であることは承知してはいても、せっかく先輩諸氏が築き上げた「宝塚ミュージカル」の形式も無視してはならないと思っている。日本人が作り、日本人が育てた形式である。ともすると『宝塚ミュージカル』と『ブロードウェイ・ミュージカル』を同次元で批評することが当たり前のようになってきた。が、これは危険なことで、『ミュージカル』という言葉は同じでも、その歴史や成り立ちが余りに違う。宝塚の若い作家やスタッフたちがその歴史を理解していないために、道を誤ることを恐れている。（植田、二〇〇二・一四四）

奇しくも、かつて高木史朗が用いたのと同じ「宝塚ミュージカル」という言葉が使われているのが興味深い。だが、ここでの「宝塚ミュージカル」は高木よりも広義で、タカラヅカのオリジナル・ミュージカル全般を指すのだろうが、「タカラヅカでしかできない、タカラヅカならではのミュージカル」を目指している点は両者とも同じで

5　一九七一年の《我が愛は山の彼方に》のみ二本立ての前物であった。また《ベルサイユのばら》の形式名は「宝塚グランド・ロマン」だが、二本立ての前物として上演された《外伝ベルサイユのばら――アンドレ編》（二〇〇九）は「宝塚ロマン」という形式名が使用されている。

ある。タカラヅカ一〇〇周年の年に刊行された『宝塚百年を越えて――植田紳爾に聞く』(二〇一四)でも同様のことを語っている。

(「盗作の歴史が宝塚」「宝塚的芝居」といった宝塚的芝居だと批判を受けながら)でもそうしながら百年続いたということは、苦しいこともあった時に、宝塚は宝塚のミュージカル、音楽劇を創って今日まで来ているからなので、「それをつぶしてまで、今の世の中にミュージカルが流行っているから、それに迎合してやるの? それが本当に正しいの?」というのが僕にはありますけどね。「盗作や」とか何とか言われながら、それでもなんでもそれが残ったのは、同じものをやっているんだけど、そこに日本人の感性がどっかに入ってて、そういうことを先輩方が苦労して一つのものを作って今日まで続けて下さったんだ。せっかくだからそれを大事にしないと、宝塚がいまのミュージカルの中に入って一緒にやって、それでいいのかな、というね。それはありますね。(植田・川崎、二〇一四・三四九)

植田が目指し続けたのは、海外から来たミュージカルとはまったく別物の「タカラヅカでしかできない」ミュージカルであり、これを海外ミュージカルと峻別するためにあえて「宝塚グランド・ロマン」という呼称にこだわったのではないだろうか。そこに必要不可欠だと考えられたのが「日本人の感性」である。植田は長らく関心を寄せる古典芸能のエッセンスを自身の作品のなかにも取り込むことで、日本の芸能の流れを汲む「タカラヅカでしかできないミュージカル」を探求した。そしてそれを「宝塚グランド・ロマン」と称したのだ。《ベルサイユのばら》については本章五・六節で詳しく取り上げるが、植田がこの作品を「日本人の感性」をもとに創り上げたことが明確に伝わる言説を紹介しよう。一九七八(昭和五三)年、「ベルばらブーム」の二年後に上梓された著作『宝塚・

ぼくのメモランダム』のなかの一節である。

ぼくはこの『ベルサイユのばら』を大歌舞伎で書いたのです。フランス革命を、マリー・アントワネットを描いた舞台でも、見る人々は日本人なのです。日本の風土の中で生れ、日本の四季の中に育ったのです。どんな若い少女の胸の中にも日本人の血が流れています。だから長い伝統と修練とに裏打ちされた歌舞伎は必ず日本人の胸に《ママ》打つことを確信しています。ただ伝統の守りかたで、若い人々に拒絶反応を起こす所があるのですが、その底に流れているものは日本人の魂の叫びであり、魂の声だと思うのです。（植田、一九七八・二四二）

「宝塚グランド・ロマン」の冠のもとで植田は、歴史の荒波に揉まれながら生き抜く人々を「タカラヅカらしく」描こうとした。その「らしさ」の発露のためには「日本人の感性」が不可欠であり、長谷川一夫や二代目尾上松緑の力を借りた《我が愛は山の彼方に》《この恋は雲の涯まで》の成功によって、「宝塚グランド・ロマン」は進化していった。植田は「洋」のミュージカルのなかに、いったんは消えかかった「和」のエッセンスを巧みに織り込むことで、「和」と「洋」の相克に折り合いをつけた。その一つの答えが「宝塚グランド・ロマン」であり、その一つの頂点が、はからずも「洋物」の《ベルサイユのばら》だったのである。

【第三節】柴田侑宏と「ミュージカル・ロマン」

今も再演され続ける柴田作品

本節では、植田紳爾と同世代ながら対照的ともいえる作風を確立した作家・柴田侑宏に注目してみたい。いわば柴田作品は《ベルサイユのばら》とは表裏一体のような存在である。とはいえ「ベルばらブーム」のような華々しいできごとがなかったため、柴田の名はタカラヅカファン以外にはあまり知られていないかもしれない。そこで柴田の経歴を振り返る前に、現在のタカラヅカで柴田作品がどのように受け止められているかについて確認しておこう。

柴田作品がファンの間では根強く愛されていることは、その「再演率」が他の座付作家に比べ非常に高いところからもわかる。二〇一五～二四年の間では一七作品（二四公演）が再演されている。また、二〇一五～二四年の「全国ツアー」[6]における作者別の上演作回数は、柴田侑宏：一五、正塚晴彦：六、石田昌也：二、中村暁：二、・木村信司・阿古健一・齋藤吉正：一、となる。同じ期間の博多座・中日劇場・御園座での再演回数を作家別に見ると、柴田侑宏：五、植田紳爾：二、木村信司：二、上田久美子：一、となる。

タカラヅカの大劇場公演は基本が「新作主義」であり、所定の公演期間が終わった後にその作品が再演されることは少ない。いっぽう各地を巡業する「全国ツアー」では、近年は、過去に好評であった作品が再演されることがほとんどであり、福岡の博多座や名古屋の中日劇場（二〇一八年まで）での公演もそうしたケースが多い。現状、その際にしばしば採用されるのが柴田作品であり、つまり、それだけ今日でもファンの根強い支持があるといえる。加えて、全国ツアーは大劇場公演以上にタカラヅカ初見の観客が多数という性質に鑑みるに、柴田作品はそういう層にも最適なクオリティとわかりやすさを備えた作品が多いともいえるだろう。

習作時代の模索

柴田侑宏は一九三二（昭和七）年一月二五日、大阪府に生まれた。兄は京都大学の映画部出身で、日活で映画監督をつとめた松尾昭典だ。一一歳で父が病死したため、手に職をつけようと大阪府立今宮工業学校に進学し、鋳造を学んでいた。[7] だが、歌舞伎好きだった母の影響で芝居に親しんだ柴田は、高校時代に「戦争でたまたま焼け残った実習工場で、役者兼演出の真似事をする演劇少年に」育っていった。結局、演劇の道を志して高校を転校、進学した関西学院大学文学部でも歌舞伎を専攻、卒論のテーマも「歌舞伎の美」であった（『歌劇』一九八九／九・四九）。その後、兄を頼って上京し、二六歳の時、宝塚歌劇団の「ビデオ制作室」のテレビドラマ脚本募集に応募して入選、劇団から入団勧誘の電報が来た。それまで宝塚歌劇は一度も観たことがなかったが、周囲の説得もあり、一九五八（昭和三三）年に入団することとなった。柴田は「もしあの時、勧誘の電報がなかったら、放送劇か

6　二〇二〇年星組《エル・アルコン》および雪組《炎のボレロ》は、当初の全国ツアーがコロナ禍で中止となり、梅田芸術劇場メインホールで上演された作品であるためここに含めている。
7　産経WEST「平和への思い　作品にひそかに込める　宝塚歌劇団脚本・演出家　柴田侑宏さん（八三）」二〇一五・八・一八（https://www.sankei.com/article/20150818-EPNECATZDNPJXJV3BBZUTAAKHM/）二〇二五年一月一日閲覧。

映画のシナリオライターになっていたでしょうか」と言う。入団当初も「華やかな装飾主義が芝居本来の人間を不在にしている。そう長くはいられないか」と感じていた（前掲、五〇）。だが、入団後「それ迄縁のなかった音楽の勉強を夢中でやるうち、大劇場演劇のスペキュタキュラーな面白さが自分の中に生まれた」（『歌劇』一九九六／一一・一二〇。ＣＳ放送・柴田侑宏追悼番組『かぐわしき余韻の記憶』）。

演出家デビューは植田紳爾より四年遅れての一九六一（昭和三六）年、民話歌劇《河童とあまっこ》（宝塚新芸劇場）である。河童の村娘に対する報われぬ恋を描いた小品であった。なぜ題材として「民話」を取り上げたかについて、柴田は「自分のよく知っている世界を、自己の力で最大限にやってみたい」と考えていたからだと語っている（『歌劇』一九六一／一一・三一）。また、「民話というのは類型があって、どういう民話でも、どれかの類型にはまる」とも指摘している。この気づきは、この後の柴田が「物語にはいくつかのパターンがあること」を前提とし、もっともふさわしいパターンを上演組のメンバー構成に当てはめて物語を編んでいく作劇法につながっていくと思われる。小林米三理事長は『歌劇』における自身の連載「見たこと　聞いたこと　感じたこと」において、本作を絶賛している。

公演時間四十分、スターもおらず、お金もかけず、それでいて十分に楽しめたのであるからエライものである。この作品は、昨年の宝塚の作品のうち、小品といえども歴史に残る作品であるといっても過言ではないと思う。この種の民話歌劇は「宝塚ならでは」のものであり、われわれのめざす国民劇創設にも直結するものであるから、ときどき公演されることを望む。（小林米三、二〇〇一・五四）

その後の柴田はどのような作品をつくってきたのか。一九六〇～七〇年代前半の大劇場作品を列挙してみよう。

一九六一年（新芸劇場）民話歌劇《河童とあまっこ》
一九六二年　舞踊劇《狐大名》
一九六三年（新芸劇場）王朝千一夜《夢の三郎》
一九六五年　舞踊詩劇《伊豆の頼朝》
一九六六年　王朝千一夜《鬼にもらった美女》
一九六七年　バレエ《夢の中の少女》※演出のみ、構成・振付は大滝愛子
一九六八年　王朝千一夜《赤毛のあまっこ》
一九六九年　戦国秘話《風の砦》
一九六九年《纏おけさ》※形式名なし
一九七〇年　王朝千一夜《恋に朽ちなん》
一九七〇年　王朝千一夜《扇源氏》
一九七一年　ミュージカル・ロマンス《いのちある限り》※山本周五郎もの
一九七一年　ミュージカル・ロマンス《小さな花がひらいた》※山本周五郎もの
一九七二年　ミュージカル・ロマンス《さらば マドレーヌ》※初の洋物
一九七二年　ミュージカル・プレイ《落葉のしらべ》※山本周五郎もの
一九七三年　ミュージカル・プレイ《たけくらべ》
一九七四年　ミュージカル・プレイ《白い朝》※山本周五郎もの
一九七四年　ミュージカル・ロマンス《アルジェの男》

一九七五年　ミュージカル・ロマンス《フィレンツェに燃える》　※文化庁・芸術選奨新人賞
一九七五年　ミュージカル・ロマン《恋こそ我がいのち》
一九七六年　万葉ロマン《あかねさす紫の花》
一九七六年　ミュージカル・ロマン《星影の人》
一九七六年　ミュージカル・ロマン《バレンシアの熱い花》
一九七八年　ミュージカル・ロマン《誰がために鐘は鳴る》

「学生時代から歌舞伎、仏像等、日本的なものが好きだった」（『歌劇』一九六八／九・一〇五）という柴田の駆け出し時代の作品も、植田紳爾と同様に日本物ばかりだ。「王朝千一夜」という形式名を何作かで用いているが、これは「背景を王朝の時代にかりて、民話のような形のドラマに」という意図でつけられた形式名であり、柴田は「これら一連の王朝ものの中で現代に通じる人間の心を描いてきたつもり」だったという[8]（《赤毛のあまっこ》公演プログラム、一九）。王朝千一夜《扇源氏》（一九七〇）の東京公演に対して、『読売新聞』一九七一年一月一三日号付で阪田寛夫は次のように評している。

〔くさっている青侍（甲にしき）が、たまたま知り合った娘の兄が鬼であったばかりに幸運の扇を手に入れ、たちまち姫君の愛を受けて出世したが……という筋立ては〕王朝版『努力しないで出世する方法』だ。下っぱ時代の甲のカッパ踊りが面白い。このペーソスが全編をつらぬけば大したものだ。たびたびしゃしゃり出てくるコーラス隊の、ジャズ調の語りくちが軽妙で、さらりとした劇をはずませた。（大笹、二〇一〇・別巻・一一一－一一二）

「日本的なものが好きだった」柴田であるが、当時からカッパ踊りやジャズ調のコーラスを入れるなどミュージカルを意識したアレンジをしていたことが同評からはわかる。

一九六五（昭和四〇）年の舞踊詩劇《伊豆の頼朝》で、若き日の源頼朝を主人公とし、北条政子との出会いから挙兵を決意するまでを描いている。史実を題材とした初めての作品であった。

《伊豆の頼朝》あらすじ

平家との戦に負け、伊豆に流された源頼朝（内重のぼる）は十余年の間、平家方の監視下のもとで忍従の日々を送っていた。平家方の武将・伊藤祐親の娘である沙依姫と恋仲となり子どももうけたが、清盛の威光を恐れた祐親は、その子を淵へ投げ込み頼朝を捕えようとする。頼朝は北条時政（大路三千緒）の館に逃げ込み、時政は平家方ではあったがその人柄を見込んで頼朝をかくまう。時政の娘・政子（日夏悠里）は頼朝に激しい恋心を抱き、「この人こそが我が夫」と心に定めるが、伊豆の目代・山本兼隆のもとに政子を輿入れさせることを清盛から提案された時政は逆らえない。婚礼が近づくと、政子は花嫁衣装のまま山本の館を抜け出して伊豆山権現に身を隠し、政子を愛する頼朝は旗揚げを決意する。折しも、都の以仁王から平家追討の令旨が下り、各地から源氏恩顧の武士たちが頼朝のもとに集まってきたのだった。（『歌劇』一九六五／九・一二八、「公演案内」より筆者まとめ）

この作品も好評で、「高声低声」にも、次のような投稿が寄せられている。

8　一九八六（昭和六一）年に雪組で初演された《大江山花伝》も「王朝千一夜」という形式名が使われている。

柴田作品は『河童とあまっこ』や『夢の三郎』のように手堅くまとまっているのが特徴だが、『伊豆の頼朝』はその上に重量感を加え、しかも歯切れよい展開を見せた佳作である。（『歌劇』一九六五／一〇・一四四）

また、「今迄余り作品を出されていませんが十分今後の期待に応え得る作者と思いました」「柴田先生の作品に初めて接する私は失礼ながらこれだけのものを書かれるとは思っていなかった」といった声も目につく。

試行錯誤が続いたこの時期について、柴田は「習作時代」と称している。習作時代の柴田が何を模索し続けていたのかが、二〇一〇（平成二二）年の『歌劇』における演出家による持ち回りの連載「演出家随想」の柴田の回、「百周年後半の変遷」と題された寄稿からうかがい知ることができる。

基本的に宝塚の芝居の変遷を、自分の居た間だけでも辿ってみると、一種の様式美の世界から、リアリティ（写実）の世界への傾きが顕著に見られる。宝塚で仕事をされた菊田一夫・北條秀司・宇野信夫各先生の様式から写実への移行の時期を拝見しているが、その写実的な舞台といえども、様式的ないわゆるせりふと動きの形の良さを確保しようとしている向きが見てとれた。私の習作時代も、その様式と写実の狭間に立たされ、大劇場の空間をいかに使いこなすかという命題を見つめて苦闘していた覚えがある。（『歌劇』二〇一〇／九・六二－六三）

タカラヅカが「虚」から「実」に振れていくさまを目の当たりにしながら、タカラヅカとして最適な落とし所を模索し続けたのが、柴田六〇年代の「習作時代」であったのだ。

山本周五郎作品から始めた「ミュージカル」

その作風に転換があったのは一九七〇年前後のことだった。柴田は一九六七（昭和四二）年にバレエ《夢の中の少女》、新人会公演第八回のバレエ《くずのは》の演出を手がけ、翌年にはミュージカル《ウエストサイド物語》の演出補も担当している。この《ウエストサイド物語》でブロードウェイ方式の稽古方法に触れたことは柴田自身の大きな転機となったようだ（CS放送・柴田侑宏追悼番組『かぐわしき余韻の記憶』）。こうした経験の後、柴田はみずからの作品を「ミュージカル」と称するようになる。

だが、ミュージカル化の題材として柴田が最初に選んだ作品も、洋物ではなく日本人の人情の陰影を質実に描いた山本周五郎の小説であった。一九七一（昭和四六）年のミュージカル・ロマンス《いのちある限り》は、山本周五郎の小説『野分』『釣忍』を題材としている。柴田自身が元々周五郎作品の大ファンで（『歌劇』一九七一／六・四四）、その舞台化は「周五郎作品の機微をタカラヅカの大劇場で表現できるか」という挑戦でもあった（CS放送・柴田侑宏追悼番組『かぐわしき余韻の記憶』）。

《いのちある限り》あらすじ

名家の次男坊である松嶋新次郎（鳳蘭）は、家族から離れ、向島の下屋敷で自由気ままな暮らしを送り、恋仲のお紋（大原ますみ）とその祖父・藤七（美吉左久子）とのささやかながら充実した暮らしに触れたことで武家の生活が嫌になる。ついには武士の身分を捨て、みずからも働いてのお紋や藤七との暮らしを決意した矢先、兄の訃報を知る。

自分ではなく、腹違いの弟・竜之助（安奈淳）の跡目相続を主張する新次郎だが、自分の妻として迎え入れられるのが竜之助と恋仲の八重（衣通月子）と知ってますます怒る。そこに、老父・帯刀（水代玉藻）が訪ねてきて武士の道を説くとともに、藤七もまた家に帰ることを勧め、お紋は身を引く決意をする。新次郎は悩んだ末、八重との話を白紙に戻し、お紋を屋敷に迎え入れることを条件に跡目相続を受け入れるのだった。

（『歌劇』一九七一／六・一二二、「公演案内」より筆者まとめ）

この作品は「山本周五郎独特のしっとりと心にしみ入るような人情の機微をかなりの線まで描き出した異色作」「柴田侑宏が新しい領域を開拓したズッシリと手ごたえのある佳作」（「高声低声」『歌劇』一九七一／七・一四四）と好評を博した。その後も柴田は《小さな花がひらいた》（一九七二）、《落葉のしらべ》（一九七二）、《白い朝》（一九七四）と、立て続けに周五郎作品を舞台化している。[9] このうち一九七二（昭和四七）年の《小さな花がひらいた》花組東京公演に対しては、『東京新聞』七月五日号付の森英男の次のような評がある。

山本周五郎の『ちいさこべ』の世界をかなり忠実にえがいた舞台である。不幸の吹きだまりのなかに置かれた庶民たちが精いっぱいに生きてゆく心のふれあいが、宝塚の題材をひろげることになった。同じ山本作品を原作にした『いのちある限り』よりも成功している。（大笹、二〇一〇・別巻・四二一）

この頃の柴田の最大の関心事は、「登場人物の心の振幅をいかに劇場空間に漲《みなぎ》らせるか」であった。そのために「音を止めて惹きつける技法」を多用したため、先輩演出家からは「音楽や美術をふんだんに使える宝塚の舞台で、削ぎ落としたシンプルを狙うのは違うのでは」と指摘されることもあったようだ（『歌劇』二〇一〇／九・六三）。

柴田が周五郎作品の舞台化に挑んでいることについて、日本近代文学研究者の水谷昭夫は、柴田作品の幕開きに見られる華麗な演出は、近松門左衛門が初めての世話物悲劇《曽根崎心中》を書いた時、切狂言らしく華麗にと願って幕開きの「観音廻り」を考案したという逸話を想起させるとして、次のように述べた。柴田のその後の道程を見事に「予言」した、興味深い寄稿である。

「宝塚」の型に、柴田侑宏が抵触している箇所が、実は「宝塚」の歴史の重みである。とともに柴田侑宏の貴重な資質である。きわめて大たんな言い方をゆるしていただけるなら、柴田侑宏がこの歴史の重みにうちかって、すぐれたミュージカル・プレイの世界をつくりあげたとき、世話物悲劇が切狂言となって浄瑠璃が一つの時代をきずきあげたように、それが「宝塚」の中心となって一つの時代をきずくことになると思う。（『歌劇』一九七四／三・四五）

柴田が初めて洋物に取り組んだのは、一九七二（昭和四七）年のミュージカル・ロマンス《さらば マドレーヌ》だった。洋物に特段の苦手意識があったというわけではない。むしろデビュー作から数えて六本目あたりからは手がけたい気持ちもあったが、大学でも歌舞伎研究を専攻していた柴田に対して「もう少し日本物を」という劇団からの要望もあり（CS放送・柴田侑宏追悼番組『かぐわしき余韻の記憶』）、なかなかチャンスが巡ってこなかったのだ。だが、実際創作してみての柴田の気づきは「西洋物も日本物も芝居の本質的には変らない」（『歌劇』一九七二／三・三九）ということだった。

9 《小さな花がひらいた》は一九八一・八二年星組、九一・九二年花組、二〇一一年花組で、《白い朝》は一九九七年花組で再演されている。

一九七一（昭和四六）年の《いのちある限り》で柴田が使った形式名は「ミュージカル・ロマンス」であった。[10]これは菊田一夫が好んで使っていた名称であるが（三章二節）、たしかに当時の柴田作品はそれ以前の「習作時代」に比べてもはるかに「恋愛」要素のウエイトが高い。

ところがその後柴田は「ロマンス」から「ス」を取った「ミュージカル・ロマン」という形式名を多用するようになる。一九七五（昭和五〇）年の《恋こそ我がいのち》[11]以来、八〇年代に発表された作品もほぼ一貫して「ミュージカル・ロマン」だ。「ロマンス」ではなく「ロマン」へ、この変更は、恋愛だけではない、人の生きる様子を、歴史のうねりのなかで骨太に描いていこうという決意の表れではないだろうか。

一九七三（昭和三八）年の《たけくらべ》では、樋口一葉作品のミュージカル化に挑戦している。この短編をタカラヅカの舞台に乗せるため、柴田は一葉のもう一つの作品《にごりえ》のお力を《たけくらべ》の美登里の姉であるとして、《にごりえ》のお力と源七の物語を重ねるという工夫で作品にふくらみを持たせている。さらに、劇中には作者の一葉本人と思われるキャラクター「筆屋の女主人なつ」も登場させている。『歌劇』一二月号の「高声低声」（一四六―一四七頁）には、「よくまとまっていて、宝塚はいいなと思わす何かがこの先生の舞台にはある」「宝塚の『たけくらべ』として日本物の代表作となるのではないか」「一葉の名作が見事に柴田先生により現代の宝塚の『たけくらべ』として甦りましたね」といった声が寄せられ、「タカラヅカらしい翻案」が評価された様子がうかがえる。

この頃の柴田は、「主として舞台転換など演出的な面白さに浮かされて」おり、作品に「レビュー的要素」も加わっていったと、自身を振り返っている（『歌劇』二〇一〇／九・六三）。つまり、どちらかというと「実」からスタートした柴田は、この時期徐々に「虚」の方向に重きを置くことで、「タカラヅカ」としてもっともバランスが取れるポイントを探っていったのだ。

一九七六年の名作三本

一九七五〈昭和五〇〉年といえば、《ベルサイユのばら》が「アンドレとオスカル編」として花組で再演され、「ベルばらブーム」が加速した年である〈本章五節〉。だがこの年、柴田にも大きな転機が訪れていた。同年に上演したミュージカル・ロマンス《フィレンツェに燃える》が文化庁・芸術選奨の文部大臣新人賞〈大衆芸能部門〉を受賞したのである。本作について柴田は、ドストエフスキーの『白痴』で描かれる愛の二面性〈純粋な神への志向と悪魔的な欲望の相克〉というテーマに挑んだと述べている〈公演プログラム、一九〉。

《フィレンツェに燃える》あらすじ

物語の舞台は一八五〇年頃のフィレンツェ。バルタザール侯爵家には二人の息子がいた。ノーブルで品行方正な兄のアントニオ〈汀夏子〉は侯爵家の後継としての責任感を強く持っていたが、野生的で奔放な弟のレオナルド〈順みつき〉は、さまざまな階層の人と接するなかでイタリアの行末を憂えていた。静養のため侯爵家を訪れた美しき未亡人パメラ〈高宮沙千〉は元歌姫という出自から、貴族たちに白い目で見られていた。だ

10　一九七一年初演《小さな花がひらいた》の形式名は、二〇一一年再演時には「江戸風土記」に、七四年初演《アルジェの男》は二〇一一・一九年の再演時には、「ミュージカル・ロマン」と変更された。

11　スタンダールの小説『赤と黒』を題材とした作品である。のち、一九八九年に宝塚バウホールで、二〇〇八年に梅田芸術劇場シアター・ドラマシティ等で、二〇二〇年には名古屋・御園座で《赤と黒》というタイトルで再演されている。

が、アントニオはパメラに心惹かれ、結婚を申し込む。パメラが兄を陥れる悪女だと思い込んだレオナルドは、兄を救うべくパメラに偽りの恋を仕掛け、パメラもまた、自分はアントニオにふさわしくないと、レオナルドのものになる。傷心のアントニオの心を癒したのは、幼なじみのアンジェラ（沢かをり）だった。いっぽう、アントニオ・レオナルドの仲間たちはイタリア国家統一運動の義勇軍に加わるべく旅立っていった。パメラの夫の死に疑いを抱く、彼女の元恋人の憲兵・オテロ（麻実れい）は、逮捕されたくなければ自分のもとへ戻れと脅すが、パメラは断る。いつしかパメラのことを深く愛するようになっていたレオナルドはオテロを刺すが、パメラもまた、オテロに刺されて命を落とす。兄弟は再び和解し、レオナルドは一人義勇軍に参加するため旅立っていくのだった。

この作品に関して「高声低声」には次のような声が寄せられている。

はじめ筋書を読んだ時は、なんと重厚な悲劇かと思ったのだが、実際に観終わった後は、さらっとした感じで、感傷に溺れない現代的センスを感じさせる舞台であった。舞踏会の場やカーニバルのおどりが、ミュージカルの楽しさを加えてくれると同時にこの劇を盛り上げている。〔略〕四人の主役の性格はそれぞれいかにも人間らしい実在感にあふれ共感をよぶ。（『歌劇』一九七五／三・一四五）

同年一〇月には、スタンダールの長編小説『赤と黒』を題材としたミュージカル・ロマン《恋こそ我がいのち》が上演される。野心に燃える青年ジュリアン・ソレルと貞淑な人妻レナール夫人、プライドの高い貴族令嬢マチルドとの恋を描いた作品だ。すでに《ベルサイユのばら》で王妃マリー・アントワネットとフェルゼンの恋が描かれ観客にも免疫ができていたからか、「不倫の話をタカラヅカでやるなんて」という批判はそこまでなかったようだ。

続く一九七六（昭和五一）年は、柴田がそれまでに培ってきたものが一気に花開いたかのような年となった。前述の再演頻度の高い作品にも挙がっている万葉ロマン《あかねさす紫の花》、ミュージカル・ロマン《星影の人》、ミュージカル・ロマン《バレンシアの熱い花》を立て続けに三本発表している。一九七六年といえば「ベルばらブーム」最後の年でもあり、お祭り騒ぎが頂点に達していた頃である。タカラヅカ自体がこの時期、画期的な転換点を迎えていた。「ベルばらブーム」の足取りについては本章の五節以降で詳しく取り上げるため、順序が前後することになるが、この三作品について少し詳しく見てみよう。

二月一九日より花組で上演された《あかねさす紫の花》は、柴田自身の「ぜひ書いてみたい、それも花組で上演したい」という希望を劇団が聞き入れて上演が実現したものである（『歌劇』一九七六／二・四七）。この時期、榛名由梨と安奈淳という《ベルサイユのばら――アンドレとオスカル》を大成功に導いた二大スターが揃う花組の陣容を意識してのことだろう。

《あかねさす紫の花》あらすじ

強い意思と行動力を持つ兄・中大兄皇子（榛名由梨）と心優しい大海人皇子（安奈淳）は、対照的な性格ながらも仲の良い兄弟であった。中大兄とともに額田の郷を訪れた大海人は額田大王（上原まり）と出会う。二人はすぐに親しくなり、やがて結婚して娘も生まれた。しかし、艶やかな美しさを増した額田に兄・中大兄は心惹かれてしまう。欲しいものは必ず手にしないと気がすまない中大兄は額田を強引に妃にする。兄弟不仲の噂を恐れた中臣鎌足（麻月鞠緒）は代わりに中大兄の娘二人を大海人の妃とする策を講じ、大海人もこれに従うほかはなかった。年月が経ち、蒲生野の薬狩で久しぶりに再会した大海人と額田は、互いの想いを歌にして詠み交わす。そして、中大兄即位の宴の場で大海人は、槍を片手に狂ったかのように舞うのであった。

新聞各紙の評価は高く、絶賛コメントが並んでいる（『歌劇』一九七六／四・一三七－一三八）。

作・演出の柴田侑宏は、ドストエフスキー調の心理のほり下げを各所に見せ、政治の不気味さ、性の不可解さを、えぐり出す。弟皇子の一家離散の悲劇を大詰めにすえた構成も、スキがなく、客席の涙をしぼる。近年珍しい秀作だ。（『朝日新聞』二月二七日号付）

とりわけ「以前なら避けて通った題材」（『毎日新聞』三月八日号付）、「タカラヅカでは異色の生ぐさいストーリー」（『サンケイ新聞』三月五日号付）にあえて挑戦しつつ、タカラヅカらしい華やかさを失わない舞台に仕上げた点も評価されている。『歌劇』の「高声低声」欄にも「この宝塚にぴったりの題材が今迄日の目をみなかったのが不思議な位です。（略）こんな良い作品に巡り会えると、寒夜三時半に起き出して前売券を買いに行く苦労も吹っとぶというものです」「近頃にない感動の気持ちで一杯でした」といった声が寄せられている（『歌劇』一九七六／四・一四五－一四六）。また、「ぜひ続編をお願いしたい」という要望も散見され、のちにこれは大津皇子の悲劇を描いた《あしびきの山の雫に》（一九八二）、長屋王の政変を題材とした《たまゆらの記》（一九八八）で実現することになる。好評を受け、翌七七（昭和五二）年に雪組でも再演されたが、この時は雪組の陣容に合わせ、汀夏子演じる大海人皇子を中心とした物語に脚本が多少書き換えられている。

六月二六日より雪組で上演された《星影の人》は「沖田総司を取り上げてほしい」というファンからの要望に応えたもので、主演も希望の多かった汀夏子であった。史実では記録が残っていない沖田の恋が描かれ、相手役の高宮沙千の落ち着いたイメージに合わせ、玉勇というヒロインが創造されている（『歌劇』一九七六／六・四一）。意外に感じられるのは、幕末という時代は「女性ばかりのタカラヅカにはふさわしくない」と、当時は考えられていたことだ。その理由は血なまぐさい事件が多いというイメージゆえで、柴田はそうした懸念を払拭するためにも「沖田のラブ・ストーリーを全面に押し出し乍ら、新撰組というグループから幕末の匂いというようなものを可能な限り奥へおしやって、そういうものが滲み出てくるという作劇法」（前掲、五六）を取った。また、剣の名手である沖田が主人公であるだけに殺陣の場面にも苦心し、「女性だからリアルな殺陣というのは望むと失敗するだろうということから舞踊的ではないけれども形をみせる殺陣」（前掲、五七）を考えた。

《星影の人》あらすじ

時は幕末、新撰組一番隊長の沖田総司（汀夏子）は剣の達人として名を響かせ、倒幕派と佐幕派との争いが絶えない京都で市中の見回りにあたっていた。ある雨の日、傘を借りた縁から総司は祇園の芸妓・玉勇（高宮沙千）に心惹かれる。新撰組の仲間たちは、剣一筋で浮いた噂一つなかった総司をほほえましく見守るいっぽう、彼らもまた恋に思い悩んでおり、鬼の副長・土方歳三（麻実れい）は、復讐のために近づいてきた女性を愛してしまった。池田屋事件の斬り合いの最中に総司は喀血し、重い労咳であることを知るが、残された日々を精一杯生きようと決心する。新撰組が倒幕派を襲ったある晩、斬りかかられる総司の身代わりとなった玉勇は、その命を救い、先に死ねることを喜びながら息絶える。

新聞評を見ると、やはり、幕末の新撰組の物語をタカラヅカがいかに料理してみせるのか、という点に着目したものが多い（『歌劇』一九七六／八・八八-九〇）。

血なま臭い印象がつきものの新撰組の劇を、宝塚の舞台の中にどう消化するか――事前に注目されたところだ。作・演出の柴田侑宏は、社会派風の分析などは避け、一人の心やさしい若者の宿命劇にマトを絞った。その簡潔に整理した筋運びと、練ったセリフは、確かに客席を泣かせる。したたかな演出ではあるが、「ベルばら」に比べて描かれた世界が小さい。やはりテーマの限界なのか。（『朝日新聞』七月一日号付）

注目すべきは、フランス革命を正面から描いた《ベルサイユのばら》がすでにタカラヅカのスタンダードとなっており、それに比べると「スケールが小さく物足りない」と評されていることだ。しかし、「高声低声」には、次のような声が寄せられている。

池田屋の変ではどのようなスペクタクルを見せていただけるのかと期待していたのが、あっけなくチョット残念な気持ちもしましたが、小六の娘に聞いてみますと、総司が血を吐く所や斬り合いは見たくないとの事ですし、やはり若いお嬢さん方には紗幕を通した方が良かったのでしょうか。（『歌劇』一九七六／八・一四九）

このように「物足りないかもしれないが、タカラヅカとしてはこのくらいが妥当」という受け止め方もあった。ちなみに、現代のタカラヅカのこうした「血なまぐさい」描写は、当時と比べれば相当変化している。たとえば、同じく新撰組を題材とした《壬生義士伝》（二〇一九）では、隊士の粛清や主人公が血まみれで死んでいくさまをリアルに描き、フランス革命でいうならば、登場人物が次々とギロチンで処刑されていく恐怖政治の時代を舞台にした作品もいくつか上演されている。そんな現代からすると、《星影の人》に寄せられた新聞評や観客の声は隔世の感がある。
一一月一二日より月組で上演された《バレンシアの熱い花》は、「デュマのフランスロマンの中にスペインカラーを入れてドラマティックに史実をちりばめ、仕立方としてはいわゆるスペインレビューの典型」（『歌劇』一九七六／一二・四八）と柴田が述べるように、さながら「三銃士」のスペイン版といった趣だ。

《バレンシアの熱い花》あらすじ
ナポレオン支配下にあった一九世紀初頭のスペイン。バレンシアでは領主ルカノール公爵（沖ゆき子）が王にへつらい悪政を敷いていた。父親の非業の死がルカノールの差し金であることを知ったフェルナンド・デルバレス侯爵（榛名由梨）は、復讐のため「退役して詩人になる」と、許嫁のマルガリータ（北原千琴）に偽りを告げる。恋人のシルヴィア（舞小雪）をルカノールに奪われたことを恨む、その甥ロドリーゴ（瀬戸内美八）をフェルナンドは仲間に引き入れ、妹がルカノールの腹心に殺された剣の達人ラモン（順みつき）も仲間に加わった。三人は「黒い天使」を名乗り、行動を開始する。フェルナンドは酒場で出会ったイサベラ（小松美保）と恋に落ちるが、ラモンもまたイサベラを心密かに想っていた。「黒い天使」はルカノールを倒し、復讐を果たす。しかしそれは、フェルナンドとイサベラの恋に終止符が打たれる時でもあった。

復讐劇ではあるが、榛名由梨、瀬戸内美八、順みつきと三人揃った男役スター、およびそれぞれと組む娘役スターに見せ場をつくることに重点が置かれ、前二作に比べると、はるかに娯楽性の高い作品である。観客は主要男役三人、娘役三人が活躍する舞台を楽しんだようだが、新聞評や「高声低声」（『歌劇』一九七七／一・一二八－一二九）に寄せられた評は次のとおりであった。

最近、評判作を連発している柴田は、今回はグッと肩の力を抜いて、華麗な衣装で見せまくる。やや調子よすぎる部分もないではないが、歳末特別セールさながらの関西風サービス精神は、買いたい。（『朝日新聞』一二月一日号付）

肩をこらさずにみられる超娯楽大作としては十分にまとまっているのですが、恋と復しゅうのどちらか一方にもっと比重をかけた方がより面白くなったのでは。一本立ち出来る男役三人が揃い配役の分配が非常に難しいという事も分りますが、今後上演作品に制約が出来ないかという懸念も起ります。（『歌劇』一九七七／一・一四七）

なお、「ベルばらブーム」最後の年を締めくくった同作品の座談会のなかで、柴田は次のような苦言を呈している。

最近風潮として勉強しなくなったような気がする。若い人でもスターへの道を歩む人は名前が出てくるとダンスだけとか歌だけとかのレッスンしかしない。そういう風に一つの道に固まるのもいいけど他のことをおろそかにする甘いムードになっていると思う。宝塚全体のムードがそうなっては危険だね。（『歌劇』一九七六／一一・五〇）

この危機感は、同時期にファンの間で叫ばれていた「宝塚ファンの質が落ちた。宝塚のスターを流行歌手と同じように考えているのではないか」（『歌劇』一九七六／三・一五一）という危機感と表裏一体をなすものであると思われる。「ベルばらブーム」最後の年に、《ベルサイユのばら》の作者・植田紳爾とはある意味で真逆の作風（詳細は次節）であり、こうした危機感を抱く柴田の秀作を三作品も得られたことは、その後のタカラヅカにとってまことに幸運であった。

最適パターンの恋愛ドラマへの「当て書き」

柴田はこの時期、習作時代より模索を続けてきた「虚」と「実」の間の最適解をついに見出したといえるだろう。人の心の動き、とりわけ男女の恋愛における心の綾が繊細かつ深く描かれ、決してお伽話や夢物語では終わらない。いっぽうで、タカラヅカらしい様式美は保たれ、リアルがすぎるゆえに観客が不快になるということもない。この「リアリティと様式美の絶妙なバランス」は柴田作品ならではの魅力である。その魅力は、一九八〇年代にかけてさらに研ぎ澄まされ、同時期に確立していくトップコンビ制と両輪で進化していくのだが、それについては本書が対象とする時代から外れるため稿を改めたいと思う。

本節の最後に、柴田作品を特徴づけるものとしての「当て書きの妙」に注目してみたい。たとえば、『歌劇』一九七五年二月号掲載の座談会からは、七五（昭和五〇）年に芸術選奨新人賞受賞した《フィレンツェに燃える》が当時の雪組メンバーに対する「当て書き」から生まれたことが読み取れる。それによると同作は、「雪組で一年半ぶりに洋物の芝居をやろう」「雪組に合ったコクのある作品ということで、菊田ドラマの線を行こう」「汀夏子、順みつき、高宮沙千、そして純情な娘役を一人加えて話を作ろうとスタート」「コスチュームプレイとはいかずとも綺麗に見せたいから、時代は一九世紀半ばにしよう」「フランスやスペインの作品はやったばかりなので、イタリアのフィレンツェを舞台にしよう」（『歌劇』〈一九七五／二・四四〉より柴田コメントを筆者要約）といった経緯で生まれた作品であった。[12] 実際、この作品がいかに「当て書き」であったかは、ダブル主役の一人ともいえる弟レオナルド役を順みつきに演じさせるために、この時期すでに組替えで星組生となっていた順をわざわざ出演させていることからもわかる（『歌劇』一九七五／二・四三）。また、物語の転換点をつくる重要な役どころであるオテロを当時まだ入団五年目の麻実れいに演じさせている。麻実はこの後の《ベルサイユのばら》でアンドレ役に抜擢され、一躍注目を浴びることになる。柴田作品は、その時々の組のメンバー構成や演者の持ち味などに合わせた当て書きの的確さでも定評があるが、その手腕はすでに本作から垣間見える。

さらに柴田は、この座談会で興味深いことを言っている。

ドラマのパターンってそう多くはないのですよ。三角関係とか憎しみ会い、或いはすれちがい、その交互の組み合わせでドラマは生まれるのです。（前掲）

この気づきは、デビュー作《河童とあまっこ》を手がけた時の「民話というのは類型があって、どういう民話でも、どれかの類型にはまる」との指摘を思い出させる。

また、この前年の一九七四（昭和四九）年、《ベルサイユのばら》初演の直前に上演された《アルジェの男》の座談会からも、本作もいかに当て書きでつくられたものだったかが見て取れる。

・このドラマは星組の構成メンバーから生まれたみたいなもの。
・星組には鳳蘭という稀有なスターがいるのだから、この人を色々な角度から見せるべき。
・鳳蘭は二枚目の線と立役の線を併せ持っているスターであることに筋立てのポイントを置いた。

・鳳の相手役だった大原ますみが退団したので、新たな娘役三人が演じる色んな性格の女性を鳳に配したドラマを作ろう。
・舞台は別にどこの国でも良かったが、タカラヅカが昔からよく取り上げてきたフランスに決めた。

（『歌劇』〈一九七四／八・四八〉より柴田コメントを引用者要約）

そして、この時も「色んなパターンをどう組合わせて作るかがドラマ作りの要点で、三十六通り[13]あるといいますからそれを如何に組み合せるか」と述べている。つまり、そう多くはないドラマのパターンを駆使しつつ、上演予定組のメンバー構成に合わせて物語を考えていくのが、その後に次々とヒットを生み出していく柴田作品の作劇法なのだ。個々の登場人物の心情については深く繊細に描いた柴田であったが、物語の展開に関しては本人も「ドラマのパターンはそう多くはない」と言っているとおりで意外とシンプルであり、かつパターン化されている。

ここで本節の冒頭でも挙げた、近年の再演作品の「パターン」について見てみよう。主人公のほかにヒロインを愛する別の男性が登場するものをA、ヒロインのほかに主人公に想いを寄せる女性が登場するものをB、主人公の盟友あるいはライバルが登場するものをCと区分すると、《アルジェの男》（一九七四）：B、《フィレンツェに燃える》（一九七五）：A・B・C、《恋こそ我がいのち》（一九七五）：A・B・C、《あかねさす紫の花》（一九七六）：

12 前年（一九七四）の『歌劇』八月号の汀・順の対談で、汀が「今度三人が共演するとしたら貴族で女に誘惑されるというようなのをやらせてもらいましょか?」と述べているが、本作はまさにこれを実現したことになる。
13 フランスの劇作家、ジョルジュ・ポルティが提唱した「三六の劇的境遇」をもとにしていると思われる。

A・B・C、《星影の人》（一九七六）：B・C、《バレンシアの熱い花》（一九七六）：A・B・C、《新源氏物語》（一九八一）：A・B・C、《うたかたの恋》（一九八三）：B・C、《琥珀色の雨にぬれて》（一九八四）：A・B・C、《哀しみのコルドバ》（一九八五）：A・B・C、《炎のボレロ》（一九八八）：A・C、《ヴェネチアの紋章》（一九九一）：A・C、《仮面のロマネスク》（一九九七）：A・B、《黒い瞳》（一九九八）：C、《激情》（一九九九）：A・B、《凱旋門》（二〇〇〇）：A・Cとなる。

まず、すべての作品が男女の恋愛を主題としている。このことは、柴田が一九七〇年代中盤から形式名として「ミュージカル・ロマン」を使うようになったこととも呼応している。そこで描かれるのは基本的には悲恋であり、恋が実りハッピーエンドになるのは《炎のボレロ》と《黒い瞳》のみである。主人公以外にヒロインを愛する別の男性が登場することも多い（A）。彼は主役男女の恋を邪魔することもあれば、自分から身を引くこともある。主人公の男性に想いを寄せる女性が婚約者といった形でヒロインとは別に登場することもある（B）。また、主人公の男性の盟友あるいはライバル的な存在の男性もしばしば登場し、物語のなかで重要な役割を果たす（C）。つまり「ドラマのパターンはそう多くはない」ことに気づいた柴田は、タカラヅカにふさわしい核になるドラマとして「男女の愛のドラマ」を選び取った。そして、各組のその時々のメンバー構成に最適のパターンでのドラマを当て書きすることで、観客の期待に応え得る作品を生み出していったのである。

【第四節】植田紳爾と柴田侑宏、相違と類似

「タカラヅカらしさ」と「リアルな芝居」

ここまで植田紳爾と柴田侑宏がそれぞれ座付作家としての作風を確立するまでの道のりと、その特色について見てきた。両者は同年代で同時期に活躍したが、[14] その作風は対照的だといわれる。そこで二人の作家の相違点とは何なのか、また逆に類似点はないのかについて、いったん整理しておきたい。

植田・柴田両者の違いとしてまず挙げられるのは、作劇の出発点である。

植田の場合は「最初にテーマありき」の場合が多い。たとえば、「女性の持っている業を描きたい」という思い（《楊妃と梅妃》）や、ロサンゼルスで見た一枚の南蛮屏風（《南蛮屏風》）、あるいは「義経ジンギスカン伝説」（《この恋は雲の涯まで》）が作品誕生の契機である。この発想のスタートが「宝塚グランド・ロマン」に見られる独特のスケール感につながっている。また、《メナムに赤い花が散る》の山田長政に始まり、《この恋は雲の涯まで》の源義経、《愛あれば命は永遠に》のナポレオン、《紫禁城の落日》の愛新覚羅溥儀など、歴史上の著名な人物を主人公に据えた作品も多い。

14　柴田侑宏は、二〇一九（令和元）年七月一九日に逝去した。

これに対して柴田の場合、「古城都・初風諄コンビで情熱的ラブロマンスを作りたい」（《さらばマドレーヌ》）、「汀夏子、順みつき、高宮沙千、そして純情な娘役を一人加えて話を作ろう」（《フィレンツェに燃える》）、「星組には鳳蘭という稀有なスターがいるのだから、この人を色々な角度から見せるべき」（《アルジェの男》）といった具合に、出演者の顔ぶれが前提になっている「当て書き」が多い。結果、まさに「今のこの組のこのメンバー」にぴったりの作品ができあがり、それが柴田作品人気の要因となっている。

つまり、植田の場合は最初に描きたい世界観ありきで、そこに実際に存在する役者をはめ込んでいき、柴田の場合は最初に役者ありきで、与えられた材料を使って描きうる最高のゴールを目指すという形なのだ。

いっぽう、二人のこだわりの相違をよく示すのが、『歌劇』二〇一〇年八・九月号における両者の寄稿である。九月号では柴田が自身の作品を振り返りつつ、どんな作品であっても根本に「芝居」のエネルギーが存在していることは外せないと断言している。

> 最も中心軸にある芝居、演劇的要素――言ってみれば核の部分が最終的に最も前面に押し出されないと、やっていることが空疎になる。（『歌劇』二〇一〇／九・六三）

「中心軸は芝居」というひと言に、柴田の作劇におけるこだわりが凝縮されている。この方向性は、「脱ヅカ調」を目指した菊田一夫や、現代日本を舞台にした「宝塚ミュージカル」に挑戦しようとした高木史朗の志を引き継ぐもののようにも思える。また、本書でいうところの「虚（レビューが描く「夢の世界」）と実（ミュージカルが描く「リアルな世界」）」に照らし合わせるならば、これは「実（リアルな世界）」の方向性である。通常当て書きがなされた作品はその後の再演がなかなか難しいが、柴田作品は当て書きから始まるにもかかわらず再演率が高いのはそのためではないだろうか。つまり、当て書きとはいえ決してご都合主義には終わっておらず、普遍的な人間ドラマが描き込まれているのである。

興味深いのは、この柴田の寄稿の前月の『歌劇』に植田が「宝塚の中心軸」というタイトルの対照的な論稿を寄せていることだ。柴田は「中心軸」という言葉を使い「中心軸は芝居である」と主張しているが、実はこれも植田の回のタイトル「宝塚の中心軸」を受けたものだと考えられる。植田は、まず「毎月の『歌劇』の巻頭言（小林一三の「おもひつ記」・小林米三の「見たこと　聞いたこと　感じたこと」・小林公平の「花の道より」）が宝塚の指針であり、宝塚の中心軸である」と述べ、次のように主張する（『歌劇』二〇一〇／八・五〇）。

最近「宝塚らしさがなくなった」という声を聞く。しかし、宝塚も時代とともに生きている。時代とともに変貌することは避けられないだろう。だが、その根本にある宝塚としての中心軸まで変貌することは、宝塚自体を否定することになる。中心軸さえブレなければどんな冒険も実験も許されるだろう。宝塚はそうして進歩してきた訳だから。しかし、巻頭言に書かれた中心軸は、どんなことがあっても護り抜かなくてはならない。（前掲、五二）

植田にとって大事なのは「宝塚としての中心軸」、つまり「タカラヅカらしさ」なのだ。そのことは前節でも触れた植田作品の形式名のつけ方からも感じ取れる。植田はある時期から自身の作品の形式名に必ず「宝塚」を入れるようになり、「宝塚グランド・ロマン」に行き着いた。

この「タカラヅカらしさ」について、もう少し噛み砕いて考えてみると、それはやはり、第三章で触れた菊田一夫や高木史朗ら先輩諸氏の模索の積み重ねのなかでタカラヅカが学び取ってきたものを指すのではないだろうか。

だが、もっと遡って白井レビュー時代より培われた「ヅカ調」的なもの、現在でいうところの「夢の世界」と呼ばれるものも、そこには含まれると思われる。これは本書でいうところの「虚（レビューが描く「夢の世界」）」と実（ミュージカルが描く「リアルな世界」）」のうち「虚（夢の世界）」の方向性である。

つまり、植田が中心軸を「タカラヅカらしさ」に取り、そこから「リアルな芝居」をどうつくるかを考えたのに対し、柴田はあくまで「リアルな芝居」を中心軸に取り続け、これをいかに「タカラヅらしく」見せるかを考えた。本書第三章で提示した「虚（レビューが描く「夢の世界」）と実（ミュージカルが描く「リアルな世界」）」のフレームを用いていうならば、植田は「虚（夢の世界）」からスタートしてそこに「実（リアルな世界）」を加えていった。逆に柴田は「実（リアルな世界）」からスタートして「虚（夢の世界）」を加えていったともいえるだろう。

このアプローチの違いを、先に述べた作劇法の違いと照らし合わせて整理してみよう。「タカラヅカらしさ」が中心軸である植田は、作品の題材として自身が深く共感した実のあるテーマを選んだり、歴史上の実在の人物の人生を描くことで、みずからの中心軸である「虚」の世界を「実」の枠組みにはめ込んだのではないか。逆に「リアルな芝居」が中心軸である柴田は、「男女の愛のドラマ」の「当て書き」という極めてタカラヅカらしい場を設定することで、「虚」の枠組みのなかにみずからの中心軸である「実」の世界を描き込んだ。無論、第三章で触れたような先輩諸氏のあがきを目の当たりにしてきた両者だけに、目指したところは「タカラヅカらしさ」（虚）と「リアルな芝居」（実）の間の、タカラヅカとして最適な地点である。つまり、アプローチの方向が逆というだけで、その目指すところは両者とも同じだったのではないだろうか。

日本人の「ロマン」の発見

事実、両者には共通点もある。その第一は二人ともに日本物の創作からスタートし、そこから洋物も含めたミュージカルに着手していった点である。

植田の場合、初期の作品にはデビュー作《舞い込んだ神様》(一九五七)のようなシンプルでコミカルな舞踊劇が多い。一九六五(昭和四〇)年《楊妃と梅妃》、六六(昭和四一)年《南蛮屏風》あたりから物語は複雑化し、六八(昭和四三)年の宝塚グランド・ミュージカル《メナムに赤い花が散る》で初めて歌舞伎俳優の二代目尾上松緑が演出に携わり、歌舞伎のエッセンスを加えたミュージカルを生み出すことに成功した。以降、一九七一(昭和四六)年には長谷川一夫演出による《我が愛は山の彼方に》、七三(昭和四八)年には再び松緑演出で《この恋は雲の涯まで》と、その路線を積み重ね、「宝塚グランド・ロマン」と称する独自の作風を確立していく。これが一九七四(昭和四九)年、洋物の《ベルサイユのばら》で花開くのである。

いっぽう柴田の場合も、デビュー作は民話をモチーフとした《河童とあまっこ》(一九六一)である。その後の柴田は「王朝千一夜」と称する作品をいくつかつくっている。一九六五(昭和四〇)年の《伊豆の頼朝》では初めて史実を題材にして好評を得た。民話や日本の歴史物という「自分が良く知っている世界」を描くことから座付作家としてのキャリアをスタートさせたのだ。その後、「登場人物の心の振れ幅をいかに劇場空間にみなぎらせるか」を探求するための題材として使われたのも山本周五郎の小説だった。そして、一九七二(昭和四七)年の《さらばマドレーヌ》で初めての洋物に取り組み、芸術選奨新人賞を受賞した七五(昭和五〇)年の《フィレンツェに燃える》、翌七六(昭和五一)年に《あかねさす紫の花》《星影の人》《バレンシアの熱い花》を立て続けに発表した頃には、愛し合う男女の心の揺れを深く繊細に描く作風が確立していく。

植田は「日本人がつくり、日本人が育てた宝塚ミュージカルの形式」にこだわり続け、それは「日本人の感性をいずれかに含有している」ものだった（本章二節）。いっぽう柴田もまた、初めての洋物《さらばマドレーヌ》に取り組んだ際「西洋物も日本物も芝居の本質的には変らない」ことに気づいている（本章三節）。

したがって両者がつくり出すオリジナル・ミュージカルは、たとえ洋物であっても海外ミュージカルの輸入物とはその性質を異にしている。二人がつくるオリジナル・ミュージカルの物語や登場人物は、「和物」で培った作劇や人物造形の経験をもとに生み出されたものなのだ。このことは、海外ミュージカルの輸入が多い日本のミュージカル界とは一線を画した、「タカラヅカ・ミュージカル」の独自性につながっている。

第二の共通点は「ロマン」である。植田の「宝塚グランド・ロマン」、柴田の「ミュージカル・ロマン」と、彼らがそれぞれの作風を確立した後に多用した形式名には奇しくも「ロマン」という語が共通して使われている。実はここに込められた思いは似たものなのではないだろうか。このことを考えるために、植田・柴田両者が作風を確立していったと思われるオリジナル作品を改めて見直すと、どの作品の主人公も二つの共通要素を備えていることがわかる。一つは、主人公が歴史の波に揉まれるなかで「義」に殉じていくこと、つまり、己の欲望や損得を超えた大義のために生きていること。もう一つは「愛」を貫くこと、つまり、一人の女性を愛し抜くことである。

【植田作品の場合】

《メナムに赤い花が散る》（一九六八）花組

・日本から渡航した山田長政がシャムロ国王に忠義を尽くすが、王女ナラーダの邪恋により陥れられる（義）

・長政にとって日本人町のお市だけが心許す女性である。だが、王の命により王女カリーニ姫と結婚する（愛）

《我が愛は山の彼方に》（一九七一）星組
・高麗の朴秀民と女真国のチャムガは互いに武将としての誇りを持って祖国のために戦う（義）
・秀民とチャムガはともに万姫を愛するが、万姫の気持ちを知った秀民はチャムガの命を救おうとし、チャムガは秀民のため「万姫は私の妻ではない」と言い残して死んでいく（愛）
《この恋は雲の涯まで》（一九七三）花組
・中国に渡り、モンゴル兵たちの信を得た源義経は、彼らのために成吉思汗《チンギス・カン》を名乗る（義）
・嵐のなか、海に身を投げた静御前は、金国で奴隷に身を落として生き延びており、義経と再会する。だが静はその後、身の汚れを恥じて自害する（愛）

【柴田作品の場合】
《フィレンツェに燃える》（一九七五）雪組
・兄のアントニオは未亡人パメラの本当の心を見抜いて愛する。弟のレオナルドは兄を救うためにパメラに近づき、パメラもアントニオのためを思ってレオナルドのものとなるが、レオナルドもまたパメラを心から愛するようになる（愛）
・パメラの死後、兄は侯爵家を守り、弟はイタリア国家統一運動の義勇軍に加わるべく旅立っていく（義）
《あかねさす紫の花》（一九七六）花組
・大海人皇子は幼い頃から仲の良かった額田女王を妃に迎えるが、兄の中大兄皇子も額田を愛するようになり、無理やり自分の妃とする。額田もまた中大兄の強引な愛に抗えない（愛）
・中大兄・大海人の兄弟は乙巳の変（壬申の乱）で蘇我入鹿を倒し、大化の改新で新しい世の中をつくっていく（義）

《星影の人》（一九七六）雪組
・沖田総司は祇園の芸妓・玉勇と恋に落ちる。新撰組の隊士たちにもそれぞれの恋模様がある（愛）
・幕末、新撰組は倒幕派と戦う。総司もまた新撰組一番隊長として命が尽きるまで戦う決意をする（義）
《バレンシアの熱い花》（一九七六）月組
・フェルナンドと酒場の娘イサベル、ロドリーゴとシルヴィアは、それぞれ報われぬ恋に落ちる。ラモンもまたイサベルに想いを寄せている（愛）
・ナポレオン支配下のスペインにて、フェルナンド、ロドリーゴ、ラモンは「黒い天使」と名乗って、為政者にへつらい悪政を行うルカノール公爵を倒す（義）

「義」と「愛」の順番を植田と柴田であえて逆にしたのは、その比重が二人の作家では違っているように見えるからだ。植田作品は「義」の部分にドラマの主軸が置かれており、歴史の大転換期のなかで主人公が苦難を乗り越えながら「義」を全うしていく過程が物語の中心である。対する柴田作品は「愛」の部分にドラマの主軸が置かれており、身分の差やライバルの登場などによって愛し合う二人が引き裂かれていく展開が物語の中心になる場合が多い。このことは、前項で述べた両者の「中心軸」からのアプローチの違い、つまり、植田はみずからの中心軸である「タカラヅカらしさ」「虚」の世界を「実」の枠組みにはめ込み、逆に柴田は、「虚」の枠組みのなかにみずからの中心軸である「リアリティのある芝居」、すなわち「実」の世界を描き込んだこととも呼応している。植田作品の主人公は歴史の動乱という枠組みに翻弄されながら、物々しく様式的に行動する。これに対し柴田作品の主人公は「不測の事態による別離」や「三角関係のもつれ」といったありがちな展開のなかに生きるが、その心理描写はリアルかつ繊細だ。

だが、植田も柴田も、タカラヅカ向きのドラマとして「主人公が歴史の波に揉まれるなかで「義」に殉じ、「愛」を貫く物語」に落としどころを見つけていったことは共通している。「ロマン」という言葉に象徴されたそれは、日本人に好まれる「義理と人情」に厚い主人公が活躍する物語ともいえる。両者は海外ミュージカルなどとはまったく関係ないところ、かつ「日本物」の経験を積みながら先輩諸氏の成功・失敗体験を学ぶなかでこうした落としどころを見つけていった。つまり「和（歌舞伎に代表される日本の伝統芸能）と洋（西洋から入ってきたミュージカル）」の相克のなかで、「和」を基礎にしたうえでタカラヅカらしく「洋（ミュージカル）」を料理する手腕を身につけていったのだ。

こうして植田も柴田もそれぞれのやり方で、作劇上のタカラヅカ的最適解を見出していった。それは現在に至るまで受け継がれている「タカラヅカ様式」ともいうべきものの基礎になっていると筆者は考える。その様式については次章で改めて考察するが、それが確立されたのはまさに「ベルばらブーム」の頃であった。いよいよ次節では「ベルばらブーム」で何か起こったのかを見ていくことにしよう。

【第五節】「ベルばらブーム」を振り返る

漫画『ベルサイユのばら』の大ブーム

漫画『ベルサイユのばら』は、一九七二（昭和四七）年五月から翌七三（昭和四八）年一二月まで集英社『週刊マーガレット』で連載され、大ヒットした作品である。作者の池田理代子は一九四七（昭和二二）年、大阪府に生まれた。少女時代から本や漫画を読むことが好きで、絵も得意だった。高校生の時にシュテファン・ツヴァイクの『マリー・アントワネット』を読み、「いつか何かの形でアントワネットの生涯を描いてみたい」との思いが芽生え、これがのちの『ベルサイユのばら』につながっていくことになる。一九六六（昭和四一）年に東京教育大学（現・筑波大学）に進学するが、ほどなく学生運動にのめり込む。「親に食べさせてもらいながら学生運動をする矛盾が許せなかった」という理由から家を出て自活を始めた（『池田理代子の世界』、二〇一二・一七）。漫画を描き始めたのも、自力で学費と生活費を稼ぐ必要に迫られたからだった。

一九六七（昭和四二）年、大学二年生の時に講談社『週刊少女フレンド』で雑誌デビュー、翌六八（昭和四三）年には集英社『週刊マーガレット』でも執筆を始めている。『ベルサイユのばら』は、「いつかアントワネットの生涯を描いてみたい」との思いを温めていた池田からの提案だった。出版社側では「歴史物が中高生読者に受けるわけがない」という声が多数だったが、池田の思い入れは強く、反対意見を押し切って連載は開始される。女性でありながら男として育てられ、フランス革命に身を投じていくオスカルの登場で人気は爆発し、大ブームを巻き起こした。

なぜオスカルがこれほどまでに読者の支持を得たのかについて、担当編集者であった秋山法夫は「フランス革命という大きな歴史の流れの中で、個人ができることなんて限られている。そこにあえて立ち向かって行く切なさ、男以上に男らしい凛々しさ」が大きかったのではないかと述べている（前掲、一二〇）。仕事を持つ女性からの反響も大きかった。池田自身も大学時代は学生運動に身を投じ、そこで「女性が自立して生きていくこと」について考え続けてきた人であり、その思いが作品にも反映され女性読者に響いたのだ。そこでオスカルともども人気を博したのが、オスカルを陰ながら支え続けるアンドレというキャラクターだった。男社会のなかで生き抜く女性たちは皆「アンドレが欲しい」と言っていたという（前掲、七八）。

一九七四年月組初演《ベルサイユのばら》

この『ベルサイユのばら』をタカラヅカが舞台化したのが連載終了の翌年、一九七四（昭和四九）年である。だが、「ベルばらブーム」はこの初演で突然巻き起こったものではない。月組初演の後、花組・雪組（一九七五）、星組（一九七六）と四組それぞれで《ベルサイユのばら》は上演されているが、再演ごとにさまざまな改変が施され、それぞれ違う内容となっている。これに伴い「ベルばらブーム」は徐々に盛り上がっていったのだ。

月組初演の幕が開いたのは八月二九日だった。だが、実は先に決まっていたのは「『ベルサイユのばら』を舞台化する」ことではなく、「九月の月組公演に長谷川一夫が演出に加わる」ということの方だった。同年一月号の『歌劇』の理事長と四組組長の対談でも、荒木秀雄理事長が「後半、月組に長谷川一夫先生の演出をおねがいしたいと考えています」と述べているだけで、上演予定作品として《ベルサイユのばら》の名前は出てこない（『歌劇』

一九七四／一・八五）。

長谷川が演出担当に決まった時、彼が脚本家に指名したのが《我が愛は山の彼方に》で実績もある植田紳爾であった。当初、植田は断ったが、長谷川のたっての希望で脚本執筆を引き受けることになる。劇団側が長谷川に演出の依頼をした際、第一候補となったのは時代物であり、長谷川は当初、真帆志ぶき主演による『孫悟空』をやりたいと考えていたようだ（植田・川崎、二〇一四・一八七）。だが、今話題の劇画『ベルサイユのばら』の舞台化の話が持ち上がり、長谷川も快諾した。

それ以前から《ベルサイユのばら》のタカラヅカでの上演希望は『歌劇』の読者投稿欄「高声低声」にも寄せられていた。最初の投稿は一九七三（昭和四八）年一一月であったという（『宝塚ステージアルバム 一九七五年版』巻末、二）。植田自身は、ファンとの懇親会の場である女性から「この漫画を宝塚で上演して下さい」と『週刊マーガレット』を見せられて《ベルサイユのばら》のことを知ったと述べている（植田、二〇〇二・一三二）。上演が実現した場合の組や配役についての要望が「高声低声」に寄せられ続けたことからも、ファンの関心の高さがうかがえる。

初演版の《ベルサイユのばら》は現在のような一本物ではなく、舞踊詩《秋扇抄》との二本立てだった。後物として上演された《ベルサイユのばら》は三部構成で、第一部「新しき運命の渦の中に」でマリー・アントワネットとフェルゼン、オスカルの秘めた想いが描かれ、第二部「美しき愛の誓い」では革命で命を落とすオスカルとアンドレが、第三部「いたましき王妃の最後」ではアントワネットの最期が描かれる。

作曲・編曲は寺田瀧雄・入江薫・川崎恒夫、振付が岡正躬・喜多弘、衣装を小西松茂が担当した。配役は、マリー・アントワネットが初風諄、フェルゼンが大滝子、オスカルが榛名由梨だった。公演情報が発表になってからは「月組で上演とは意外」「オスカル役は安奈淳が良かったのに」といった声が寄せられた。

初演の《ベルサイユのばら》は、これまで何度も再演されてきたあらゆるバージョンのベルばらのなかでもっとも原作に忠実だともいわれている。「オスカルとアンドレ編」「フェルゼン編」といった副題はついていないが、主役はアントワネットであろう。公演プログラムなどに書かれた作品紹介も「これは十八世紀、フランスを新しい国家体制に変革させるきっかけともなったマリー・アントワネットの物語」との書き出しで始まっている（一三頁）。すでに漫画でもオスカルが圧倒的人気を誇っていることはわかっていたが、植田としては「オスカルを主役にしたら、宝塚が時代に媚びてると思われる」（植田・川崎、二〇一四・一九二）との思いもあったようだ。

《ベルサイユのばら》あらすじ

〈第一部〉新しき運命の渦の中に

オーストリア皇女マリー・アントワネットは一四歳で政略結婚によりフランスに嫁いでいく。一六年後、孤独のなかで贅沢三昧の日々を送る女王アントワネット（初風諄）の唯一の心の支えはスウェーデン貴族のフェルゼン（大滝子）との忍ぶ恋だった。近衛隊長のオスカル（榛名由梨）はスキャンダルを恐れ、アントワネットにフェルゼンとの別れを迫る。実は、女性ながら男として育てられたオスカルもまたフェルゼンに想いを寄せ、またオスカルの従者アンドレ（麻生薫）も身分違いながらオスカルを愛していた。フェルゼンは帰国を決意し、アントワネットに別れを告げる。王家に対する反発からフランス各地で暴動が起こったという知らせを受けたアントワネットは「すべての責任は私が取ります。マリー・アントワネットはフランスの女王なのですから」と誇り高く告げるのだった。

〈第二部〉美しき愛の誓い

国情が騒然とするなか、みずから近衛隊からの転属を願い出て衛兵隊長となったオスカルは、衛兵隊のアラン（美里景）の案内によりパリ市民の貧しい生活を目の当たりにして衝撃を受ける。いっぽう、取り巻き貴族たちは次々とベルサイユを去っていったが、アントワネットは、初めて夫と子どもたちだけの穏やかな日々の幸せを感じていた。市民の安全を守るため、オスカルは衛兵隊を率いてパリに出立。その前夜、オスカルは「今宵はあなたの妻と呼ばれたい」とアンドレの愛を受け入れる。「国王側からは決して市民を攻撃しない」とオスカルに約束したアントワネットであったが、オルレアン公が「王太子は国王の子ではない」という噂を市民に流して王位を狙っていると知って激昂し、攻撃を命じる。オスカルと衛兵隊は市民の側に立って応戦するが、まずアンドレが、そしてオスカルも銃弾に倒れる。市民が勝利し「バスチーユに白旗が」の声を聞きながらオスカルは息絶え、国王一家はパリへ連行されていく。

〈第三部〉いたましき王妃の最後

スウェーデンに暮らすフェルゼンのもとにジェローデル（叶八千矛）が訪ねてきて、フランス国王ルイ一六世が処刑されたこと、王妃もまた死刑判決を受けたことを告げる。アントワネットを救出すべく、フェルゼンはパリへ駆けつける。囚われの身となっているアントワネットはロザリー（小松美保）の献身的な世話を受けながら静かに最期の時を過ごしていた。そこに脱出の手はずを整えたフェルゼンが訪ねてくるが、アントワネットはその申し出を断り、フランス女王としての誇りを胸に断頭台の階段を上がっていく。

上演決定の際、原作ファンからもタカラヅカファンからも賛否両論があった。「オスカル様のイメージを壊さないで！」と熱狂的な原作ファンからカミソリが送られてきたという逸話もあり、「王妃の不倫の話をタカラヅカでやるなんて」といった声も上がったという（二〇〇五年放送『プロジェクトX〜挑戦者たち〜』「ベルサイユのばら　愛の逆転劇──宝塚復活」より)。ところが、蓋を開けてみると原作ファンの若い世代が熱狂することになる。『歌劇』の「高声低声」を見ると、常連と思しき人々に混じって、中高生の原作ファンからの投稿が目につく。

あのオスカル様に心ひかれました。榛名由梨さん……この方が一番ステキでした。原作のオスカルをあそこまでやれたのだから。本当は見るまで心配で心配でたまりませんでした。私の大好きなオスカル様がめちゃめちゃになりはしないかと。でも、違いました。榛名さんはオスカルそのままでした。いえそれ以上、以来私はショウチャンファン〔「ショーちゃん」は榛名の愛称〕。これからもどうかがんばって下さいネ!(『歌劇』一九七四/一〇・一四八)

原作ファンを惹きつけたのは、やはり「オスカル様」だった。つまり最初にキャラクターありきで、そのキャラクターが舞台上でうまく再現されていることが大きな感動を呼んでいる。この心の動きは現在の二・五次元舞台ファンと酷似している。

出演者側もそんなファンに気を使ったようだ。たとえば、初演アンドレの麻生薫は楽屋入りの際にはGパンをはかず、初演フェルゼンの大滝子は日舞の稽古の日、「フェルゼンが浴衣なんて着たらイメージを壊すから」と洋服で楽屋入りして、稽古場で改めて浴衣に着替えるという気遣いをしていたという(前掲、一二二)。橋本雅夫は当時のファンの様子を観察して次のように述べている。

漫画ファンは、従来の宝塚ファンと同年齢のハイティーンが多かったが、この両者はすぐに区別出来た。つまり、楽屋口で榛名由梨が出て来ると、「オスカル」と言って追いかけるのがはじめて宝塚を見た漫画の愛読者、「ショウちゃん」と呼びかけるのが従来からのファンなのであった。(『ベルサイユのばら・総集編』、一九九一・一二・六)

このように観客が「原作ファン」と「タカラヅカファン」に二分化される状況も、現在のタカラヅカが漫画やアニメ、ゲームなどを舞台化した時に見られる光景と酷似している。

だが、《ベルサイユのばら》を歓迎したのは原作ファンだけではなかった。本作はタカラヅカのファン、とりわけ古くからのファンをも喜ばせる作品であった。タカラヅカのファンたちは「久しぶりにタカラヅカらしいものを見せてもらった」という理由から感嘆したが、この点については次節で詳しく述べる。

「原作の世界観を忠実に再現してほしい」と願う原作ファンと「タカラヅカらしい夢の世界に浸りたい」というタカラヅカファン、両者の求めるものはまったく違っており、現在でもタカラヅカが漫画やアニメ、ゲームなどを舞台化した際には「あちらを立てればこちらが立たず」という問題に悩まされがちだ。だが、両者の絶大な支持を得られたこと、これが《ベルサイユのばら》の大きな成功要因であった。

一二月一五日には日曜スペシャル『おお宝塚！『ベルサイユのばら』に咲く六〇周年』が、三〇日にはNHKで舞台中継が放映された(『歌劇』一九七五/二・一五三)。こうしてタカラヅカ版《ベルサイユのばら》の魅力が世の中に知られ始めることになる。

一九七五年花組版・雪組版《ベルサイユのばら――アンドレとオスカル》

月組《ベルサイユのばら》の東京公演は同年一一月に行われ、この時は真帆志ぶきのさよなら公演《ザ・スター》との二本立てだった。翌七五（昭和五〇）年一・二月の『歌劇』誌の「高声低声」は《ベルサイユのばら》評で埋め尽くされ、なかには再演を希望する声も散見される。また、あえて改善してほしい点として、主要登場人物、とりわけオスカルの心情の変化をより深く描き込むことが要望されている。

事件を追う方に重きがかかり、三人の感情の変化を平均に、丹念に描くことに少少欠けた感があります。むしろ、オスカルとアンドレの愛、フェルゼンからアンドレへと移っていくオスカルの愛と、アントワネットの王妃との愛とを、もっと対比させ、又、オスカルの人間性、その魅力をもっと細かく書き込んで頂きたかった。（『歌劇』一九七五／一・二五六）

この年の初めに大きな組替えが行われ、月組でオスカルを演じた榛名由梨と、元々オスカル役が嘱望されていた星組の安奈淳がともに花組に移ることが決まっていた。これはあくまで組のバランスを取るための組替えであり、小林公平理事長も「しまった時に組がえをしたと……」（前掲、一二二）と年頭の座談会で述べているが、結果的にはこの組替えが本作再演のさらなる成功に結びつくことになる。

一九七五（昭和五〇）年七月、《ベルサイユのばら――アンドレとオスカル》として花組での再演が決定した。「アンドレとオスカル」との副題からもわかるように、アンドレとオスカルの恋により焦点を絞った一本物の三部構成であった。オスカルは誰が演じるのかについて、初演で大好評を博した榛名由梨か、その中性的な持ち味で初演以前からオスカル役を嘱望されていた安奈淳か、はたまたダブルキャストにするか、ファンの間でも侃侃諤諤の議論が交わされた（『歌劇』一九七五／五、「高声低声」など）。結局オスカル役には安奈淳が、榛名由梨はアンドレ役に配された。

《ベルサイユのばら——アンドレとオスカル》あらすじ

〈第一部〉許されざる恋

一七八八年秋、フランス民衆が疲弊にあえぐなか、パリのオペラ座では王妃マリー・アントワネット主催の舞踏会が華やかに開催されていた。近衛隊長オスカル（安奈淳）も、この夜ばかりはドレスに身を包みフェルゼン（松あきら）と踊る。オスカルはフェルゼンに対し、王妃との道ならぬ恋を諫めるが、実はオスカルもまたフェルゼンに想いを寄せていた。この様子を見た従卒のアンドレ（榛名由梨）はオスカルに、フェルゼンは諦めた方が良いと慰めるが、アンドレもまた叶わぬ恋と知りながらオスカルを愛していた。

パリの下町で対照的な性格の姉妹が暮らしていた。姉のジャンヌ（千草美景）はいつか貧乏暮らしから抜け出してみせると野心を燃やし、アントワネット一番のお気に入りとして君臨するポリニャック伯爵夫人（神代錦）に取り入る。妹のロザリー（有花みゆ紀）は心優しい少女だったが、馬車で轢き殺された養母の仇を討つべく間違ってオスカルの母に斬りかかったことがきっかけで、オスカルの屋敷で暮らすことになる。ロザリーの仇は実はポリニャック伯爵夫人だった。夫人はオスカルを疎ましく思っており、決闘の約束にかこつけて刺客を送り込み殺そうとする。身を呈してオスカルの命を助けたのはアンドレだったが、片目に銃弾を受ける。オスカルは夜会に乗り込みポリニャック伯爵夫人に斬りかかるが、これを止めたのはほかならぬロザリーだった。暴徒がベルサイユに向かってくるなか、マリー・アントワネット（上原まり）は「すべての責任は私が取ります。マリー・アントワネットはフランスの女王なのですから」と告げる。

〈第二部〉神に召されて

オスカルの父ジャルジェ将軍は娘を男として育てたことを悔い、ジェローデル少佐（新城まゆみ）と結婚させようとする。これを知って思いつめたアンドレは、自分もともに死ぬ覚悟でオスカルに毒酒を飲ませようとする。アンドレの深い愛を知ったオスカルは、パリに出立する前夜、アンドレの愛を受け入れ結ばれる。パリではオスカルらの願いも虚しく国王側の軍隊が発砲し、戦いが始まった。オスカルは民衆とともに戦うが、アンドレは銃弾に倒れる。「バスチーユに白旗が」の声が響くなか、オスカルもアンドレの後を追うように戦いに傷つき、息絶える。

〈第三部〉ばらベルサイユ

フィナーレ

花組での再演決定にあたって植田は次のように述べている。

初演の時は、アントワネットの生涯ということで成功しましたが、今度は、皆様のご意見をいろいろ参考にしながら、オスカル、フェルゼン、アンドレを中心にして、三人の葛藤の中に、様々な女の生き方を書いてみたい。そして、観る人に女の幸せというものは何であるかを訴えたい。(『歌劇』一九七五/四・四二)

この言葉からも、先に紹介したような観客の希望を再演で反映していく意図があったことが感じ取れる。今日では《ベルサイユのばら》の名場面として知られるようになった、アンドレによるオスカル毒殺未遂の場面や、パリ出立前夜にオスカルとアンドレが結ばれる場面は、このバージョンから初めて登場している。いっぽうこの時は、マリー・アントワネット最大の見せ場である牢獄から処刑までの場面はカットされた。また、ジャンヌ・ロザリー姉妹とポリニャック伯爵夫人をめぐる物語も書き込まれ、成り上がりの権力者としての顔と、母親としての情愛に揺れるポリニャック伯爵夫人に、《メナムに赤い花が散る》や《この恋は雲の涯まで》などで肚芸が求められる役を演じてきた神代錦を当てた。

楽曲では平尾昌晃が「白ばらの人」「結ばれぬ愛」の二曲を提供し、寺田瀧雄の新曲「愛の巡礼オスカル」「ばらベルサイユ」も加わっている。「前回は池田さんの絵よりも史実に忠実にやりましたが、今度は池田さんの絵のままを取り上げてみました」(『歌劇』一九七五／七・四五)とのことだが、『歌劇』誌上の座談会で次のようなやりとりもなされている。

植田　…プロローグから転換すると大舞踏会になります。前回も舞踏会の場面かきたかったけど大変なお金がかかります物でね。(笑)

安奈　十二組の男女の衣装が全部新調ですって？　水穂さんも入ってるのよね。

水穂　そうよ。この前は〝今舞踏会が終わったところ〟というとこばっかりだったもの。

(『歌劇』一九七五／七・四八)

現在に至る《ベルサイユのばら》のイメージは、このバージョンで確立したといってよさそうだ。新聞評では「強烈なパンチ力には欠けるが、宝塚ファン向きにはうまく仕上がっている」(『毎日新聞』七月一八日号付)、「第3部のショーに至っては蛇足というほかない」(『日本経済新聞』七月一二日号付)などと書かれているが、観客には好評だったようで、『歌劇』の「高声低声」にも次のような寄稿が見られる。

前作に比べれば、スケールの大きさこそ劣るけれど、私はこの作品の方が好きだ。フランス革命は脇にとび、歴史の流れもあまり感じられない、本当に女性のためのメロドラマ風になったことは否定できないが、その代り、より宝塚らしく、清く甘いロマンのムードは増して、観客を酔わせている。（前掲、一四七）

また、次の投稿は《ベルサイユのばら》が現在の二・五次元舞台のルーツの一つであるといわれる意味を感じさせるものとして非常に興味深いため、少々長くなるが引用する。

「ベルばら」の大ファンで、この間初めて友人と花組の公演を見に行った私です。マン画の「ベルばら」はもちろん、文句なしに好きなのですが、それがマン画であるが故に、一巻読み終えて行くごとにたかまりゆく感情を爆発させる場も機会もなく、何かたまらない様なもどかしい様な気のする毎日を過していました。ところが、宝塚の「ベルばら」を初めて見た時の私の驚きと胸のたかなり、どんなに興奮し感激したことでしょう。彼女達は舞台の上ではまぎれもなく、夢にまで恋こがれたオスカルです。あんなにも夢中になったアンドレです。男らしさにあこがれたフェルゼン自身です。だから、そこでは私達はオスカルにアンドレに、手をふる事もできる。話しかける事もできる。友達になる事もできる。だって本物のオスカルやアンドレが目の前にいるんですもの。私の心の中にあったもどかしさはいっぺんに吹き飛んで、この舞台での本物のオスカル達に毎日でも会いたい、と思う様になりました。せまってくるものすごい迫力にただただ夢中で、夢を見ている様な時間でした。そこには私の夢、理想、あこがれがすべてそのまま表われます。いつも心の中だけで終わってしまう理想に諦め、悲しみに似た感情を持っていた私に、宝塚は夢を明るい希望を与えてくれました。（前掲、一四八）

観客動員も「普段の四倍の入り、前作時からも二倍。中でも前売りは五倍の売れ行き」（前掲、一二八）と、初演を圧倒的に上回る実績を記録した。歌劇団始まって以来の「大入袋」が出たのもこの時だった（植田、一九七八・二二二）。劇団の公式ファンクラブである「宝塚友の会」の関東地区会員も、前年は約五〇〇〇人だったのが倍の一万人に増えたという（『歌劇』一九七五／九・三九）。また、この公演の千穐楽で、立ち見券購入の整理券を受け取ったものの実際には観劇できなかった数百名に対し、急遽、翌日初日の雪組の舞台稽古を見せるという「宝塚歌劇史上初めての珍事」が起こっている（前掲、四〇）。「ベルばらブーム」はこの花組再演によって決定づけられたといえるだろう。

これを受けて、翌月八月には雪組が《ベルサイユのばら――アンドレとオスカル》を続演した。急遽決定した連続公演の背景には、花組版の盛況によるチケットの入手困難があった。「それを九月いっぱいまで続演することによって、かなりの拡散が出来て、多勢の方々に少しでもご満足のいくようにしたいと思うのが決意した最大の理由である」と小林公平理事長は述べている（「花の道より」『歌劇』一九七五／八・三〇）。雪組ではオスカルを汀夏子が演じ、アンドレには当時研究科六年目の麻実れいが抜擢された。この続演については、ファンの間ではやや食傷気味といった感想も見受けられ、「夏休みの八月は好調でも九月に入れば客足はかなり落ちるのでは」と危惧されたようだ。だが、その予想は裏切られ、平日にも大入りの日が続き興行成績は好調だった（『宝塚ステージアルバム一九七六年版』巻末、二）。内容は基本的に花組版を踏襲したが、一幕終盤にかけてアンドレがオスカルの身代わりとしてポリニャック夫人の代理人との決闘に出向き片目を傷つけられるというエピソードがカットされた。結果「全体的に大甘だった花組に対し、改編して物語の枝葉をはらったこともあって、内容はピリッとしまった」（前掲、三）と評されている。「高声低声」評を見ると、続演という難しい環境のなかで、「芝居の雪組」のメンツをかけて、前二作を超える雪組らしい舞台を創り上げようとしていた様子がうかがえる。

> 花組ほどのきらびやかな華やかさはないにしても、雪組の「ベルばら」には確かな現実感が加わりました。これは脚本が整理されたことにもよるのでしょう。（『歌劇』一九七五／一〇・一四五）

特に汀のオスカルは、月組の榛名オスカル、花組の安奈オスカルとは一味違うオスカル像を創り上げたことが評価されている。興味深いのは次のような感想も多く見受けられることだ。これは、《ベルサイユのばら》三度目の上演に当たって、芝居に定評があるといわれてきた雪組が原作をより深く研究した結果なのだろう。

> 榛名オスカルは男っぽくりりしく、安奈オスカルは甘く女らしくでした。そして汀オスカルはりりしい中にどこか女の弱さ果敢なさを見つけました。劇画に一番近いオスカルです。（前掲、一四八－一四九）

しかし、やはり批判の声も強まってきていた。

> 「ベルばら」で得たファンを宝塚の魅力だけで舞台に釘づけにするよう努力する時期がそろそろ来ているのではありませんか。正直いって似たりよったりの内容の舞台を延べ五カ月半も見せられるとなるといいかげんウンザリしてきます。（前掲、一五三）

こうした意見を踏まえ、翌七六（昭和五一）年は「ベルばらブーム」を締めくくると同時に、次のステージへの第一歩を踏み出す一年となっていく。

一九七六年星組版《ベルサイユのばらⅢ》

一九七六（昭和五一）年三月、《ベルサイユのばらⅢ》と銘打ち、星組でフェルゼンとマリー・アントワネットを中心としたバージョンが上演された。オスカルには初演の榛名由梨（花組）、「アンドレとオスカル」編の安奈淳（花組）、汀夏子（雪組）が特別出演、これに星組の順みつきが加わり四名が八日ずつ役替わりするという豪華版である。[15] フェルゼンには待望の鳳蘭、マリー・アントワネットにはこれがサヨナラ公演となった初風諄、アンドレに但馬久美、ロザリーに衣通月子、オスカル役替わりの一人に安奈淳ということで、初演前に一番希望が多かった配役がようやく実現したことでも話題を呼んだ（『宝塚ステージアルバム　一九七七年版』、九四）。まさに「ベルばらブーム」の総括にふさわしい陣容だった。

構成も第一部「薔薇になみだを」が前作（オスカルとアンドレ）のダイジェスト版、第二部「別れの紅薔薇」がフェルゼンとアントワネットの物語となっており、史実の「ヴァレンヌ事件」をもとにした国王一家救出失敗の顛末も書き込まれている。「これが最後」の意気込みのもと、今までの見せ場を削らずすべて盛り込んだ「総集編」ともいうべき舞台である。王妃らが国外脱出を図るシーンでは本物の馬（松竹梅号）が登場するという話題もあった（『歌劇』一九七六／四・一二四）。

《ベルサイユのばらⅢ》あらすじ

〈第一部〉薔薇になみだを

一七七四年、オペラ座の仮面舞踏会でマリー・アントワネット（初風諄）、フェルゼン（鳳蘭）、オスカル（役替わり）が出会った。アントワネットとフェルゼンは道ならぬ恋に落ち、オスカルもまたフェルゼンへ密かに想いを寄せる。一七八九年、ベルサイユ宮殿では貴族たちが贅沢な暮らしに現を抜かすなか、フランス各地での暴動の報が国王夫妻のもとに寄せられる。オスカルは王妃の名誉のためフェルゼンに帰国を促すが「愛することの苦しさは君にはわからない」となじられる。オスカルを思いやるアンドレ（但馬久美）もまた、彼女への叶わぬ恋に苦しんでいた。新聞記者のベルナール（浦路夏子）と結婚したロザリー（衣通月子）がオスカルにパリの現状を告げる。フェルゼンから帰国の決意を知らされたアントワネットは悲しむが、国王ルイ一六世の寛大な心を知り、フランス王妃として自覚を改たにする。オスカルは近衛隊から衛兵隊に転属し、彼女の身を案じるジェローデル（三代まさる）を前にアンドレは「命に代えてもオスカルを守る」と誓う。その気持ちを知ったオスカルはアンドレの愛を受け入れる。衛兵隊を率いたオスカルは市民と戦う道を選ぶが、アンドレは銃弾に倒れ、バスチーユ陥落とともにオスカルもまた「フランス万歳……」と言い残して息絶える。貴族たちがベルサイユを去るなか、アントワネットは「すべての責任は私が取ります。マリー・アントワネットはフランスの女王なのですから」と誇り高く告げ、一家とともにパリに向かう。

〈第二部〉別れの紅薔薇

一七九一年、フェルゼンはオーストリアのヨーゼフ二世に謁見し、アントワネット救出のための助力を申し出るが受け入れられない。たとえ独りでもアントワネットを救おうと決意したフェルゼンは、妹ソフィアや婚

15　さらに初日に限っては、四名のオスカルが勢ぞろいするという特別企画もあった（『宝塚ステージアルバム　一九七七年版』、八六）。

約者マリーヤをスウェーデンに残し、パリへ向けて馬車を走らせる。パリの国王一家は質素な暮らしながらも家族水入らずの静かな日々を送っていたが、密かに立てられた国外脱出計画に同意する。この計画には、行き過ぎた革命に批判的なベルナールや、ジェローデルも加担していた。しかし、この計画を知ったロザリーは、亡命で王妃の誇りが傷つくことを恐れ、ヴァレンヌの森から国王一家の馬車を国境まで案内する予定のフェルゼンに「馬車の到着が遅れそうなので、約束の時間が変更になった」と嘘を伝える。一行はヴァレンヌの森まで行き着くが、約束の刻限にフェルゼンが現れず、計画は失敗に終わる。王妃を罵倒する村人たちのなかには、ロザリーの姉ジャンヌの姿もあった。囚われの身となったアントワネットはそこに脱出の手はずを整えたフェルゼンが訪ねてくるが、アントワネットはその申し出を断り、フランス女王としての誇りを胸に断頭台の階段を上がっていく。

《ベルサイユのばらⅢ》は「ベルばらブームも、そろそろ潮時」という認識のなかで、終息を前提とした「最後の一花」との意図でつくられた。これまでの上演の見どころをできる限り盛り込んだ総花的な構成になったことに対しては、『朝日新聞』四月七日号付の評が的確だ。

各スターの見せ場も、作らにゃいかん。舞台の流れも、考えにゃいかん。そんな脚本家の苦しい台所事情が、チラついては、いる。が、大衆の心をとらえる独特の音楽と演出のムードで、最後まで見せ切ってしまうのが、宝塚星組の『ベルサイユのばらⅢ』公演。他組スターも加えての豪華配役で、総仕上げ『ベルばら』だという。(『歌劇』一九七六／五・一二四)

また、それゆえにストーリー展開にもあちこち綻びが生じていた。劇団の機関紙である『歌劇』の特集記事でさえも、その点を鋭く批判している。一九七六年五月号の「みたびさいたベルサイユのばら」という特集のなかでは、ベルナールが国王一家の国外脱出に加担するくだりに関して、「この筋立てにはセリフで説明づけてはいるが、ちょっと無理があるように思う。ベルナールがフェルゼン、ジェローデルと手を結ぶなど、前作からは考えられないことである」と指摘する（七〇頁）。また、ロザリーの裏切りに関しても、「前作での可愛い面影はまったくないといっていい。いくら王妃を想う気持ちからとは言え、フェルゼンに嘘をつくあたりには無理が生じている。何もあそこまで敵役的にしなくてもと、誰もが想うだろう」と、かなり直截な物言いだ（前掲）。同じく劇団の広報物である『宝塚ステージアルバム』のなかで『朝日新聞』の宇佐見正が寄せた次のような総括も、言い得て妙である。

それは、景気のよい旅館が、別館を建てたり、本館を模様替えしたり、裏手にまた継ぎ足したりするのと似ている。収容人数はふえたが、最初の設計と比べると、ずいぶんいびつになってしまうのである。パートⅢのそのまた最後である八月東京公演が、その典型だろう。[16]〔略〕「ベルばら」は良い役が限られているから、出番の少ない生徒が多いわけだし、「別の作品も見たい」というファンの声も聞く。それに、ほかの作者たちの登板回数も減っていた。ずいぶんあちこちに、しわ寄せが行き、犠牲者を生んでいることを、忘れてはならないだろう。（『宝塚ステージアルバム　一九七七年版』、八一）

16　七月の星組東京公演では、後半にジャンヌが突然登場するのではなく、第一部でジャンヌが宮廷から追い出される場面が追加された。さらに八月の月組東京公演では、アンドレ、ジャンヌ、アランらの活躍が書き加えられた（『宝塚ステージアルバム　一九七七年版』、一〇四）。しかし結果として「いびつさ」はさらに増したと思われる。

だが、ファンの熱狂はさらにエスカレートし、初日の当日券が買えなかった七〇〇名のために急遽舞台稽古が公開され、また「追加公演」が行われ千穐楽が一日後になった（『ベルサイユのばら・総集編』一九九一・八四）。まだタカラヅカ未見で芸能自体にあまり関心のない人々の間でも、《ベルサイユのばら》ぐらいは一度観ておかなくてはという認識が生まれていた（『歌劇』一九七六／五・一四七）。この《ベルサイユのばらⅢ》は、東京では七月に星組が上演したのちに、八月には月組で続演している。結局、同年は宝塚大劇場では星組が三月二五日から五月一一日まで《ベルサイユのばらⅢ》を上演、東京宝塚劇場では雪組が三月二八日から四月二五日まで《ベルサイユのばら——アンドレとオスカル》を上演後、星組が七月二日から八月一日まで、月組が八月五日から三〇日まで、それぞれ《ベルサイユのばらⅢ》を上演した。地方公演も実現し、花組が四月一五日から七月一一日まで《ベルサイユのばら——アンドレとオスカル》を全国各地で披露している。つまり一九七六（昭和五一）年の春から夏にかけては、四組すべてが《ベルサイユのばら》を上演していたわけだ。ことに四月は、全国各地の公演が本作のみだったことになる。

こうして一九七六（昭和五一）年は一見《ベルサイユのばら》一色で塗りつぶされたように見える一年となったが、それだけではなかった。前節で触れたように、この年には柴田侑宏が《あかねさす紫の花》《星影の人》《バレンシアの熱い花》と、のちに再演を重ねることになる作品を三作連続で発表している。それは、ファンの悲願でもあった「「ベルばらブーム」を弾みとした、次のステージへの第一歩」の兆しでもあった。「ベルばらブーム」が最高潮のうちに幕を閉じるいっぽうで、今なお再演され続けている名作が生み出された一九七六（昭和五一）年は、タカラヅカ史上でも特筆すべき一年であったといえるだろう。

【表1】

年	組	公演名	回数	観客数	一公演あたり観客数	客席稼働率
〈宝塚大劇場公演〉						
1974	月組	ベルサイユのばら	36	93000	2583	90%
1975	花組	ベルサイユのばら——アンドレとオスカル	57	166000	2912	102%
1975	雪組	ベルサイユのばら——アンドレとオスカル	62	174000	2806	98%
1976	星組	ベルサイユのばらⅢ	69	205000	2971	104%
〈東京宝塚劇場公演〉						
1974	月組	ベルサイユのばら	40	91000	2275	92%
1975	花組	ベルサイユのばら——アンドレとオスカル	46	119000	2587	104%
1976	雪組	ベルサイユのばら——アンドレとオスカル	46	121000	2630	106%
1976	星組	ベルサイユのばらⅢ	49	125000	2551	103%

「ベルばらブーム」拡大の足取り

《ベルサイユのばら》は一九七四～七六年の「初演ベルばらブーム」において一三九万四〇〇〇人の観客を動員した（『ベルサイユのばら・総集編』一九九一・一一三）。だが繰り返しになるが、このブームは初演でいきなりブレイクしたわけではなく、四組それぞれ特色のある公演の積み重ねで次第に盛り上がった結果だった。その経緯についてもう少し詳しく見ていこう。

まず、観客動員数一三九万四〇〇〇人だが、公演ごとの内訳は次のようになる（前掲、一一二）。

「客席稼働率」は、当時の宝塚大劇場の客席数二八六五席、東京宝塚劇場の客席数二四七六席（『宝塚歌劇の七〇年』、三五-三六）より、筆者が算出したものである【表1】。これによると、一九七四（昭和四九）年の月組初演時は宝塚大劇場九〇％、東京宝塚劇場九一％に留まっている。商業演劇において採算が取れる客席稼働率が七〇％だといわれていること（植田・川崎、二〇一四・二八八）を考えると驚異的な数字はあるが、翌年の花組公演で一気に一〇〇％を超えることから、ここでさらなる飛躍があったとわかる。

この推移をさらに具体的に眺めるために、次に新聞記事での取り上げられ方の変化を確認する。『読売新聞』一九七四年一一月二八日号付（コラム「東京ＮＯＷ」）では、東京宝塚劇場の公演記事が掲載されている。見出しは「一カ月も満員続き　お客の三分の一は宝塚初めて」だが、本文は「東京宝塚劇場。この一か月間、わきにわいた。プログラムは、今公演を最後に宝塚を去るトップ・スター真帆志ぶきさんの引退記念ワンマン・ショーと、少女マンガで絶大な人気を博した『ベルサイユのバラ《ママ》』」という書き出して始まっており、「真帆さんの魅力もさることながら、マンガの人気が輪をかけたようだ」と、同時上演された真帆志ぶきの退団公演《ザ・スター》に付随した人気という位置づけになっている。

《ベルサイユのばら》関連の記事が増え、記事内容からもブームの本格化を感じられるようになるのは一九七五（昭和五〇）年に入ってからだ。『朝日新聞』一九七五年一一月五日号付（「ロマンなき時代に大輪のロマンの花　ブームの『ベルばら』演出も通俗に徹底」）では、扇田昭彦が本作ヒットの要因を分析している。その理由として扇田が挙げるのは「原作の池田理代子氏による同名の長編漫画のよさ」に加えて、「最近の商業演劇が忘れかけていた〝大通俗〟という名の本来の芸能性、娯楽性をよみがえらせた、長谷川一夫の演出力」「ロマンの失われたシラケた時代に、若い世代を熱中させるロマンの大輪の花を咲かせたこと」の二点であった。『毎日新聞』一一月二五日号付（「余禄」）でも《ベルサイユのばら》について取り上げられている。また、『読売新聞』一二月二二日号付（夕刊）には演劇界の年間の舞台を振り返る記者座談会が掲載されているが、この記事の見出しも「宝塚盛り返す『ベルばら』」、書き出しも「〝ベルばら〟の大ヒットは別格として」で始まる。つまり、同年の演劇界で一番の話題をさらったのが《ベルサイユのばら》だったということだ。

一九七六（昭和五一）年に入ると、《ベルサイユのばら》がいよいよ社会現象になったと感じさせる記事が散見されるようになる。たとえば、『朝日新聞』五月二二日号付（夕刊「『ベルばら』には整理券出る人気　東大五月祭始まる」）の記事では、東京大学の女子学生が演じる《ベルサイユのばら》の出し物が一般来場者の一番の関心を呼んだことが報じられている。

八月八日にはＮＨＫの舞台中継で《ベルサイユのばらⅢ》が放映された。この時、野球でおなじみの一八倍のズームレンズが使用されたことが、『朝日新聞』七月一三日号付の記事で取り上げられている。ただ、同記事の「ラインダンスは遠景から切り替えなしで脚線美をアップにするという」という一文には、相変わらず出演者をレビューガールとして見る目線がにじむ。『読売新聞』八月三日号付のラジオ・テレビ面では、読者投稿欄に《ベルサイユのばら》に関する投書が掲載されている。本作のアニメ化の話が出るなかで、「宝塚の『ベルばら』が原作のイメージを壊した」という意見と、逆に「宝塚の『ベルばら』でファンになった人もいるのだから宝塚批判はひどい」という意見が寄せられ、議論が盛り上がったようだ。

一九七六（昭和五一）年は「ベルばらブーム」が首都圏・関西から全国に拡大した年でもあった。八月八日のＮＨＫによるテレビ放映に加えて、四月一五日から七月一一日の三ヶ月にわたって花組が全国各地で一一二回もの地方公演を行い、一七万五〇〇〇人を動員した（『ベルサイユのばら・総集編』、一一二）。これにより「宝塚歌劇」の認知度も全国的なものになっていった。

『歌劇』に、毎公演ごとの各社新聞評が紹介されるようになったのも一九七六（昭和五一）年からだ。その後は新聞評が掲載されるのは当たり前のことになったが、[17]「ベルばらブーム」以前はそうではなかった。たとえば、月

17　その後、『歌劇』一九九七年一二月号を最後に新聞評は掲載されなくなった。

組初演《ベルサイユのばら》の東京公演に関して、『歌劇』の「高声低声」に次のような投稿がある。

どの新聞評も素晴らしく、めったに宝塚評を載せない朝日も「華麗な熱演に魅力」として、「宝塚調ときらびやかな通俗性を、なんのてらいもなくふんだんに駆使した長谷川一夫演出も、ここまで徹すると一種不思議な迫力をもってくる」と書いており（『歌劇』一九七五／一・一五三）

つまり、それまで『朝日新聞』はタカラヅカ作品の公演評など滅多に掲載しなかったのが、この頃からようやく、各紙の演劇担当記者や評論家から劇評を書くに値する演劇ジャンルとみなされるようになってきたということだろう。一九六〇年代に小林米三が切望した状況が、やっと実現し始めたのだ。

変化した「タカラヅカ」の見え方

次に『大宅壮一文庫雑誌記事索引総目録』における、戦後から一九七〇年代までの「宝塚」カテゴリーの記事件数と記事内容の変遷をたどってみよう。ちなみに「宝塚」は「芸能・芸術」のなかの「レビュー」に分類されている。これによると、「ベルばらブーム」以前に雑誌に「宝塚」が取り上げられる件数は年間数件にすぎない。一九五九（昭和三四）年のみ一二件だが、これは第二章三節でも触れたようにニューヨーク公演における酷評がこぞって取り上げられたからだ。このほかの年も、スキャンダルがあると件数が増える傾向にある。これが激増するのが、「ベルばらブーム」二年目の一九七五（昭和五〇）年からだ。初演の年である一九七四（昭和四九）年は九件、うち《ベルサイユのばら》自体を取り上げた記事は一二月の一件にすぎない。これが一九七五（昭和五〇）年になると三一件、うち《ベルサイユのばら》関連が二〇件を占める。その後、一九七〇年代は年間二〇件以上「宝塚」が取り上げられる状況が続いていく。

件数だけではない、記事の中身に関しても、「ベルばらブーム」を境にいくつかの変化が見られる。

まず第一の変化は、上演作品あるいは出演者そのものに対する興味関心に応える記事が散見されるようになったのが、「ベルばらブーム」以降であるという点だ。それ以前は、数少ない記事のほとんどが「秘密の花園」への潜入ルポ的アプローチであり、観客減の影響、人事制度変更への波紋などの「劇団の危機」を取り沙汰するもの、あるいは現役生徒やOGのゴシップ記事であった。舞台そのものが取り上げられることはなく、取り上げられたかと思えばそれは海外公演で酷評されたためだった。しかし「ベルばらブーム」以降からは、「話題の公演」や「スターの魅力」について記事が出始める。《ベルサイユのばら》関連記事が多いのはもちろんだが、『週刊平凡』一九七五年二月二七日号では鳳蘭が主演したミュージカル《ブリガドーン》の記事が掲載され、翌七六年には『週刊明星』六月二七日号で汀夏子主演の《星影の人》が取り上げられている。《ベルサイユのばら》以外で具体的な作品を主に取り扱った記事が書かれるようになったのはこのあたりからのようだ。

第二の変化は、劇団に所属する生徒の呼び方も、「ベルばらブーム」を機に、「ヅカガール」「ヅカ娘」から「タカラジェンヌ」へと変わってきていることだ。

「タカラジェンヌ」とはパリ娘を表す「パリジェンヌ」と「タカラヅカ」を合わせた造語で、白井鐵造がつけた愛称だという。一九三七（昭和一二）年には白井作の《たからじぇんぬ》というタイトルのレビューも上演されている（宝塚歌劇検定委員会、二〇一〇・二六）。現在は劇団生徒の呼び方としてはもっぱら「タカラジェンヌ」が定着している。ところが、「立上がったヅカ・ガール労組　化粧代値上げなど五項目要求」（『週刊読売』一九五八年一一月三〇日号）、「ボーイ・ハントも自由になったヅカ・ガール」（『週刊平凡』一九六一年五月一〇日号）、「ウチらにも定年がいるンやろか」五〇周年迎えるヅカ娘・体質改善の悩み」（『週刊朝日』一九六三年二月八日号）というように、一九五〇～六〇年代は「ヅカガール」「ヅカ娘」表記が多用されていた。六〇年代に入ってからは「タカラジェンヌ」表記も散見され、たとえば『週刊女性』一九六六年一月八～二九日号では「タカラジェンヌの歩いた道」という連載がある。だが、この「タカラジェンヌ」という呼称について、《ドンブラコ》から観劇しているという『毎日新聞』記者の岩崎愛二は「タカラジェンヌというのは白井君が無理矢理につけた言葉です」「ちょっと奇態なものだと思いますね」と述べている（座談会「ヅカ記者五〇年」『文芸朝日』一九六四／四・一一三）。これが「ベルばらブーム」のあたりから次第に混在するようになり、一九七七（昭和五二）年にはタイトルに「タカラジェンヌ」表記を使った記事が四件、「ヅカガール」表記を使った記事が一件と「タカラジェンヌ」表記が優位に立つ。その後も「ヅカガール」と「タカラジェンヌ」の併用は続くが、ネガティブなゴシップ記事で「ヅカガール」が使われる傾向があり、一九八九（平成元）年からの「平成のベルばらブーム」以降は「ヅカガール」表記は消滅する。

第三の変化は、記事に登場するスターたちの発言内容の変化である。一九五〇～六〇年代の一般雑誌におけるタカラヅカ関係の記事には在団中のスターたちもしばしば登場するが、彼女たちは待遇面での改善を要求（「立上がったヅカ・ガール労組」『週刊読売』一九五八／一一月三〇日号・三〇―三一）、「結婚退団」への疑問をぶつけるなど（「結婚にゆらぐ〝女の園〟」『サンデー毎日』一九六二・三月一八日号・二六―二八）、劇団と必ずしも円満な関係ではないことを隠そうとはしなかった。つまり、彼女たちは「ヅカガール」であり続けることに対してさまざまな疑問、不安を抱いており、取材でもそれを素直に語ったのだ。ところが、「ベルばらブーム」以降のスターたちはマスコミの取材においてネガティブな発言をすることがなくなり、本音はともかく外向けには「夢を売るフェアリー」として振る舞うようになっていく。

「ベルばらブーム」以前、一九五〇〜六〇年代のタカラヅカは、第二章三・四節で述べてきたような劇団自身の努力とは裏腹に、外部からは純粋に演劇として評価されることは少なく、女性だけの特異な劇団として好奇の目に晒されてきた。したがって、所属する生徒たちも「ヅカガール」であり続けることに対する懐疑を表明していた。ところが、「ベルばらブーム」によってタカラヅカの認知度は劇的に上がり、演劇界においてもその動向を見逃せないプレイヤーとみなされ始めたことは、所属する生徒の「タカラジェンヌであること」に対する意識を変化させた。別の言い方をするならば、タカラヅカおよびタカラジェンヌは「ベルばらブーム」によって、コンプレックスを克服することができたのである。「ベルばらブーム」を経たタカラヅカは、「女性だけの奇異な劇団」というイメージからの脱却への第一歩を踏み出すことに成功し、唯一無二の「タカラヅカ」というアイデンティティを確立し始めた。それが具体的にどのようなものであったかについては、第六章でさらに踏み込んで考えていきたい。

【第六節】

《ベルサイユのばら》に結実したもの

長谷川演出の数々

《ベルサイユのばら》は第三・四章で述べてきた「虚（レビューが描く「夢の世界」）と実（ミュージカルが描く「リアルな世界」）」の相克、「和（歌舞伎に代表される日本の伝統芸能）と洋（西洋から入ってきたミュージカル）」の二つの相克の賜物であるというのが、本書の仮説である。そこで本節では、《ベルサイユのばら》においてそれが具体的にどのように結実していったかを改めて整理していきたい。

最初に、一九七四（昭和四九）～七六（昭和五一）年の上演時に演出を手がけた長谷川一夫が具体的にいかなる指導を行ったかについて確認しておこう。長谷川の指導は、「虚実」「和洋」の二つの相克それぞれに影響を与えていると考えられる。前述したように、長谷川の演出手腕については、すでに一九七一（昭和四六）年の《我が愛は山の彼方に》で高く評価されている。したがって本作の演出を手がけることに対して、引き続き好意的に受け止められていた。月組初演時の出演者との初顔合わせの時から長谷川が何度も繰り返した大方針は、「お客さんを喜ばせる作品にしよう」ということであり、「六〇年間大衆娯楽を対象に生きてきた自分の経験を全部この「ベルサイユのばら」の演出に賭けよう」（『歌劇』一九七四／九・四〇）という意気込みで挑んだ。『歌劇』の座談会を読むと、まるで「長谷川先生の講義録」のごとく、演技指導に関する名言が満載である。たとえば、主役の心得については次のように述べている。

〈主役の出は〉お客様を待たせておいて、それにおこたえして出て来る感じの「出」にしてます…榛名由梨の演るオスカルの出ですよ、と出て、芝居をやり初めれば、これがオスカルです、と見せるのです。

〈脇役の人は逆。役として登場してから「あの役は誰がやっているのだろう? ああ、あの人か!」と後で誰がやっているかわかるのが良い〉(前掲、四四)

《ベルサイユのばら》といえば、派手な音楽が鳴り響いて客席が盛り上がったところでオスカルなどの主要人物が登場する印象が強いが、それも長谷川が最初に始めた演出だった。[18]

長谷川自身が歌舞伎の女形の修行を積んできただけに、娘役に対する指導も熱心に行われた。座付きの作者らに対しても「先生方がもっと娘役を成長させないと」という苦言まで呈している。

男役さんが光ってみえるのには女役がよくならないと駄目で、女役がよくなればなるほど男役は光ってみえます…歌舞伎の世界でも、同じ狂言を出しても主役は同じ中村鴈治郎でも相手の女方がかわるので狂言が変ってみえた。という位、女役の存在って大変なものなのですよ。(前掲、四五)

18 フェルゼンを演じた鳳蘭いわく「今の宝塚の、スターが出て来る前にチャンチャカチャンチャンチャンチャ〜ン!で、スター登場!っていうのも長谷川先生が最初に作った演出です。ものすごく客席を盛り上げてからスター登場、は長谷川先生の演出です」(「鳳蘭、「ベルばら」秘話を明かす「長谷川一夫先生を抱いてる」」二〇一八・四・二 (https://www.daily.co.jp/gossip/2018/04/28/0011206441.shtml) 二〇二五年一月二日閲覧。

今に受け継がれる「ベルばら名場面」の数々も、長谷川一夫の演出によって生まれた。その指導は次のようなものだった（二〇〇五年放送『プロジェクトX～挑戦者たち～』「ベルサイユのばら　愛の逆転劇――宝塚復活」より）。

◆マリー・アントワネット最期の場面

「さようならベルサイユ、さようならパリ、さようならフランス」のセリフの後、断頭台への階段（タカラヅカの舞台機構では大階段）を登っていくが、この時のアントワネットに長谷川は「歌舞伎の「型」を教える」として、次のような動きをつけた。

一．まず客席を見る。

二．スカートを背中までたくし上げ、二段後ろ向きで登る（この世への断ち切れない未練を表現）

三．スカートを離して振り返り、断頭台を見上げる（フランス王妃最期の誇りを表現）

◆オスカルが初めて舞台に登場する場面

舞台の下手袖から三割の場所に立つように指示。そこに立つと客席のどの角度からも視線が集まるため、歌舞伎では「黄金の位置」と呼ばれる場所だった。

◆オスカルの瞳に星を飛ばす

長谷川は「目線を二階席の手すりから一階席まで落とし、客席の「いの二六番」を見なさい」と指導。これは、顔に傷跡が残ってもなお二枚目を続けるため、三〇〇本以上の映画を観て照明の当たり方を研究し尽くした長谷川ならではの指導だった。実際、オスカル役の榛名はファンから「瞳がキラキラしている」と言われたという。

◆革命前夜、オスカルが初めてアンドレと結ばれる通称「今宵一夜」の場面
長谷川はオスカル役の安奈淳とアンドレ役の榛名に次のようなポーズをつけた。

（オスカル）足を横に投げ出し、初めて男から女に変わる瞬間を表現。

（アンドレ）オスカルの全身を中腰で受け止める。上体は客席に向けてひねる。

「これで二分耐えよ」と指示。辛いポーズだったが長谷川は「ラブシーンを見せる場合は楽をしちゃいけない。うまくできた時は痛いものだ」と言った。


長谷川の演出は振付に近く、俳優の一挙一動を細かく指導するものであり、その動きによって観客がどう感じるかの効果が計算されていた。それは、その頃のタカラヅカにも影響を与えつつあった、役の人物の内面を深く掘り下げて動きに反映するリアリズム演劇の演技法とは真逆だった。この手法がはからずも「漫画を舞台化する」ことに対しても効果的に働いたことは、「高声低声」に寄せられた原作ファンであろう読者からの次のような要望からも推測することができる。


ただ熱演するだけではダメで、宝塚的な雰囲気が充実していないとおもしろくない。とくに『ベルサイユのばら』ではスッキリとした絵になる演技、しかも内に情熱を秘めたつつましい演技でありたいと思います。

（『ステージアルバム　一九七五年版』巻末、二／『歌劇』一九七四／九・一四九）


役の人物の内面の感情の動きを基点に演技をするのではなく、役の人物の心の動きをいかに効果的に伝えるかを

計算しつつ俳優の一挙一動を決めていく手法は、その過程で「どう見せたら美しいか」も計算することになる。それは漫画の世界観を壊さない「スッキリとした絵になる演技」につながるだろう。極論すれば長谷川演出は、二・五次元舞台と親和性が高いともいえそうだ。

「虚と実の相克」の結実としての《ベルサイユのばら》

以上を踏まえ、まずは《ベルサイユのばら》における「虚（レビューが描く「夢の世界」）と実（ミュージカルが描く「リアルな世界」）」の相克がいかなるものだったかについて見てみよう。

長谷川の指導の効果は、本作上演時の観客の反応に如実に現れた。月組初演時にタカラヅカファンから多く寄せられたのが「久しぶりにタカラヅカらしい作品を観た」という声だったが、『歌劇』の「高声低声」には次のような投稿が掲載されている。

何にもまして、その舞台の美しさには目を奪われた。ロココ調の豪華絢爛たるコスチュームと舞台装置。一場面一場面がまるで華麗な絵画のようで、その美しさに、客席のあちこちから溜息がもれる。これこそ宝塚の醍醐味、宝塚ファンが、常に求め続ける世界であろう。久方ぶりのいかにも『宝塚らしい』舞台に堪能した。（『歌劇』一九七四／一〇・一四六）

逆にいうと《ベルサイユのばら》以前、つまり一九六〇年代〜七〇年代初頭のタカラヅカからは「タカラヅカらしさ」が失われていたと受け取られていたということだ。本書第三章で見てきたとおり、この頃は、一九六七（昭和四二）年《オクラホマ！》からのブロードウェイ・ミュージカルへの挑戦然り、高木史朗や菊田一夫のオリジナルミュージカル然り、どちらかというとリアルな芝居に傾いていた時代であった。当時の『歌劇』の「高声低声」には次のような投稿が寄せられている。

このところ、出し物をみていると（例外もあるが）あまりにも、いい意味での宝塚調という点が忘れられた気がする。夢がなくなったとは、よく耳にする言葉である。リアルな芝居は、ＴＶ、その他の劇団でやっていて、みたいとさえ思えばいつでも自由にみられる。宝塚調、このせちがらい世の中に夢を売る劇団が一つ位あってもいいのではないだろうか。（『歌劇』一九七〇／八・一五二）

あるいは、一九七一（昭和四六）年に長谷川一夫演出の第一作《我が愛は山の彼方に》が上演された際、これを絶賛した観客は、「毎月宝塚通いをするようになってまだ一年余りのファン一年生ですが、その間、ほんとうに宝塚ならではの宝塚らしい作品は数える程しかありません」（『歌劇』一九七一／一〇・一四三）と述べている。実際、この投稿者が観劇を始めたであろう一九七〇（昭和四五）年の上演ラインナップは次のとおりだ。

月	上演組	形式名	作品名	作・演出
一月	月組	舞踊劇	茨木童子	植田紳爾
		グランド・ショー	ヤング・ガイ！	酒井澄夫
二月	花組	ミュージカル・コメディ	禁じられた初恋	大関弘政

		グランド・レビュー	永遠のカトレア	内海重典
三月	雪組特別	グランドレビュー	タカラヅカ EXPO '70	宝塚歌劇団演出部会（作）菅沼潤・横澤英雄（構成・演出）
四月	月組特別	グランドレビュー	タカラヅカ EXPO '70	宝塚歌劇団演出部会（作）菅沼潤・横澤英雄（構成・演出）
五月	星組	王朝千一夜	恋に朽ちなん	柴田侑宏
		グランド・レビュー	ハロー!タカラヅカ	鴨川清作
六月	雪組	ミュージカル・プレイ	春ふたたび	植田紳爾
		グランド・レビュー	フォリー・タカラジェンヌ	高木史朗
七月	花組	元禄絵巻	炎	小原弘亘
		麻鳥千穂サヨナラ公演	ドリーム・ア・ドリーム	鴨川清作
八月	星組	コメディ・ミュージカル	僕は君	白井鐵造
		グランド・ショー　上月晃さよなら公演	ザ・ビッグ・ワン	横澤秀雄
九月	月組	宝塚グランド・ミュージカル	鴎よ波涛を越えて	植田紳爾（作・演出）尾上松緑（演出・振付）
		グランド・ショー	青春のプレリュード	岡田敬二
一〇月	雪組	舞踊劇	雪女	酒井澄夫
		ミュージカル・プレイ	パレアナの微笑み	内海重典

一一月	花組	王朝千一夜	扇源氏	柴田侑宏
		グランド・ショー	アポローン	菅沼潤
一二月	星組	ミュージカル・ドラマ	ジプシー伯爵	阿古健
		グランド・ショー	恋人たち	大関弘政

ショー作品は別にすると、スーツなど現代の装束に近い衣装を身につける作品、もしくは日本物が目につく。華やかなコスチューム・プレイはたしかに見当たらない。

一九六九（昭和四四）年一月に新宿・朝日生命ホールで戸板康二作・演出《マリー・アントワネット》が上演され、宝塚歌劇団から南悠子が特別出演した。このことを伝える『歌劇』誌の記事も「何年かぶりでコスチューム・プレイの姿が見られます」と書いているところからも、この頃のタカラヅカがいかにコスチューム・プレイを上演していなかったかがわかる。当時の演劇界は、一九六〇年代後半に起こった「小劇場運動」により、いわゆる「アングラ芝居」の全盛期であった（一章三節）。こうした時代の流れのなかで、タカラヅカの作品からも華やかさが失われがちだと認識されており、だからこそ、「タカラヅカらしさ」、つまり「（良い意味での）宝塚調」「夢の世界」が嘱望されていた。《ベルサイユのばら》における華やかなコスチューム・プレイ、そして「型」で美しく見せる長谷川一夫の演技指導は、こうした観客の期待に見事に応えるものだった。さらに、同年の『歌劇』一二月号において、レビュー時代の大スターであった葦原邦子は《ベルサイユのばら》の大ヒットを振り返ってこう述べている。

宝塚には、昔からこういったグランドロマンが上演されることは珍しくなかったし、ヨーロッパ王朝もの、豪華なコスチューム・プレイや騎士道華やかなりし頃の物語りなどよく扱われた。

それが、現代は昔と違うからと、そういったたぐいの演し物は古いという観念が支配して、ふり向こうともしなかったような気がするからです。

そんなことから考えると、今度『ベルサイユのばら』に最大の人気が集まった事実は、もう一度宝塚的とは何か？を思い出すよいきっかけになったのではないだろうか？（「'74云いたい放題」『歌劇』一九七四／一二・三六）

つまり、ここで言う「タカラヅカらしさ」とは、葦原自身もスターとして活躍していた戦前の「レビュー時代」から想起される「華やかな夢の世界」であったとも読み取ることができる。このことは、「高声低声」欄にオールドファンから寄せられた次のような声からもわかる。

何年ぶりだろう。少年時代に見た『パリゼット』や『ローズパリ』、青年時代の『花詩集』や『マリオネット』のあの数々のプロローグの感激の記憶が新たによみがえって来た。これが「宝塚だ」、これが「宝塚だ」と、私は目頭が熱くなってしまった。宝塚を愛好して、この「宝塚的」な作品を待望していたことが、六〇周年の記念すべきときに、やっと実現してくれた、という気持が強かった。（『歌劇』一九七五／一・一五一－一五二）

出演者らの間でも次のようなやりとりが見られる。『歌劇』一九七四年一〇月号（一二〇頁）では、オスカル役の榛名由梨が「久々にきらびやかで驚いた」と言うのに対し、マリー・アントワネット役の初風諄が「久しぶりの宝塚、私達が観て憧れてた頃のそんな感じがしたワ」と応じている。一九四一（昭和一六）年生まれの初風の「私達が観て憧れてた頃」というのは一九五〇年代であろう。まだ白井鐵造による華やかなレビューが多く上演されていた頃である。若かりし日の植田紳爾はその反骨精神ゆえに巨匠・白井のご機嫌を損ねてしまい、苦労したこともあった（本章二節）。だが、《ベルサイユのばら》が復活させたのは、その白井がパリから持ち帰ったレビューを思い起こさせる「タカラヅカらしい夢の世界」だった。こうした事象は一見、一九六〇年代にかけて「実（リアルな世界）」の方向に傾きがちであったタカラヅカが本作によって再び「虚（夢の世界）」の方向に揺り戻されたかのようである。だが、それは単純な先祖帰りではなかったはずだ。菊田一夫の人間味あふれる「ミュージカル・ロマンス」の名作が生み出されるいっぽうで、「女性だけでは無理」と言われた海外ミュージカルや、市井の生活を描く高木史朗の「宝塚ミュージカル」等に果敢に挑戦した一九六〇年代には、「甘いヅカ調」からの脱却が目指されていた。

いっぽう植田紳爾自身は、《ベルサイユのばら》を手がける際に「夢の世界」の必要性を確信していたようだ。当時、アングラ芝居が流行していたのを知りつつ「宝塚は違う。美しさとか夢があったり、感動したり、生きる力がもらえるのが宝塚でないとダメだと思っていた」（『阪急文化』第一三号、二〇一九／一二・二〇八）。しかし、それまでの作品で経験を積んでいた植田は、単に「実」から「虚」に引き戻したわけではなかった。一九六〇年代までの「実」、すなわち「リアルな世界」の希求は、演者にもスタッフにも、そうした現実味を帯びた人間ドラマを構築できる技量をもたらした。そこで培われた演技技術や作品・人物解釈に対する思考力は、批判的な意味での「ヅカ調」を過去のものにしつつあった。その格闘を経た末で《ベルサイユのばら》は誕生したのである。つまり《ベルサイユのばら》は、一九六〇年代の「実」の積み重ねの上、すなわち堅牢な「実」を基盤として拓かれた「虚（夢の世界）」であったのだ。

現在、タカラヅカを表現する際に「夢々しい」という独特の形容詞がよく用いられるが、《ベルサイユのばら》

こそが「夢の世界」タカラヅカを復活させた。そして、これ以降「タカラヅカらしさ」という言葉は、「夢の世界」とほぼ同義で使われていくことになる。

「ベルばらブーム」最終年の一九七六（昭和五一）年、『歌劇』一月号の連載「花の道より」において、小林公平は次のように述べ、「宝塚は宝塚らしく」あることが大事であることを宣言している。

それら〔新聞評や『歌劇』「高声低声」などに寄せられる観客の声〕を通じて感じますことは、そのお言葉の夫々に、先程私が申し上げました「宝塚らしさ」をお求めになっておられるのではないかということであります。私どもは決してそれを忘れてはいけないと存じます。〔略〕〔《ベルサイユのばら》大ヒットの要因について〕演出に当られた長谷川一夫先生のご意図が、宝塚らしさの表現に終始せられたということもまた大きな要素と申すことができましょう。（『歌劇』一九七六／一・四二）

このように、植田紳爾も自身の中心軸であると表明している「タカラヅカらしさ」（本章四節）の重要性を、《ベルサイユのばら》を契機としてタカラヅカ側も自覚することになった。こうして、以降のタカラヅカは上演作品における最優先の特色として「タカラヅカらしさ」を標榜していくことになる。かつて揶揄的に使われてきた「ヅカ調」という言葉は消え去り、「タカラヅカらしさ」という前向きな言葉が台頭したのだ。

「和と洋の相克」の結実としての《ベルサイユのばら》

次に「和（歌舞伎に代表される日本の伝統芸能）と洋（西洋から入ってきたミュージカル）」の相克についてだが、この問題は「虚実」より複雑な様相を呈しているため、二つの側面から考えていこう。

①歌舞伎の影響と長谷川一夫

《ベルサイユのばら》は洋物だが、「歌舞伎」の影響を抜きにして語ることはできない作品である。そこにはもちろん、演出を担当した長谷川一夫の指導をとおして与えられた影響もある。また、脚本を執筆した植田紳爾は、義太夫歌舞伎研究会にも関わり、二代目尾上松緑ら歌舞伎俳優の薫陶も受け、歌舞伎に関しては当時の座付作家のなかでは誰よりも豊かな知識と経験値、そしてこだわりを持っていたといってよい。そこでまず、《ベルサイユのばら》が歌舞伎からいかなる影響を受けているかを整理してみよう。

長谷川一夫は《ベルサイユのばら》演出の際に「歌舞伎を見本とした」という演技指導を、要所要所で行っている。たとえば、前述のマリー・アントワネット最期の場面のほか、国王一家がパリに連行される場面がそうだ。ここでアントワネットは激昂する市民たちを諫め、みずからパリに向かうことを宣言し、「マリー・アントワネットはフランスの女王なのですから」と大見得を切る。アントワネット最大の見せ場の一つである。この場面の演出法について長谷川は、坪内逍遙作の歌舞伎作品からヒントを得たと語っている。

> 王女様の演出方法というより振付方法、それは昔から御殿物にあるんです。たとえば坪内さんの「桐一葉」では淀君がアントワネットと同じようなことを言うんですよね。[19]「六十四州はこの淀の化粧箱じゃ」と幕切

19 淀君の「此日本四百余州は、みづからが化粧箱も同然ぢゃぞ」というセリフは《桐一葉》ではなく、その続編の《沓手鳥孤城落月《ほととぎすこじょうのらくげつ》》のなかのものである。

れに叫ぶ、そんなことをふと思い出すから、「慌てることはない、このアントワネットはフランスの女王なのだから」というのも淀君と同じような気持ちでね、子供を引き連れて羽扇子をぱーっと広げて大きく見せる、衣装に負けないようにふぁーっと広げてパター、パターと。歓声が上がる、音楽やコーラスが入る、でも毅然としている。淀君がやっただろうと思うことが演出に入ってるわけなんですよね。（一九八〇年一一月放送『わたしの自叙伝』より）

この場面を観た戸板康二が「日本の伝統芸能の言葉でいう『位取り』がシッカリしていて、あっぱれな出来だった」（『歌劇』一九七四／一二・三五）と評していることからも、長谷川の狙いは客席に伝わっていたといえそうだ。

あるいは、「オスカルにぞっこん」という設定のランバール公爵夫人（水穂葉子）に、当時の流行歌の歌詞から引いた「あんた、この子のなんなのさ」というセリフが[20]一九七五（昭和五〇）年の花組版から入ったことに対し、「ムードがぶち壊しになる」とのファンの投書があったが、長谷川は「江戸歌舞伎の十八番助六《すけろく》〔縁江戸桜《ゆかりのえどざくら》〕では流行語を使うことはつきものなんですよね」（『歌劇』一九七六／四・五二）と述べている。こうした指導を目の当たりにした植田も「歌舞伎は演出手法の宝庫」であると言っている（『プロジェクトX』）。観客からもはしばしば「歌舞伎的」であると言われ、のちに「宝塚歌舞伎」などと形容されることになる所以である。[21]

だが、長谷川演出＝歌舞伎的と言い切っていいかというと、そう単純な話ではない。まず、出演者を見ると、《ベルサイユのばら》で主要な役どころを占めたメンバーはすでに歌舞伎になじみがない世代であった。それはたとえば次のようなやりとりからもわかるだろう。《ベルサイユのばら》でバックグラウンドミュージック（BG）がたっぷり入っていることに関しての、ポリニャック伯爵夫人役の神代錦とアンドレ役の榛名由梨のやり取りである。

神代　ＢＧがあるってことは和楽のメリヤスと同じでマがもっていいですよ。
榛名　メリヤスって何ですか。
神代　陰三味線の曲の名前がいろいろあってメリヤスもその中の一つ。宝塚のＢＧと同じものが歌舞伎や他の世界でもあるのよ。

（『歌劇』一九七五／七・四八）

宝塚義太夫歌舞伎研究会などに積極的に加わり、タカラヅカにも古典芸能を継承していこうと努力してきたのは「メリヤス」という単語を理解できる神代錦らの世代（四章一節）までで、榛名ら「ベルばら四強」の世代にはもはや通じない。本作にも神代など一部のベテランは出演していたが、同じ植田作品であっても、二代目松緑が演出を担当し、春日野八千代が主演した《メナムに赤い花が散る》（一九六八）の頃とは明らかに様相が違っている。つまり《ベルサイユのばら》は、もはや義太夫歌舞伎研究会の成果を直接的に受け継いだ作品とはいえないのだ。いっぽう、長谷川一夫の歌舞伎俳優としてのキャリアには断絶があるという点にも、注意を向ける必要があり

20　一九七五年、ダウンタウンブギウギバンドの「港のヨーコ・ヨコハマ・ヨコスカ」が大ヒット。歌詞のなかの「アンタ、あの娘《こ》の何なのさ?」というフレーズが一世を風靡していた。

21　歌舞伎俳優による《ベルサイユのばら》のパロディとして、一九八九年の俳優祭における伝説の演し物《佛国宮殿薔薇譚《べるさいゆばらのよばなし》》が知られる。オスカルは五代目中村児太郎（現福助）、アンドレは初代市川右近（現右團次）。マリー・アントワネットに四代目中村雀右衛門、うるさ方のご夫人連中に三代目市川猿之助（のちの二代目猿翁）・五代目中村勘九郎（のちの十八代目勘三郎）という豪華な配役。構成・演出を手がけたのも猿之助である。

そうだ。長谷川が歌舞伎俳優としての修業を積んだのは、一九一八（大正七）年に初代中村鴈治郎に入門してからの約一〇年間であり、その後は映画の世界に転身している。つまり、長谷川は戦後の近代リアリズム演劇の洗礼を受けた歌舞伎界の模索を直接的には経験しておらず、長谷川の思い描く「歌舞伎」および「歌舞伎的なもの」は、それ以前のものであっただろう。そこで培った前近代的な「型で教える」指導法を、《ベルサイユのばら》演出の際に長谷川は用いた。その単純明快な指導は「歌舞伎を知らない世代」にも伝わりやすく、そうした「型で見せる演技」を素直に受け入れた「歌舞伎を知らない世代」がオスカル、アンドレ、フェルゼン、アントワネットといった主役クラスを演じ、宝塚義太夫歌舞伎研究会などで精進を重ね、二代目松緑の薫陶も受けてきたベテラン勢が脇を固める。それが、「歌舞伎的」と言われる初演《ベルサイユのばら》の実態であった。したがって、その後現代に至るまで再演が重ねられる本作は、このうち後者のベテラン勢がごっそり抜け、残存した前者による演技術が「伝統」として受け継がれていくことで歪みが生じているとも考えられよう。それは、たとえば二〇一三（平成二五）年の雪組《ベルサイユのばら――フェルゼン編》に特別出演した際のことを語る柚希礼音の言葉によく現れている。

『ベルばら』は、宝塚歌舞伎なので、「この動きは、型通りに回りなさい」「このセリフは言い回し通りに言いなさい」と教える人は大勢います。

歌舞伎にとって型は「絶対」です。

けれども私は、型通りだとどうしても気持ちが役に入らず、『ベルばら』はいつまでも克服できない永遠のテーマになっていました。

『ベルばら』が型通りの芝居だとしても、初演『ベルばら』の芝居がつくられたときは、登場人物の心情があったから、その動きなりセリフなりが生まれたはず。それが再演を重ねるうちに型のみが重視され、結果、動きにもセリフにも本当の血が通っていない気がしてならなかったのです。（柚希、二〇一五・七九）

結局この時柚希は「『ベルばら』を正塚芝居だと思ってやってみる」（前掲、八〇）という手法でこの悩みを克服している。「正塚芝居」の「正塚」とは現在も活躍する座付演出家・正塚晴彦のことだろう。何気ない日常のドラマを巧みに描き出すことを得意とする正塚の作風（『レプリーク Bis vol. 14』二〇〇九／三・六〇）は、植田の《ベルサイユのばら》とは対照的なものだ。この事例からも、《ベルサイユのばら》で求められる演技術は現在のタカラヅカではもはや特異なものとなっており、演じる側もそれを素直に受け継ぐことが難しくなっていることが感じ取れる。

②日本物からスタートした模索の集大成としての「グランド・ロマン」

本章四節では「ベルばらブーム」の時期に作風を確立した植田紳爾・柴田侑宏の両者の共通点として、次の点を確認した。

・両者ともに日本物の創作（植田は舞踊劇、柴田は「王朝千一夜」と称する歴史物）から座付作家としてのキャリアをスタートし、日本物で経験を積んだ。
・その経験のなかで両者は、海外ミュージカルとは一線を画した日本のオリジナル・ミュージカルを模索した。そして、歴史の動乱のなかで「義」に殉じ「愛」を貫き生きる姿こそがタカラヅカ作品の主人公にふさわしいということを見出した。
・そのうえで、植田は「宝塚グランド・ロマン」、柴田は「ミュージカル・ロマン」と称するオリジナル作品において、作風を確立していった。

歴史の動乱のなかで「義」に殉じ「愛」を貫き、懸命に生きる姿を描く……まさにこれは《ベルサイユのばら》の登場人物にも当てはまる。フランス革命という荒波のなかで、オスカルは「フランスのために、市民のために」生きる道を選ぶことで最後は銃弾に倒れ、マリー・アントワネットはフランス王妃としての自覚を改たにし、その誇りを胸に断頭台に登る。こうした描写と平行して、オスカルとアンドレ、フェルゼンとアントワネットの「愛」がこれでもかといわんばかりに描かれる。まさに「義」に殉じ、「愛」を貫く物語である。もちろん原作漫画がそうした内容だったのだが、この作品を選び、限られた時間内で「義」と「愛」にフォーカスした見せ方は、脚本を担当した植田の手腕であるといって良いだろう。

つまり《ベルサイユのばら》は、日本物からスタートしたオリジナル・ミュージカルへの模索の集大成としての「グランド・ロマン」なのである。この意味でも《ベルサイユのばら》は「和と洋の相克」の結実であったのだ。

以上二点より、《ベルサイユのばら》を単純に「歌舞伎の延長線上にある作品」と位置づけるのは難しいものの、タカラヅカが連綿と意識してきた「和」の伝統のうえに初めて花開いた「洋」物であった、とはいえるだろう。《ベルサイユのばら》以前の積み重ねについて、時系列で整理してみたものが次頁からの比較年表である。この表を眺めると、《ベルサイユのばら》は一朝一夕に生まれたものではない、一九五〇〜六〇年代の試行錯誤のなかでの二つの「相克」の結実によって生み出されたものであることがより明らかになるだろう。

西暦	和暦	世の中のできごと	演劇関連のできごと	タカラヅカのできごと	菊田一夫	高木史朗	植田紳爾	柴田侑宏
1945	昭和20		【歌舞伎】《寺子屋》上演禁止事件	・「宝塚歌劇男子部」が発足				
1946	昭和21			・大劇場公演を再開（4月22日）				
1947	昭和22	日本国憲法が施行						
1948	昭和23	東宝争議						
1949	昭和24		【新劇】俳優座俳優養成所が創設 【新劇】大阪労演が発足					
1950	昭和25	朝鮮戦争（朝鮮特需起こる）レッド・パージ始まる		・淡島千景、乙羽信子、久慈あさみらが退団、映画界へ				
1951	昭和26	サンフランシスコ平和条約が調印	【ミュージカル】帝劇ミュージカルス《モルガンお雪》 【歌舞伎】歌舞伎座が新装開場、源氏物語上演	・映画《宝塚夫人》封切り ・宝塚映画製作所が設立 ・白井鐵造のグランド・レビュー《虞美人》が大ヒット		ミュージカル・コメディ《分福茶釜》 グランド・レビュー《河童まつり》		

1952	昭和27	NHKラジオ連続放送劇《君の名は》スタート		・春日野八千代主演による《源氏物語》	忍術レビュー《猿飛佐助》／グランド・レビュー《ジャワの踊り子》	グランド・レビュー《シャンソン・ド・パリ》		
1953	昭和28	NHK東京テレビ局が開局	【新劇】劇団四季が旗揚げ	・「宝塚義太夫歌舞伎研究会」第1回公演（〜1968）	グランド・レビュー《ひめゆりの塔》	ミュージカル・プレイ《蝶々さん三代記》		
1954	昭和29		【新劇】俳優座劇場が六本木に誕生 【新劇】スタニスラフスキー・システムが流行		ミュージカル・プレイ《君の名は》	グランド・レビュー《人間萬歳》		
1955	昭和30	国民総生産が戦前の水準を回復（高度経済成長の起点）	【歌舞伎】第1回東宝歌舞伎が開幕（〜1983）	・ハワイ公演（戦後初の海外公演）	宝塚歌劇団の顧問に就任			
1956	昭和31		【新劇】東京労演が発足 【ミュ】第1回東宝ミュージカル《恋すれど恋すれど物語》《泣きべそ天女》 【ミュ】米《マイ・フェア・レディ》初演	・東京宝塚劇場が返還 グランド・レビュー《春の踊り》※郷土芸能研究会発足のきっかけに ・映画専科が作られる				
1957	昭和32		【ミュ】米《ウエスト・サイド・ストーリー》初演	・小林一三、死去			舞踊劇《舞い込んだ神様》※デビュー作	

1958	昭和33	映画の観客数が過去最高を記録東京タワー完成		・東京宝塚劇場で出火 ・「日本郷土芸能研究会」発足、民俗舞踊シリーズ《鯨》			
1959	昭和34	皇太子ご成婚			グランド・ミュージカル《ダル・レークの恋》		
1960	昭和35	安保闘争 テレビのカラー本放送がスタート				ミュージカル・プレイ《東京の空の下》／グランド・ショー《華麗なる千拍子》	
1961	昭和36		【歌舞伎】8月、東京で歌舞伎が1作品も上演されず（歌舞伎の危機） 【ミュ】《ウエスト・サイド・ストーリー》映画化	・民俗舞踊シリーズ《火の島》		宝塚歌劇団の理事に就任	民話歌劇《河童とあまっこ》 ※デビュー作
1962	昭和37		【歌舞伎】十一代目市川團十郎襲名披露公演		ミュージカル・ロマンス《花のオランダ坂》		

ミュージカル・ロマンス

宝塚ミュージカル

1963	昭和38		【ミュ】日本初のブロードウェイミュージカル《マイ・フェア・レディ》 【新劇】全国労演連絡会議が結成		ミュージカル・ロマンス《霧深きエルベのほとり》	ミュージカル・プレイ《虹のオルゴール工場》		
1964	昭和39	東京オリンピック	【ミュ】日生劇場で《ウエストサイド物語》来日版が上演	・宝塚義太夫歌舞伎研究会の指導に二代目尾上松緑らが加わる				
1965	昭和40	アメリカが北爆を開始（ベトナム戦争激化）		・プロデューサー制が導入		宝塚ミュージカル《港に浮いた青いトランク》	ミュージカル・ドラマ《楊妃と梅妃》	舞踊詩劇《伊豆の頼朝》
1966	昭和41		【歌舞伎】国立劇場が開場	・新人会公演始まる（〜1968） ・『歌劇』10月号「再演希望作品アンケート」			舞踊劇《南蛮屏風》	
1967	昭和42		【ミュ】東宝ミュージカル《屋根の上のヴァイオリン弾き》	・初の海外ミュージカル《オクラホマ！》	ミュージカル・ロマンス《さよなら僕の青春》※タカラヅカ最後の作品			
1968	昭和43	学園紛争		・海外ミュージカル《ウエストサイド物語》			宝塚グランド・ミュージカル《メナムに赤い花が散る》※二代目尾上松緑演出	

海外ミュージカル

新人会公演

1969	昭和44	東大・安田講堂での攻防戦（1月）	【小劇場】状況劇場「新宿中央公園事件」／《少女仮面》早稲田小劇場で初演など 【ミュ】東宝ミュージカル《ラマンチャの男》	・小林米三死去 ・海外ミュージカル《回転木馬》				
1970	昭和45							
1971	昭和46		【小劇場】蜷川「現代人劇場」が突然の解散			ミュージカル・ファンタジー《星の牧場》	宝塚グランド・ロマン《我が愛は山の彼方に》※長谷川一夫演出	ミュージカル・ロマンス《いのちある限り》※山本周五郎作品
1972	昭和47	あさま山荘事件漫画『ベルサイユのばら』が連載開始				ミュージカル・プレイ《星のふる街》		ミュージカル・ロマンス《さらばマドレーヌ》
1973	昭和48	石油危機	【ミュ】劇団四季《ジーザス・クライスト・スーパースター》を上演		死去（65歳）		宝塚グランドロマン《この恋は雲の涯まで》※二代目尾上松緑演出	
1974	昭和49	戦後初めてのマイナス成長					宝塚グランドロマン《ベルサイユのばら》	

作風確立（宝塚グランド・ロマン）

ベルばらブーム

作風確立（ミュージカル・ロマン）

1975	昭和50						宝塚グランド・ロマン《ベルサイユのばら――アンドレとオスカル》	ミュージカル・ロマンス《フィレンツェに燃える》※文化庁・芸術選奨新人賞 ミュージカル・ロマン《恋こそ我がいのち》
1976	昭和51		【小劇場】つかこうへい、新宿の紀伊國屋ホールにて《熱海殺人事件》《蒲田行進曲》など上演				宝塚グランド・ロマン《ベルサイユのばらⅢ》	万葉ロマン《あかねさす紫の花》／ミュージカル・ロマン《星影の人》／ミュージカル・ロマン《バレンシアの熱い花》
1977	昭和52						宝塚グランド・ロマン《風と共に去りぬ》	
1978	昭和53			民族舞踊シリーズ《祭りファンタジー》				

第六章
「タカラヅカ様式」の確立

「ベルばらブーム」以降のタカラヅカの作品群からは、もはや一九五〇〜六〇年代に感じられたような「脈絡のなさ」は感じられない。五〇〜六〇年代には他の演劇ジャンルの影響を受け、翻弄され続けたタカラヅカであるが、現在のタカラヅカには、他の演劇と一線を画する「タカラヅカ様式」というべきものがあるように思える。この「タカラヅカ様式」を形成する要因として、本章では次の五点を挙げてみたい。

①「男役」の存在
②華やかなレビュー的要素
③歴史上の一時代を舞台にドラマを描く（現代の日本は舞台にならない）
④「恋愛」要素が必須である
⑤「日本物」のミュージカルの上演がある

うち①と②は戦前より続くタカラヅカの特色ではあるが、《ベルサイユのばら》によってこの点は強化されたと考えられる。いっぽう、③〜⑤はそれぞれ、タカラヅカが一九五〇〜六〇年代にかけて「ミュージカル」を消化する過程で生み出されてきたものだ。つまり、本書でいうところの「虚（レビューが描く「夢の世界」）」と「実（ミュージカルが描く「リアルな世界」）」および「和（歌舞伎に代表される日本の伝統芸能）」と「洋（西洋から入ってきたミュージカル）」の相克から生まれてきたタカラヅカの独自性である。

本章では、この五点の「タカラヅカ様式」がどのような過程を経て確立してきたかを、これまでの各章を振り返りながら改めて整理する。また、この様式が現在に至るまで続いていることを確認し、今後の展望についても考察したい。

【第一節】「男役」の存在とレビュー的要素

頂点としての男役トップスター

女性だけの劇団であり、男性の役も女性が演じるという点は、タカラヅカの創成期以来の特色である。現在ではタカラヅカの一番の魅力として「男役」というもののあり方が語られることも多い。しかし、「タカラヅカといえば男役」という認識のもと、今日のようなスターシステムが確立したのは「ベルばらブーム」以降のことだ。「男役」はタカラヅカの創設時から継続的に存在しているが、当初は「少女歌劇」ゆえに止むを得ず男性の役も女性が演じるほかはなかったというところから始まっている。あらゆる局面で先見の明を発揮した経営者・小林一三であったが、こと「男役」に関しては「歌舞伎と逆に、女性に男役を演じさせたら観客に受けるに違いない」という戦略があったわけではない（二章一節）。男役と娘役の人気が逆転したのは一九三〇年代のレビュー時代のことだが、さらに「ベルばらブーム」の前後で男役の存在意義は大きく変化している。タカラヅカにおける「男役」とスターシステムの変遷は本書とは別に語るべき非常に大きなテーマだが、[1] ここでは「ベルばらブーム」の前後で何が変化したかについて、簡潔に整理しておきたい。

1　拙著『なぜ宝塚歌劇の男役はカッコイイのか』（東京堂出版、二〇一二）でも詳述した。

まず、現在のような男役トップスターを頂点とするスターシステムが定着したのは、いわゆる「ベルばらブーム」の頃以降というのが、劇団も含めた一般的な見方である。[2] たとえば、『宝塚歌劇一〇〇年史』人物編の「歴代スター一覧」においても、「初演『ベルサイユのばら』時代」（一三九頁）以前は時代ごとに代表的なスターを紹介しているが、それ以降のいわゆる「ベルばら四強（榛名由梨・汀夏子・鳳蘭・安奈淳）」からは各組ごとのトップスターを紹介する形式に変わっている。CS放送のタカラヅカ・スカイ・ステージの『トップスターの系譜』という番組の冒頭でも、「現在のようなトップスター制が定着したのは、『ベルばら』ブームの頃以降」という説明をしたうえで、一九七四年頃からのスターを順番に紹介している。現在は、各組の頂点には男役のトップスターが厳然と存在し、宝塚大劇場・東京宝塚劇場の公演では常にトップスターが主演する。このため大劇場作品はトップスターに合わせて当て書きされることが多い。だが《ベルサイユのばら》以前、一九五〇〜六〇年代には、作品に合わせて、合同公演で二組のスターが競演したり、別の組のトップスタークラスの人物が特別出演し、二本立てのいずれかでその人が主演という場合もあった。また、娘役が主人公格の作品も存在した。

生徒が自分の職分において「男役」か「娘役」[3] かを決めるのも、現在と比べるとかつてはじっくり時間をかけていた。これは本人が選択し、現在は宝塚音楽学校受験の段階から男役志望か娘役志望かを決めている生徒がほとんどだが、以前は入団後に両方を経験しながら選択したようである。一九八五（昭和六〇）年版の『宝塚おとめ』に掲載されている「たからじぇんぬの世界」という見開きコラムには、「宝塚音楽学校を卒業すると、三月に宝塚大劇場で初舞台を踏み、研一となる。その後、本人の希望を入れて、男役と女役に分けられる」と書かれている。この頃もまだ、「男役か娘役かの正式決定」は音楽学校卒業以降だった。

また、演出家の高木史朗は「男役、娘役を両方うまくこなしていく人もいる」と言っているが（高木、一九七六・七九）、歌舞伎俳優は立役と女形の両方を「兼ねる」役者がいるように、タカラヅカでも、「主には男役だが、時には娘役もやる」という場合があっても良いと考えられていた。事実、一九五〇〜六〇年代に活躍した淀かほるや南悠子のように、ヒロインも担う男役スターの存在や、それ以外の男役スターでもヒロイン役を演じることが特段奇異だとは受け止められない、フレキシブルなケースが今よりずっと多かった。劇団プロデューサーであった橋本雅夫は著書のなかで、「厳然と『男役』『娘役』が分かれているのではなく、『主に男役をする生徒』と『主に女役をする生徒』に分かれていると理解している」と力説している（橋本、二〇〇二・一八二）。この見解は、同書刊行の二〇〇二（平成一四）年時点のファン側の感覚とはかけ離れているが、それが長きにわたってタカラヅカを見守り続けた橋本の認識であり、現在は男役の専業化が進んだともいえる。

《ベルサイユのばら》以降、タカラヅカが「男役トップスター」中心に回り始めた結果、女性が主人公となる作品が消滅した。初演の《ベルサイユのばら》（一九七四）は初風諄が演じたマリー・アントワネットが事実上の主人公であるため、娘役が主人公を演じた最後の大劇場作品といえるかもしれない。また、男役のトップスターが女性の主人公を演じた最後の大作といえるのが《風と共に去りぬ》の「スカーレット編」である。「ベルばらブーム」終焉の翌年である一九七七（昭和五二）年にオスカル役者だった安奈淳と汀夏子が、その後九四（平成六）年に雪組で一路真輝が「スカーレット編」で主演している。今日のタカラヅカは、どんな作品でも「必ず男性を主人公にしてしまう」のが定型である。メリメの小説『カルメン』をモチーフにした《激情》（一九九九年初演）ではカ

2 『歌劇』二〇一一年一月号において小林公一理事長（当時）は自身の連載「夢・万華鏡」のなかで、「この作品（《ベルサイユのばら》初演）以降現在のトップスターを中心とした公演の型が確立した」と述べている。

3 「男役」の対語としては本来なら「女役」を使うべきだろうが、タカラヅカでは「娘役」という呼称が通例のため、本書もそれに従う。なぜ「女」ではなく「娘」の語が選択されてきたのかについては改めて考察が必要であろう。

ルメンに恋するドン・ホセが、トルストイの小説を原作とする《アンナ・カレーニナ》（二〇〇一年初演）ではアンナに想いを寄せるアレクセイ・ヴィロンスキー伯爵が主人公という具合である。現在のタカラヅカの代表作の一つである《エリザベート》も、その典型だ。本作は元々、ウィーン発のミュージカルであり、主人公はハプスブルク帝国最後の皇妃エリザベートである。しかし、タカラヅカ版では黄泉の帝王トートが主人公とされ、エリザベートとトートとの恋物語に改変されている。

「男性加入論」も《ベルサイユのばら》以降は消滅した。男性加入論が創設時以来ことあるごとに主張されては消えていったことについては第二章三節で触れたとおりである。一九六七（昭和四二）年に初の海外ミュージカル《オクラホマ！》を上演した時にも話題になった（三章四節）ことからもわかるように、六〇年代の終わりまで男性加入論はくすぶり続けていたが、これも《ベルサイユのばら》以降は耳にすることがなくなった。「男役トップスター」中心の世界に、敢えて男性を加入させる必要もないということだろう。もちろん《ベルサイユのばら》を待たずとも、一九三〇年代のレビュー時代からは男役の方が人気があり、各組に男役のトップスター的な人物は存在していた。しかし本作を契機にこうした変化が起こったのは、やはり圧倒的なブームのなかで「ベルばら四強」と呼ばれた各組トップスターの存在が広く認知されたからだろう。

なお、「ベルばらブーム」のあとに確立し始めた男役トップスターを頂点とする「スターシステム」の、その後の変遷と現状については、非常に大きなテーマであるため本書では取り上げない。大筋でいうと、スターシステムを必要としつつもその存在を公には認めてこなかった劇団の「建前」[4]と、ファンの間にも広く周知され関心を呼ぶ「実態」が乖離し、「建前」を「実態」が揺るがし続けてきたというのが現状であろう。

しかし現在問題なのは、制度としてますます精緻化し強固になり、まるで所与のルールであるかのようにみなされがちなスターシステムの存在が、作品創作の制約となってしまう懸念である。これを防ぐためにも、スターシステムはフレキシブルなものであることが望まれる。男役偏重主義もトップスター偏重主義も時と場合によっては見直されて良いのではないか。「ベルばらブーム」以前のタカラヅカがそうであったように、スターシステムを固定化された制度として捉えるのではなく、時代の要請に合わせて変化してきたものであることを忘れてはならない。

レビュー的要素の必須化

二点目の「華やかなレビュー的要素」について、レビューが一世を風靡したのは戦前の一九三〇年代のことである。だが、一九五〇~六〇年代に「実（リアルな世界）」の方向に寄っていたタカラヅカを再び「虚（夢の世界）」の方向へと引き戻し、「タカラヅカらしさ」が甦ったと歓迎された《ベルサイユのばら》は、レビューの伝統の価値の再認識、すなわち「華やかなレビュー的要素」はタカラヅカの独自性であり強みであるということを再確認するきっかけとなった。

現在の大劇場作品において、たとえ一本物のミュージカルであっても、最後に必ず三〇分ほど歌とダンスを中心としたレビュー風のフィナーレがつくことは、タカラヅカ自身がレビュー的要素を「タカラヅカの独自性であり強みである」と自認しているもっともわかりやすい事例だろう。《ベルサイユのばら》はもちろんのこと、ウィーン発のミュージカル《エリザベート》（一九九六年初演）然り、フランス発のミュージカル《ロミオとジュリエット》（二〇一〇年初演）然りである。オスカルは銃弾に倒れ、王妃は処刑される《ベルサイユのばら》、皇妃がテロリストに殺害され

4　劇団はトップスターを頂点とする「スターシステム」の存在に対して、表向きはずっと否定的であった。先の橋本雅夫も、事実上トップスター制度が確立していた一九八〇年代後半にもなお「スターとかトップスターというものは正式にはない。よく新聞に『〇〇〇が×組のトップスターに就任』などという記事が載るが、あまり好ましい表現ではない」と述べている（橋本、一九八八・一三二）。

る《エリザベート》、愛し合う二人がともにみずから命を絶つ《ロミオとジュリエット》など、一本立ての大作は悲劇的な結末を迎えるものが多いが、その後は一転して本筋とは関係ない華やかなレビュー的場面に切り替わる。

タカラヅカが初めて海外ミュージカルに挑戦した《オクラホマ！》（一九六七）や《ウエストサイド物語》（一九六八）のように、このフィナーレを一切なくしてしまったケースもあったが、観客には不評だった。大劇場の海外ミュージカルは《ブリガドーン》（一九七四）までは本編上演のみで幕となっていたが、一九八四（昭和五九）年に初演された《ガイズ＆ドールズ》からはフィナーレがつくようになった。現在では海外ミュージカルを上演する場合でもフィナーレをつけるのが自明のことのようになっている。また、幕開きや中盤で芝居が中だるみしそうなタイミングなど、要所要所でレビュー的な場面が挟み込まれるのもタカラヅカならではの特色だ。逆に、こうした華やかな場面を挿入しやすい題材が選ばれがちであり、一見難しそうな題材でもあえてレビュー場面を入れる工夫がなされることが多い。

二〇一五（平成二七）年、雪組《ルパン三世》は、アニメ『ルパン三世』の舞台化として話題になった作品だが、タカラヅカ版は「ルパンがマリー・アントワネットの首飾りを盗もうとした際にタイムスリップして本人と出会う」というオリジナルストーリーであった。この設定により、豪華な衣装をまとった貴族が宮廷に集うタカラヅカらしい場面が盛り込みやすくなった。結末は、ルパンのおかげで「悲劇の王妃」が家族揃って幸せになるという筋立てで、原作ファンとタカラヅカファン双方を満足させた成功事例である。

華やかなレビュー的場面を随所に織り込む工夫は今に始まったことではなく、レビュー時代以来のタカラヅカの伝統である。ただ、これこそがタカラヅカ独自の強みであり、観客が求める見どころであることが再確認されたのは、やはり「ベルばらブーム」の時であった。初演の《ベルサイユのばら》を観た観客の多くが抱いた感想が「タカラヅカらしさが戻ってきた」であった。この「タカラヅカらしさ」とはまさに白井レビューに象徴されるような、甘く華やかな夢の世界のことだったのである（五章三節）。

そして、《ベルサイユのばら》以降はどのような作品であっても意識的に「華やかなレビュー的場面」が盛り込まれるようになった。たとえば、一九六三（昭和三八）年に初演された菊田一夫の《霧深きエルベのほとり》（三章二節）も、八三（昭和五八）年再演の際に演出を担当した柴田幸宏は、自分の役割について次のように述べる。


自分の今までの足跡の中からミュージカル・ナンバーを拾って来ること。一週間の出来事として背景に使われているビア祭りの雰囲気を、芝居の中にどう引き込むかということなどが僕の仕事になると思います。（『歌劇』一九八三／一二・五二）

この再演で柴田は、ビア祭りのシーンで歌い踊る人数を増やし、より華やかなものにしている。さらに、二〇一九（令和元）年の再演では幕開きに大階段を大胆に使ったレビュー的な場面も加えられた。こうした改変の過程も、レビュー的要素というタカラヅカの強みが意識的に盛り込まれるようになった典型例といえるだろう。この「レビュー的要素」の挿入は、いわば「虚（夢の世界）」の要素を取り入れて「実（リアルな世界）」とのバランスを上手く取るための伝家の宝刀である。次節以降で述べるように、「虚（夢の世界）」「実（リアルな世界）」の相克は今日でもなお続いているため、「レビュー的要素」を盛り込む手法は今後もますます洗練されていくことが予想される。

なお、一九二七（昭和二）年の日本初のレビュー《モン・パリ》の上演から現在に至るまで、「ストーリーのある芝居（現在ではミュージカル）」と「ショー・レビュー」はタカラヅカの演目の二本柱である。本書が対象としたのは主に前者の作品群であり、後者の「ショー・レビュー」の変遷については別途考察すべき対象であることも付記しておきたい。

【第二節】歴史を舞台にドラマを描く

お伽話から歴史劇へ

「タカラヅカの舞台を観ると世界史の勉強になる」とよく言われるが、これはタカラヅカがそれだけ歴史上の事件や人物を多く取り上げている証左である。とりわけ、ファンの間でおなじみの題材は《ベルサイユのばら》の歴史的背景である「フランス革命」、また《エリザベート》で知られるようになった「ハプスブルク家」である。だが、過去作品を振り返ってみると、こうした状況になったのはここ三〇～四〇年の間のことだ。

その転機もまた「ベルばらブーム」の頃にあったのではないだろうか。つまり、一九七〇年代からタカラヅカは積極的に「歴史劇」を選び始めたのではないか。

そのことを確認するために、これまで各章でも重点的に注視してきた年、一九六〇（昭和三五）年（《華麗なる千拍子》初演の年）、六七（昭和四二）年（《オクラホマ!》初演の年）、七〇（昭和四五）年（大阪万博の年）、七六（昭和五一）年（「ベルばらブーム」最後の年）の上演作品に再び着目してみよう。

この四つの年の上演作品のうち「ミュージカル」「舞踊劇」といった形式名がつき、ストーリーが付与されていそうな作品について、①公演解説内で「時代と場所」の特定がなされているか、②主要な登場人物のなかに歴史上の人物がいるかを確認してみた。すると、やはり《ベルサイユのばら》の前後に劇的な変化があったことがうかがえる。

一九六〇（昭和三五）年

月	上演組	形式名	作品名	作・演出	時代／場所
一月	月組	舞踊劇	雪姫	白井鐵造	?／日本
		グランド・レビュー	ウイ・ウイ・パリ	高木史朗	
二月	花組	舞踊風物詩	わらべ唄風土記	花柳徳兵衛（構成・振付）鴨川清作（演出）	
		グランド・ミュージカル	燃える氷河	北條秀司	二〇世紀初頭／帝政ロシア
三月	雪組	舞踊	扇	高木史朗	
		グランド・ミュージカル	燃える氷河	北條秀司	二〇世紀初頭／帝政ロシア
四月	星組	「日本の歴史博」協賛	春の踊り	白井鐵造（作・演出）菅沼潤（脚本・演出補）	
		グランド・ミュージカル	ビバ・ピノキオ	内海重典	?／?
五月	雪組	「日本の歴史博」協賛	春の踊り	白井鐵造（作・演出）菅沼潤（脚本・演出補）	
		ミュージカル・プレイ	三文アムール	矢代静一（作）内海重典（演出）	?／?
六月	花組	舞踊風物詩	阿波踊り	花柳徳兵衛（構成・振付）鴨川清作（構成・演出）	
		ミュージカル・プレイ	東京の空の下	高木史朗	現代の日本
七月	月組	舞踊喜劇	蜜柑の花咲く恋	菅沼潤	?／日本

		オペレット・ロマンチック	微笑の国	白井鐵造	二〇世紀初頭／ウィーンと北京
八月	星組	日本民俗舞踊第3集	山びと	日本郷土芸能研究会（取材・構成）	
		グランド・ショー	華麗なる千拍子	高木史朗	
九月	雪組	ミュージカル・ファンタジィ	新・竹取物語	小原弘稔	?／日本
		ミュージカル・プレイ	カルメン・カリビア	内海重典	?／キューバ付近の島
一〇月	月組	ミュージカル・ファンタジィ	天守物語	白井鐵造（脚色・演出）	?／日本
		グランド・フォーリーズ	ショウ・イズ・オン	宇津秀男（構成・演出）内海重典（脚本・演出）	
一一月	花組	舞踊劇	狐と雨と花	内海重典（作・演出）西川鯉三郎（振付・演出）	?／日本
		グランド・フォーリーズ	ショウ・イズ・オン	宇津秀男（構成・演出）内海重典（脚本・演出）	
一二月	星組	舞踊劇	泣きべそ女房	植田紳爾	?／日本
		ミュージカル・プレイ	鹿鳴館事件	鴨川清作	明治初年／日本
		グランド・ショウ	オープン・ザ・ウィンドウ	横澤英雄	

一九六七（昭和四二）年

月	組	形式名	作品名	作・演出	時代／場所	歴史上の人物
一月	花組	舞踊	寿式三番叟	楳茂都陸平（演出・振付）		
		グランド・レビュー	龍凰夢《ロンハンモン》	鴨川清作		
二月	月組	舞踊劇	おーい春風さん	植田紳爾	？／淀川の船着場	
		ミュージカル・ロマンス	霧深きエルベのほとり	菊田一夫（作・演出）鴨川清作（演出）	？／港町ハンブルグ	
三月	雪組	ミュージカル・ロマンス	忘れじの歌	白井鐵造	？（戦時下）／？	
		グランド・ショー	タカラジェンヌに乾杯！	横澤英雄		
四月	星組	日本民俗舞踊第10集　近畿編	花風流	日本郷土芸能研究会（取材・構成）		
		グランド・レビュー	世界はひとつ	内海重典		
五月	雪組	ミュージカル・コメディ	おてもやん	大関弘政	幕末／熊本	（肥後勤王党）
		グランド・レビュー	世界はひとつ	内海重典		
六月	花組	宝塚ロマンス	白鷺	春日野八千代（演出）	戦国時代／？	

		ミュージカル・プレイ	燦めく星の下に	高木史朗	?／霧の都ロンドン	
七月	月・星	ミュージカル・プレイ	オクラホマ！	ジェムジー・デ・ラップ（演出）	二〇世紀初頭／オクラホマ州	
八月	星組	ミュージカル・ロマンス	さよなら僕の青春	菊田一夫（作・演出）鴨川清作（演出）	?／オーストリアのウィーンの街近く	
		ミュージカル・ショー	ワン・ボーイ	横澤英雄		
九月	雪組	ミュージカル・ロマンス	花のオランダ坂	菊田一夫（作・演出）鴨川清作（演出）	（江戸時代）／長崎市	オランダの貿易商ヘンドリック・ズーフ
		グランド・ショー	シャンゴ	鴨川清作		
一〇月	花組	ミュージカル・ドラマ	アルルの女	白井鐵造（脚色・演出）	?／南フランス	
		ミュージック・フェア	ヒット・キット	内海重典		
一一月	月組	ミュージカル・プレイ	アディオ・アモーレ	高木史朗	?／イタリア	
		ミュージカル・ショー	ワンダフル・タウン ※1	小原弘稔		
一二月 ※2	星組	舞踊劇	水恋抄	酒井澄夫	?／近江の国	
		バレエ	夢の中の少女	大橋愛子（構成・振付）柴田侑宏（演出）		

		ウィンター・フォーリーズ	若者達のバラード	岡田敬二（作）酒井澄夫（演出）		

※1　街をテーマにミュージカルのナンバーを集めたショー。《ウエストサイド物語》《ショー・ボート》《オクラホマ！》《南太平洋》等

※2　一二月公演は宝塚新芸劇場公演

一九七〇（昭和四五）年

月	組	形式名	作品名	作・演出	時代／場所	歴史上の人物
一月	月組	舞踊劇	茨木童子　※1	植田紳爾		
		グランド・ショー	ヤング・ガイ！	酒井澄夫		
二月	花組	ミュージカル・コメディ	禁じられた初恋	大関弘政		
		グランド・レビュー	永遠のカトレア	内海重典		
三月	雪組特別	グランドレビュー	タカラヅカ EXPO '70	宝塚歌劇団演出部会（作）菅沼潤・横澤英雄（構成・演出）		
四月	月組特別	グランドレビュー	タカラヅカ EXPO '70	宝塚歌劇団演出部会（作）菅沼潤・横澤英雄（構成・演出）		

五月	星組	王朝千一夜	恋に朽ちなん	柴田侑宏	平安時代の貴族社会	
		グランド・レビュー	ハロー！タカラヅカ	鴨川清作		
六月	雪組	ミュージカル・プレイ	春ふたたび	植田紳爾		
		グランド・レビュー	フォリー・タカラジェンヌ	高木史朗		
七月	花組	元禄絵巻	炎	小原弘亘	元禄の江戸	柳沢新三郎（柳沢吉保の三男）※2
		麻鳥千穂サヨナラ公演	ドリーム・ア・ドリーム	鴨川清作		
八月	星組	コメディ・ミュージカル	僕は君	白井鐵造		
		グランド・ショー 上月晃さよなら公演	ザ・ビッグ・ワン	横澤秀雄		
九月	月組	宝塚グランド・ミュージカル	鴎よ波涛を越えて	植田紳爾（作・演出）尾上松緑（演出・振付）	江戸時代	山田長政の息子オイン ※3
		グランド・ショー	青春のプレリュード	岡田敬二		
一〇月	雪組	舞踊劇	雪女	酒井澄夫		
		ミュージカル・プレイ	パレアナの微笑み	内海重典		
一一月	花組	王朝千一夜	扇源氏	柴田侑宏	平安時代？	
		グランド・ショー	アポローン	菅沼潤		

一二月	星組	ミュージカル・ドラマ	ジプシー伯爵　※4	阿古健	一九世紀／ルクセンブルク大公国	
		グランド・ショー	恋人たち	大関弘政		

※1　歌舞伎《茨木》をタカラヅカ風にアレンジした作品
※2　柳沢吉保に息子はいたようだが、この人物は作者の創造と思われる
※3　山田長政を主人公とした《メナムに赤い花が散る》（一九六八）の続編。長政の息子オインが主人公だが、これも作者が創造した架空のキャラクターである
※4　武者小路実篤『友情』をヒントにした作品

一九七六（昭和五一）年

月	組	形式名	作品名	作・演出	時代／場所	歴史上の人物
一～二月	雪組	舞踊劇	白鷺の詩	阿古健（脚本・演出）花柳寿楽（演出・振付）	王朝時代？／日本	
		ミュージカル・コメディ	ムッシュ・パピヨン　※	菅沼潤		
二～三月	花組	万葉ロマン	あかねさす紫の花	柴田侑宏	飛鳥時代／日本	中大兄皇子・大海人皇子・額田女王
		ミュージカル・ファンタジー	ビューティフル・ピープル　※	岡田敬二		
三～五月	星組	宝塚グランド・ロマン	ベルサイユのばらIII	長谷川一夫（演出）植田紳爾（脚本・演出）	一八世紀後半／フランス	マリー・アントワネット

五～六月	月組	ショー	スパーク＆スパーク	酒井澄夫		
		ミュージカル・ファンタジー	長靴をはいた猫	菅沼潤	？／？	
六～八月	雪組	ミュージカル・ロマン	星影の人	柴田侑宏	幕末／日本	沖田総司・土方歳三ほか（新選組）
		ファンタスティック・ショー	Non, Non, Non	草野旦		
八～九月	花組	宝塚ロマン	うつしよ紅葉	尾上松緑（演出・振付）植田紳爾（作・演出）	戦国時代／日本	織田信長
		ミュージカル・ショー	ノバ・ボサ・ノバ※	鴨川清作		
一〇～一一月	星組	ミュージカル・ロマンス	夕陽のジプシー	内海重典	？／ハンガリー	
		グランド・ショー	ハッピー・トゥモロー	横澤英雄		
一一～一二月	月組	ミュージカル・プレイ	紙すき恋歌	大関弘政	？／摂津国名塩村	
		ミュージカル・ロマン	バレンシアの熱い花	柴田侑宏	一九世紀初め／スペイン、バレンシア	

※「ミュージカル」と銘打っているが、公演解説ではショーと説明

一九六〇（昭和三五）年、六七（昭和四二）年は時代が特定された作品はまだ少なく、歴史上の人物はというと、六七（昭和四二）年の《花のオランダ坂》の主人公であるヘンドリック・ズーフのみである。ズーフは実在の人物だが、本作に登場するのは、彼をモデルとしつつ作者の菊田一夫が想像を膨らませて造形した人物である。しかし、一九七〇（昭和四五）年には時代や場所が特定できる作品が増え、また、山田長政や柳沢吉保といった実在の人物の「息子」を想定し、主人公に据えた作品も登場する。こうした作品の作者を見ると、いずれも「新人会公演」（五章一節）にも加わっていた若手である。さらに一九七六（昭和五一）年になると時代と場所が明確に示される作品が増加し、《ベルサイユのばら》のマリー・アントワネットに加え、飛鳥時代の中大兄皇子（のちの天智天皇）・大海人皇子（のちの天武天皇）・額田女王、戦国時代の織田信長、幕末の新撰組隊士の沖田総司・土方歳三など、歴史上の著名な人物も登場している。これら歴史劇ともいうべき作品を多く手がけているのが、五章でも取り上げた植田紳爾、柴田侑宏である。

いっぽう「現代の日本」を舞台にした作品は現在のタカラヅカでは非常に少なく、かつて高木史朗が果敢に挑戦したようなオリジナル作品は皆無といってよい。二〇一五（平成二七）年から二四（令和六）年までの大劇場作品のラインナップを見ても、「現代の日本」（ここでは「現代」を二〇二〇年代から半世紀以内、つまり一九七〇年代以降と定義する）を舞台にした作品は、二〇一七年宙組《王妃の館》、一八年月組《カンパニー》、二一年雪組《CITY HUNTER》、二二年宙組《HiGH&LOW》、二四年星組《記憶にございません！》の五本のみで、しかも《王妃の館》《カンパニー》は小説を、《CITY HUNTER》は漫画を、《記憶にございません！》は映画をもとにした原作付きの作品である。《HiGH&LOW》はドラマや映画で人気のシリーズを舞台化した作品であり、物語の舞台も「現代の日本」らしくはあるが明確には規定されていない。

バウホールなどの中小劇場作品では、二〇一九年花組《花より男子》、二〇年花組《マスカレード・ホテル》、二一年月組《幽霊刑事》の三本で、こちらも《花より男子》は漫画が、《マスカレード・ホテル》と《幽霊刑事》は小説が原作である。
なぜこのような変化が起こったのか、なぜタカラヅカは歴史劇を選び現代劇を捨てたのかについて、筆者は次の二つの理由があると考える。

①「夢の世界（虚）」と「リアルな世界（実）」のバランスを取りやすいのは、現代劇より歴史劇である。
②群衆シーン（革命や戦争、祭りの場面など）で大人数の出演者を活かしやすい。

②については実際の舞台を見れば自明であるためひとまずおいておき、ここでは①をタカラヅカがいかにして発見したかについて、一九五〇～七〇年代のタカラヅカの動向から改めて考えてみたい。

一九五〇～六〇年代の模索と葛藤

戦後の一九五〇年代前半のタカラヅカにおいては、「リアルな芝居」は期待されていなかった。たとえば、一九五二（昭和二七）年、白井鐵造作《源氏物語》上演時の識者の座談会[5]では次のような発言が見られる。

「朧月夜の場面などは真正直にとりくみすぎているから、もつと象徴的にするとか、言葉だけにして蔭にもつてゆくとかする方がいいのぢやないですか」
「あれでは子供連れで見にいつた親が困るね」

「ポエジーだけをとらえればいいのですよ」
「僕は今後の宝塚はやはりリリシズムで夢幻的にゆくのが一番いいと思いますね」
（既存の名作を取り上げることについては）
「悪いとはいわないが、歴史をとり上げるとどうしてもリアリズムになるからね」
「文学的なものよりシンボリックなもんがやってもらいたいね」

（「「源氏物語」を観て宝塚に望むこと」『歌劇』一九五二／六・五一－五三より引用者抜粋）

このやり取りからも『源氏物語』における色恋の生々しい描写はタカラヅカに期待されておらず、特定の時代を舞台とした作品の上演でさえ難しいと考えられていたことがわかる。

一九五〇年代後半からタカラヅカの演目はレビュー・オペレッタ・歌劇から「ミュージカル」へと移行していき、ストーリーのあるミュージカルと、歌とダンス中心のショー・レビューの二本立てという、現在まで続く上演パターンが主流となっていく。この時代はまた、歌舞伎に親しむ土壌が日本から急速に失われていった時期でもあり、それはつまり作品の題材を失うということでもあった。

オリジナルのミュージカルをつくりたい、しかし生々しい描写があるものは避けた方がいい、では何を題材とすれば良いのか。そこで最初に着目されたのはお伽話や童話だった。その端緒となったのが高木史朗のミュージカル・コメディ《文福茶釜》（一九五一）である（三章三節）。元々「お伽歌劇」からスタートした劇団でもあるだけに、新

5　座談会は、伊東深水（日本画家）、石川栄耀（早稲田大学教授工学博士）、石橋富士男（東京都緑地協会専務理事）、中山善三郎（サン写真新聞社代表取締役・劇作家）、藤浦洸（作詩家）の五名。「社会人として指導的な立場にある」と紹介された人々によるものだった。

たに流入してきたミュージカルにおいてもお伽話を題材として選ぶというのはごく自然な発想であったのだろう。一九六一（昭和三六）年に民話歌劇《河童とあまっこ》でデビューした柴田侑宏も、題材として「民話」を取り上げた理由について「自分のよく知っている世界を、自己の力で最大限にやってみたい」と考えていたからだと語っている（五章三節）。また、新人会公演メンバーでもあった小原弘稔はミュージカル《新・竹取物語》（一九六〇）で、酒井澄夫は《おやゆび姫》（一九六五）で大劇場デビューを果たしている。

しかし、新劇の隆盛のなかでリアリズム志向が上昇するとともに、タカラヅカにおいてもリアルな芝居を求める声が高まっていく。これはつまり、「お伽ミュージカル」では物足りなくなるということであり、こうして一九六〇年代に入ってからは「タカラヅカのオリジナルミュージカルとはどうあるべきか」の模索が始まる。端的にいうと、そのなかで勝利したのが「恋愛物」であり、敗北したのが「現代物」であった。

「恋愛物」を勝利に導いたのが菊田一夫である。菊田は「ミュージカル・ロマンス」と称する一連の作品で時代の荒波に翻弄されながらも愛を貫く男女の姿を描いた。代表作は、《花のオランダ坂》（一九六二）や《霧深きエルベのほとり》（一九六三）である。この作風は識者たちからは「タカラヅカらしくない」と批判されていたが、観客からは大絶賛をもって受け入れられた（三章二節）。こうして菊田作品は「恋愛」がタカラヅカ作品において必要不可欠な要素となる契機をつくるのだが、これについては次節で改めて触れたい。

いっぽうタカラヅカで「現代」を描くことに挑み、敗北を喫したのが高木史朗であった。「《ウエストサイド物語》が現代アメリカを描いたのだから、タカラヅカのミュージカルもまた現代の日本を描くべき」との持論のもと、高木は「宝塚ミュージカル」と称し、《東京の空の下》（一九六〇）、《虹のオルゴール工場》（一九六三）、《港に浮いた青いトランク》（一九六五）と、現代日本を舞台とした一連の作品を発表していく。だが、観客の評価は賛否両論であり、結果としてこの流れがのちに続くことはなかった（三章三節）。今日では「現代の日本を舞台にすることは基本的にはない」というのがタカラヅカの暗黙のルールのようになっているが、これは一連の高木作品の上演の評価などから学び取った結果のように思われる。

「現代日本」というリアルが観客に受け入れられにくいことを学んだタカラヅカだが、そのいっぽうでリアルな演技術には磨きをかけていった。一九六七（昭和四二）年の《オクラホマ！》に続き、《ウエストサイド物語》（一九六八）、《回転木馬》（一九六九）と、タカラヅカは海外ミュージカルへの挑戦を重ねていく。アメリカから招聘された演出家の指導のもと、リアルなメイクでリアルな演技に挑んだ経験も、タカラジェンヌにとって大きな刺激となった（三章四節）。

一九六〇年代のタカラヅカでは、甘やかな「夢の世界」と生々しい「リアルな世界」、本書で用いたフレームでいうところの「虚」と「実」のバランスの模索が続けられたこと、しかし、どちらかというとこの時期、天秤は「リアル」「実」の方に傾きがちであったことは、第三章を通じて述べたとおりだ。

一九七〇年代の選択

こうした状況を見ながら学んでいったのが、植田紳爾、柴田侑宏といった当時の若手作家たちであった。植田紳爾が一九五七（昭和三二）年の演出家デビューから六〇年代に数多く手がけたのは、得意の日本舞踊を活かした「舞踊劇」で、筋立ては軽妙なものが多かった。ところが、一九六五（昭和四〇）年の《楊妃と梅妃》あたりから作風の転換を試みる。《楊妃と梅妃》は中国・唐の時代、続いて評判を呼んだ《南蛮屏風》（一九六六）は江戸初期のキリシタン弾圧の時代が舞台であった。

大きな転機となったのが、歌舞伎俳優の二代目尾上松緑を演出に迎えた《メナムに赤い花が散る》（一九六八）

である。一九七三（昭和四八）年には同じく松緑演出で《この恋は雲の涯まで》を、また、七一（昭和四六）年には長谷川一夫を演出に迎え《我が愛は山の彼方に》を上演。《メナムに赤い花が散る》は江戸初期の山田長政、《この恋は雲の涯まで》は源義経と、歴史上の有名人を主人公に据えつつ、舞台を日本から海外へと広げる壮大な物語となっている。両作品とも、具体的に何年のできごとなのかがプログラムの「あらすじ」にも明記されている。また、《我が愛は山の彼方に》は小説を題材にした作品だが、朝鮮半島の高麗の武将が主人公である（五章二節）。

いっぽう柴田侑宏が「習作時代」と称する一九六〇年代につくっていたのは、舞踊劇や「王朝千一夜」と称する平安王朝物が主であった。これが七〇年代に入ると、まず山本周五郎の小説を題材にした作品をいくつか手がけたのち、一七世紀フランスを舞台にした《さらば マドレーヌ》（一九七二）、国家統一運動が盛り上がる一九世紀のイタリアを舞台とした《フィレンツェに燃える》（一九七五）などを発表し、《フィレンツェに燃える》では文化庁・芸術選奨新人賞を受賞した（五章四節）。

一九七四（昭和四九）年、植田紳爾作、長谷川一夫演出による宝塚グランド・ロマン《ベルサイユのばら》が初演され、七六年までの三年間で四組が上演した。いっぽうの柴田も一九七六（昭和五一）年には二～三月に万葉ロマン《あかねさす紫の花》、六～八月にミュージカル・ロマン《星影の人》、一一～一二月にミュージカル・ロマン《バレンシアの熱い花》と、現在に至るまで再演が重ねられる名作を立て続けに三本も生み出している。

《ベルサイユのばら》はフランス革命を舞台にしているが、《あかねさす紫の花》は日本史における乙巳の変から大化の改新を成し遂げた中大兄皇子と大海人皇子、《星影の人》は幕末の新撰組・沖田総司が主人公であり、《バレンシアの熱い花》はナポレオン支配下にあった一九世紀初頭のスペインを舞台に繰り広げられる物語である。

植田・柴田両者の作風は対照的だが、共通しているのは「歴史上のとある時代が舞台であることが明示され、歴史上の有名人物もしばしば登場すること」である。二人はともに、歴史の転換期を舞台に「義」に殉じ「愛」を貫く人物の生き姿を描いた。以降、現代に至るまでタカラヅカのほとんどの作品で「いつの時代のどの場所での物語か」は明示されることになる。こうしてタカラヅカは一九六〇年代の模索の時代を経て、歴史を舞台にドラマを描くことを選び取ったのである。

なぜタカラヅカは「現代物」を捨てたのか？

では、なぜタカラヅカはその選択をしたのだろうか。それは「夢の世界」タカラヅカにおいて、現代ではなく過去の一時代を舞台にすることが「ほどの良いリアル」を描くために適していたからではないか。つまり、現代劇より歴史劇の方が「夢の世界（虚）」と「リアルな世界（実）」を描くバランスが取りやすいためだ。

一九六〇年代のタカラヅカが新劇の隆盛、リアリズム志向により「虚」から「実」の方向に振れていったことは先に述べたとおりである。お伽話や童話を題材とした作品や、戦前は「オペレッタ」と称していた甘い恋愛劇からスタートしたタカラヅカのオリジナル・ミュージカルもまた、登場人物の生き方に観客の共感が得られるようなリアリティを持たせることが求められるようになった。この点に大きく貢献したのが、前述の菊田一夫である。二〇一九（令和元）年にも再演された《霧深きエルベのほとり》（一九六三年初演）の主人公カール・シュナイダーは、現代の観客でも十分に共感できる血の通った人物である。それはかつて「ヅカ調」と揶揄された作品に登場するキャラクターとは明らかに違っていた。

そのいっぽうで高木史朗の「宝塚ミュージカル」での実験的な試みから、「現代の日本を舞台にすること」はタカラヅカの観客には概ね不評であることもまた明らかになった。その点を打開すべく取られた手法が、歴史上の一時代を舞台として設定したなかでドラマを描くというものだった。この手法を使えば、実際の歴史のなかで翻弄される人々の生き方をリアルに描くことで人間の本質に迫りつつ、しかしそれはあくまで「過去の話」と捉えることができる。こうすることで過剰な生々しさはなくなり、適度な非日常性が付与される。さらに、革命や戦争といった歴史の大転換期に登場人物を生かすことによって、単に個人的な色恋沙汰に悩むだけでなく、貧困や差別、戦乱といったスケールの大きな問題に向き合うヒロイックな人物像を描くことが可能になる。いわば「虚」の世界で「実」を描くという手法である。「ベルばらブーム」、そして同時代の柴田作品に対する観客の評価が、この選択の正しさを立証することになった。こうしてタカラヅカにおける様式の一つとして「歴史上の一時代を舞台にドラマを描く」という手法が確立していくことになる。これは現代のミュージカルにも共通する傾向といえるが、タカラヅカは早い段階からこの選択をしてきたのである。

なお、先ほど「現代」を二〇二〇年代から半世紀以内（一九七〇年代以降）と定義したが、その少し前の時代、つまり戦後から一九六〇年代までの時代を舞台にした作品は、場所の設定を国内外問わなければ少なからず存在している。また、二〇二三（令和五）年には、江戸時代から現代までの東京を舞台にしたショー《万華鏡百景色》（月組）、二〇二四（令和六）年には終戦後間もない横浜を舞台にした《MY BLUE HEAVEN》（宙組）が上演されるなど、「現代」に近接した時期の日本を舞台にしたオリジナル作品が登場してきているのは興味深い。

時代は刻々と移り変わっていき、「現代」はすぐに「過去」になっていく。したがって「現代」に極めて近い時代、つまり「現代」から「歴史」に転換したばかりの近過去の時代が次々とタカラヅカの題材の舞台になっていくのは当然のことだろう。そこではまさに「虚（夢の世界）」と「実（リアルな世界）」のバランスが問われるわけだが、かつて「虚（夢の世界）」に「実（リアルな世界）」を、どのようなさじ加減で、またいかなる方法で取り込むべきかを模索し続けてきたことで命脈を保ってきたタカラヅカは、今後もその挑戦を続けていくことになるだろう。

【第三節】「恋愛」要素の必須化

「恋愛物」の勝利

トップスター演じる主役はトップ娘役演じるヒロインと恋に落ちる。そのうえで、身分違いや戦争、ライバルの登場といったさまざまな障壁を乗り越える、もしくは乗り越えられず悲劇的な結末を迎えるという展開が「タカラヅカ流・愛の方程式」ともいうべき基本パターンとして確立していると筆者は考える。[6] ここでは「ベルばらブーム」以前に、この「タカラヅカ流・愛の方程式」の定着過程を改めて見ていくことにする。

今でこそタカラヅカ作品には恋愛要素は必要不可欠だと思われているが、少なくとも戦後の一九五〇年代あたりまでは決してそうではなかった。たとえば、再び一九五一（昭和二六）年の上演作品一覧（前節）を確認すると恋愛要素はまったく必須ではなかった様子が見てとれる。高木史朗作・演出の《文福茶釜》や《河童まつり》は恋愛を主題としておらず（三章三節）、《昔噺舌切雀》や《蜜蜂の冒険》《幸福の王子》など、お伽話や童話を題材にしたものも多い。《虞美人》といえば項羽とその寵姫・虞美人の悲恋物語として知られるが、全体的な作りがレビュー

6　この特色や成立過程の詳細については拙著『宝塚歌劇は「愛」をどう描いてきたか』（二〇一五）でまとめている。

的であり、「ぶつ切り」感が否めず、必ずしも互いを想う項羽と虞美人それぞれの心の動きが深く描かれたわけではなかった（三章一節）。

もちろん「恋愛」を主題とした作品もなかったわけではない。高木史朗は「第一次黄金時代（一九三〇年代）の頃、宝塚の出し物はレビューというスタイルはとっていたが、実際にはすべてストーリーのあるオペレッタであった」（高木、一九八三・二〇六）と指摘しているが、そのストーリーには他愛ない恋物語もあった。たとえば、白井レビュー三作目の《ローズ・パリ》（一九三一）はストーリーを織り込んだ初のレビューであったが、それは次のような物語だ。

《ローズ・パリ》あらすじ

ブルターギュの田舎の学校の教師・ポール（雪野富士子）は、歌手を夢見て、許嫁フロッシー（明津麗子）を残したままパリに旅立つ。やがてパリでポールは、美しくも高慢な歌姫クララ（草笛美子）に想いを寄せるが、クララは意中の演出家への当てつけのためにポールを翻弄し、結局相手にされない。いっぽう故郷に残されたフロッシーは、ポールを追ってパリに来たところ演出家の目にとまり、一躍オペレッタの花形スターとなる。傷心の日々を過ごしていたポールは、街の噂でフロッシーの近況を知り驚く。ある日故郷の学校のヘクター校長がフロッシーを訪ねてくる。ヘクターは「一番いいお祝いを差し上げよう」と言ってポールとフロッシーを引き合わせ、二人は再会を喜び合って固く抱き合う。（高木、一九八三・一六六―一七五より筆者まとめ）

かつてタカラヅカの男役は、こうしたシンプルで他愛ない物語のなかで愛を語っていた。そうした作品における演技は第三章二節でも触れた「ヅカ調」で十分こと足りるものだったのだろう。また、少なくとも一九六〇年代半ば頃までは、識者間でも「タカラヅカに恋愛物はふさわしくない」と認識されていた。そのことは第三章二節で紹介した『歌劇』一九六五年一月号の「五一年目の宝塚にのぞむこと」という各新聞社の演劇記者による座談会の内容からも明らかである。だが、上演作品の内容自体は一九五〇年代後半から六〇年代にかけて確実に変容していた。そこでは「恋愛」がより深く描き込まれるようになり、繰り返しになるが、その動きを牽引したのが菊田一夫の一連の作品であった。

識者の批判をよそに、こうした作品群は観客の支持を受けていくことになる。この点は第三章二節で紹介した、『歌劇』一九六六年一〇月号の「再演希望作品アンケート」の結果に明確だ。第一位の《花のオランダ坂》、第二位の《霧深きエルベのほとり》を始め、二〇位までのうち一〇作品を菊田作品が占めたのである。

「ミュージカル・ロマンス」という形式名の多用

一九六〇年代に入ってからタカラヅカの作品における「恋愛」という要素の比重の拡大を示す現象として、この頃から「ミュージカル・ロマンス」という形式名が頻繁に使われるようになったことが挙げられる。ミュージカル黎明期には喜劇的な作品を「ミュージカル・コメディ」、喜劇ではない芝居を「ミュージカル・プレイ」などと呼んでいたが(一章四節)、タカラヅカの「形式名」は、この考え方をその後も長い間踏襲してきた。「ミュージカル・プレイ」「ミュージカル・コメディ」といった具合に「ミュージカル・〇〇」とするのが基本であり、単なる「ミュージカル」という形式名はほとんど見られない。そのなかで「ミュージカル・ロマンス」の登場である。つまり、「ミュージカル・プレイ」や「ミュージカル・コメディ」ではなく、あえて「ミュージカル・ロマンス」であるところに、物語のなかで「恋愛」が重要な要素であることが見て取れる。

この「ミュージカル・ロマンス」という形式名は果たしていつ頃登場し、いつ頃消えていったのだろうか。『宝塚歌劇一〇〇年史』舞台編（以降『一〇〇年史』舞台編）の全公演一覧で「宝塚大劇場公演」を遡ってみたところ、その登場は意外にも早く、終戦後間もない一九四九（昭和二四）年上演の《懐しのアリゾナ》に「ミュージカル・ロマンス」と銘打たれている。本作の作・演出を担当した高崎邦祐はその後も《私のアンジェラ》（一九五六）、《唯ひとたびの》（一九五七）で「ミュージカル・ロマンス」と冠している。「ミュージカル・ロマンス」と形式名のついた作品がにわかに増え始めたのは一九六〇年代からであり、六一年に突然四作品が上演されて以来、毎年ほぼ三～四作品の「ミュージカル・ロマンス」が上演されている（ただし、一九六五年のみなぜか一本もない）。

この形式名をもっともよく用いていたのが菊田一夫だった。一九六一（昭和三六）年の《砂漠に消える》から、菊田は「ミュージカル・ロマンス」という形式名を多用するようになり、菊田のタカラヅカ提供作品のうち最後の一作となる一九六七（昭和四二）年の《さよなら僕の青春》までの九作品中八作品が「ミュージカル・ロマンス」である。また、初演時は別のものだったが形式名を「ミュージカル・ロマンス」と変更し上演された作品に、一九六一年《サルタンバンク》（一九三二年初演時の形式名は「レビュー」）、六四年《南の哀愁》（四七年初演時の形式名は「歌劇」）、六七年《忘れじの歌》（三八年初演時の形式名は「オペレット・レビュー」）がある。それだけこの時代は「ミュージカル・ロマンス」という形式名が、定番のものとみなされていたということだろう。これが一九七〇年代に入ると、「ミュージカル・ロマンス」の勢いは少し衰えて、年間一～二作品（一九七二年のみ三作品）、時には一作も付されない年も出てくる。この時期に「ミュージカル・ロマンス」を書いていたのが、当時はまだ気鋭の若手であった柴田侑宏だ。《小さな花がひらいた》（一九七一年初演）や《アルジェの男》（一九七四年初演）は、いずれも「ミュージカル・ロマンス」という形式名がついている。[7] 一九八〇年代以降は、「ミュージカル・ロマンス」は年一本あるかないかになり、九五（平成七）年星組の《剣と恋と虹と》以降、「ミュージカル・ロマンス」と銘打たれた作品は見られなくなっていく。[8]太田哲則作・演出の本作は、エドモン・ロスタンの戯曲『シラノ・ド・ベルジュラック』を題材に採った作品である。

高度経済成長期には結婚をゴールとする「ロマンティック・ラブ」が憧れの的になり、一九六〇年代には恋愛結婚の数が見合い結婚を逆転した（一章一節）。菊田作品に代表されるような恋愛を主軸とした物語が人気となり、六〇年代に「ミュージカル・ロマンス」という形式名が多用されるようになった背景には、こうした社会の動向の影響もあるだろう。

「恋愛」がタカラヅカ様式に組み込まれる

かつて識者たちからは「タカラヅカらしくない」と称された菊田の「ミュージカル・ロマンス」は、観客からは絶大な支持を受け、やがてタカラヅカ作品の王道とみなされるようになる。「恋愛物」の勝利であり、《ベルサイユのばら》はこの勝利の象徴のような作品であった。それは「愛あればこそ」や「愛の巡礼」など、楽曲においてこ

7　両作品とも二〇一一（平成二三）年に再演されているが、いずれも、江戸風土記《小さな花がひらいた》、ミュージカル・ロマン《アルジェの男》と形式名が変更されている。

8　二〇二二（令和四）年に宙組で上演された《HiGH&LOW》の形式名は「TAKARAZUKA MUSICAL ROMANCE」であり、近年は復活の兆しもあるといえよう。また、同年の花組全国ツアーで四七年ぶりに再演された《フィレンツェに燃える》（五章三節）も、初演時の「ミュージカル・ロマンス」という形式名を踏襲している。

れでもかといわんばかりに「愛」を歌い上げていることからも感じ取れる。

また、一九七四（昭和四九）年からの「ベルばらブーム」においてブームを加速したのは、翌七五（昭和五〇）年の花組版であった。これは原作漫画に比較的忠実であった初演の後、観客の要望に応えて、オスカルとアンドレとの恋愛に主軸を置いた形に改作されたものだった（五章四節）。こうした現象からも、タカラヅカの観客が甘く美しい「恋愛物」を要望していたことが見て取れる。

「ベルばらブーム」が収束した頃には、タカラヅカ作品において恋愛要素は必要不可欠とみなされるようになっていた。このことをはっきりと示すのが、一九七七（昭和五二）年に『週刊女性』創刊二〇周年記念別冊として刊行された書籍『劇画タカラヅカ』で取り上げられている作品群だ。[9] 本書は全三巻で、「名作」として次の一〇作品が挙げられる（☆印は刊行以後に再演された作品）。《星影の人》（柴田侑宏）☆、《メリィ・ウイドゥ》（白井鐵造）、《虞美人》（白井鐵造）☆、《霧深きエルベのほとり》（菊田一夫）☆、《この恋は雲の涯まで》（植田紳爾）☆、《南の哀愁》（内海重典）☆、《我が愛は山の彼方に》（植田紳爾）☆、《花のオランダ坂》（菊田一夫）、《サルタンバンク》（白井鐵造）、《虹のオルゴール工場》（高木史朗）。また出版当時の「新作」として、《夕陽のジプシー》（内海重典）、《あかねさす紫の花》（柴田侑宏）☆、《バレンシアの熱い花》（柴田侑宏）☆、以上の三作品が劇画化されている。

つまり、一九七七（昭和五二）年当時に「名作」と認識され、かつその後、このなかの多くが再演されたことに鑑みると、ここに挙げた作品にはタカラヅカのオリジナル作品の「定番」ともいうべき傾向が看取できるといえるだろう。これらの作品のうち《虞美人》は本書第三章一節、《霧深きエルベのほとり》《花のオランダ坂》は第三章二節、《虹のオルゴール工場》は第三章三節、《この恋は雲の涯まで》《わが愛は山の彼方に》は第四章二節、《あかねさす紫の花》《バレンシアの熱い花》は第五章三節で、それぞれあらすじを紹介しているとおり、いずれも恋愛要素が大きい作品である。また、それ以外の作品のあらすじの概要は次のとおりだ（《メリィ・ウイドゥ》は『歌劇』

一九五九／一・七五、ほかは『一〇〇年史』舞台編、「全公演一覧」参照）。
《メリィ・ウイドゥ》（一九五七）：マルショビア国のダニロ伯爵と美しき未亡人ソニアとの恋のかけ引きの物語
《南の哀愁》（一九四七）：タヒチ島を訪れた盲目の画家と島の娘が織りなす悲恋物
《サルタンバンク》（一九三二）：旅回り一座の花形娘に密かに想いを寄せる道化師の物語
《夕陽のジプシー》（一九七六）：泉鏡花『滝の白糸』を下敷きにした、ジプシーの青年と貴族の娘の恋の物語

このように、右に挙げた作品もすべて恋愛が主軸となっている。一九七〇年代後半にきて、主役の男女が恋に落ち、壁を乗り越えて結ばれる（もしくは壁を乗り越えられず悲恋に終わる）という「タカラヅカ流・愛の方程式」とでもいうような、一つの作劇上の型がタカラヅカ様式に組み込まれたのである。なお、「タカラヅカ流・愛の方程式」は一九八〇年代以降、同時期に確立した「トップコンビ制」と結びつきながら、さらなる進化を見せる。男役のトップスターは「ベルばらブーム」以降固定化が進んだが、「トップコンビをつくるべき」との声に押されて、八〇年代からは「トップ娘役」も固定化するようになった。[10] こうして生まれた各組のトップコンビがそれぞれの個性に見合った作品を上演し、めくるめく恋愛模様を見せ、観客の支持を受けた。その端緒をつくったともいえるの

9　この『劇画タカラヅカ』は、二〇一四（平成二六）年七月に「ベストオブ劇画タカラヅカ」として復刊ドットコムより発売されている。当時の愛読者からの要望が多かったのだろう。
10　トップ娘役の固定化によるトップコンビ制を強く主張したのは、『朝日新聞』記者の宇佐美正である。『宝塚ステージ・アルバム』の一九七〇年代後半の宇佐美の寄稿頁で再三述べられている。

が柴田侑宏の名作の数々であった。この点についての詳細は別の機会に譲るが、これ以降タカラヅカの「トップコンビ制」と「恋愛物」は、互いが互いに影響を与え合いながら変化していくことになる。

ただ、昨今はタカラヅカのトップコンビが劇中で見せる関係性も多様化してきている。たとえば、音楽家ベートーヴェンを主人公とした《fff》（雪組、二〇二一）や、古代ローマの初代皇帝オクタヴィウスを主人公とした《アウグストゥス》（花組、二〇二一）において、トップ娘役の役どころは、いわゆる「恋の相手」ではなく主人公に重要な示唆を与える抽象的な存在である。また、《蒼穹の昴》（雪組、二〇二二）では主人公の親友の妹を、《応天の門》（月組、二〇二三）では主人公の企てを手助けする女性を、それぞれトップ娘役が演じている。いずれも主人公との間に深い信頼関係はあるものの、恋愛関係ではない。こうした傾向は「恋愛」という事象を相対的にまなざすようになってきた世上の反映とも思われる。いっぽうで、その反動なのか「せめてタカラヅカでは、夢のような甘く美しいラブロマンスが見たい」という声が観客の間にいまだ根強くあるのも事実であろう。[11]

今後もますます多様化する世の中の価値観と、観客の要望とのせめぎ合いのなかで、タカラヅカのトップコンビが見せる関係のありようは模索されていくことだろう。だが、その際も過去から学ぶことが必要である。かつて菊田一夫は観客の気持ちを巧みに汲み取ることによって「ミュージカル・ロマンス」を生み出し、それは批評家たちではなく観客に支持されることによってタカラヅカの亜流から本流となっていった。その柔軟性と挑戦意欲が、今後も「時代に生きる演劇」であり続けていくうえでは必須となるだろう。

【第四節】日本物ミュージカル

現在も上演が続く「日本物ミュージカル」

現在のタカラヅカの上演作品はストーリーのある「ミュージカル」（実際の「形式名」は色々だが、ここでは「ミュージカル」と称する）と、歌やダンスが中心の「ショー・レビュー」に大きく二分され、前半にミュージカル、後半にショー・レビューという二本立てが基本である。このパターンは一九五〇年代に確立したが、本書で対象にしてきたのは主に前物として上演される「ストーリーのあるミュージカル」である。このミュージカルにおいて、洋物だけではなく日本物を上演する点もまた、タカラヅカの特色といえるだろう。

まず、タカラヅカでは現在も「日本物ミュージカル」の上演が続けられているということについて、改めて確認しておきたい。

日本でのミュージカル上演は、海外、それも西欧諸国を舞台にした作品が多い。これはミュージカルの本場が

11　二〇一五年にタカラヅカファン向けに行ったアンケートによると、「現在のタカラヅカ作品には『男女の愛』が必須ですが、この傾向は今後も続いていくべきだと思いますか？」という問いに対して「思う」との回答が三三％、「どちらかというと思う」との回答が五一％であった（『藝文研究』No.108、一一九頁）。ただ、ここから一〇年近く経った現在、同様のアンケートを実施したら結果は異なるかもしれない。

ニューヨークのブロードウェイやロンドンのウエストエンドであり、日本でも海外ミュージカルのヒット作を輸入して上演するケースが多いためである。ところが、タカラヅカは「日本物」のミュージカルも上演している。飛鳥時代や平安時代、戦国時代や江戸時代、幕末などの日本を舞台とした作品である。もちろん、割合としてはタカラヅカでも洋物のミュージカルの方が圧倒的に多いが、現在でも日本物ミュージカルの上演は粛々と続けられている。二〇一五（平成二七）年から二三（令和五）年までの大劇場作品において、「日本物」ミュージカルと言えそうな作品（ここでは日本でも洋装が一般的になる以前の時代を舞台にしたものとする）は次のとおりであり、概ね年一〜三本のペースである。

二〇一五年　二作品：雪組《星逢一夜》・花組《新源氏物語》

二〇一六年　三作品：雪組《るろうに剣心》・月組《NOBUNAGA〈信長〉》・星組《桜華に舞え》　※ほかに、宝塚舞踊詩《雪華抄》（花組）

二〇一七年　二作品：花組《邪馬台国の風》・雪組《幕末太陽傳》

二〇一八年　二作品：花組《MESSIAH（メサイア）》・星組《ANOTHER WORLD》　※ほかに、日本物レビューの本朝妖綺譚《白鷺の城》（宙組）[12]

二〇一九年　二作品：雪組《壬生義士伝》・月組《夢現無双》　※ほかに、日本からスペインに渡った武士を描いた《El Japon（エル ハポン）》（宙組）[13]

二〇二〇年　一作品：花組《はいからさんが通る》　※ほかに、日本物レビューの《WELCOME TO TAKARAZUKA》（月組）

二〇二一年　三作品：月組《桜嵐記》・星組《柳生忍法帖》・花組《元禄バロックロック》

二〇二二年　一作品：雪組《夢介千両みやげ》
二〇二三年　二作品：月組《応天の門》・花組《鴛鴦歌合戦》　※ほかに、東京を舞台にしたショー《万華鏡百景色》（月組）

このほかにも宝塚バウホールなどの中小劇場でも「日本物ミュージカル」は上演されている。「日本物ミュージカルができること」もまたタカラヅカの独自性の一つである。では、タカラヅカにおける日本物ミュージカル上演の経緯を、主に本書第四・五章を振り返りながら見ていくこととしよう。

一九五〇〜六〇年代の試みが残したもの

一九五〇年代から六〇年代にかけては、小林一三言うところの「国民劇」としての歌舞伎の影響力が下がった時代だった（一章二節）。タカラヅカにおいてもそれは顕著であり、一九五〇年代にはまだ、歌舞伎を題材にしたものや「歌舞伎レビュー」「宝塚歌舞伎」と銘打った作品が散見されるが、これが六〇年代にはほぼ消えてしまう。しかし、タカラヅカでは世の中の流れに逆行し、歌舞伎を始めとした古典芸能を受け継いでいこうという努力も一

12　作品解説では「日本物レビュー」とされているが、全編を通じて陰陽師・安倍泰成と妖狐・玉藻前が転生を繰り返しながら最後に愛を成就させるというストーリーがある。
13　物語の後半はスペインが舞台だが、着物での登場場面もあり所作事や立ち回りも求められることから、半分は「日本物」といって良い作品であった。

部では根強く行われていた。その代表的な試みといえるのが「宝塚義太夫歌舞伎研究会」であった（四章一節）。人形浄瑠璃から生まれた義太夫歌舞伎をタカラヅカの生徒が実践するという勉強会的な試みは、一九五三（昭和二八）年に始まり六八（昭和四三）年まで続いたが、中心的な指導者であった二代目林又一郎の急逝により自然消滅した。関わっていた生徒も素養と関心のある一部のベテラン陣に限られており、後に続く者はいなかった。この時期、歌舞伎や能などの古典芸能を題材とした作品をタカラヅカの「古典」と称して上演を続ける努力もなされたが、観客の支持は得られなかったようだ。後述する「舞踊劇」という形式名の上演回数も激減する。こうして、歌舞伎などの日本の古典芸能を受け継いでいく系譜は途絶えたかに見えた。だが、一連の試みのなかで培われた歌舞伎界との人脈や、この時期に勉強した若手演出家が身につけたものが、一九六〇年代終わりから七〇年代にかけて「ミュージカルに歌舞伎のエッセンスを取り込む」という形で花開いていくことになる。

一九五〇〜六〇年代になされたもう一つの斬新な試みとして、五八（昭和三三）年に発足した「日本郷土芸能研究会」による「民俗舞踊シリーズ」がある（四章三節）。演出家・渡辺武雄らが中心となって活動した日本郷土芸能研究会は、日本各地の郷土芸能を取材し、その成果を一九五八（昭和三三）〜七八（昭和五三）年に上演された「民俗舞踊シリーズ」一四編などに残した。この一連の取り組みは、タカラヅカの上演作品のなかでは特異な地位を築いているかのように思える。だが、ここでタカラヅカが会得した、日本物における「アップテンポの踊り」はその後の日本物ミュージカルにも受け継がれていくこととなる。

ミュージカルにダンスシーンは必要不可欠だ。洋物ミュージカルにおいてはバレエを基本にしたシアターダンスが組み込まれるが、日本物ミュージカルにおいてそれをどう表現するのかは頭を悩ませるところだろう。だが、タカラヅカでは日本物ミュージカルにふさわしいダンスシーンを組み込むことができる。そこではオーケストラ演奏に合わせて日本舞踊を踊ってきた長年の蓄積が発揮されているが、加えて「民俗舞踊シリーズ」の経験値も活きていると思える場面に現在でもしばしば出くわす。たとえば、二〇一九(令和元)年の《El Japon(エル ハポン)》では、出立する支倉常長ら一行を見送るため鬼剣舞が行われるが、これは元々岩手県北上市周辺に伝わる民俗芸能である。また、《星逢一夜》(二〇一五)や《幕末太陽傳》(二〇一七)のように、中盤に華やかな祭りの場面が織り込まれ、そこで物語が大きく展開するという手法もよく用いられる。

「民俗舞踊シリーズ」が単に各地の郷土芸能を忠実に再現することのみにとどまらず、観客を飽きさせない緩急のある舞台を創り上げたことは「日本人のミュージカル創造につながるもの」とも評価された。渡辺らの根底にあった「日本人のこころ」を表現したいという思いは、その後の日本物ミュージカルにも引き継がれているのではないだろうか。

「舞踊劇」から「日本物ミュージカル」へ

創成期から一九五〇~七〇年代前半のタカラヅカにおいて、ストーリーのある「日本物」は、歌舞伎の伝統を踏まえた「舞踊劇」という形式名で上演されてきた。戦後から五〇年代にかけては年間二~四作品が上演されていたが、六〇年代になると少しずつ減少し、七〇年代にはほぼ上演されなくなった(二章三節)。これに取って代わるのが、「日本物ミュージカル」だった。この点については第四章二節でも触れたが、ここで一九五〇年代後半から七〇年代前半(=「ベルばらブーム」前)までの、タカラヅカにおける「日本物ミュージカル」の取り組みの過程を改めて確認してみよう。

まず、一九五〇年代に「ミュージカル」と称して上演された「日本物」は次のとおりである(カッコ内は作・演出)。併せて見ておきたい初期の植田作品、柴田作品を※印で併記した。

一九五一年　ミュージカル・コメディ《文福茶釜》（高木史朗）
一九五六年　ミュージカル・コメディ《かっぱの姫君》（高木史朗）／歌舞伎ミュージカル《刀を抜いて》（作：岡本一平　構成演出：高木史朗）
一九五七年　ミュージカル・プレイ《乞食と殿様》（内海重典）／※舞踊劇《舞い込んだ神様》（植田紳爾デビュー作）
一九五八年　グランド・ミュージカル《花の饗宴》（高木史朗）
一九五九年　グランド・ミュージカル《弓張月》（白井鐵造）／ミュージカル・ファンタジー《邪宗門》（鴨川清作）

タカラヅカ初の「日本物ミュージカル」は一九五一（昭和二六）年、高木史朗によるミュージカル・コメディ《文福茶釜》である（三章三節）。「ミュージカル・〇〇〇」という形式名が増え始めるのは一九五〇年代の後半からだが、これに伴い「日本物ミュージカル」もコンスタントに上演されるようになる。ただこの時期は、白井鐵造曰く「ミュージカルとは単にレビューの呼び名を変えただけのもの」という意識が通底していた（三章一節）。「グランド・ミュージカル」という呼称も、おそらく「グランド・レビュー」のレビューの語をミュージカルに置き換えたにすぎないものだろう。続いて、六〇年代は次のとおりだ。

一九六〇年　ミュージカル・ファンタジー《新・竹取物語》（小原弘稔）／ミュージカル・ファンタジー《天守物語》（白井鐵造）／ミュージカル・プレイ《鹿鳴館事件》（鴨川清作）
一九六一年　ミュージカル・プレイ《朧夜源氏》（北條秀司）／ミュージカル・ドラマ《残雪》（高木史朗）／グラ

ンド・ミュージカル《剣豪と牡丹餅》(北條秀司)/※民話歌劇《河童とあまっこ》(柴田侑宏デビュー作)

一九六二年　ミュージカル・ロマンス《花のオランダ坂》(菊田一夫)/ミュージカル・コメディ《嫁とり長者》(植田紳爾)

一九六三年　ミュージカル・ロマンス《不死鳥のつばさ燃ゆとも》(作:平岩弓枝　演出:春日野八千代)/ミュージカル・ドラマ《落日の砂丘》(植田紳爾)/民話ミュージカル《山彦乙女》(大関弘政)＊一二月公演の新芸劇場/※王朝千一夜《夢の三郎》(柴田侑宏)＊一二月公演の新芸劇場

一九六四年　ミュージカル・ロマンス《洛陽に花散れど》(菅沼潤)

一九六五年　ミュージカル・コメディ《不思議な赤穂浪士》(大関弘政)＊一二月公演の新芸劇場/※舞踊史劇《伊豆の頼朝》(柴田侑宏)

一九六六年　※舞踊劇《南蛮屏風》(植田紳爾)/※王朝千一夜《鬼にもらった美女》(柴田侑宏)

一九六七年　ミュージカル・コメディ《おてもやん》(大関弘政)/ミュージカル・ロマンス《花のオランダ坂》(菊田一夫)＊再演

一九六八年　ミュージカル・コメディ《藤花の宴》(菅沼潤)/ミュージカル・コメディ《牛飼い童子》(植田紳爾)/宝塚グランド・ミュージカル《メナムに赤い花が散る》(作・演出:植田紳爾　演出・振付:尾上松緑)＊九月初演、一一月再演/ミュージカル・プレイ《一寸法師》(阿古健)/※王朝千一夜《赤毛のあまっこ》(柴田侑宏)

一九六九年　民話ミュージカル《鐘つき与七》(大関弘政)/宝塚ミュージカル・ロマン《椎葉の夕笛》(植田紳爾)/ミュージカル・ドラマ《安寿と厨子王》(阿古健)

一九六〇年代には「日本物ミュージカル」が年二～三本のペースで上演されるようになるが、題材としてはお伽話や民話がしばしば用いられ、ストーリーも単純なものが多かった。だが、中盤に登場する舞踊史劇《伊豆の頼朝》（柴田侑宏）、舞踊劇《南蛮屏風》（植田紳爾）はそれぞれ「ミュージカル」と称されてはいないものの、史実をベースとした物語である。この時期に若手として作風を模索していたのが植田・柴田の両氏だ。柴田が「王朝千一夜」という形式名を好んで使ったのもこの時期である。また、一九六八（昭和四三）年、歌舞伎俳優の二代目尾上松緑が演出・振付を手がけた宝塚グランド・ミュージカル《メナムに赤い花が散る》は、歌舞伎の要素をタカラヅカのミュージカルに巧みに取り込むことに成功した、植田作の初の骨太な日本物ミュージカルでもあった。

続いて一九七〇年代前半を見てみよう。ここからは植田紳爾の「宝塚グランド・ロマン」「宝塚ロマン」「グランド・ロマン」も加えておく。

一九七〇年　ミュージカル・コメディ《禁じられた初恋》（大関弘政）／ミュージカル・プレイ《春ふたたび》（作・演出：植田紳爾　郷土芸能考証：阿古健）／宝塚グランド・ミュージカル《鴎よ波濤を越えて》（演出・振付：尾上松緑　作・演出：植田紳爾）＊《メナムに赤い花が散る》の姉妹編／※王朝千一夜《恋に朽ちなん》（柴田侑宏）／※王朝千一夜《扇源氏》（柴田侑宏）

一九七一年　宝塚ミュージカル《紅梅白梅》（植田紳爾）／ミュージカル・ロマンス《いのちある限り》（柴田侑宏）／ミュージカル風土記《浜千鳥》（構成・演出・振付：渡辺武雄　脚本・演出補：阿古健）＊翌年も再演／宝塚グランド・ロマン《我が愛は山の彼方に》（演出：長谷川一夫　脚本：植田紳爾）／宝塚ミュージカル《江戸っ子三銃士》（植田紳爾）／ミュージカル・ロマンス《小さな花がひらいた》

（柴田侑宏）

一九七二年　宝塚ロマン《炎の天草灘》（植田紳爾）／ミュージカル・プレイ《落葉のしらべ》（柴田侑宏）／グランド・ロマン《花の若武者》（植田紳爾）

一九七三年　ミュージカル・プレイ《れんげ草》（大関弘政）／ミュージカル・コメディ《鼓よ空に響け》（菅沼潤）／宝塚グランド・ロマン《この恋は雲の涯まで》（演出・振付：尾上松緑　作・演出：植田紳爾）＊八月初演、九月再演／ミュージカル・プレイ《たけくらべ》（柴田侑宏）

一九七四年　ミュージカル・プレイ《白い朝》（柴田侑宏）／宝塚ミュージカル《若獅子よ立髪を振れ》（植田紳爾）／ミュージカル・ロマンス《花のオランダ坂》（作・演出：菊田一夫　演出：鴨川清作）＊再演

一九七〇年代前半には年間三〜五作品の「日本物ミュージカル」が上演され、その内容も充実してきている。植田紳爾は《メナムに赤い花が散る》に続き二代目松緑が演出を担当した《この恋は雲の涯まで》、長谷川一夫が演出を担当した《我が愛は山の彼方に》を発表し、壮大な歴史の流れのなかで翻弄される人々のドラマを一本物で描く作風を確立、これを「宝塚グランド・ロマン」と称した（四章二節）。いっぽう柴田侑宏も、一九七一（昭和四六）年の《いのちある限り》から《小さな花がひらいた》《落葉のしらべ》と山本周五郎作品に取り組み、登場人物の心の揺れを深く繊細に描くその作風を築きつつあった（四章三節）。こうしてみると、植田・柴田両氏の一九六〇年代の模索が、七〇年代に入ってから「日本物ミュージカル」のスタイルとして結実していったことがよくわかる。この時期、タカラヅカにおける日本物ミュージカルは一つの頂点を極めたといっていいだろう。

こうして確立されたタカラヅカの日本物ミュージカルの様式は現在に至るまで基本的に変わっておらず、次のような特色を持つ。

・歴史の一時代を舞台とし、時には歴史上の有名人も登場させながらスピーディかつドラマチックに展開する。
・幕開けや物語の中盤に舞踊のシーンが入る。それは日本舞踊を基本にしつつ、テンポの早い群舞であることが多い。物語の場所にちなんだ郷土芸能をベースにした舞踊が採用されることもある。
・衣装は時代考証をしつつ、見栄えも考慮した独自の特色も盛り込んでデザインされている。

こうしてみると、これらの諸条件は洋物のミュージカルの場合とほぼ変わりがない。着物や邦楽、日本舞踊になじみのなくなった現代人もストレスなく物語世界に入れるよう工夫がなされている。つまり、タカラヅカの現在の「日本物ミュージカル」はもはや伝統芸能の踏襲として特別視されるものではない。「ミュージカルとは海外ミュージカルのことである」という日本のミュージカル界の「常識」からは切り離されたところでオリジナルのミュージカルを生み出せる土壌を育んできたタカラヅカにおいて、たまたま物語の舞台が日本であれば、それが「日本物ミュージカル」となるだけである。だが、これは演者とスタッフの双方が、衣装の準備や着こなし、また所作に至るまで、「日本物」に必要な基本知識やスキルを身につけているから実現できることだ。すなわち、タカラヅカが「和と洋」の相克のなかで「和」の伝統の継承を諦めなかったからこそ成せることともいえよう。

タカラヅカの「日本物ミュージカル」は一見、一九五〇〜六〇年代にかけてタカラヅカが受け継ごうと最後のあがきを見せた歌舞伎の系譜からは一見断絶しているかのように感じられる。だが、そこで活かされているのは若き日に宝塚義太夫歌舞伎研究会にも参加していた演出家らの知見であり、出演者が身につけている「日本物」の所作の基本である。この「最後のあがき」がなければ、現在のタカラヅカの日本物ミュージカルもありえなかったはずであり、他劇団に真似のできない「日本物ミュージカル」のあり方は「タカラヅカ様式」の一要素といっていいだろう。

「日本物」への意思

もし、タカラヅカが観客の要望のみを重視して上演作品を決めていたならば、一九六〇年代に日本人の生活様式の西洋化が進み、歌舞伎が身近な芸能ではなくなった時点で「日本物」を捨てたかもしれない。だが、タカラヅカはその選択をしなかった。そこには「日本物」を守り続けるという強い意志が感じられる。その根源を遡ると、行き着くのはやはり小林一三の国民劇構想であろう。かつて、レビュー花盛りの頃に一三が次のように述べたことは第二章・四章でも触れたとおりである。

外国種のレビューは、今や一世を風靡しているけれど、結局我々は日本人である。日本の風俗習慣を度外視して、外国種のみを真似をして居る場合には必ず落伍する。〔略〕私は東京に居って手を下し得ないことが如何にも歯痒いのである。（「いつ、新しい宝塚情緒は生れるか」『歌劇』一九三〇／八・二）

さらに一三は、その最晩年にも次のように言う。

私は結局、歌とセリフと舞を、巧に組合せて、しかも、何時も新時代感覚を織込んで、観客が乗出して歓迎する歌舞伎、即ち、それが新国民劇だと言い得るものと考えている。〔略〕そしてこの理想は四十年前、私が宝塚少女歌劇を創始し、将来の国民音楽は洋楽であるべしと信じ、従来の歌舞伎、舞踊、狂言等を洋楽化し、新作の数々を発表し、新しい演出を試み、現在に至ってレビューを中心に興行しているけれど、実は、これも一時の過程であるものと考えている。〔略〕併《しか》し今日、私の理想とする所には、今尚、道通しの感が深いのであるが、私は断じて失望しない。（「まえがき」『宝塚歌劇四十年史』より）

その意思を受け継ぎ、高木史朗は次のように考えた。

一九五一年「河童まつり」を小林一三が「これぞ私が待ち望んで来た国民劇」と大絶賛したことに対して私がこの小林一三先生から受けた国民劇の創成ということの意味は、結局日本製のミュージカルという意味に受け取れた。私達がこれから目指さなければならないことは、日本製のミュージカルの創成である、ということである。（高木、一九七六・二〇一）

「民俗舞踊シリーズ」をつくった渡辺武雄もまた、次のように述べている。

宝塚の創始者小林一三先生が歌劇に夢を託したのは、日本女性が生活の中で培った美の文化伝統を、歌・踊・劇で磨き上げ、そこから世界に誇示する日本ならではの舞台芸術を創造することだった。そのために、生徒に洋を学びながら和を磨いて行く道を摂らせたのだが、それがだんだん逆になってきた。自分も洋舞の振付が専門だったが、今度の民俗舞踊シリーズによって、わたしなりに小林先生の志を実現させたいと思う。（『宝塚歌劇における民俗芸能と渡辺武雄』、二〇一一・一一三）

こうした先人たちの思いが植田紳爾や柴田侑宏らにも受け継がれ、現在に至るタカラヅカの「日本物ミュージカル」が創り出されたといえるだろう。だが「ベルばらブーム」以降は、ミュージカルとショー・レビューを合わせた「日本物」の上演頻度は減少の一途をたどった。まず「ベルばらブーム」を機に日本物ミュージカルの上演がペースダウンする。その後、一九八〇年代から九〇年代前半にかけては大劇場作品で年二〜三本の日本物(ミュージカルだけでなくショー・レビューも含めて)が上演されていたが、阪神淡路大震災を経た九〇年代後半以降は年間一〜二本、年によっては日本物がまったく上演されないこともあった(中本、二〇一四・一五九)。二〇一四(平成二六)年のタカラヅカ一〇〇周年以降は復権の兆しを見せており、先に確認したとおり、大劇場作品としては年二〜三本の日本物の上演が続けられ、八〇年代のペースに戻った。先人たちが意思を持って連綿と受け継いできた日本物の伝統が、現在のタカラヅカでは新しい価値を得ようとしている。

日本の伝統文化がますます身近ではなくなっている今日、日本物も現代の観客からは距離のある存在になってきている。だが、それは見方を変えれば、革命下のフランスや世紀末のオーストリアと同様に、観客が生きる現代日本からは遠い世界、つまり「実(リアルな世界)」から程よく距離を置ける世界と据え直すこともできるだろう。

とはいえ、日本物ミュージカルに登場するのは、戦国武将や幕末の志士など日本に住む者にとってなじみが深い歴史上の人物も多い。植田は「宝塚ミュージカルには、日本人の感性がどこかに入っている」と述べたが(五章二節)、日本物ミュージカルはその際たるものだろう。そう考えると、タカラヅカの日本物は大多数の観客にとって《ベルサイユのばら》や《エリザベート》などに比べると、より「実(リアルな世界)」に近い物語ということになる。つまり「日本物ミュージカル」における「虚(夢の世界)」と「実(リアルな世界)」との相克の度合いは一層激しいものとなる。そして、その葛藤の末に生まれた作品は、よりオリジナリティ豊かな世界を描ける可能性を孕んでいるのではないか。優れたオリジナル・ミュージカルを創り続けていくためにも、タカラヅカは、タカラヅカにしかできない「日本物ミュージカル」にこれからも挑み続けていってほしいと筆者は切に願う。

「虚と実」「和と洋」……対極の価値観を、決してどちらも否定することなく内包し続けていく貪欲さ、懐の深さこそがタカラヅカのエネルギーの源泉である。ここで挙げた五つの「タカラヅカ様式」もまた、相反する価値観が激しくぶつかり合うダイナミズムから生み出されてきた。[14]

タカラヅカは「自分が何者であるかがわからない」という迷いから抜け出し、アイデンティティを確立することができた。《ベルサイユのばら》の大ヒットにより世の中の認知を得たことも、その後押しとなったのだろう。以降のタカラヅカは、これらの「タカラヅカ様式」を前提として進んでいくことになったが、時代の変化のなかで、今後はこの様式といかに向き合っていくかが新たな課題となっていく。

14　植田紳爾によると、阪急のタカラヅカの経営方針には「阪急イズム」「小林イズム」に則ったグローバルな考え方があるという。「とにかくバランスをとっていく。絶対に片一方だけに行かない」「バランスを取るというのはけっして世の中におもねることをしないでということ。それが今日まで続いた原因」（植田・川崎、二〇一四・二〇八、三五三）。本書で述べてきた「虚実」「和洋」の一連の相克も、こうした方針が大前提にあったからこそ実現してきたものといえるだろう。

結論
「相克」がもたらしたもの

1. 三つの仮説を検証する――結論

序論で示した三つの仮説についてここまでで立証してきた。改めてその内容を振り返ってみたい。

①日本のミュージカルがこぞってブロードウェイを志向していた一九六〇年代、タカラヅカは国産のオリジナル・ミュージカルの創造を目指して試行錯誤を重ねていた。戦前は「少女歌劇」であり「レビュー劇団」であったタカラヅカは、ミュージカルを演じられる劇団へと変化していった。

一九一四（大正三）年に生まれた宝塚少女歌劇は、創設者・小林一三にとってみずからの「国民劇構想」体現の場でもあった。一三は、歌劇こそが歌舞伎に代わる「国民劇」であると考えており、いわば「歌舞伎」のアンチテーゼとして出発したのがタカラヅカであった。ところが、一九二七（昭和二）年の《モン・パリ》初演、三〇（昭和五）年の白井鐵造による《パリゼット》上演を契機にレビューが人気を博し、タカラヅカは「レビュー劇団」とみなされるようになる。だが、タカラヅカを「国民劇構想」体現の場と考える一三はタカラヅカがレビューに終始することを決して良しとはしていなかった。この志が戦後の一九五〇～六〇年代に活躍した作家たちにも受け継がれていく。一九三〇年代にはレビューが一世を風靡し、松竹歌劇団（SKD）や日劇レビューもまた、タカラヅカのライバルとされていた。ところが、この二劇団は戦後、レビュー劇団に特化する道を選び、衰退していくことになる。いっぽうのタカラヅカはSKDや日劇レビューとは真逆の道を選択し、ミュージカルの上演を新たに模索し始めた。結果としてこれがタカラヅカの生き残りにつながった。

戦後から一九五〇年代のタカラヅカにおいては、大御所・白井鐵造らによる大作レビューを目玉とするいっぽうで、多岐にわたるジャンルの作品が上演された。お伽話や民話をもとにした作品や「バレエ」「舞踊劇」と銘打たれた作品など、今日では上演されなくなったジャンルもある。宝塚歌劇であるにもかかわらず形式名に「歌劇」と付されたものも一九五〇年代後半からは上演されなくなり、同時期には「ミュージカル」と称する作品が次第に増えていく。一九五七（昭和三二）年に亡くなった小林一三の志を受け継ぎ、六〇年代のタカラヅカを率いたのは一三の三男、米三である。米三が目指したのは、質の高い作品の上演により「演劇界で評価されるタカラヅカ」となることであり、劇団経営におけるぬるま湯体質からの脱却も図られた。

ブロードウェイ・ミュージカルが黄金期を迎えた一九五〇年代から六〇年代前半には日本でもオリジナル・ミュージカルの上演が待望され始め、それが実現可能な劇団としてタカラヅカに期待が寄せられていた。だが、一九六三（昭和三八）年の《マイ・フェア・レディ》上演以降、日本のミュージカル界では「海外（ブロードウェイ）ミュージカルの上演」が主流となっていく。「本格的なミュージカル＝海外ミュージカル」という認識が定着し、東宝ミュージカルや劇団四季が海外ミュージカルの上演によってその名を知られるようになる。

いっぽうのタカラヅカでは、こうした流れとは一線を画したところで「タカラヅカにおけるミュージカルはどうあるべきか」が真剣に模索され始め、多彩なオリジナル・ミュージカルが生み出された。一九六七（昭和四二）年の《オクラホマ！》よりブロードウェイ・ミュージカルも上演されたが、これは三年でいったんピリオドが打たれる。多様な挑戦が行われ、その作品群もカオス的な様相をなしていた一九五〇年代に比べると、六〇年代はその状況が次第に収束し、演目ジャンルも現在と同様の「ミュージカル」と「レビュー・ショー」に絞られていった時代といえるだろう（以上、第二章）。

②その試行錯誤は、それ以前のタカラヅカが背負ってきた「歌舞伎」と「レビュー」の伝統の上に積み重ねられていったものであった。端的に言うならば、一九五〇～六〇年代のタカラヅカにおけるさまざまな取り組みは「虚（レビューが描く「夢の世界」）と実（ミュージカルが描く「リアルな世界」）」の相克、「和（歌舞伎に代表される日本の伝統芸能）と洋（西洋から入ってきたミュージカル）」の相克というフレームのもとに整理できる。

一九五〇～六〇年代のタカラヅカが目指した方向性の一つは、「レビュー劇団」の殻を破り、リアルな芝居ができるようになることだった。この時期によく使われた言葉である「ヅカ調」からの脱却が目指されたのだ。五〇年代の新劇の隆盛などの影響によりタカラヅカにも流入してきた「リアリズム」は、「脱・レビュー劇団」「脱・少女歌劇」のための特効薬として期待された。そこに押し寄せてきたのが「ミュージカル」の波である。タカラヅカはミュージカルをとおして「ヅカ調」からの脱却、「レビュー劇団」イメージの払拭を目指したといえるだろう。一九五〇～六〇年代のタカラヅカでは、新たに台頭してきた「ミュージカル」において、リアルな題材をどう取り扱い、リアルな演技をいかに取り入れていくかが模索された。

戦後から一九五〇年代前半、レビュー劇団としての実績を持ち、オペレッタの上演経験もあったタカラヅカでは、「ミュージカル」と「レビュー」「オペレッタ」の語が混同されるという事態が起きていた。しかし、「レビュー」「オペレッタ」の積み重ねがあったからこそ、タカラヅカではその延長線上のものとしてオリジナル・ミュージカルの創造を目指すことが可能であったともいえる。いっぽうタカラヅカでは、「レビュー」「オペレッタ」と「ミュージカル」の差異は「リアルな芝居」の有無であると考えられる傾向にあった。

小林一三の要請で劇団の顧問となった菊田一夫は、タカラヅカという芸能に愛情をもって接し、かつ内部事情も良く知る「外側の人間」として的確な提案を行い、それを実行した。劇作家としての作品提供においては当初迷走したが、現実世界を踏まえた恋愛物語こそがタカラヅカにふさわしいという点に気づき、タカラジェンヌたちをレビューガールから「リアルな芝居」のできる役者へと育てていく。こうして生み出された菊田の「ミュージカル・ロマンス」に対して保守的な識者は「タカラヅカにふさわしくない」と批判的であった。だが、恋愛結婚に憧れる若い世代の観客の心を捉えたのは菊田作品であった。

座付作家の高木史朗は、小林一三の「国民劇構想」の延長線上でタカラヅカが取り組むべきは、現代日本を舞台にしたミュージカルであると考え、これを「宝塚ミュージカル」と称した。だが、一連の「宝塚ミュージカル」に対する観客の評価は芳しいものではなく、後世に受け継がれることはなかった。高木の挑戦は虚実の「実」を極める試みであったが、結果として明確になったのは「「実（リアルな世界）」に傾きすぎるのはタカラヅカにはふさわしくない」ということだった。

こうした試行錯誤を経ながら、タカラヅカはオリジナル・ミュージカル創作の道を切り開き「レビュー劇団」からの脱皮を図っていった。諸刃の剣であるリアルな題材、リアルな演技をどこまで取り入れるかは常に問題となったが、この時期はどちらかというとよりリアルであることが推奨され、「虚（夢の世界）」より「実（リアルな世界）」に重きが置かれていった時代だといえるだろう。そして、一九六七（昭和四二）年の《オクラホマ！》を皮切りにブロードウェイ・ミュージカルの上演にも着手する。だが、当時はまだ「リアルな演技を求められる海外ミュージカルはタカラヅカには不適格である」という反対意見も少なからず存在していた。ブロードウェイ・ミュージカルは三年連続で上演されたが、小林米三の死とともに一連の試みもいったん終わりを告げ、その後のタカラヅカは海外ミュージカルとは距離を置き、再びオリジナル・ミュージカルの上演を積み重ねていくことになる。この点は、一九六三（昭和三八）年にブロードウェイ・ミュージカル《マイ・フェア・レディ》が初演されて以来「本格的なミュージカル」とは「海外ミュージカル」のことであるとみなされるようになった日本ミュージカル界の流れとは一線を画したタカラヅカの独自性である（以上、第三章）。

一九五〇～六〇年代のタカラヅカにとって、生活の西欧化によって次第に人々の日常から遠ざかっていく日本の伝統芸能とどう向き合い、そこから学んだものをいかに取り込んでいくかもまた、大きなテーマであった。ここから「和（歌舞伎に代表される日本の伝統芸能）と洋（西洋から入ってきたミュージカル）」の相克が生じていく。だが、この葛藤は「虚実」の相克とは違い、両極の間を揺れ動きながら落ち着きどころを探すというシンプルな話ではすまなかった。一九五〇～六〇年代のタカラヅカでは、歌舞伎など日本の伝統芸能を受け継ぐ演目を「古典」と位置づけ、継承の努力が続けられていた。だが、こうした系統の舞台から観客の心は離れていき、結果として実施者の高齢化とともにこの流れはついえた。最後の抗いとも言える、一九五三（昭和二八）年より続けられた「宝塚義太夫歌舞伎研究会」も六八（昭和四三）年には自然消滅を余儀なくされた。しかし、見落としてはならないのはこの抗いの渦中にいた人々がそこで培った経験知と人脈である。これが一九六〇年代後半から七〇年代以降に勃興する動きのなかで活かされていくことになる。

一九六〇年代後半になると、タカラヅカのミュージカル作品のなかに「歌舞伎」的なものを活かす試みが始まった。この時期、歌舞伎俳優の二代目尾上松緑や、「東宝歌舞伎」で人気を博していた長谷川一夫が演出を手がけた作品群が誕生する。それらはいずれもスケールの大きな歴史劇で、脚本を担当したのは植田紳爾だった。つまり、いったんは滅びかかったかに見えた「和（歌舞伎）」の伝統を「洋（ミュージカル）」のなかに取り入れていくという意識がそこにはあった。この動向は、歌舞伎という芸能が一九五〇～六〇年代にかけて人々の日常から遠ざかったことで危機に陥ったが、そこから伝統芸能として再生し、固有の演技術が他の演劇ジャンルの台頭により相対化、かつ再発見されていったという流れにも同調している。

二代目松緑が演出を手がけた《メナムに赤い花が散る》（一九六八）は「歌舞伎とミュージカルをつなぐ」試みとして高く評価され、この路線は《この恋は雲の涯まで》（一九七三）でも踏襲される。いっぽう長谷川一夫が初演出を手がけた《我が愛は山の彼方に》（一九七一）では、長谷川演出が「宝塚本来の甘さと美しさの再来」として観客にも歓迎された。

ともに役者でもある松緑と長谷川は、みずから動いて演技指導を行うことができた。そのうえで松緑は、役の性根を掴むという内面性重視の指導であったが、いっぽうの長谷川はそもそもリアリズムに傾きがちな当時のタカラヅカに対して批判的であり、脚本を読み込み役を掘り下げるのではなく、まずは形から入る指導法であった。

これらの作品の脚本を手がけた植田紳爾は、スケールの大きな歴史劇という作風を確立し、これを「宝塚グランド・ロマン」と称するようになる。こうした一連の流れが、のちの《ベルサイユのばら》への布石になっていく。

また、当時のユニークな取り組みとして、郷土芸能研究会による全国各地の丹念な調査によって実現した「民俗舞踊シリーズ」（一九五八〜七八年）がある。一見、同時期の他の試みとは一線を画しているように思われがちだが、その目的の第一は「日本の新たな創作舞踊の創造」であり、取り組みの中心となった演出家・渡部武雄には小林一三の「国民劇構想」を舞踊の世界で体現していきたいとの思いがあった。

一連の試みは、日本のオリジナル・ミュージカルの創造という、この時代のタカラヅカ、そして演劇界の関心事とも分かち難く結びついていた。したがって、「民俗舞踊シリーズ」が各地の民俗舞踊の忠実な再現にとどまらず、緩急を感じさせるドラマチックな演出により作品として見応えあるものとなっていたことが「日本人のミュージカル」の創造につながるものとして評価された。高度経済成長期で人々の生活がいよいよ西欧化するなかにあっても、タカラヅカはあくまで「日本的なるもの」を追い求め続けた（以上、第四章）。

③その変化は「ベルばらブーム」の頃に結実し、タカラヅカが生み出すミュージカルは「タカラヅカ様式」とも言うべき独自性を獲得した。

「ベルばらブーム」の頃にタカラヅカ自体が大きく変容した。一九五〇～六〇年代のさまざまな試みで蓄積されたノウハウと育った人材が、「ベルばらブーム」の頃に花開いたのだ。《ベルサイユのばら》だけではない、今なお再演され続けている秀作にはこの時期に生まれたものが多い。そのなかでいくつかの幸運により爆発的ヒットにつながったのが《ベルサイユのばら》だということである。

この一九七〇年代前半の開花を担うのが、五〇～六〇年代の二つの相克を目の当たりにして育った作家たちだ。一九六六（昭和四一）年からの「新人会公演」はその若いエネルギー渦巻く試みであった。当公演は三年で終わったが、ここで若手作家たちがそれぞれの強みを発見し、のちに「ベルばらブーム」時代を担うことになる若手スターらも多様な役柄で経験を積んでいった。この「新人会公演」を牽引した植田紳爾が《ベルサイユのばら》を生み出すが、柴田侑宏も実は同時期に再演が重ねられる名作を数多く生み出している。軽妙な「舞踊劇」から座付作家としてのキャリアをスタートさせた植田は、歌舞伎に代表される日本の古典芸能とミュージカルとをつなぎつつ、壮大な歴史劇を展開する作風を確立していった。いっぽう「王朝千一夜」と称する作品から座付作家としてのキャリアをスタートさせた柴田は、山本周五郎作品のミュージカル化などに取り組んだ後、人の心の動き、とりわけ男女の恋愛における心の機微を繊細かつ深く描く作風を築き上げていった。両者の作風は対照的だといわれるが、これは植田が中心軸を「タカラヅカらしさ」に据えたのに対し、柴田はあくまで「芝居」を中心軸に取り続けたからである。端的に言うならば、植田は「虚（夢の世界）」からスタートしてそこに「実（リアルな芝居）」を加えていき、逆に柴田は「実（リアルな芝居）」からスタートして「虚（夢の世界）」を加えていった。しかし、両者とも目指したところは虚（タカラヅカらしい夢の世界）と実（リアルな芝居）の間の、タカラヅカとして最適な地点であった。「ベルばらブーム」の頃に、両者はともにそれを見出し、「宝塚グランド・ロマン」（植田）、「ミュージカル・ロマン」（柴田）と称する一連の作品によって、それぞれの作風を確固たるものにした。

両者が駆け出し時代から作風を確立するまでの間作り続けていたのが、「日本物」中心であったことも注目すべき点だ。植田の「宝塚グランド・ロマン」、柴田の「ミュージカル・ロマン」はともに、歴史のなかで「義」に殉じ、「愛」に生きる人々の物語であった。それは両者が海外ミュージカルとは縁のないところで「日本物」の経験を積んだからこそ発見できたものであったといえるだろう。

一九七四（昭和四九）年に月組で初演された《ベルサイユのばら》は、オスカルとアンドレの恋物語に焦点を絞った七五（昭和五〇）年の花組・雪組《ベルサイユのばら――アンドレとオスカル》、集大成とされた七六（昭和五一）年の星組《ベルサイユのばらⅢ》と再演を重ねた。タカラヅカ史上かつてない観客動員数を記録し、「ベルばらブーム」は社会現象といえる状況にまで拡大した。《ベルサイユのばら》によってタカラヅカの認知度は劇的に上がり、演劇界においてもその動向を見逃せないプレイヤーとみなされ始めた。つまり、「ベルばらブーム」を経たタカラヅカは、「女性だけの奇異な劇団」というイメージからの脱却に踏み出すことに成功し、唯一無二の「タカラヅカ」というアイデンティティを確立していくことになる。

「タカラヅカらしさが戻ってきた」として観客から歓迎された《ベルサイユのばら》は一見、それまで「実（リアルな世界）」の方向に傾きがちであったタカラヅカの「虚（夢の世界）」の方向への揺り戻しのように思えるが、それは単純に昔日への回帰ではなかった。《ベルサイユのばら》はタカラヅカが一九五〇～六〇年代の試行錯誤の末にようやく発見した「観客に受け入れられる」物語の骨格を備えており、それが「タカラヅカらしい夢の世界」として表現されたからこそ評判をとった。もちろん演者もこれを演ずるに足る実力を備えていた。つまり《ベルサイユのばら》が描いたのは「リアルな芝居〈実〉」の積み重ねのうえで初めて成り立つ「夢の世界〈虚〉」である。その意味で《ベルサイユのばら》は「虚と実」の相克によって得られた、タカラヅカにとっての最適解であった。こうして《ベルサイユのばら》は「夢の世界」タカラヅカを復活させた。これ以降「タカラヅカらしさ」という言葉は、「夢の世界」とほぼ同義で使われ始め、タカラヅカは上演作品における最重要の特色として「タカラヅカらしさ」を標榜していくことになる。かつて揶揄的に使われていた「ヅカ調」という形容に、「タカラヅカらしさ」という前向きな言葉が取って代わったのである。

いっぽう「和と洋」の相克は、二つの側面から見て取ることができる。

一つは、長谷川一夫演出に見られる歌舞伎の影響である。そもそも長谷川演出は歌舞伎俳優である二代目尾上松緑演出の成功体験、さらにそれ以前の義太夫歌舞伎研究会で生まれた縁と研鑽があったうえで実現した。その指導内容にも歌舞伎の影響が見受けられ、「型で見せる」という形容重視の演技が独特の世界観を作り上げた。ゆえに《ベルサイユのばら》は「宝塚歌舞伎」などと称される。ただ、長谷川の教えには映画や商業演劇の世界での経験にもとづいたものも入り混じっていることや、教えられる側のタカラヅカの生徒の世代交代などを考え合わせると、長谷川演出の本作を単純に「歌舞伎的」と言い切るのは難しい面もある。

もう一つは、《ベルサイユのばら》もまた、日本物からスタートした数多の模索の集大成としての「グランド・ロマン」と定置できる点である。植田紳爾や柴田侑宏は「日本物」から座付作家としてのキャリアをスタートし、海外ミュージカルとは一線を画した日本のオリジナル・ミュージカル創作を探究する過程で、「歴史の波に揉まれるなかで「義」に殉じ「愛」を貫く物語こそが観客に受け入れられる」ことを発見していった。《ベルサイユのばら》もまた、オスカルやアントワネットらがフランス革命という歴史の大転換期において、「義」に殉じ、「愛」を貫く物語であり、植田らの一九六〇年代の模索の延長線上で生まれた作品といえよう。以上のことを総合的に考えると、《ベルサイユのばら》は、「虚と実」のみならず「和と洋」の相克によって得られた最適解でもあった（以上、第五章）。

また、現在のタカラヅカには、他の演劇と一線を画する「タカラヅカ様式」というべきものがある。これは一九五〇〜六〇年代の前述の二つの相克を経て、七〇年代の「ベルばらブーム」の頃に揺るぎないものになったと筆者は考える。本書第六章で述べてきた内容を踏まえたうえで、この五つの「タカラヅカ様式」について、確立過程および現状を改めて整理すると、次のようになる。

①「男役」の存在

「男役」は創立時から存在していたが、各組の男役トップスターを頂点とするスターシステムが確立したのは「ベルばらブーム」以降である。現在では、男役はタカラヅカ独自の魅力といわれる存在になっている。

②華やかなレビュー的要素

レビューが一世を風靡したのは戦前の一九三〇年代のことである。だが、五〇〜六〇年代に「実（リアルな世界）」の方向に比重が置かれていたタカラヅカを再び「虚（夢の世界）」へと引き戻した《ベルサイユのばら》を契機に、「華やかなレビュー的要素」こそがタカラヅカのオリジナリティであり強みであることが再確認された。現在の上演作品のなかでも、タカラヅカ自身がレビュー的要素を「タカラヅカの独自性かつ強み」だと自認していると思われる場面は随所に垣間見える。

③歴史上の一時代を舞台にドラマを描く（基本的に現代の日本は舞台にならない）

「時代と場所」の特定がなされ、実在の歴史上の人物が活躍する作品が増加したのは《ベルサイユのばら》上演の頃であり、現在ではそうした作品が多数派を占めている。つまり、一九七〇年代からタカラヅカは「歴史劇」を選び始めたといえるだろう。その選択以前には、菊田一夫や高木史朗ら一九五〇～六〇年代に活躍した作家によるオリジナル・ミュージカル創作における試行錯誤があった。とりわけ高木による、現代の日本を舞台とした一連の「宝塚ミュージカル」が観客にあまり評価されなかったことは反面教師ともなったと思われる。一九七〇年代、これを踏まえた植田紳爾や柴田侑宏らは「歴史の転換期を舞台に『義』に殉じ『愛』を貫く人物の生き方を描くこと」が、「夢の世界」タカラヅカにおいて観客を納得させ、満足させるための適切な作劇法であることを発見していった。

④「恋愛」要素が必須である

かつてのタカラヅカの上演作品のストーリーは他愛のないものであり、「恋愛」要素は必須ではなかった。だが、一九五〇年代後半から六〇年代にかけて、「恋愛」がより深く描き込まれた作品が増え、観客の支持を受けていく。このことを端的に示す現象として、「ミュージカル・ロマンス」という形式名の頻繁な使用が挙げられる。この形式名を多く用い、人気を博したのが菊田一夫の作品である。その背景には、一九六〇年代に恋愛結婚の数が見合い結婚を逆転するといった社会動向の影響も考えられよう。こうして、「恋愛」という物語要素は「タカラヅカ様式」に組み込まれていった。だが、昨今は恋愛に対する世の中の価値観の変化に伴い、主役の男女が劇中で見せる関係性も多様化してきている。

⑤「日本物」のミュージカルの上演がある

かつてストーリーのある「日本物」は、歌舞伎の伝統を踏まえた「舞踊劇」という形式名で上演されていたが、一九七〇年代にはほぼ上演されなくなった。代わって増えていくのが「日本物」ミュージカルである。これは、六〇年代に増えていったオリジナルのミュージカルのうちの、日本を舞台とする作品のことを指す。だが、日本物ミュージカルは、「和（日本の伝統芸能）と洋（ミュージカル）」の相克のなかで「和」の伝統の継承をし続けたタカラヅカにおける知見の蓄積のなせる技だといえる。そこには小林一三の「国民劇構想」を根源とするタカラヅカ総体としての強い意思も働いていた。日本物の上演は一九九〇年代後半から二〇〇〇年代にかけて激減したが、タカラヅカ一〇〇周年以降は復権の兆しを見せ、現在もコンスタントに上演が続けられている。

五つの「タカラヅカ様式」は「虚と実」「和と洋」という相反する価値観がぶつかり合うダイナミズムから生み出されてきたものである。こうしてタカラヅカはアイデンティティを確立し、《ベルサイユのばら》の大ヒットがこれをより強固なものにした。今後のタカラヅカは、この「タカラヅカ様式」といかに向き合っていくかが問われていくことになるだろう。

2.「ベルばらブーム」から現在へ――今後の課題

本書で扱い切れなかった次の三つの課題についても、ここで改めて確認しておきたい。

一つ目は、「ベルばらブーム」以降のタカラヅカの動向、また「タカラヅカ様式」がこの後どう変質していったのか、という点である。

とりわけ筆者の関心は、現在のタカラヅカが海外ミュージカルを日本の観客向けに潤色して上演することの名手となった点にある。今日、タカラヅカは海外で話題のミュージカルをいち早く手がけ、これに東宝ミュージカルなどが追随するという流れができているといってもいい。その転機は一九九六（平成八）年の《エリザベート》にあったと思われるが、かつては海外ミュージカルとは一線を画し、あくまでタカラヅカのオリジナル・ミュージカルの創造に注力したタカラヅカがいかにして方向転換したのか、いっぽうでその後のタカラヅカのオリジナル・ミュージカルはどのような傾向を持つに至ったかは興味深い事象である。仮説として、本書で述べたようにタカラヅカが小林一三の「国民劇構想」を根源として日本人のためのミュージカル創造にこだわってきたことと、現在のタカラヅカが海外ミュージカルの「潤色」に長けていることとは深い関連性があるのではないかと筆者は考えているが、この点は今後の研究課題としたい。

また先に述べたとおり、《ベルサイユのばら》以降のタカラヅカはみずからが確立した「タカラヅカ様式」そのものと向き合っていかざるを得なくなった。自己と真摯に向き合い自己変革を遂げていけるかどうかが、タカラヅカの新たな課題となったのだ。そのもっとも顕著な例は「タカラヅカ様式」の四点目に挙げた「「恋愛」要素が必須」という点が、近年の女性の恋愛・結婚観、仕事観の変化の影響を受けていることである。菊田一夫の「ミュージカル・ロマンス」に登場するような、愛一筋に生きるヒロインはもはや現代の女性の共感は得られにくいだろう。恋愛色の薄まりは近年の作品に確実に見られる傾向であり、これは「恋愛」という営み自体が絶対的でなく相対的にまなざされるようになった証左でもあろう。

いっぽう「日本物ミュージカル」は、一九八〇年代以降減少の一途をたどり、一時はタカラヅカから「日本物」は消えゆくのではないかと危惧されたが、一〇〇周年を迎えた二〇一四年あたりから復権の兆しが見えている。これもかつては「古臭いもの」とされた「和の文化」があまりに日常からかけ離れてしまったため、逆に新鮮に受け止められ始めていることの影響だと推察される。

このように、その後の時代の変化のなかで、タカラヅカ自身は「タカラヅカ様式」とどう向き合い、どう変容していったか。これについても見ていきたいところである。

二つ目は、タカラヅカにおけるショー・レビューが時代とともにどう変化していったのか、という点である。戦後のタカラヅカではストーリーのある芝居（主にはミュージカル）と、歌やダンス中心の「ショー・レビュー」の二本立ての公演形態が確立した。本書では前者の「ミュージカル」のみを取り上げて論じてきたが、「ショー・レビュー」もかつての白井レビュー時代からは変容を遂げている。

本書では前者の芝居（ミュージカル）について一九六〇年代がターニングポイントであったことを述べたが、ショー・レビューも然りで、本書ではあまり詳しく触れられなかった鴨川清作らによって斬新な作品が多くつくられたのが六〇年代であった。本書の論述を踏まえたうえで、この時代にタカラヅカのショー・レビューがどう変化していったのか、そこに影響したものは何であったのかについて考えることは、新たな発見につながるだろう。

三つ目は、スターシステムの変遷、という点である。これは「タカラヅカ」という芸能を語る際にもっとも衆目の関心を集める大きなテーマだが、本書では現在のような強固なスターシステムが出来上がる以前の時代を取り上げたため、あえてあまり触れずに論を進めてきた。だが、第五章三節の柴田作品についての記述でも触れたが、一九八〇年代以降のタカラヅカにおいてはその作品群とスターシステムは相互に影響を及ぼし合う、切っても切れない関係となっていく。現在ではスターシステムは商業演劇としてのタカラヅカがファンを惹きつけ続ける武器であると同時に、タカラヅカを縛る強固な「足かせ」にもなっている。その制約から作品創作の自由度をいかに守っていけるかが、今後のタカラヅカが演劇として健全に存続していけるかの鍵を握っている。そのためには現在のスターシステムは所与のものではなく、劇団と観客との相互作用のなかで年月をかけて現行の形になったということをより精緻に知る必要があるだろう。

あとがき

本書は、早稲田大学大学院文学研究科に提出し、令和五年二月に博士（文学）学位授与を認められた論文「一九五〇～六〇年代の宝塚歌劇における取り組みの多様性――〈虚実〉〈和洋〉の相克から「タカラヅカ様式」の獲得へ」を書籍化したものである。

論文の執筆にあたっては、早稲田大学文学学術院文学部の児玉竜一教授に指導をお願いし、先生の示唆に富んだアドバイスのおかげで各章に膨らみを持たせることができた。また、早稲田大学教育・総合科学学術院の渡辺芳敬名誉教授からは執筆開始当初からお力添えをいただき、その温かい励ましの言葉は時にくじけそうになる際の心の支えであった。公開審査会にあたっては、渡辺名誉教授に加え、早稲田大学文学学術院文化構想学部の和田修准教授、共立女子大学文芸学部文芸学科の鈴木国男教授に副査を務めていただき、さまざまな提言を頂戴した。

また、この論文の執筆にあたっては、一九五〇～六〇年代の宝塚歌劇において重責を果たされた松原徳一氏の大変貴重なお話を聞く機会を得られたことも併せて申し添えておこう。

説明過多で膨れ上がった博士論文をすっきりと整理し、文体を引き締め、一冊の本としての完成度を高めていく作業は、さながら贅肉を削ぎ落とし筋肉を鍛え上げ、美しい身体を創り上げていくダイエットの過程の如くであった。今こうして本書を自信を持ってお届けできるのも、ひとえに春風社・下野歩さんの大胆かつ緻密な編集作業の賜物である。このほか、大変多くの皆さまにお世話になりつつ、何とか執筆の長丁場を走り抜けることができた。この場をお借りして、心からの感謝の気持ちをお伝えしたい。

創立一〇〇年を越えたタカラヅカは、海のものとも山のものともわからぬ「女性だけ」の劇団という立ち位置から、「一〇〇年の「伝統」を誇る世界で唯一無二の劇団」へと見事に成長を遂げた。だがこの「伝統」が曲者である。タカラヅカは現在、一〇〇年の年月の積み重ねを経て形作られてきた「約束事」が、まさに自分自身に対して諸刃の剣として降りかかってきている局面にある。

そんな今だからこそ「伝統」とはいったい何なのかを知らなければならない。所与のものとして無防備に受け止め、単にありがたがり、崇め奉るのではいけない。ましてこれに縛られるのはもっといけない。「伝統」の名で括られるさまざまなしきたりや約束事、システムが何のために、いかにして形作られてきたのかを再考せねばならない。その自己省察をきちんと行い、「伝統」からみずからを解き放つパワーを持つことが、タカラヅカが二〇〇周年へと歩んでいける道を選択するために何より必要不可欠なことではないだろうか。そんな思いがこの論を書くきっかけとなった。書き上げた今、改めて思うのは、舞台芸術は息の長いスパンで見るべきものであり、現在のありようが数十年後の栄枯盛衰を左右するということだ。

私は本書を通じて一九五〇～六〇年代に試行錯誤された人々の「志の高さ」を伝えたい。そして、先人の努力が今日のタカラヅカの繁栄に結実したのと同様に、現在の志が数十年後あるいは一〇〇年後の未来を決めるのだということを、宝塚歌劇団に携わる方、そしてタカラヅカを愛するすべての人に、この場をお借りしてお伝えできれば嬉しい。

参考文献一覧

あ行

青地晨『ライバル物語』（河出新書）河出書房、一九五五年
朝日新聞出版編『宝塚歌劇　華麗なる一〇〇年』、朝日新聞出版、二〇一四年
浅利慶太『時の光の中で――劇団四季主宰者の戦後史』文春文庫、二〇〇九年
葦原邦子『若草の歌　葦原邦子の回想』刀江書院、一九五九年
天津乙女『清く正しく美しく』宝塚歌劇団、一九七八年
天野道映『男役の行方――正塚晴彦の全作品』青弓社、二〇〇九年
井上一馬『ブロードウェイ・ミュージカル』（文春新書）文藝春秋、一九九九年
井上ひさし『最新戯曲集　紙屋町さくらホテル』小学館新書、二〇〇一年
井上理恵『菊田一夫の仕事――浅草・日比谷・宝塚』社会評論社、二〇一一年
伊豫田康弘・田村穣生・煤孫勇夫・上滝徹也・野田慶人『テレビ史ハンドブック』自由国民社、一九九六年
植田紳爾『宝塚・ぼくのメモランダム』文陽社、一九七八年
――『宝塚　百年の夢』（文春新書）文藝春秋、二〇〇二年
植田紳爾・川崎賢子『宝塚百年を越えて――植田紳爾に聞く』国書刊行会、二〇一四年
内村直也『ミュージカル』音楽之友社、一九五八年

江藤茂博編『宝塚歌劇団スタディーズ』戎光祥出版、二〇〇七年
追分日出子『孤独な祝祭 佐々木忠次――バレエとオペラで世界と闘った日本人』文藝春秋、二〇一六年
大笹吉雄『新日本現代演劇史』中央公論新社、二〇〇九〜二〇一〇年
小山内伸『ミュージカル史』中央公論新社、二〇一六年
尾上松緑『役者の子は役者』日本経済新聞社、一九七六年
――『松緑芸話』講談社文庫、一九九二年

か行

春日野八千代『白き薔薇の抄』宝塚歌劇団、一九八七年
唐十郎『少女仮面　唐十郎作品集』学芸書林、一九七〇年
川崎賢子『宝塚――消費社会のスペクタクル』講談社選書メチエ、一九九九年
――『宝塚というユートピア』岩波新書、二〇〇五年
菊田一夫『流れる水のごとく』オリオン出版社、一九六七年
――『菊田一夫――芝居つくり四十年』日本図書センター、一九九九年
岸香織『ボンジュール宝塚』廣済堂出版、一九七七年
グリーン、スタンリー『ハリウッド・ミュージカル映画のすべて』音楽之友社、一九九五年
――『ブロードウェイミュージカルのすべて』ヤマハミュージックメディア、一九九五年
クンツェ、ミヒャエル／リーヴァイ、シルヴェスター／小池修一郎『オール・インタビューズ　ミュージカル『エリザベート』はこうして生まれた』日之出出版、二〇一六年

小島千鶴子『小島利男と私――都の西北と松竹少女歌劇』ベースボール・マガジン社、一九九四年
小藤田千栄子『ミュージカル・コレクション』講談社、一九八六年
小林一三『小林一三全集』ダイヤモンド社、一九六一〜六二年
――『私の行き方』阪急電鉄、一九八〇年
――『逸翁自叙伝――青春そして阪急を語る』阪急コミュニケーションズ、二〇〇〇年
――『おもひつ記』阪急コミュニケーションズ、二〇〇八年
小林公平『「花の道」抄――タカラヅカ私史』講談社、一九八四年
小林米三『見たこと　聞いたこと　感じたこと――我がタカラヅカ』阪急電鉄、二〇〇一年

さ行

阪田寛夫『わが小林一三』（河出文庫）河出書房新社、一九九一年
佐々木忠次『闘うバレエ――素顔のスターとカンパニーの物語』文春文庫、二〇〇九年
松竹歌劇団『レビューと共に半世紀――松竹歌劇団五〇年のあゆみ』国書刊行会、一九七八年
白井鐵造『宝塚と私』中林出版、一九六七年
菅井幸雄『新劇の歴史　増補版』（新日本新書）新日本出版社、一九八四年
菅原みどり『夢のレビュー史――すみれの国宝塚　花咲く国ＯＳＫ・ＳＫＤ』東京新聞出版局、一九九六年
扇田昭彦『ビバ！ミュージカル！』朝日新聞出版、一九九四年
――『日本の現代演劇』岩波新書、一九九五年
――『唐十郎の劇世界』右文書院、二〇〇七年

た行

高木史朗『宝塚花物語』秋田書店、一九六四年
――『宝塚のわかる本――舞台裏のタカラジェンヌ』廣済堂出版、一九七六年
――『レヴューの王様――白井鐵造と宝塚』河出書房新社、一九八三年
宝塚映画祭実行委員会編『宝塚映画製作所――よみがえる〝映画のまち〟宝塚』神戸新聞総合出版センター、二〇〇一年
宝塚歌劇検定委員会編『宝塚歌劇検定　公式基礎ガイド２０１０』阪急コミュニケーションズ、二〇一〇年
谷本奈穂『恋愛の社会学――「遊び」とロマンティック・ラブの変容』青弓社、二〇〇八年
津金澤總廣『宝塚戦略――小林一三の生活文化論』講談社新書、一九九一年
津金澤聰廣・近藤久美編著『近代日本の音楽文化とタカラヅカ』世界思想社、二〇〇六年
辻則彦『男たちの宝塚――夢を追った研究生の半世紀』神戸新聞総合出版センター、二〇〇四年
辻則彦・倉橋滋樹『少女歌劇の光芒――ひとときの夢の跡』青弓社、二〇〇五年
帝劇史編纂委員会『帝劇の五十年』東宝、一九六六年

な行

仲井幸次郎・西角井正大・三隅治雄編『民俗芸能辞典』東京堂出版、一九八一年
中本千晶『なぜ宝塚歌劇に客は押し寄せるのか――不景気を吹き飛ばすタカラヅカの魅力』小学館新書、二〇〇九年
――『なぜ宝塚歌劇の男役はカッコイイのか――観客を魅了する「男役」はこうして創られる』東京堂出版、

二〇一一年
――『タカラヅカ100年100問100答』東京堂出版、二〇一四年
――『宝塚歌劇は「愛」をどう描いてきたか』東京堂出版、二〇一五年
――『宝塚歌劇に誘う7つの扉』東京堂出版、二〇一六年
――『鉄道会社がつくった「タカラヅカ」という奇跡』ポプラ新書、二〇一七年
中山千夏『タアキイ――水の江滝子伝』新潮社、一九九三年
永井咲季『宝塚歌劇――〈なつかしさ〉でつながる少女たち』平凡社、二〇一五年
西野孝男編『別冊新評　唐十郎の世界』新評社、一九七四年
野口久光編『ミュージカル入門』荒地出版社、一九六三年

は行

橋本雅夫『サ・セ・宝塚』読売新聞社、一九八八年
――『すみれの花は嵐を越えて』読売新聞社、一九九三年
――『宝塚歌劇今昔物語――タカラジェンヌよ永遠に』小学館、二〇〇二年
橋本与志夫『日劇レビュー史――日劇ダンシングチーム栄光の五〇年』三一書房、一九九七年
秦豊吉『演劇スポットライト』（旅窓新書）朋文堂、一九五五年（a）
――『劇場二十年』朝日新聞社、一九五五年（b）
林成年『父・長谷川一夫の大いなる遺産』講談社、一九八五年
阪急学園池田文庫編『宝塚歌劇における民俗芸能と渡辺武雄』阪急学園池田文庫、二〇一一年

ま行

松崎哲久『劇団四季と浅利慶太』文春新書、二〇〇二年
水落潔『上方歌舞伎』東京書籍、一九九〇年
嶺隆『帝国劇場開幕──今日は帝劇　明日は三越』（中公新書）中央公論新社、一九九六年
宮津大蔵『ヅカメン！　お父ちゃんたちの宝塚』祥伝社、二〇二〇年
森彰英『行動する異端──秦豊吉と丸木砂土』TBSブリタニカ、一九九八年

や・ら・わ行

矢野誠一『二枚目の疵──長谷川一夫の春夏秋冬』文藝春秋、二〇〇四年
山川三太『「白鳥の湖」伝説──小牧正英とバレエの時代』無明舎出版、一九九五年
山田昌弘『少子社会日本──もうひとつの格差のゆくえ』岩波新書、二〇〇七年
柚希礼音『夢をかなえるために、私がやってきた５つのこと』KADOKAWA、二〇一五年
吉田弥生編著『歌舞伎と宝塚歌劇──相反する、密なる百年』開成出版、二〇一四年
四方田犬彦『日本映画史110年』集英社新書、二〇一四年
ロバートソン、ジェニファー『踊る帝国主義──宝塚をめぐるセクシュアルポリティクスと大衆文化』現代書館、二〇〇〇年
渡辺裕『宝塚歌劇の変容と日本近代』新書館、一九九九年
──『日本文化 モダン・ラプソディ』春秋社、二〇〇二年
──『歌う国民──唱歌、校歌、うたごえ』中公新書、二〇一〇年

渡辺保『戦後歌舞伎の精神史』講談社、二〇一七年

〈論文・雑誌〉

西角井正大「国立劇場の民俗芸能公演――スタートと番組編成の理念と逸話」、『月刊文化財』第一法規、二〇一八年七月、二九－三一頁
西角井正大「『全国民俗芸能大会』と戦後の民俗芸能保護施策、及び今昔変わらぬ舞台公開の課題」、『民俗芸能』日本青年館公益事業部九六号、二〇一六年、六六－七〇頁
三隅治雄「民俗芸能の保護の歩みと民俗芸能公演」、『月刊文化財』第一法規、二〇一八年七月、四－七頁
山路興造「日本青年館の全国民俗芸能大会」、『月刊文化財』第一法規、二〇一八年七月、一五－一九頁
吉田純子「文化財保護政策としての民俗芸能公演とその記録」、『月刊文化財』第一法規、二〇一八年七月、一二－一四頁
ルーカス、クリストファー「青い目で見た〝タカラヅカ〟」、『リーダーズダイジェスト』日本リーダーズダイジェスト社、一九六八年六月、一六三－一七三頁
『東宝二十年史抄』（図録）、東宝、一九五四年
『劇画タカラヅカ　名作10選』週刊女性創刊20周年記念別冊、主婦と生活社、一九七七年
「特集　追悼　尾上松緑その芸と人」、『演劇界』演劇出版社、一九八九年八月号
「特集　長谷川一夫と東宝歌舞伎の時代」、『演劇界』演劇出版社、一九九六年七月号

特集「宝塚」、『ユリイカ』青土社、二〇〇一年五月号
『レプリーク Bis vol. 14』阪急コミュニケーションズ、二〇〇九年三月一二日
「特集 『実ハ』の世界」、『演劇界』演劇出版社、二〇一〇年一二月号
「大阪労演の１９６０年代——全盛期から斜陽化へ」、『新劇、輝きの'60年代（大阪労演とその時代２ １９６０－１９６９）』関西学院大学博物館開設準備室、二〇一二年一〇月二三日
『ASAHI Original 池田理代子の世界』朝日新聞出版、二〇一二年
「１０１年目のタカラヅカ特集」、『週刊ダイヤモンド』ダイヤモンド社、二〇一五年六月二七日号
「１０１年目以降を考えるための７つの質問——今、ファンはこう感じている」、『藝文研究』No.１０８、慶應義塾大学藝文学会、二〇一五年
「イベントレポート 植田紳爾」、『阪急文化』第13号、二〇一九年一二月二〇日

〈宝塚歌劇団の刊行物〉

『歌劇』一九一八年〜
『宝塚歌劇四十年史』一九五四年
『宝塚歌劇五十年史』一九六四年
『宝塚歌劇の六〇年』一九七四年
『愛して恋して涙して——宝塚と菊田一夫』一九八二年
『宝塚歌劇の七〇年』一九八四年

『ベルサイユのばら　昭和・平成総集編　宝塚グランドロマン』一九九一年
『夢を描いて華やかに　宝塚歌劇八〇年史』一九九四年
『すみれ花歳月を重ねて　宝塚歌劇九〇年史』二〇〇四年
『宝塚歌劇一〇〇年史　虹の橋　渡りつづけて』二〇一四年
『人間が息づく舞台を――演出家・柴田侑宏が描いた世界』二〇二〇年
『宝塚歌劇一一〇年史』二〇二四年

索　引

【あ】

【か】

【さ】

【た】

【ま】

【や】

【ら】

【わ】

【著者紹介】中本千晶（なかもと・ちあき）
山口県周南市出身。東京大学法学部卒業後、株式会社リクルート勤務を経て独立。二〇二三年、早稲田大学大学院文学研究科にて博士（文学）学位を取得。舞台芸術、とりわけ宝塚歌劇に深い関心を寄せ、独自の視点で分析し続けている。主著に『なぜ宝塚歌劇の男役はカッコイイのか――観客を魅了する「男役」はこうして創られる』（東京堂出版）、『タカラヅカの解剖図鑑』『タカラヅカの解剖図鑑 詳説世界史』『タカラヅカの解剖図鑑 詳説日本史』（エクスナレッジ）など。早稲田大学非常勤講師。

相克《そうこく》のタカラヅカ――《ベルサイユのばら》前夜《ぜんや》 宝塚《たからづか》歌劇《かげき》・奮闘《ふんとう》の軌跡《きせき》

二〇二五年四月一日 初版発行

著者 中本千晶 なかもと ちあき

発行者 三浦衛
発行所 春風社 Shumpusha Publishing Co.,Ltd.
横浜市西区紅葉ヶ丘五三 横浜市教育会館三階
〈電話〉〇四五・二六一・三一六八 〈FAX〉〇四五・二六一・三一六九
〈振替〉〇〇二〇〇・一・三七五二四
http://shumpu.com ✉ info@shumpu.com

装丁・レイアウト 中本那由子
印刷・製本 モリモト印刷株式会社

乱丁・落丁本は送料小社負担でお取り替えいたします。

ISBN 978-4-86816-035-9 C0074 ¥3000E